本书获得国家社会科学基金青年项目（13CTQ054）和山东大学青年学者"未来计划"项目资助

The Comparative Research on the Pathways & Countermeasures of
Public Archives Between China and Foreign Countries

中外公共档案馆
发展路径比较及对策研究

● 谭必勇 / 著

中国社会科学出版社

图书在版编目（CIP）数据

中外公共档案馆发展路径比较及对策研究／谭必勇著．—北京：中国社会科学出版社，2019.8

ISBN 978-7-5203-4678-8

Ⅰ.①中… Ⅱ.①谭… Ⅲ.①档案馆—档案管理—对比研究—中国、外国 Ⅳ.①G279

中国版本图书馆 CIP 数据核字（2019）第 136332 号

出 版 人	赵剑英
责任编辑	赵 丽
责任校对	李 莉
责任印制	王 超

出　　版	中国社会科学出版社
社　　址	北京鼓楼西大街甲 158 号
邮　　编	100720
网　　址	http://www.csspw.cn
发 行 部	010-84083685
门 市 部	010-84029450
经　　销	新华书店及其他书店
印　　刷	北京明恒达印务有限公司
装　　订	廊坊市广阳区广增装订厂
版　　次	2019 年 8 月第 1 版
印　　次	2019 年 8 月第 1 次印刷
开　　本	710×1000　1/16
印　　张	18.25
插　　页	2
字　　数	288 千字
定　　价	85.00 元

凡购买中国社会科学出版社图书，如有质量问题请与本社营销中心联系调换
电话：010-84083683
版权所有　侵权必究

序

谭必勇新近写成《中外公共档案馆发展路径比较及对策研究》一书，索序于我，我本来是不打算应承的，因为作序这件事，是需要资望的，而我博士毕业留校后虽教授档案学近 25 年，但毕竟学的是图书情报，于档案学算半路出家，兼之兴趣广泛，实缺少深入研究，现在又来到图书馆做馆长，离档案学越来越远，所以，对于必勇的这本档案学新著，我实无资格一序。不过，必勇是我带的首届博士，且在攻博之前，已从我攻硕，其本科也在武大信管院，本科毕业论文也是选我做的导师。他和我在珞珈山，有十年师生情谊。从这一点上，我是无法拒绝的。他博士毕业后任教山东大学历史文化学院，我还特别赠了他一首诗：

忆共东湖畔，十回芳草萋。尘间人忽北，天上火犹西。
循道谁开悟？从今自觉迷。男儿志高远，昂首泰山低。

必勇是我的学生当中极为内秀和勤奋的，而且更重要的是，他特别专注于专业。这一点与我完全不一样。他在读本科的时候，就时常来找我，每来，通常会准备一些问题，有时也会带上习作，这样，我们就能时常交流。武大信管院的档案专业学生，基本上是一批非档案专业人士在培养，因为从事档案教学的教师，多数无档案专业背景。这虽然是一个不足，但从不同的角度来看，同时也是一个优点。比如我的专业是图书馆学，而我通常较懒，不太动笔写文章，但必勇会在与我聊天的过程中，或是直接问询，或是敏感地发现研究的领域及切入点，尤其是在图书馆学与档案学之间寻找结合点，我们也合作写了不少论文，有些公开发表了，有些则被我压着，觉得还有待深入，而我又不能专注于修改，所以后来也就往往束之高阁。

必勇不善言谈，在现实中有些木讷，但在专业论坛上却是活跃分子。《档案管理》的蔡千树先生特别具有号召力，也特别有眼光。他招致了一批热心于档案学的人将档案管理论坛办得热火朝天。可以说在过去的十来年中，《档案管理》是档案学领域不在核心的核心，档案管理论坛是最有影响力的档案学论坛。而必勇就是他招聘的版主。并且鉴于必勇的能力，还特别将《外国档案》电子期刊交由他办理。大概也受益于主编《外国档案》，也由于一年多的出国访学，所以他积累了一定的外文资料，从而帮助他形成对比的视角，并从中找出我国公共档案馆发展中存在的问题。他的这本新著可以说观点明确，引证丰富，特色鲜明。我不想在这里从专业的角度给予更多的评价，倒是特别想说说"修身"。子曰："古之学者为己，今之学者为人。"古人为学，就是学习如何使自己成为一个更好的人。为己，就是不断地美其身，使自身完善。为人，则更多地是为了炫耀，或者为了谋生。在今天，很多人为了谋生而炮制论文、著作。这个社会也变得越来越浮躁。人们阅读、写作不是为了更好地完善自己，而只是简单地为了改善生活。所以如何在谋生的同时养好心，修好身，是非常值得每一个人认真思考的。我在这方面做得很不好，但所谓虽不能至，心向往之。所以拿这话来与必勇共勉。

是为序。

王新才

2018 年 12 月 25 日于珞珈山

目 录

导 论 ………………………………………………………… (1)
    第一节　研究源起 ……………………………………… (2)
    第二节　研究述评 ……………………………………… (5)
    第三节　研究思路及创新之处 ………………………… (42)

第一章　中外公共档案馆思想的源流与演变 ……………… (45)
    第一节　西方早期档案馆开放思想的萌芽 …………… (46)
    第二节　近现代中外公共档案馆思想的形成与发展 … (58)
    第三节　当代公共档案馆思想的深化与传播 ………… (85)

第二章　中外公共档案馆形成与发展的动力机制 ………… (108)
    第一节　公共档案馆形成与发展的外动力 …………… (109)
    第二节　公共档案馆形成与发展的内动力 …………… (128)
    第三节　公共档案馆形成与发展的竞合性动力 ……… (136)

第三章　国外公共档案馆的主要发展模式 ………………… (142)
    第一节　统筹发展模式 ………………………………… (143)
    第二节　自主发展模式 ………………………………… (151)
    第三节　转型发展模式 ………………………………… (174)

第四章　当前国外公共档案馆的基本运行机制 …………… (193)
    第一节　档案资源整合的平衡机制 …………………… (194)

第二节　公共服务的复合供给机制 …………………………（203）
　　第三节　经费筹措的多元保障机制 …………………………（211）
　　第四节　决策治理的制衡机制 ………………………………（222）

第五章　我国公共档案馆建设的现实基础与推进策略 ………（229）
　　第一节　公共档案馆建设的社会环境 ………………………（230）
　　第二节　公共档案馆建设探索的经验与困境 ………………（242）
　　第三节　中国公共档案馆建设的基本策略 …………………（249）

结　语 ……………………………………………………………（262）

参考文献 …………………………………………………………（270）

后　记 ……………………………………………………………（285）

导　论

公共档案馆是西方文化语境下的概念，开放、亲民、平等是其核心特征，当今大多数西方国家的公共档案馆均被国家明确列入公共文化服务体系，与图书馆、博物馆、艺术馆、美术馆等机构一样，是公众文化休闲的重要场所。1960年3月，中国国家档案局颁发《县档案馆工作暂行通则》和《省档案馆工作暂行通则》，规定县、省档案馆均为"文化事业机构"，这在一定程度上表明中国各级国家档案馆在创建之初就明确了公共档案馆的建设方向，而1987年颁布的《中华人民共和国档案法》第二章第八条明确规定："中央和县级以上地方各级各类档案馆，是集中管理档案的文化事业机构"，在一定程度上表明国家档案馆具有一定公共档案馆的特征[①]。不过，20世纪90年代末之前，中国各地档案馆的公共服务实践依然局限于以开发档案教育价值为重点的拓展服务，未能上升到公共档案馆的整体范畴。20世纪90年代中后期以来，"档案馆"一词开始频繁出现在国务院《政府工作报告》当中，并与图书馆、文化馆、博物馆、科技馆等文化机构共同被国家列入公共文化设施的范畴，由此开始进入国家公共文化事业顶层设计的视野[②]。最先对此作出回应

[①] 郭红解：《论我国公共档案馆建设的实践基础和理论准备》，《档案学通讯》2008年第8期。

[②] 中国政府网公布的"历年国务院政府工作报告"显示，1983年我国政府首次将档案馆与图书馆、科技馆等并列纳入加强精神文明建设的发展规划当中。不过直到1993年，国务院《政府工作报告》才再次提出"加强图书馆、文化馆、科技馆、博物馆、档案馆等设施建设"，而1997年国务院的《政府工作报告》提出要"重视文化馆、图书馆、博物馆、科技馆、档案馆等公共文化设施的建设"，档案馆列入公共文化设施范畴。此后，虽然公共文化设施的提法多有变法，如"公益性文化事业（1998年）""文化设施（2001年）""公共文化和体育设施（2002年）"等，但档案馆均位列其中，体现出"档案馆"已经常态化进入国家文化事业的顶层设计体系当中。具体参见中国政府网整理发布的《历年国务院政府工作报告（1954—2017年）》，网址为：http://www.gov.cn/guoqing/2006-02/16/content_2616810.htm。

的是地方档案行政管理机构。2002 年 4 月，深圳市颁布《深圳经济特区档案与文件收集利用条例》[①]，首次在地方法规中提出"公共档案馆"概念和建设"公共档案馆"的要求与举措。与此同时，档案馆研究一时成为研究热点。《档案馆理论与实践新探》（2001 年）[②]、《档案馆论》（2002 年）、《档案馆学新探》（2003 年）[③] 等专著先后出版，薛匡勇的《档案馆论》一书首次就构建国家公共档案馆系统进行了理论阐释[④]。2003—2006 年，上海、北京、沈阳、西安、天津等地多次举行公共档案馆建设专题研讨会，推动了公共档案馆理论与实践的深入发展，由此中国各级国家档案馆开始从法理意义上的公共档案馆向兼具法理意义与实质功能的公共档案馆的快速转型。尽管近年来我国各地公共档案馆建设取得了不俗成绩，一些颇具特色的公共档案服务项目和管理模式也引起了社会大众的兴趣，公共档案馆的社会形象逐步改善，但相较欧美发达国家来说，中国各级国家档案馆进入社会公共领域仅 40 多年的时间，真正意义上的公共档案馆实践历程还很短，为此系统地梳理中外公共档案馆思想源流、解析中外公共档案馆的形成机制与发展路径、掌握当前发达国家公共档案馆的制度特征与规律，对于深化中国公共档案馆理论研究、提升中国未来的公共档案馆建设水准、提高公共档案馆系统在国家公共文化服务体系中的地位及价值，均有重要的理论价值和现实意义。

第一节 研究源起

公共档案馆的产生与发展，是近现代档案馆进入高级阶段的表征，也是档案馆由封闭、半封闭逐步走向开放的必然产物。欧美学术界普遍认为，欧洲档案机构可以追溯至公元前 5 至 4 世纪古希腊文明时期的密特伦神庙（Metroon），该神庙位于希腊雅典的公共广场之上，收藏着各种条

[①] 《深圳经济特区档案与文件收集利用条例》，《中国档案》2002 年第 8 期。
[②] 姜之茂：《档案馆理论与实践新探》，中国档案出版社 2001 年版。
[③] 何振：《档案馆学新探》，中国档案出版社 2003 年版。
[④] 薛匡勇：《档案馆论》，第二军医大学出版社 2002 年版，第 106—191 页。

约、法律、公民大会的记录及其他公共文件[1]。此后的数个世纪，古希腊、古罗马帝国均建立了相对规范、合理的文档保管体系和一定数量的档案收藏机构，不过这些制度与机构遗产都随着两个帝国的衰落而湮没在历史的长河当中，这使得欧洲各国在公元1000年之前形成的文件几乎全部被损毁，从而未能对近现代西方档案管理体系产生直接影响[2]。中国古代拥有悠久的档案管理传统与制度，其最为显著的特征在于档案实体保管制度与统治级别和等级秩序相关，尤其是那些与皇权相关的或与国家统治命脉直接相关的文书档案受到最为严密的控制，不过中国古代档案管理工作的传统在于强调编纂整理、内容诠释及思想传播，这与强调分类整理的中国近代档案工作重心难以契合[3]，因此它事实上难以直接孕育中国的近现代档案管理机制。法国哲学家雅克·德里达认为，"如果不控制档案，就无法控制记忆、获得政治权力"[4]，因此在古代，无论是欧洲各国还是中国，官方档案机构基本是统治者的附庸，其服务范围是相当有限的，基本处于封闭状态，当时的教会档案馆、法院档案馆、城市档案馆、家族档案馆等非国家档案馆由于所收藏的档案只限于宗教团体、家族和机构档案，因而不具备对外服务的功能，只有少数享受特权的研究者出于公务目的才可查阅[5]。18世纪末期的法国大革命，是西方近代档案工作发展的分水岭，促成了世界上第一座具有近代意义的国家档案馆——巴黎法国国家档案馆在1790年正式诞生，四年之后（1794年6月25日）法国又颁布了著名的《穑月七日档案法令》，明确宣布公民有权利用档案馆的公共文件[6]，在全世界首次从法制上为档案馆

---

[1] ［美］T. R. 谢伦伯格：《现代档案——原则与技术》，黄坤坊等译，档案出版社1983年版，第8页。

[2] Michel Duchein, "The History of European Archives and the Development of the Archival Profession in Europe", *The American Archivist*, Vol. 55, No. 1, Jan. 1992, pp. 14 – 15.

[3] 梁继红：《中国古代档案学的学术传统与价值》，《中国社会科学报》2012年4月18日第B04版。

[4] Jacques Derrida, *Archive Fever: A Freudian Impression*, Chicago: The University of Chicago Press, 1996, p. 4.

[5] Michel Duchein, "The History of European Archives and the Development of the Archival Profession in Europe", *The American Archivist*, Vol. 55, No. 1, Jan. 1992, p. 17.

[6] Ernst Posner, *Archives & The Public Interest*, Washington: Public Affairs Press, 1967, pp. 25 – 26.

向普通公众开放提供了强有力的保证,被誉为档案领域的"人权宣言"①。至此,档案馆终于打开了面向普通公众的这扇大门,掀开了世界公共档案馆发展的序幕②。

经过两百多年的艰难探索,西方各国基本建立了成熟的公共档案馆服务体系和制度规范,在服务政府与社会公众方面积累了丰富的经验,引起了中国档案界的关注。实际上,早在民国时期,伴随着历史档案大规模整理实践的开展和民众档案意识的萌芽,中国的知识分子们就开始有意识地向欧美学习,蒋廷黻、傅振伦、王重民、姚从吾等均亲自参观过欧美档案馆建筑及馆藏,朱士嘉则专门在"美国国家档案馆学习档案管理法",部分西方档案学著作被译介至国内,这些见闻使得我国档案界意识到"欧美档案开放与国内长期的档案禁秘形成强烈反差"③,国内的档案开放意识开始萌芽。南京国民政府时期,在以中华图书馆协会、行政院档案整理处、国史馆筹备委员会等为代表性的学术与行政机构的推动下,《呈请政府组织中央档案局案》(1929 年 1 月)、《重设国史馆案》(1934 年 1 月)、《建立档案总库及筹设国史馆案》(1939 年 1 月) 等议案被先后提出,从立法、制度设计上推动中国国家档案馆的建立,试图跟上世界公共档案馆建设的时代潮流④,可惜最终未能完成创建国家档案馆的宏大目标⑤。中华人民共和国成立后,中国政府很快就创建了国家档案局(1954 年),并逐步组建了由国家到地方的国家综合档案馆运行系统。1980 年,中共中央作出开放历史档案的决定,这是中国档案馆由封闭走

---

① 早在 1766 年,北欧的瑞典就制定了《出版自由法》(Freedom of the Press Act),是推动档案开放的实际先驱,但论及对整个欧洲社会以及世界档案学发展的影响,则远远不及《穑月七日档案法令》。具体参见 Java Valge, Brigit Kibal, "Restrictions on Access to Archives and Records in Europe: A History and the Current Situation", Journal of the Society of Archivists, Vol. 28, No. 2, Oct. 2007, p. 196.

② 谭必勇:《如何拉近档案馆与公众的距离——解读西方公共档案馆公众教育职能的演变》,《图书情报知识》2013 年第 4 期。

③ 覃兆刿:《我国档案工作早期学欧美及其意义》,《档案学研究》1998 年第 2 期。

④ 据不完全统计,1912—1949 年,全球有近 30 个国家新建或重组了国家级档案馆,苏联、波兰、西班牙、美国、苏丹等国建立了全国性的档案行政管理机构,丹麦、瑞士、挪威、美国、英国、意大利等国家的国家级档案工作者协会也先后成立于这一时期。参见牛创平等编著《世界档案大事记》,档案出版社 1993 年版,第 55—104 页。

⑤ 谭必勇:《南京国民政府时期筹建"国家档案馆运动"的回顾与展望》,《档案学研究》2018 年第 5 期。

向开放的标志性事件①。此后,以档案的开放与利用、档案馆服务等为主题的学术研究逐步升温,"公共档案馆"一词也时常出现在介绍西方档案事业的文章之中②,不过将"公共档案馆"上升为理念层面深入研究则是2002年之后的事。

近年来,随着国家公共文化服务体系建设的深化,中国各级国家档案馆开始主动转变管理机制和服务模式,并产生了诸如乡村档案馆、社区档案馆、流动档案馆等新兴档案馆形态。当前新政策环境、新技术的运用和社会力量的加入导致我国档案公共服务领域中责任链与需求链的模糊与差异,原有的公共档案馆格局面临变革。构建适合我国国情的多元化公共档案馆服务体系与推广机制成为当前重要的政策议题。

第二节 研究述评

早在18世纪末期的法国大革命时期,公民获取利用公共文件(档案)的权利得到了立法的承认,但在档案馆由封闭走向开放的过程中,公民利用档案依然受到诸多限制③,这一状况实际与国际政治环境有很大关联。长期以来,近代意义的"公民政治"的内容基本局限于公民的政治权利与义务方面,经济社会和文化教育权利与义务方面较少,直到"二战"之后西方各国才更加突出了对公民的经济社会和文化教育权利的保护④。与此同时,经过17世纪以来欧美各国家族档案、社团档案等私有档案管理领域的实践,档案的"文化遗产"价值和"公共利用"潜能逐步为人们所认知,并引起了公共部门的重视,到20世纪50年代转为国

---

① 宗培岭:《公共档案馆你从哪里来——写在上海市档案馆新馆开馆之际》,《浙江档案》2004年第1期。
② 英国国家档案馆的前身之一即1838年成立的公共档案馆(Public Record Office),2003年该馆与皇家手稿委员会(Royal Commission on Historical Manuscripts)合并为英国国家档案馆(National Archives of United Kingdom)。加拿大公共档案馆(Public Archives of Canada)成立于1912年,直到1987年改名为加拿大国家档案馆。因此国内学术界在介绍英国和加拿大档案事业时,经常会使用"公共档案馆"一词。
③ 王改娇:《公民利用档案权利研究》,世界图书出版公司2012年版,第50—51页。
④ 施雪华:《政治现代化比较研究》,武汉大学出版社2006年版,第115页。

际社会的普遍共识①。受此影响，公共档案馆建设与发展问题逐步成为国际档案学界关注的重点领域。

一 国外公共档案馆研究综述

自18世纪末期法国国家档案馆成立以来，公共档案馆理论一直为学界所关注，然而直到"二战"后公共档案馆理念在世界范围内逐步推广，相关理论研究才走向深入。西方英语世界的早期档案学专著，如荷兰的《档案整理与编目手册》（1898年）和英国的《档案行政管理手册》（1922年初版，1937年再版），关注的是档案的形成、整理与保管问题，对档案利用涉及不多，更未论及公共档案馆。1956年，美国"现代档案之父"西奥多·罗斯福·谢伦伯格（Theodore Roosevelt Schellenberg）的代表作《现代档案：原则与技术》一书正式问世，该书虽以首倡档案"双重价值鉴定"理论著称，但开篇却对法国、英国和美国国家档案馆的成立过程及其主导因素进行了系统分析②，是研究西方公共档案馆成因的重要文献。综合近几十年来国外公共档案馆研究成果，大致包括以下几个方面。

（一）公共档案馆思想与发展史研究

欧美发达国家早期的档案工作者和档案学专任教师几乎是清一色的人文学科背景，加拿大的特里·库克（Terry Cook）、美国的理查德·J.考克斯（Richard J. Cox）和玛格丽特·赫德斯特伦（Margaret Hedstrom）以及澳大利亚的休·迈克米希（Sue McKemmish）均是史学出身而成为当代著名档案学者。当20世纪中叶欧美档案学逐渐成为一门独立学科之时，公共档案馆思想和发展史的研究也就自然兴起。

公共档案馆史研究与档案事业史的整体研究密不可分。美国档案教育的先驱、德裔美国档案学者恩斯特·波斯纳（Ernst Posner，1892—1980年）是华盛顿美利坚大学档案管理课程的创始人，也是较早开展档案史研究的美国学者。他于1964年和1972年先后出版了《美国州立

---

① Eric Ketelaar, "Muniments and monuments: the dawn of archives as cultural patrimony", *Archival Science*, Vol. 7, No. 4, Dec. 2007, pp. 343–357.

② [美] T. R. 谢伦伯格：《现代档案——原则与技术》，黄坤坊等译，档案出版社1983年版，第8—15页。

档案馆》(American State Archives)[①] 和《古代世界的档案馆》(Archives in the Ancient World)[②] 两部专著,前者对美国州立档案馆的发展历史与现状作了系统梳理,后者则对古代世界档案机构和档案工作的源流进行了探索。值得注意的是,1967 年美国档案工作者协会将波斯纳在各类学术期刊发表的论文以"档案馆与公共利益"(Archives & Public Interest)[③] 为题结集出版,体现出他在公共档案馆发展史领域的贡献,他将欧洲档案传统介绍到北美地区,产生了深远影响[④]。1965 年,杜克大学历史学专业博士生豪斯顿·格温·琼斯(Houston Gwynne Jones)对 1663—1903 年北卡罗来纳州公共文件的保管与管理状况、档案管理机构的时代演变、主要档案工作者的思想与实践贡献等进行了历史梳理,完成了题为《北卡罗来纳州公共档案馆(1663—1903)》的博士学位论文[⑤]。数年后,他出版了另一部专著对 1776 年以来美国国家档案馆从设想变为现实并逐步发展的过程进行了梳理,尤其是对国家档案馆的组织结构、管理职能、服务理念等问题进行了重点探讨[⑥]。匹兹堡大学的理查德·J. 考克斯是较早研究档案史的美国学者,他的众多档案史研究论著里有不少涉及欧美公共档案馆发展史[⑦]。亚历山大·盖尔芬德(Aleksandr Gelfand)总结了从伊凡雷帝时期至第一次世界大战期间俄罗

---

① Ernst Posner, *American State Archives*, Chicago, London: University of Chicago Press, 1964.

② Ernst Posner, *Archives in the Ancient World*, Cambridge, Massachusetts: Harvard University Press, 1972.

③ Ernst Posner, *Archives & The Public Interest*, Washington: Public Affairs Press, 1967.

④ Angelika Menne-Haritz, "Ernst Posner's Archives and the Public Interest", *The American Archivist*, Vol. 68, No. 2, Fall/Winter 2005, p. 329.

⑤ Houston Gwynne Jones, *The Public Archives of North Carolina, 1663 – 1903*, Ph. D. Dissertation, Duke University, 1965.

⑥ Houston Gwynne Jones, *The Records of A Nation: Their Management, Preservation, and Use*, New York: Atheneum, 1969.

⑦ 代表性的论文和书籍有:Richard J. Cox, "American Archival History: Its Development, Needs, and Opportunities", *The American Archivist*, Vol. 46, No. 1, Winter 1983, pp. 31 – 41; Richard J. Cox, "Professionalism and Archivists in the United States", *The American Archivist*, Vol. 49, No. 3, Summer 1986, pp. 229 – 247; Richard J. Cox, *American Archival Analysis: The Recent Development of the Archival Profession in the United States*, Metuchen, N. J., London: The Scarecrow Press, 1990。

斯档案馆体系的演变历程及基本经验①。

20世纪七八十年代之前，公共档案馆史专题学术论文并不多见②。此后受北美地区档案学教育兴起的影响，相关的专题研究论著开始增多。加拿大档案界较早系统地开展了相关研究，早在1976年著名档案学者休·A. 泰勒（Hugh A. Taylor）就在正式创刊不久的《档案》（Archivaria）杂志上撰文，对加拿大公共档案馆的发展史进行了初步梳理③。为了表彰曾任加拿大公共档案馆第四任馆长（1948—1968年）和加拿大国家图书馆第一任馆长（1953—1968年）威廉·凯·兰姆（William Kaye Lamb）在档案管理和图书馆领域的杰出贡献，加拿大《档案》杂志在1983年推出了一本纪念专刊，其中三篇文章涉及公共档案馆史，对1871年以来加拿大公共档案馆发展的历程进行了系统的梳理，其中由时任加拿大萨斯喀彻温省档案馆馆长（1976—1986年）、后出任加拿大国家档案馆第七任馆长（1999—2004年）和首任加拿大国家图书档案馆馆长（2004—2009年）的伊恩·E. 威尔逊（Ian E. Wilson）撰写的关于早期加拿大公共档案馆演变史的文章，较为系统地阐述了文书分部（Records Branch）与档案分部（Archives Branch）两种不同传统在构建公共档案馆体系中的角色④。伊恩·E. 威尔逊深入研究了公共档案馆的内在发展规律，并考虑到文化、社会、政治等外部环境因素的作用机制，形成了一

---

① Aleksandr Gelfand, "'As Vast as the Sea': An Overview of Archives and the Archival Profession in Russia from the Time of Ivan the Terrible to World War I", *The American Archivist*, Vol. 79, No. 2, Sep. 2016, pp. 230 – 253.

② 代表性的论文有：Ralph Lounsbury, "Historical Résumé of the Public Archives of the State of São Paulo, Brazil", *The American Archivist*, Vol. 5 No. 4, Oct. 1942, pp. 245 – 251; Peter Topping, "The Public Archives of Greece", *The American Archivist*, Vol. 15, No. 3, July 1952, pp. 249 – 257; Bernard Weilbrenner, "The Public Archives of Canada, 1871 – 1958", *Journal of the Society of Archivists*, Vol. 2, No. 3, 1961, pp. 101 – 113; Ernst Posner, "Manual of Archives Administration: Theory and Practice of Public Archives in France: A Review Article", *The American Archivist*, Vol. 35, No. 1, Jan. 1972, pp. 51 – 58。

③ Hugh A. Taylor, "Canadian Archives: Patterns from a federal perspective", *Archivaria*, Vol. 1, No. 2, Summer 1976, pp. 3 – 19.

④ Ian E. Wilson, "'A Noble Dream': The Origins of the Public Archives of Canada", *Archivaria*, No. 15, Winter 1982 – 1983, pp. 16 – 35; William George Ormsby, "The Public Archives of Canada, 1948 – 1968", *Archivaria*, No. 15, Winter 1982 – 1983, pp. 36 – 46; Michael D. Swift, "The Canadian Archival Scene in the 1970s: Current Developments and Trends", *Archivaria*, No. 15, Winter 1982 – 1983, pp. 47 – 57.

种比较有影响的研究范式。1983年,理查德·C. 伯纳(Richard C. Berner)分析了两个多世纪美国档案理论与实践的发展历程后认为,美国档案管理存在两个传统:一是源自私人收藏机构和国会图书馆的历史手稿(Historical Manuscripts)管理传统,二是受德国、法国影响而成的公共档案(Public Archives)管理传统①。美国学者卢克·J. 吉利兰-史怀兰德(Luke J. Gilliland-Swetland)②和丽贝卡·赫希(Rebecca Hirsch)③又进一步分析了"历史手稿"与"公共档案"两种管理模式的历史演变过程、特征及其对美国当代档案职业发展的现实意义。1986年,英国历史学者菲利帕·莱文(Philippa Levine)对1838年至1886年英国公共档案馆的发展史进行了梳理,重点对英国公共档案馆工作人员的专业化发展进行了分析④。1991年,约翰·D. 坎特韦尔(John D. Cantwell)则进一步对1838—1958年英国公共档案馆的发展史进行了总结⑤。

公共档案馆的创建、发展与杰出档案学家的贡献有着很大关系,因此研究公共档案馆的推动者、创建者和重要贡献者的思想,也是国外学术界关注的重要问题。从现有资料看,公共档案馆思想研究主要从两个层面开展。一是对个体公共档案馆思想的梳理与分析。欧美各国公共档案馆或国家档案馆的推动者、创始人成为研究的重点。1973年,伊恩·E. 威尔逊在加拿大女王大学完成的硕士论文,重点探讨了加拿大第二任公共档案馆馆长阿瑟·G. 道蒂(Arthur G. Doughty)的思想以及其对加拿大公共档案馆建设的贡献⑥。美国国家档案馆的重要推动者、"美国档案职业之父"沃尔多·吉福德·利兰(Waldo Gifford Leland)的思想则成为

---

① Richard C. Berner, *Archival Theory and Practice in the United States: A Historical Analysis*, Seattle: University of Washington Press, 1983.

② Luke J. Gilliland-Swetland, "The Provenance of a Profession: The permanence of the Public Archives and Historical Manuscripts Traditions in American Archival History", *The American Archivist*, Vol. 54, No. 2, Spring 1991, pp. 160 – 175.

③ Rebecca Hirsch, "The Permanence of Provenance: The 'Two Traditions' and the American Archival Profession", *Journal of Archival Organization*, Vol. 8, No. 1, June 2010, pp. 54 – 72.

④ Philippa Levine, "History in the Archives: The Public Record Office and Its Staff, 1838 – 1886", *The English Historical Review*, Vol. 101, No. 398, Jan. 1986, pp. 20 – 41.

⑤ John D. Cantwell, *The Public Record Office, 1838 – 1958*, London: HMSO, 1991.

⑥ Ian E. Wilson, *Shortt and Doughty: The Cultural Role of the Public Archives of Canada, 1904 – 1935*, Ontario: Queen's University, 1973.

美国档案学界关注的重点①。二是对群体公共档案馆思想的提炼与梳理。最具代表性的是历经加拿大数代公共档案馆馆长和业务精英的提炼而形成的适合加拿大档案文化与发展的"总体档案"（Total Archives）思想。1972年，这一思想经加拿大公共档案馆第五任馆长（1970—1984年）威尔弗雷德·I.史密斯（Wilfred I. Smith）正式提出之后，受到了学术界的广泛重视，被视为加拿大档案界对国际档案界的重大理论贡献。加拿大档案学者特里·库克②对此有过研究，20世纪90年代中后期的加拿大独立学者劳拉·米勒（Laura Millar）则系统地研究了"总体档案"的思想来源、演变过程及面临的挑战③。

2000年前后，国际公共档案馆史的研究逐步走向深入。一个重要的表征就是发展中国家的公共档案馆演变史研究开始得到欧美主流学术界的重视。1990年，南非种族隔离制度结束后，南非档案界重新进入国际档案界④，时任荷兰国家档案馆馆长的埃里克·卡特拉（Eric Ketalaar）和加拿大国家档案馆文件处置部主任的特里·库克等著名学者先后在1992年和1994年访问南非，一方面将欧美的公共档案馆理念引入南非，另一方面又积极将南非的档案实践介绍给西方世界，由此加快了南非公共档案馆的建设进程⑤。南非著名学者、南非曼德拉基金会档案保管部主任凡尔纳·哈里斯（Verne Harris）对种族隔离制度废除前后的南非公共

---

① Rodney A. Ross, "Waldo Gifford Leland: Archivist by Association", *The American Archivist*, Vol. 46, No. 3, Summer 1983, pp. 264 – 276.

② Terry Cook, "The Tyranny of the Medium: A Comment on 'Total Archives'", *Archivaria*, No. 9, Winter 1979 – 80, pp. 141 – 149.

③ Laura Millar, *The end of total archives?: An analysis of changing acquisition practices in Canadian archival repositories*, London: University of London, 1996; Laura Millar, "Discharging our debt: The evolution of the total archives concept in English Canada", *Archivaria*, No. 46, Fall 1998, pp. 103 – 146; Laura Millar, "The Spirit of Total Archives: Seeking a Sustainable Archival System", *Archivaria*, No. 47, Spring 1999, pp. 46 – 65.

④ 1991年南非国家档案馆加入国际档案理事会，而实际上早在1928年的南非联邦时期（Union of South Africa），时任南非联邦公共档案馆副馆长的科林·格雷厄姆·博塔（Colin Graham Botha）就曾经写了一本关于南非早期公共档案馆发展史的小册子，引起了当时西方学者的广泛兴趣。具体参见 Colin Graham Botha, *The Public Archives of South Africa, 1652 – 1910*, Capetown: Cape Times, Ltd., 1928.

⑤ Verne Harris, "Redefining Archives in South Africa: Public Archives and Society in Transition, 1990 – 1996", *Archivaria*, No. 42, 1996, pp. 7 – 20.

档案馆的发展史进行了简短的梳理①。凡尔纳·哈里斯的学术成果在欧美档案学界有着广泛的影响力。尼日利亚学者阿比奥拉·阿比奥耶（Abiola Abioye）对尼日利亚国家档案馆的发展史作了梳理②。

为了进一步推动档案史研究的国际合作，2003年10月由加拿大多伦多大学信息研究学院芭芭拉·克雷格（Barbara Craig）等人发起的首届"国际文件与档案史学术研讨会"（International Conference on the History of Records and Archives，I-CHORA）在加拿大的多伦多召开，这次会议所提交的论文涉及了英国、意大利、加拿大、荷兰等多国档案事业史③。截至2018年6月，该国际会议已经召开了8届，成为国际档案史研究领域的重要学术平台，其中贡献了部分公共档案馆发展史的论文④。

（二）社会环境与公共档案馆演化研究

从某种程度上讲，公共档案馆是随着时代发展而形成的一种全新的档案馆理念，自然也受政治、文化、经济等外部环境的影响。"二战"结束以前，"档案几乎只是作为管理机构的记忆和历史研究的资料在发挥其功能"，20世纪60年代之后，随着"对信息的民主权利的确认和公众对当代史日益增长的兴趣"，档案馆"不再是历史学家和其他学术研究者的专属领地"⑤，国家档案馆逐渐转型为现代意义的公共档案馆。

公共档案馆的产生与发展深受政治环境的影响。欧美各国早期创建国家档案馆，"最起作用的原因，是提高政府工作效率的实际需要"⑥，而

---

① Verne Harris, *Exploring Archives: An Introduction to Archival Ideas and Practice in South Africa*, Pretoria: National Archives of South Africa, 2000, pp. 6 – 17.

② Abiola Abioye, "Fifty Years of Archives Administration in Nigeria: Lessons for the Future", *Records Management Journal*, Vol. 17, No. 1, 2007, pp. 52 – 62.

③ Barbara Craig, Philip B. Eppard, Heather MacNeil, "Exploring Perspectives and Themes for Histories of Records and Archives. The First International Conference on the History of Records and Archives (I-CHORA)", *Archivaria*, No. 60, Fall 2005, pp. 1 – 10.

④ 具体参见该会议组织机构的官方网站：http://ichora.org/。

⑤ ［美］米歇尔·迪尚：《世界的档案馆》，载［印］戈帕尔等编著《人类文明史：第7卷，第20世纪》，中文版编译委员会译，译林出版社2015年版，第452页。

⑥ ［美］T.R.谢伦伯格：《现代档案——原则与技术》，黄坤坊等译，档案出版社1983年版，第13页。

从现实情况看，政治制度的变革往往会直接影响公共档案馆建设的进程与发展走向。两次世界大战给世界各国造成了巨额的经济财产损失，也给各国的文化遗产和文化收藏机构带来了巨大破坏，而"二战"结束后，世界各国进入了一个相对稳定的发展期，由此公共档案馆事业亦迎来了快速发展的黄金时期。1983年，受联合国教科文组织委托，法国现代档案学者米歇尔·迪尚就如何破除普通公众获取公共档案馆信息的制度障碍，对联邦德国、法国、美国等国的公共档案馆进行了调研[1]。特里·库克、兰德尔·C.吉摩森（Randall C. Jimerson）、琼·M.施瓦茨（Joan M. Schwartz）等对档案馆与政治权力的关系均有一定的研究成果[2]。凡尔纳·哈里斯则系统地研究了南非种族隔离制度对公共档案馆建设的影响，以及南非公共档案馆建设在消除种族隔离制度影响中的作用，并如何利用当前开放文化与政治制度重构公共档案馆系统[3]。1992年，时任德国联邦档案馆（German Bundesarchiv）主席的弗里德里希·卡伦贝格（Friedrich Kahlenberg）分析了德国合并及政治体制变革对国家档案馆系统建设的影响[4]。东欧剧变、苏联解体，给东欧各国及俄罗斯的档案馆事业带来了深远影响。1992年《美国档案工作者》杂志刊登了多篇论文，从政治体制视角分析俄罗斯等国为重构档案馆体系而作出的各种努力[5]。新西兰维多利亚大学的雷切尔·利尔伯恩（Rachel Lilburn）探究了20世纪90年代中后期新西兰公共档案馆系统重构过程中的政治动因，分析了国家档案馆立法过程、国家档案馆政治权力的架构等因素对公共档案馆

---

[1] Michel Duchein, *Obstacles to the Access, Use and Transfer of Information from Archives: A RAMP Study*, Washington, D. C.: ERIC Clearinghouse, 1983.

[2] Joan M. Schwartz, Terry Cook, "Archives, Records, and Power: The Making of Modern Memory", *Archival Science*, Vol. 2, No. 1 - 2, Mar. 2002, pp. 1 - 19; Randall C. Jimerson, *Archives Power: Memory, Accountability, and Social Justice*, Chicago: Society of American Archivists, 2009.

[3] Verne Harris, "The Archival Sliver: Power, Memory, and Archives in South Africa", *Archival Science*, Vol. 2, No. 1 - 2, Mar. 2002, pp. 63 - 86; Verne Harris, *Archives and Justice: A South African Perspective*, Chicago: Society of American Archivists, 2007.

[4] Friedrich Kahlenberg, "Democracy and Federalism: Changes in the National Archival System in a United Germany", *The American Archivist*, Vol. 55, No. 1, Jan. 1992, pp. 72 - 85.

[5] Imre Ress, "The Effects of Democratization on Archival Administration and Use in Eastern Middle Europe", *The American Archivist*, Vol. 55, No. 1, Jan. 1992, pp. 86 - 93; Patricia Kennedy Grimsted, "Beyond Perestroika: Soviet-Area Archives after the August Coup", *The American Archivist*, Vol. 55, No. 1, 1992, pp. 94 - 124.

建设的负面影响①。2011年4月20日,苏格兰通过新的"公共文件法案"[The Public Records(Scotland)Act 2011],将原来的苏格兰国家档案馆(National Archives of Scotland)和国家人口登记总局(General Register Office)合并为国家文件局(National Records of Scotland),这是当代苏格兰公共档案馆体制的一个重要变化。对此,苏格兰学者布鲁诺·朗莫尔(Bruno Longmore)分析了这次机构整合背后的政治因素及其对塑造苏格兰档案文化的影响②。

档案馆关系着一个组织机构、国家的身份与文化认同。2013年,德国波鸿鲁尔大学社会史教授斯特凡·贝格尔(Stefan Berger)在国际著名档案学期刊《档案科学》(Archival Science)上撰文指出,19世纪中后期以来欧洲各国创建国家档案馆的过程与欧洲各国产生并形成民族认同、文化认同基本同步,并对国家档案馆在国家主导叙述形成中的价值进行了分析③。而在更早的2007年,匈牙利国家档案馆的拉约什·克尔门迪(Lajos Körmendy)和荷兰阿姆斯特丹大学的埃里克·卡特拉则从哲学、文化等多视角分析了欧洲公共档案馆产生与发展的元动力。拉约什·克尔门迪认为,20世纪80年代以来欧洲档案馆逐步形成了一种以"普及、开放、市场导向、媒体文化和信息中心性"为核心的全新的思维方式和价值体系,是欧洲各国公共档案馆为适应当代社会文化的变化而形成的新的工作与服务理念④。埃里克·卡特拉则认为,档案的文化"遗产"(Patrimony)价值源自17至18世纪欧洲的私人档案管理领域,而非因法国大革命而产生的一种全新理念,当代文化"遗产"(Heritage)理念是一种历史的继承,也是公共档案馆发展的重要动力⑤。

---

① Rachel Lilburn, "Public Archives: Heritage Happiness or Horror Story?", *Government Information Quarterly*, Vol. 15, No. 2, 1998, pp. 173 – 196.

② Bruno Longmore, "The Public Records (Scotland) Act 2011: Creating a Culture that Values Public Records", *Archives and Records*, Vol. 34, No. 2, Oct. 2013, pp. 248 – 262.

③ Stefan Berger, "The Role of National Archives in Constructing National Master Narratives in Europe", *Archival Science*, Vol. 13, No. 1, Mar. 2013, pp. 1 – 22.

④ Lajos Körmendy, "Changes in archives' philosophy and functions at the turn of the 20th/21st centuries", *Archival Science*, Vol. 7, No. 2, June 2007, pp. 167 – 177.

⑤ Eric Ketalaar, "Muniments and monuments: the dawn of archives as cultural patrimony", *Archival Science*, Vol. 7, No. 4, Dec. 2007, pp. 343 – 357.

公共档案馆的长远发展离不开可持续的经济支撑。20世纪七八十年代，正逢西方世界遭受"二战"后第一次全球范围内的经济危机，各国政府由于资金短缺而大幅压缩财政开支，使不少国家的公共档案馆一度面临窘困异常的财政局面。20世纪70年代末期至80年代初期，美国加利福尼亚、肯塔基、北卡罗来纳、纽约州等地的州档案机构评估报告①显示：这些州档案机构普遍面临着财政预算减少、人员流失、设备不足等问题。为了破解经济危机时代的公共档案馆发展困局，美国学者提出，应当对档案用户及其利用行为进行系统研究，以确定如何开展相应的档案服务策略，甚至建议制定国家层面的信息基线以便于从各层次测定和比较档案的获取与检索、采集、管理和鉴定指南，从而通过"用户友好型策略"来获得公众广泛的支持②。加拿大档案界则尝试从传统的"资源中心"模式转向"用户中心"模式，提升档案馆作为一个"动态和充满活力的组织、是值得支持且能够满足赞助商及广大公众在当前与未来的信息和文化需求"的形象③。经历这次经济危机之后，西方公共档案馆普遍重视通过提升自身公共服务水平以吸引社会资金支持，并形成长效机制。英国肯特郡档案馆的奈杰尔·耶茨（Nigel Yates）认为，英国地方公共档案机构应积极将市场营销、公共关系等策略引入公共档案馆发展战略，切实提升公共档案馆的服务水准，从而赢得更多的社会资源④。美国学者蒂莫西·L.埃里克森（Timothy L. Ericson）认为，西方各国的积极应对与调整使得公共档案馆树立积极开放的服务理念，档案推广工作（Outreach）逐步成为档案馆的基本职能，并融入档案职业的整体工作体系之内⑤。当

---

① Bruce W. Dearstyne, "What Is the Use of Archives? A Challenge for the Profession", *American Archivist*, Vol. 50, No. 1, Jan. 1987, 82 – 83.

② Randall C. Jimerson, "Redefining Archival Identity: Meeting User Needs in the Information Society", *The American Archivist*, Vol. 52, No. 3, Summer 1989, p. 332.

③ Gabrielle Blais, David Enns, "From Paper Archives to People Archives: Public Programming in the Management of Archives", *Archivaria*, No. 31, Winter 1990 – 91, pp. 101 – 113.

④ Nigel Yates, "Marketing the record office: new directions in archival public relations", *Journal of the Society of Archivists*, Vol. 9, No. 2, 1988, pp. 69 – 75.

⑤ Timothy L. Ericson, "'Preoccupied With Our Own Gardens': Outreach and Archivists", *Archivaria*, No. 31, Winter 1990 – 91, pp. 114 – 122.

前,公共档案馆的发展受经济因素影响很大[1],因此如何获得可持续的资金支持依然是欧美档案学者们关注的重要议题之一[2]。

从现实情形看,公共档案馆的发展与演进是多种因素合力的结果,因此学者们从时代变迁视角透视公共档案馆演化路径与发展模式时,通常会多层面进行分析与阐释。如前所述,早期学者探讨1990年前后俄罗斯公共档案馆事业发展时,多从政治视角开展研究,但随着研究的深入,学者们逐渐开始从政治、经济、文化等综合视角来探讨这一问题。1993年,哈佛大学"俄罗斯研究中心"(Russian Research Center)和"乌克兰研究院"(Ukrainian Research Institute)研究人员帕特里夏·肯尼迪·格里姆斯泰特(Patricia Kennedy Grimsted)结合自身在俄罗斯的经历,研究了当时俄罗斯档案界在探索档案开放利用等方面所作的各种努力,以及受政治、经济等多种因素制约的现实[3]。十年后,加拿大国家图书档案馆政治档案部的乔治·博洛坚科(George Bolotenko)撰文指出,俄罗斯、乌克兰在1991—1999年为建立一个"稳定""运转良好""在政府体系中拥有一席之地""员工与资金有基本保障"的公共档案馆系统作出了相当的努力[4]。2001年,时任英国公共档案馆馆长的萨拉·泰亚克(Sarah Tyacke)撰文从政治、文化层面分析20世纪90年代英国公共档案馆的转型与发展策略,她认为当代公共档案馆处于信息开放的社会环境,应在处

---

[1] Elizabeth Yakel, Wendy Duff, Helen Tibbo, et al, "The Economic Impact of Archives: Surveys of Users of Government Archives in Canada and the United States", The American Archivist, Vol. 75, No. 2, Sep. 2012, pp. 297–325.

[2] Bekir Ataman, "Archives Mean Money: How to Make the Most of Archives for Public Relations Purposes—The Yapi Kredi Bank Example", The American Archivist, Vol. 72, No. 1, Apr. 2009, pp. 197–213; Ken Harrop, Graham Coulson, Kathryn Ray, et al, "Bidding for Records: Local Authority Archives and Competitive Funding", Journal of the Society of Archivists, Vol. 23, No. 1, 2002, pp. 35–50; Louise Ray, Elizabeth Shepherd, Andrew Flinn, et al, "Funding archive services in England and Wales: institutional realities and professional perceptions", Archives and Records, Vol. 34, No. 2, Oct. 2013, pp. 175–199.

[3] Patricia Kennedy Grimsted, "Russian Archives in Transition: Caught Between Political Crossfire and Economic Crisis", The American Archivist, Vol. 56, No. 4, Sep. 1993, pp. 614–662.

[4] George Bolotenko, "Frost on the Walls in Winter: Russian and Ukrainian Archives since the Great Dislocation (1991–1999)", The American Archivist, Vol. 66, No. 2, Sep. 2003, pp. 271–302.

理档案的鉴定与销毁、开放与封闭等关系中保持一种社会平衡策略[1]。近年来，欧美地方公共档案馆逐步深度参与当地的政治、经济、文化建设，形成了良好的互动效应，因此学者们从历史与现实的双重角度开展研究，以找到地方公共档案馆发展的有效路径与策略。2013年，英国《档案与文件》（Archives and Records）杂志专门刊发了一组研究英国地方公共档案馆的论文，较为系统地分析了英国地方公共档案馆体系的产生、发展历程，总结了不同类型地方公共档案馆的发展模式及其复杂的政治、经济与文化背景[2]。

近年来，随着世界各国重构战争记忆等项目的兴起与发展，学者们开始探讨战争对公共档案馆发展的影响以及当代档案馆如何从中吸取经验教训。埃里克·C. 斯托伊科维奇（Eric C. Stoykovich）总结了美国南北战争时期美国东部地区公共档案文件所遭受的巨大损失，认为这一事件对于提升美国精英阶层对公共档案的重视具有一定的积极作用[3]。西班牙拉里奥哈（La Rioja）地区档案馆与西班牙复原历史协会（Association for the Recovery of Historical Memory，ARHM）等组织开展紧密合作，通过整理馆藏、征集口述史及相关文献史料等方式，为西班牙内战（1936—1939年）及弗朗哥独裁统治时期（1939—1975年）的受害者恢复记忆，英国伦敦大学学院信息研究学系的迈兰·江普（Meirian Jump）认为这一

---

[1] Sarah Tyacke, "Archives in a Wider World: The Culture and Politics of Archives", Archivaria, No. 52, Fall 2001, pp. 1 – 25.

[2] Michael Cook, "Myths of the Golden Age: English Local Record Office, 1947 – 1962", Archives and Records, Vol. 34, No. 1, 2013, pp. 9 – 14; Melinda Haunton, "County Committee to County Record Office? The National Register of Archives and the Growth of the County Archive Network", Archives and Records, Vol. 34, No. 1, 2013, pp. 15 – 26; Margaret Procter, "English Local Records: Problems and Proposals, 1880 – 1920", Archives and Records, Vol. 34, No. 1, 2013, pp. 27 – 42; Susan Jane Davies, Julie Dawn Stanton Mathias, "From Record Commissions to Record Repositories: Archival Custody in Wales, 1800 – 1995", Archives and Records, Vol. 34, No. 1, 2013, pp. 43 – 66; Kirsty McHugh, Brian Barber, "Yorkshire Archives and A League of Gentlemen: The Yorkshire Archaeological Society and Record-collecting 1863 – 2013", Archives and Records, Vol. 34, No. 1, 2013, pp. 67 – 83; Joanne Ruth Wishart, "A History of the Shetland Archives", Archives and Records, Vol. 34, No. 1, 2013, pp. 84 – 94; Paul Leaver, "'Paid Eight Guinuyes for An Index': The Origins of the Hull History Center", Archives and Records, Vol. 34, No. 1, 2013, pp. 95 – 110; James Francis John Collett-White, "Bedfordshire 1913 – 2013. The First County Record Office and How it has Evolved to Meet the Challenges of the First 100 Years", Archives and Records, Vol. 34, No. 1, 2013, pp. 111 – 129.

[3] Eric C. Stoykovich, "Public Records in War: Toward an Archival History of the American Civil War", The American Archivist, Vol. 80, No. 1, Spring/Summer 2017, pp. 135 – 162.

案例体现了档案馆在再现国家、集体记忆以及保障后独裁时期的人权等方面具有重要价值①。加州大学洛杉矶分校信息研究学系教授、信息证据研究中心主任安·吉利兰（Anne Gilliland）梳理了"二战"前后英国、法国、德国、意大利等国家在保护公共档案馆方面的工作，并采用人类社会学的研究方法，深入克罗地亚等前南斯拉夫地区国家，调查这些至今依然各种冲突与危机不断的国家和地区的档案管理工作，并总结了全球化时代公共档案馆及档案工作者的角色定位②。

（三）公共档案馆公共服务研究

20世纪五六十年代以后，公共服务逐步成为世界各国国家档案馆和各地方档案馆的重要职责。从现有文献看，国外有关公共档案馆公共服务的研究集中在两个方面。一是从职业伦理与规则演化的视角来探索公共档案服务的职业定位及发展策略；二是从技术演变的角度来分析公共档案服务的改进措施和路径。

公共档案馆理念的形成实际意味着公共档案服务职业伦理与行为规范的确立。早在20世纪60年代，英国学者就开始探讨档案工作者与公众的关系问题，认为传统的公共档案馆过于关注保存档案的证据与行政价值，尽管对待普通利用者的态度从"故意阻碍"到"宽容"，但业界依然缺乏一个可接受的行为标准或职业规则来指导档案工作者应对与公众相关的问题③。此后很长一段时期，档案公共服务规则的构建与发展成为学术界研究的热点问题，如开放、安全与保密的平衡④，公共利用中的隐私权保护⑤，

---

① Meirian Jump, "The Role of Archives in the Movement for the Recovery of Historical Memory in Spain. La Riojia: A Regional Case Study", *Journal of the Society of Archivists*, Vol. 33, Vol. 2, Oct. 2012, pp. 149–166.

② Anne Gilliland, "To What Lengths the 'Physical and Moral Defence of the Record' in Times of Conflict and Exigency?", *Archives and Records*, Vol. 39, No. 2, July 2018, pp. 117–138.

③ E. Kenneth Timings M. A., F. S. A, "The Archivist and the Public", *Journal of the Society of Archivists*, Vol. 2, No. 5, 1962, pp. 179–183.

④ Steven Stuckey, Kathryn Dan, eds., *Privacy versus Access: Papers from a Seminar on the Issues of the Right to Privacy, the Right of Access to Information, and the Dilemma of the Records Custodian*, Dickson, Australia: Australian Society of Archivists Inc., 1991; Angelika Menne-Haritz, "Access-The Reformulation of an Archival Paradigm", *Archival Science*, Vol. 1. No. 1, 2001, pp. 57–82.

⑤ M. D. Kirby, "Access to Information and Privacy: The Ten Information Commandments", *Archivaria*, No. 23, Winter 1986–87, pp. 4–15; Paul J. Sillitoe, "Privacy in a Public Place: Managing Public Access to Personal Information Controlled by Archives Services", *Journal of the Society of Archivists*, Vol. 19, No. 1, 1998, pp. 5–15.

档案开放与知识产权保护的协同等[1],这些为档案工作者开展公共服务、正确处理开放利用的相关政策及技术问题提供了可供借鉴的行动指南。多伦多大学的珍妮弗·道格拉斯(Jennifer Douglas)和希瑟·麦克尼尔(Heather MacNeil)通过对加拿大公共档案馆在1882年至1975年形成的目录索引等检索工具的统计分析,揭示了这些检索工具所体现的加拿大不同时代的文化知识形态及其公共服务理念的变迁[2]。近年来,新公共管理、社群档案(Community Archives)等理念开始在西方各国盛行,引起了公共档案服务研究的新变化。加拿大学者特里·库克较早认识到从文件管理到文件治理的转型趋势,尽管他是从宏观鉴定的视角来分析这一变化[3],但无疑表明公共档案服务的多元参与格局开始凸显。马里兰大学的贾森·G. 斯佩克(Jason G. Speck)认为,在多元化社会格局中,档案馆和档案工作者亟须培养和保护公众信任机制,重建档案职业规范,以应对各种社会挑战[4]。公私合作模式成为欧美国家开展公共档案服务的重要趋势[5]。社群档案概念则是当前国际档案学界最热门的研究话题之一,它要求档案馆为不同地域、身份、性别、经济地位、文化习俗等特征而形成的社群开展查档、建档服务,为其重建、恢复记忆,使特殊群体或少数族群在国家记忆体系中占据一席之地,进而扩大档案馆的社会影响力和服务辐射面。澳大利亚蒙纳什大学的加万·J. 麦卡锡(Gavan J McCarthy)和乔安妮·埃文斯(Joanne Evans)以澳大利亚各档案机构与澳大利亚家庭、住房、社区服务和原住民事务部(Department of Families, Housing, Community Services and Indigenous Affairs, FaHCSIA)共同参与

---

[1] Karyl Winn, "American Archivists' Experience With Copyright", *Archivaria*, No. 18, Summer 1984, pp. 99 – 104; Jean Dryden, "Copyright Issues in the Selection of Archival Material for Internet Access", *Archival Science*, Vol. 8, No. 2, 2008, pp. 123 – 147; Jim Whitman, Julie McLeod, Catherine Hare, "BIAP: Balancing Information Access and Privacy", *Journal of the Society of Archivists*, Vol. 22, No. 2, 2001, pp. 253 – 274.

[2] Jennifer Douglas, Heather MacNeil, "The Generic Evolution of Calendars and Inventories at the Public Archives of Canada, 1882 – ca. 1975", *The American Archivist*, Vol. 77, No. 1, Apr. 2014, pp. 151 – 174.

[3] Terry Cook, "Macro-appraisal and Functional Analysis: Documenting Governance Rather Than Government", *Journal of the Society of Archivists*, Vol. 25, No. 1, 2004, pp. 5 – 18.

[4] Jason G. Speck, "Protecting Public Trust: An Archival Wake-Up Call", *Journal of Archival Organization*, Vol. 8, No. 1, June 2010, pp. 31 – 53.

[5] Adam Kriesberg, "The Future of Access to Public Records? Public-private Partnerships in US State and Territorial Archives", *Archival Science*, Vol. 17, No. 1, 2017, pp. 5 – 25.

服务于"被遗忘的澳大利亚（Forgotten Australians）"[1]群体为例，分析了档案馆在重构这一群体的个人及家庭记忆中的具体作用，并总结了档案信息服务在公共领域中的地位、原则及其社会意义[2]。汤姆·A. 阿达米（Tom A. Adami）和马莎·亨特（Martha Hunt）以卢旺达建立种族屠杀档案馆为例，阐释了档案馆在记录种族屠杀等反人类罪行、维护国际正义等国际事务方面的价值、运作流程、发展模式等基本内容[3]。南非大学信息科学系的伊莎贝尔·舍拉克-凯利（Isabel Schellnack-Kelly）探讨了在后种族隔离时代的南非，公共档案馆的档案工作者如何提升专业技能和职业素养，以及如何借用欧美国家的档案学理论来构建适合南非档案工作者的公共服务标准与职业准则[4]。

20世纪90年代以来，信息技术革命的推进使全球经济、政治、社会等各个领域发生了根本性的变化，公共档案馆的服务理念、内容、方式、范围等也随之发生着深刻的变革。特里·库克很早就敏锐地认识到当时公共档案馆领域呈现的由信息管理向知识管理前行的趋势[5]，他认为，档案工作者应当运用专业知识来传递丰富信息，以适应不同用户的需求，从而让档案馆的公共服务项目不致淹没在某些"麦当劳式"快餐性遗产信息项目当中[6]，从而构建电子文件管理时代的公共档案服务新思维[7]。美国麻省理工学院图书馆的马琳·马诺夫（Marlene Manoff）则从档案数据库在人文社科领域的广泛运用这一现象入手，分析了数字媒体环境下

---

[1] "被遗忘的澳大利亚人"（Forgotten Australians）是20世纪30年代至70年代澳大利亚政府推行快速增加人口政策的直接产物，这一时期先后共有近50万儿童从英国和英国的殖民地被强制带到澳大利亚，他们被作为"孤儿"送进了澳大利亚各地政府和教会的慈善机构、孤儿院或者寄养家庭，大部分儿童在身体、精神上遭受了不同程度的虐待。参见 https://en.wikipedia.org/wiki/Forgotten_Australians。

[2] Gavan J McCarthy, Joanne Evans, "Principles for Archival Information Services in the Public Domain", *Archives and Manuscripts*, Vol. 40, No. 1, Apr. 2012, pp. 54 – 67.

[3] Tom A. Adami, Martha Hunt, "Genocidal Archives: The African Context—Genocide in Rwanda", *Journal of the Society of Archivists*, Vol. 26, No. 1, 2005, pp. 105 – 121.

[4] Isabel Schellnack-Kelly, "Role of Public Archivists in Post-apartheid South Africa: Passive Custodians or Proactive Narrators", *Archives and Records*, Vol. 38, No. 2, 2017, pp. 273 – 295.

[5] Terry Cook, "From Information to Knowledge: An Intellectual Paradigm for Archives", *Archivaria*, No. 19, Winter 1984 – 1985, pp. 28 – 49.

[6] Terry Cook, "Viewing the World Upside Down: Reflections on the Theoretical Underpinnings of Archival Public Programming", *Archivaria*, No. 31, Winter 1990 – 1991, pp. 123 – 134.

[7] Terry Cook, "Electronic Records, Paper Minds: The Revolution in Information Management and Archives in the Post/custodial and Post/modernist era", *Archives and Manuscripts*, Vol. 22, No. 2, Nov. 1994, pp. 300 – 328.

历史记录和公共档案服务的变化及其背后的哲学意义[1]。荷兰学者吉多·翁杰纳（Guido Ongena）等人通过网络调查分析的方法，研究了普通民众对档案机构开展在线音像文化遗产服务的接受度问题[2]。爱沙尼亚国家档案馆的塔尔沃·卡尔伯格（Tarvo Kärberg）利用网络分析技术（web analytics）——Piwik 软件分析特定群体的数字信息资源用户行为及其使用偏好，从而更好地为公共档案馆用户提供优质、高效的信息服务[3]。瑞典学者安–索菲耶·克拉雷尔德（Ann-Sofie Klareld）和卡塔琳娜·L. 伊德隆德（Katarina L. Gidlund）结合瑞典政府档案服务工作的相关实践，进一步提出要摒弃传统的"纸质思维"（Paper Minds），重新理解数字背景下档案馆的定位、角色与发展潜力，以构建适应数字技术时代的公共档案服务的新原则、新方法[4]。加拿大学者劳拉·米勒（Laura Millar）认为，数字档案工作者（digital archivists）这一职业的出现将改变传统的档案管理方式，档案工作者需要与档案馆、技术系统和民众之间建立更紧密的联系，从而使得文档服务工作能适应多变的数字环境[5]。谢菲尔德大学信息学院和英国国家档案馆的学者们共同探索了将自然语言处理技术和地理信息检索技术引入历史档案利用与服务领域的可行性[6]。波兰学者安娜·索布查克（Anna Sobczak）通过介绍德国巴登—符腾堡州档案馆自主研发的数字存储软件，探讨了地方公共档案馆合作开发档案云存储服务平台的可能性[7]。近年来，公共档案馆广泛采用社交媒体等最新信息技术

---

[1] Marlene Manoff, "Archives and Database as Metaphor: Theorizing the Historical Record", *Portal-Libraries and the Academy*, Vol. 10, No. 4, Oct. 2010, pp. 385–398.

[2] Guido Ongena, Lidwien van de Wijngaert, Erik Huizer, "Acceptance of online audio-visual cultural heritage archive services: a study of the general public", *Information Research-An International Electronic Journal*, Vol. 18, No. 2, June 2013 (http://www.informationr.net/ir/18 – 2/paper575.html#.WjM_R9 – WaM8).

[3] Tarvo Kärberg, "Digital Preservation and Knowledge in the Public Archives: for Whom?", *Archives and Records*, Vol. 35, No. 2, Aug. 2014, pp. 126–143.

[4] Ann-Sofie Klareld, Katarina L. Gidlund, "Rethinking Archives as Digital: The Consequences of 'Paper Minds' in Illustrations and Definitions of E-archives", *Archivaria*, No. 83, Spring 2017, pp. 81–108.

[5] Laura Millar, "On the Crest of a Wave: Transforming the Archival Future", *Archives and Manuscripts*, Vol. 45, No. 2, 2017, pp. 59–76.

[6] Paul Clough, Jiayu Tang, Mark M. Hall, et al, "Linking Archival Data to Location: A Case Study at the UK National Archives", *Aslib Proceedings*, Vol. 63, No. 2/3, 2017, pp. 127–147.

[7] Anna Sobczak, "Public Cloud Archives: Dream or Reality?", *Canadian Journal of Information and Library Science*, Vol. 39, No. 2, June 2015, pp. 228–234.

来推动业务工作发展,学界对此作出了积极回应。2010年,英国伦敦国王学院历史学博士生亚当·克林布尔(Adam Crymble)以推特(Tiwtter)和脸书(Facebook)为调查对象,探讨了国际档案界使用社交媒体的基本状况[1]。加拿大学者多伦多大学信息学院的温迪·M.达夫(Wendy M. Duff)等人则关注如何利用社交媒体将档案馆的特色馆藏推介出去,以提升档案馆信息资源的公共获取水平[2]。伦敦大学学院的乔治·库班(George Cooban)则通过对多名"在家办公的维基百科编辑"(Wikipedians in Residence)的深度访谈,研究了档案工作者参与编辑"维基百科"的性质及其影响,从而探讨了Web2.0时代"参与式档案馆"作为一种新的服务方式的发展路径[3]。利物浦大学历史系的玛格丽特·普罗克特(Margaret Procter)则从历史与理论的双重角度,阐述了当代档案公共服务及其职业准则在推动社会认知、获得社会支持等方面的关键作用[4]。社交媒体使得众包等理念逐步为档案界所熟知和接受,公民参与公共档案资源建设与服务逐渐成为社会共识,2010年4月12日美国国家档案馆馆长戴维·S.费列罗(David S. Ferriero)在官方微博上发文,将这一模式总结为"公民档案工作者"(Citizen Archivists)[5],从而引起了学术界的广泛探讨。从相关研究成果看,当前公民档案工作者参与的公共档案服务领域主要有:历史档案的数字化转录与处理、社群档案的收集与利用、

---

[1] Adam Crymble, "An Analysis of Twitter and Facebook Use by the Archival Community", *Archivaria*, No. 70, Fall 2010, pp. 125–151.

[2] Wendy M. Duff, Catherine A. Johnson, Joan M. Cherry, "Reaching Out, Reaching In: A Preliminary Investigation into Archives' Use of Social Media in Canada", *Archivaria*, No. 75, Spring 2013, pp. 77–96; Wendy M. Duff and Jessica Haskell, "New Uses for Old Records: A Rhizomatic Approach to Archival Access", *The American Archivist*, Vol. 78, No. 1, Mar. 2015, pp. 38–58.

[3] George Cooban, "Should Archivists edit Wikipedia, and If So How", *Archives and Records*, Vol. 38, No. 2, June 2017, pp. 257–272.

[4] Magaret Procter, "Protecting Rights, Asserting Professional Identity", *Archives and Records*, Vol. 38, No. 2, June 2017, pp. 296–309.

[5] David S. Ferriero, "Cultivating Citizen Archivists", Apr. 12, 2010 (https://aotus.blogs.archives.gov/2010/04/12/cultivating-citizen-archivists/).

战争记忆的著录标签、政府文件的公开等①。

此外,图书馆、档案馆、博物馆等机构合并、重组的现象在国外也不少见,著名的如加拿大国家图书档案馆、埃塞俄比亚国家档案馆图书馆等,因此有部分学者从整合视角研究公共档案服务的提升路径。国际图联(IFLA)2008年发布的调研报告显示:"由于图书馆、档案馆和博物馆往往以同样的方式为同一社区开展服务,它们自然会成为合作伙伴",公共图书馆、博物馆和档案馆之间具有广泛合作的趋势②。当前,部分国家的地方公共图书馆实际承担着公共档案馆的职责③。南非大学的两位学者通过问卷调查和面对面采访等方式,对非洲东部和南部地区的公共档案馆开展整合服务的状况进行调研,发现公共档案馆并没有在图书、档案、博物的整合服务中占据主导地位,因此他们建议公共档案馆需要与图书馆、博物馆和其他文化遗产机构开展更积极有效的整合服务项目,以提升其公共形象④。加拿大国家图书档案馆政府文件部的凯瑟琳·蒂姆斯(Katherine Timms)认为,在数字环境下利用者更在意他们能获得什么资源,而不关注资源的所有权归属问题,因此建议通过集成搜索系统、元数据聚合系统、馆藏级的著录方法以及各种混

---

① Lesley Parilla, Meghan Ferriter, "Social Media and Crowdsourced Transcription of Historical Materials at the Smithsonian Institution: Methods for Strengthening Community Engagement and Its Tie to Transcription Output", *The American Archivist*, Vol. 79, No. 2, Sep. 2016, pp. 438 – 460; Maria Kallberg, "Archivists 2.0: Redefining the Archivist's Profession in the Digital Age", *Records Management Journal*, Vol. 22, No. 2, 2012, pp. 98 – 115; Jimmy Zavala, Alda Alina Migoni, Michelle Caswell, et al, "'A Process Where We're All at the Table': Community Archives Challenging Dominant Modes of Archival Practice", *Archives and Manuscripts*, Vol. 45, No. 3, 2017, pp. 202 – 215; Dima Saber, Paul Long, "'I Will not Leave, My Freedom is More Precious Than My Blood'. From Affect to Precarity: Crowd-sourced Citizen Archives as Memories of the Syrian War", *Archives and Records*, Vol. 38, No. 1, 2017, pp. 80 – 99; Cassie Findlay, "People, Records and Power: What Archives Can Learn from WikiLeaks", *Archives and Manuscripts*, Vol. 41, No. 2, 2013, pp. 7 – 22.

② Alexandra Yarrow, Barbara Clubb, Jennifer-Lynn Draper, "Public Libraries, Archives and Museums: Trends in Collaboration and Cooperation" (https://www.ifla.org/files/assets/hq/publications/professional – report/108. pdf).

③ Sigrid McCausland, "Archives for the People: Public Libraries and Archives in New South Wales", *The Australian Library Journal*, Vol. 64, No. 4, 2015, pp. 270 – 280.

④ Nampombe Saurombe, Patrick Ngulube, "To Collaborate or not to Collaborate, That is the Question: Raising the Profile of Public Archives in East and Southern Africa", *Information Development*, Dec. 2016, DOI: 10.1177/0266666916684181.

合系统，构建一个内容更丰富、检索更快捷的集成化资源获取系统①。还有学者从特藏建设与服务的角度探索了公共图书馆开展图书、档案、手稿等馆藏整合服务的历史、现状与特征②。

除了以上三个主题的研究成果外，21世纪以来国外学者出版的一些档案学著作中，有不少涉及了公共档案馆的历史、发展与对策问题③，这些专著也成为了解国外公共档案馆研究动态的重要资料。

二 国内公共档案馆研究综述

早在民国时期，国内学者就开始介绍欧美各类政府档案馆④。20世纪八九十年代开始，国内综合性档案馆兴起了以开发档案教育价值为核心的社会化服务活动，公共档案馆理念在学界萌芽，不过以介绍国外档案馆的基本状况为主⑤，并未形成系统的理论研究成果。值得注意的是，此时国内已有部分学者注意到在中国建设公共档案馆的价值与意义，主要

---

① Katherine Timms, "New Partnerships for Old Sibling Rivals: The Development of Integrated Access Systems for the Holdings of Archives, Libraries, and Museums", *Archivaria*, No. 68, Fall 2009, pp. 67 – 95.

② Diantha Dow Schull, *Archives Alive: Expanding Engagement With Public Library Archives and Special Collections*, Chicago: American Library Association, 2015.

③ Richard J. Cox, David A. Wallace, *Archives and the Public Good: Accountability and Records in Modern Society*, Westport: Quorum Book, 2002; Maria Brosius, *Ancient Archives and Archival Traditions: Concepts of Record-Keeping in the Ancient World*, New York: Oxford University Press, 2003; Elizabeth Shepherd, *Archives and Archivists in 20th Century England*, Farnham & Burlington: Ashgate Publishing Ltd., 2009; Anne J. Gilliland, *Conceptualizing 21st – Century Archives*, Chicago: Society of American Archivists, 2014; John H. Slate, Kaye Lanning Minchew, *Managing Local Government Archives*, Maryland & London: Rowman and Littlefield, 2016.

④ 比较有代表性的论文有：蒋廷黻：《欧洲几个档案库》，《国立北平故宫博物馆十周年纪念文献特刊》，1935年；傅振伦：《游英法档案馆小记》，《文献论丛·论述二》（创刊号），1936年10月10日；王绳祖：《伦敦档案局印象记》，《斯文》1940年第3期；王重民：《美国国立档案馆印像记》，《世界月刊》1948年第3期。从这些文章的内容看，主要以介绍各档案馆的馆藏范围、开放与利用状况为主。

⑤ 代表性的如：郑德化、刘咏聪：《英国公共档案馆散记》，《档案学通讯》1988年第5期；吕明军：《美国档案事业的形成及其特点》，《辽宁档案》1989年第6期；张照余：《美国档案工作的发展阶段与特征》，《档案学研究》1993年第1期；陶文钊：《英国公共档案馆见闻》，《中国档案》1994年第3期；张恩庆：《美国档案的开放与利用》，《档案学通讯》1994年第3期；倪红：《苏格兰档案馆的变革与发展》，《上海档案》1995年第2期；李财富：《关于中美档案利用工作的比较》，《北京档案》1997年第3期；郦玉明：《美国档案工作发展概况》，《民国档案》1997年第3期。

表现为：第一，20世纪80年代末期出现了多篇探讨档案馆公共关系、公共利用服务的学术论文[1]；第二，国内学者开始思考公共档案馆在中国的对照物及其体系构建问题[2]。尽管这些研究未被纳入严格意义上的公共档案馆学术框架内讨论，但其内容已经触及公共档案馆理论的内核，为21世纪初兴起的公共档案馆研究奠定了一定的理论基础。2001年，杜长安发文呼吁打造面向社会大众的真正的"公共档案馆"[3]，自此揭开了我国真正意义上的公共档案馆研究的序幕。经过近二十年的发展，国内公共档案馆研究由浅入深、由点及面，取得了颇为丰硕的研究成果。

（一）公共档案馆内涵研究

公共档案馆这一概念是个"舶来品"，中国档案馆一般被冠以国家综合档案馆、专门档案馆等名称，因此如何使之成为适合中国档案管理体制的本土化概念，是中国学者们首先关心的问题。早期的公共档案馆内涵研究大多围绕公共档案馆与综合性国家档案馆等之间的关系展开。2001年，冯惠玲、张辑哲主编的《档案学概论》在第五章专门讨论了"公共档案馆"这一概念，并认为国家综合档案馆和专门档案馆均可纳入公共档案馆范畴[4]。2002年，薛匡勇在《档案馆论》一书中提出，今后中国档案馆的发展将逐步从"数量的扩展"向"内涵的发展"转变，公共档案馆是重要的建设方向，他认为"国家公共档案馆系统是以重组后的各级综合性档案馆为主体、部分公共性专业档案馆为补充的档案馆网络体系"[5]。2002年出台的《深圳经济特区档案与文件收集利用条例》第四章第二十一条规定："本条例所称的公共档案馆包括市、区档案馆和专

---

[1] 这一时期与公共档案馆有关的代表性论文主要有：厉佛新：《论档案馆公共关系》，《山西档案》1998年第4期；丁海斌：《谈档案馆的公共利用服务工作》，《档案》1988年第5期；丁海斌：《建立和开展档案馆的公共关系工作》，《档案工作》1989年第12期。

[2] 1996年陈智为在论及档案馆教育功能时就认为，中国的中央和地方各级综合档案馆是文化事业机构，相当于"国外的公共档案馆"（陈智为：《试论档案馆的教育功能》，《北京档案》1996年第5期）。1997年，于桂兰撰文指出，传统的"档案馆与广大公众之间树起了一道神秘的屏障，使人们无法自由地认识、关心、利用它"，因此建议从视觉形象、人员形象、服务形象、功能形象等方面进行转变，以塑造档案馆的文化事业机构形象，以推动档案馆事业的发展（于桂兰：《塑造档案馆的文化事业机构形象》，《档案学通讯》1997年第2期）。

[3] 杜长安：《打造真正的"公共档案馆"》，《上海档案》2001年第3期。

[4] 冯惠玲、张辑哲主编：《档案学概论》，中国人民大学出版社2001年版，第84—85页。

[5] 薛匡勇：《档案馆论》，第二军医大学出版社2002年版，第164页。

门档案馆"[1]。这是国内对"公共档案馆"内涵所做出的第一个官方界定。2003年12月，李国庆在第二届上海档案论坛发言中明确指出，"我国各级国家档案馆应该是不同层次的公共档案馆"，"把各级国家档案馆确认为公共档案馆，其理论意义在于从社会化的角度重新认识档案馆的性质、职能、社会地位"，进而他认为，"凡是由国家设立，主要收藏公共档案，为社会公众提供服务的档案馆，都被称为'公共档案馆'"[2]。不难看出，我国当前广泛建成的各级各类国家档案馆和专门性档案馆具备成为公共档案馆的潜质，但在公共服务理念上需要加以明晰、深化，这一点学界基本达成共识。郭红解认为，真正的公共档案馆须具备两个基本要素：一是档案馆是由国家和政府设立并管理；二是资源属于国家和社会全体公民并为全体公民所共享[3]。宗培岭从馆藏公共化、信息传播路径多样化与档案利用社会化等三方面对公共档案馆的内涵进行了界定[4]。赵建功认为，判断一个档案馆是否为公共档案馆可以从三个方面加以考虑：（1）是否以普通公众为服务对象并具有为普通公众提供平等服务的义务；（2）是否有提供相应服务的法律保障；（3）是否有满足公众需求的资源保障。据此，赵建功认为，"从以上条件看，在我国，最有资格充任公共档案馆的还是综合档案馆"[5]。

公共档案馆这一概念的出现并不是对中国综合性国家档案馆或专门性国家档案馆的否定，这是建设中国公共档案馆时须注意的重要问题。刘国能认为，公共档案馆与综合档案馆或其他档案馆不是矛盾的，而是分类标准不同而得出的不同称谓，公共档案馆是从档案馆性质和服务对象上讲的，从一般意义上讲，综合档案馆是一个量的概念，而公共档案馆有质的内涵，因此公共档案馆的出现和发展是社会进步的产物，是有

---

[1] 《深圳经济特区档案与文件收集利用条例》，《中国档案》2002年第8期。

[2] 这些观点均来自于李国庆在2003年12月由上海市档案局（馆）举办的主题为"新时期公共档案馆建设"的档案论坛上的发言。参见李国庆《公共档案馆社会功能的定位及其实现途径》，载深圳市档案局编《情系兰台论纵横：李国庆档案工作文选》，中国档案出版社2007年版，第256页。

[3] 郭红解：《析公共档案馆》，《中国档案》2007年第2期。

[4] 宗培岭：《公共档案馆 你从哪里来——写在上海市档案馆新馆开馆之际》，《浙江档案》2004年第1期。

[5] 赵建功：《公共档案馆刍议》，《山西档案》2003年第4期。

条件的①。潘玉民认为，提倡建设公共档案馆并不是要在现有的档案馆以外重新再建一个公共档案馆，而是应从为公众服务的层面上深刻认识公共档案馆的意义，在服务理念、服务机制、社会化功能方面有根本的转变②。

姚志强总结前人成果后认为，公共档案馆并不是一个新出现的事物，而是在强化传统档案馆"公共性"的基础上建设而成的③。公共档案馆内涵的关键在于对"公共"二字的解读。早在2000年，白茹就从社会体制、档案馆性质、档案价值等方面阐述了国家档案馆的公共性，认为国家档案馆只有向公众开放才能真正体现其公共性④。李国庆认为，"公共"的实质是为社会所共有，而不归私家或某些团体、组织所有，是为公众服务，而并非仅为私家或某些团体、组织服务。在他看来，公共档案馆的根本特征是全方位向社会提供服务，使馆藏档案资源为全体公民所共享。⑤ 由此可知，公共性体现着公共档案馆的本质属性，其成熟与完善程度与公共档案馆的发展态势紧密相连。尽管2003年以后公共档案馆理论研究逐步升温，但公共档案馆实践却与公众的期待仍有一定的距离，理论上的公共性和现实的公共性差距不小，王改娇、曹航、张晓霞、丁宁等从中外对比的视角分析了中国国家档案馆公共性不足的原因⑥。

周林兴则从制度视角对公共档案馆的内涵进行了阐述，他认为公共档案馆不仅是一种机构，同时也是一种制度，是民主社会为了保障公民

---

① 刘国能：《悟与路——实践档案工作之感悟与途程》，中国档案出版社2007年版，第177页。
② 潘玉民：《公共档案馆，你到哪里去——兼论社会发展与档案馆社会化》，《浙江档案》2005年第6期。
③ 姚志强：《我国公共档案馆研究述评》，《浙江档案》2005年第10期。
④ 白茹：《试论国家档案馆的公共性》，《档案管理》2000年第6期。
⑤ 李国庆：《对我国公共档案馆建设的理性思考》，《档案学研究》2007年第1期。
⑥ 参见王改娇《我国国家档案馆公共性的先天不足——比较中外国家档案馆的产生背景和工作宗旨》，《山西档案》2008年第3期；曹航《关于国家档案馆公共性的理性思考》，《档案学通讯》2008年第3期；张晓霞《中美档案馆比较——以档案馆的公共性为切入点》，《档案学研究》2011年第4期；丁宁《"民主政治"视阈下西方国家国家档案馆公共性的历史演进》，《档案》2014年第1期；丁宁《民主政治视阈下我国国家档案馆公共性的历史演进》，《档案》2014年第8期；焦静《公共档案馆公共性建设探析》，硕士学位论文，黑龙江大学，2011年。

的信息权利而选择的制度安排①。蔡娜、宗培岭也持类似观点。蔡娜认为公共档案馆"是社会为了保障公民基本信息权的一种制度设计和安排"②，宗培岭认为公共档案馆的出现是民主发展到一定阶段的必然产物，"它既是一个场所，又是一种制度"③。

（二）公共档案馆建设与发展研究

公共档案馆理念提出之后，很快全国档案界就如何推进公共档案馆的落地进行了热烈的研讨。2004年3月，社会学家邓伟志在政协第十届全国委员会第二次会议上倡导加强公共档案馆建设，充分体现档案馆的社会性、文化性和开放性，建立高质量、高品位、高效率的档案馆公共服务体系④。2003—2006年，全国各地举办了多场以公共档案馆为主题的学术研讨会，包括上海市档案局举办的"新时期公共档案馆建设"学术研讨会（2003年12月）和"面向未来的城市档案馆"国际学术研讨会（2004年4月），中国人民大学信息资源管理学院举办的"公共档案馆利用服务社会化"学术研讨会（2004年12月），山东省档案局举办的以"丰富文化内涵、强化服务功能、着力打造高品位公共档案馆"为主题的笔会活动（2005年），沈阳市档案局举办的"公共档案馆建设"专题报告会（2005年），陕西省档案局举办的"公共档案馆档案资源建设研讨会"（2006年11月），中国档案学会与天津市档案局、天津开发区管委会主办的"滨海新区开发开放与公共档案馆建设"高层论坛（2006年12月）。这些呼吁和研讨引发了学术界对公共档案馆建设策略与发展方向的思考，形成了一批有影响的学术成果。

公共档案馆的倡导者和实践者们多从自身经验提炼相关的建设路径。刘南山以上海市开展公共档案馆建设为例，从城市定位、文化内涵、服务功能三个方面提出了建设面向未来的城市公共档案馆的具体策略⑤。李国庆结合深圳市档案馆整合市、区档案资源，提升公共服务能力的经验，

---

① 周林兴：《公共档案馆与制度公正——关于公共档案馆的制度视角研究》，《北京档案》2005年第8期。
② 蔡娜：《公共档案馆——公民信息权的基本保障》，《档案与建设》2005年第11期。
③ 宗培岭：《公共档案馆建设若干基本问题探讨（一）》，《浙江档案》2006年第8期。
④ 邓伟志：《加强公共档案馆的建设》，载邓伟志《邓伟志文集（5）》，上海人民出版社2008年版，第1182—1884页。
⑤ 刘南山：《建设面向未来的城市档案馆》，《中国档案报》2004年5月6日第1版。

提出结合档案管理体制改革状况，逐步形成包括完全集中管理模式、部分集中管理模式和档案城模式三种档案中心并存的公共档案机构发展格局①。姜之茂提出，可以从增加"低龄"开放档案、加快档案网络利用、建设精品的档案馆建筑、增加对外开放时间、探索藏档于民等方式，来打造亲民的公共档案馆②。黄丽萍以天津开发区档案馆实践为例，提出树立"公共服务"和"大档案"两种意识，前者用来打造公共档案馆的环境建设，后者用于构建公共档案馆多元化的档案资源结构③。档案学界则侧重于强调理念、机制等转变对档案馆转型和公共档案馆建设的重要性。冯惠玲认为公共档案馆要求档案馆要拉近与民众的距离，最大限度地为广大民众服务，建议从思想观念、馆藏建设、档案服务三个方面实施"亲民"战略，从而使档案馆获得广泛的生机④。宗培岭认为公共档案馆建设既是观念上的转变，也是实体上的转变，是由量变到质变的过程⑤。刘家真认为公共档案馆的创建，不是传统档案馆的简单合并，而应该更加强调公共政策的扶持与传统档案理念的转变，而在档案理念的转变方面，首先，应当认识到"档案是全社会的知识资本"，公共部门的档案作为人类记忆库的重要社会功能日益凸显；其次，要正确认识保密与公开的关系，通过立法与政策的更新使档案开放利用适应新形势发展的需要；最后，要认识到文化资源整合的重要性，强化公共档案馆与公共图书馆的合作，构建开放档案资源与图书资源的整合体系⑥。

公共档案馆的建设方向一直是档案界关注的中心议题。早在2004年，冯惠玲就提出开放是公共档案馆的发展之路，公共档案馆自身的发展是档案馆开放的深层次原因，并提出从档案、档案职能、档案馆形象等多维度的开放入手提升档案馆的公共性和社会性⑦。尹雪梅将现代民本思想

---

① 李国庆：《改革开放30年我国公共档案事业的发展及其憧憬》，《中国档案》2008年第12期。
② 姜之茂：《让档案馆离民众近些近些再近些》，《档案学通讯》2004年第4期。
③ 黄丽萍：《构建公共档案馆——以天津开发区档案馆为例》，《中国档案》2006年第3期。
④ 冯惠玲：《论档案馆的"亲民"战略》，《档案学研究》2005年第1期。
⑤ 宗培岭：《公共档案馆建设若干基本问题探讨（一）》，《浙江档案》2006年第7期。
⑥ 刘家真：《实现档案馆向公共档案馆的转化》，《档案学研究》2007年第1期。
⑦ 冯惠玲：《开放：公共档案馆的发展之路》，《档案学通讯》2004年第4期。

作为公共档案馆建设的指导思想，提出服务性、公共性、开放性和文化性是我国公共档案馆建设的发展方向[①]。辛丁[②]、师萍[③]、黄建军[④]、苏洲[⑤]、曹航[⑥]等介绍了欧美发达国家公共档案馆建设经验，探讨了它们对我国公共档案馆发展方向的借鉴和启示。不过，由于发展起点、政治体制、文化背景、民众档案意识等诸多方面的差异，中外公共档案馆建设的路径也存在很大不同。杨婵以英国公共档案馆为参照，认为在中国现有体制下，建设公共档案馆应正确处理信息服务与实体保管、公益与收益、文化与休闲之间的关系[⑦]。向春华[⑧]、吴珊珊[⑨]则结合国外公共档案馆理论与实践的相关成果，以上海、广东、天津、广西等地的公共档案馆建设状况为研究对象，总结我国公共档案馆建设存在的问题及相应的解决策略。2006年底，上海市档案局在完成的国家档案局项目《公共档案馆理论与实践研究》中率先提出了"公共档案馆达标参考指标体系"，共计提出了8个大项28个小项的参考指标，8个大项包括资源建设、公共设施、开放利用、爱国主义教育和社会教育、推广宣传、业务研究综合保障、社会评价[⑩]。这一指标体系具有相当的示范效应，为我国各地公共档案馆建设指明了较为明晰的内容框架。

2008年以来，随着我国"五位一体"档案馆建设理念和"三个体系"建设思想的提出，公共档案馆进入了深化发展阶段，如何借助国家档案工作重心的调整来加速公共档案馆建设成为这一时期学界研究的热点。赵力华认为，可以借助国家推进"五位一体"公共档案馆建设的时

[①] 尹雪梅：《基于现代民本思想探寻我国公共档案馆建设的发展方向》，《北京档案》2010年第6期。
[②] 辛丁：《从美加经验看高品位公共档案馆建设》，《山东档案》2005年第3期。
[③] 师萍：《从英国公共档案馆看我国的公共档案馆建设》，《山西档案》2008年第6期。
[④] 黄建军：《澳大利亚公共档案馆建设探析》，《中国档案》2010年第7期。
[⑤] 参见苏洲《中美公共档案馆建设实践比较研究》，硕士学位论文，郑州大学，2011年。
[⑥] 曹航：《中美公共档案馆建设比较及其启示》，《档案》2015年第2期。
[⑦] 杨婵：《公共档案馆建设中应处理好三组关系》，《兰台世界》2005年第12期。
[⑧] 参见向春华《公共档案馆建设研究》，硕士学位论文，广西民族大学，2008年。
[⑨] 参见吴珊珊《我国公共档案馆建设的问题与对策研究》，硕士学位论文，安徽大学，2012年。
[⑩] 转引自丁光勋《我国公共档案馆建设的理论研究分析——英国公共档案馆与中国综合档案馆的比较》，载潘玉民主编《新契机：转型中的档案工作研究：第二届"'3+1'档案论坛"论文集》，世界图书出版公司2010年版，第40—41页。

机，通过立法手段，将"国家档案馆"这一称谓与国际接轨，"专指由中央政府建立的综合档案馆"，而将其他各级国家综合档案馆改名为"公共档案馆"，用面向社会开放档案的功能性标准取代代表国家权威的地位性标准，以此来划分档案馆类型，从而引导我国公共档案馆建设的良性发展[①]。当然，立法只是推进公共档案馆建设的手段之一。严永官将"五位一体"的公共档案馆建设框架分为硬件系统、软件系统和社会环境系统[②]，并认为应处理好"传统"与"创新"、"积淀"与"即时"、"本职"与"拓展"、"分工"与"合作"四个关系[③]。近年来，公共档案馆参与公共文化服务体系建设[④]、技术变革与公共档案馆建设方向[⑤]的研究成果也颇多。陈忠海认为，公共档案馆建设是一个动态的过程，随着国家的发展和社会的进步，公共档案馆会被不断赋予新内涵，不断呈现出新的时代特征[⑥]。吴加琪对公共档案馆建设的原则、路径及发展战略等关键问题进行了探讨[⑦]。

档案管理制度与文化传统，影响着国家档案馆向公共档案馆转型的路径，对未来中国公共档案馆的发展方向也有深远影响。社会多元化的结构形态、档案利用者的多元化需求，促使我国公共档案馆建设必须走多元化建设道路[⑧]。苏君华认为，由于社会认同、实践、管理权责、政府职能等多方面因素的影响，我国公共档案馆的理想与现实间存在不小差距[⑨]。康蠡等人引入生态位理论，从社会根源、思想根源、制度根源三个

[①] 赵力华：《以立法促进国家档案馆向公共档案馆转型》，《档案学研究》2010年第6期。
[②] 严永官：《"五位一体"的公共档案馆建设初探》，《档案管理》2013年第6期。
[③] 严永官：《"五位一体"的公共档案馆建设再探》，《档案管理》2014年第6期。
[④] 代表性的成果有：周林兴《公共文化服务体系建设进程中的公共档案馆职责研究》，《档案学研究》2011年第5期；苏君华《公共文化服务体系构建中公共档案馆发展的政府责任》，《档案学通讯》2012年第5期；苏君华《公共文化服务体系建设中公共档案馆的功能地位研究》，《档案与建设》2013年第5期；刘芳《公共文化服务建设视域下公共档案馆发展路径研究》，硕士学位论文，南昌大学，2016年。
[⑤] 刘赫男：《智慧城市背景下的公共档案馆建设》，《湖北档案》2014年第11期；顾琪琪：《"互联网+档案公共服务"的探索与实践》，《浙江档案》2017年第5期。
[⑥] 陈忠海：《公共档案馆理论研究述评》，《档案学研究》2010年第1期。
[⑦] 吴加琪：《公共档案馆改革与发展战略：从服务政府到惠普全民》，《档案学研究》2012年第4期。
[⑧] 吴营：《公共档案馆之多元化建设》，《档案学研究》2007年第4期。
[⑨] 苏君华：《公共档案馆的社会理想与现实困境的考量》，《档案管理》2007年第4期。

层面分析了我国综合性档案馆生态位偏离的原因,并提出了如何加以调整从而使国家综合档案馆建成真正公共档案馆的举措①。孙大东等人从主体因素、客体因素、中介因素三个视角入手,分析了利用者、档案、档案工作三个方面存在的阻碍我国档案馆走向公共的先天和后天的因素,认为在目前乃至很长一段时间内,由于这些阻碍因素无法消除,我国公共档案馆的实现困难重重甚至无从实现②。胡燕采用问卷法、深度访谈等方法,对我国六省、市近3600名普通公众进行了调查后发现,我国公众档案馆利用总体处于较低水平,在档案利用意识、利用需求等方面还存在严重不足,档案馆在服务社会、满足公众需求方面还存在短期内无法克服的障碍,由此认为我国档案馆与公共档案馆相比还有一定距离,我国档案馆尚未实现"公共"③。近年来,档案学界开始从文化、动力机制、制度等深层次视角解析欧美发达国家公共档案馆的发展历程和相关经验,体现出这一研究领域的深化④。

(三) 公共档案馆公共服务功能研究

公共服务功能最能体现一个公共档案馆的基本水准,因此受到学界的广泛关注。从学术起源看,这一研究最早可追溯至20世纪80年代初期由于开放历史档案而形成的档案开放利用研究热潮⑤。从学术利用到休闲利用,档案馆逐步深入社会公共领域。2002年3月,国务院《政府工作报告》首次将政府职能细分为经济调节、市场监管、社会管理和公共服

---

① 康蠡、周铭、蔡青:《生态位调整:国家综合档案馆走向公共的应然选择》,《档案学通讯》2012年第2期。

② 孙大东、高旭:《我国档案馆尚未走向公共的深层次原因分析》,《档案学通讯》2013年第1期。

③ 胡燕:《我国档案馆尚未走向公共的实证分析——基于六省、市城市居民的调查数据》,《档案学研究》2015年第1期。

④ 参见马学强、王伟《加拿大公共档案馆社会文化功能分析》,《中国档案》2006年第5期;谢玉兰:《美国公共档案馆动力机制探析》,《北京档案》2012年第10期;谭必勇《从文化层面解读加拿大公共档案馆的早期发展模式》,《档案学通讯》2015年第4期;陈磊《英国公共档案馆馆制考(1838—1910)》,《档案学研究》2017年第1期。

⑤ 1987年6月,上海市档案学会主持召开了主题为"档案馆如何由封闭、半封闭型向开放型转变研讨会",重点探讨了区、县档案馆由封闭向开放转型的条件和方法。其他代表性的成果有:张仲仁:《档案馆的档案要向社会开放》,《档案学通讯》1986年第4期;郅宗:《试谈档案馆由封闭型、半封闭型向开放型转变》,《辽宁档案》1987年第4期;张有良:《档案馆社会化发展趋势及档案信息资源社会共享》,《档案工作》1988年第6期。

务，并提出要"加强图书馆、博物馆、文化馆、科技馆、档案馆等公共文化和体育设施建设"①。公共服务、公共文化建设一时成为档案界讨论的热词，由此，档案馆公共服务研究日渐升温。

　　社会教育职能作为档案馆公共服务的重要组成部分最先引起学术界的关注。1996年，加拿大学者特里·库克在第十三届国际档案大会发表的著名演讲中指出："本世纪档案论述的主题是什么？最引人注目的要属根据国家概念建立起的以司法—行政管理为基础的档案工作向建立在更广泛的公共政策和利用基础上社会—文化档案概念的变化。"他将这一重大变化视为从"国家模式"向"社会模式"的转型②。与此同时，民众由于根源感、身份感、认同感的需要而利用档案的情况受到国内档案学界和实践部门的重视，相关的研究开始萌生。早在1993年，樊黄毛就撰文呼吁档案学界要重视档案馆的社会教育职能，他认为档案馆社会教育是家庭、学校教育的延伸，也是公众接受社会教育的理想形式，确立和强化档案馆的社会教育职能是开放型档案馆的一个显著特征，并可减少公众对档案的神秘感，提升社会档案意识③。1995年《上海档案》杂志社组织了关于"档案馆如何拓展社会功能"的笔谈，时任上海市档案局研究室主任的郭红解就特别指出，社会教育"把利用场所从档案馆移向了社会，把利用对象从个体扩大到了群体，把档案凭证价值、参考价值的开发拓展到了教育价值的开发"，并认为这一功能拓展是改革开放以来档案馆融入社会生活、入归文化环境、重塑自身形象的愿望和要求④。陈智为认同郭红解的看法，并建议各级档案馆从规章制度、资金、人员、设备等方面进一步加大对社会教育功能的投入⑤。姜之茂将社会教育职能上升到服务国家社会主义精神文明建设的战略高度，并从观念、运作方式等方面提升软硬环境，从而建立档案馆社会教育的全方面工作体系⑥。

---

① 新华社：《2002年国务院政府工作报告》（http://www.gov.cn/test/2006-02/16/content_201164.htm）。

② ［加］T.库克：《1898年荷兰手册出版以来档案理论与实践的相互影响》，载国家档案局、中央档案馆编《第十三届国际档案大会文件报告集》，中国档案出版社1997年版，第144—152页。

③ 樊黄毛：《试论档案馆的社会教育职能》，《湖北档案》1993年第3期。

④ 郭红解、胡远杰、严永官等：《档案馆拓宽社会功能八人谈》，《上海档案》1995年第5期。

⑤ 陈智为：《试论档案馆的教育功能》，《北京档案》1996年第5期。

⑥ 姜之茂：《档案馆的社会教育工作》，《中国档案》1997年第7期。

王月娥从主题、形式两方面对中美两国档案馆社会教育活动进行了比较分析[1]。近年来，国内学者偏好使用来自博物馆领域的"公众教育"一词来替代社会教育，这在一定程度上体现出公共档案馆研究视角的转变。2004年，钱俊铭较早地将公众教育列入档案馆主要的公共服务方式[2]。2005年，傅荣校、郭佩素从档案馆与社会公众关系的视角梳理了档案馆由接近社会到进入人们的生活的变化，以及由此引起的从普遍利用到休闲利用的转向[3]。2012年，毛建军在《新加坡国家档案馆公众教育的启示》一文中明确使用了"公众教育"这一术语，他认为公共档案馆应基于其服务对象——公众的需求开展服务，从而使普通民众能够近距离接触文化遗产，促进民众的文化认同[4]。谭必勇认为，档案馆公众教育与社会教育的内涵基本相同，他对法国大革命以来西方档案馆公众教育服务的演变历程进行系统梳理后发现，西方社会对于档案文化价值的发现、论证及达成广泛共识，始终是拉近档案馆与公众距离的原动力，而政治、经济、文化等外部因素与档案职业内部职能的演变交互作用，使得档案馆与公众的距离越来越近，西方档案馆公众教育服务演变的过程，体现了西方近现代档案事业由"国家模式"转向"社会模式"以及由此导致的档案馆文化功能由"组织文化"向"社会文化"转型的内在变化[5]。王云庆、宁现伟对中外档案馆公众教育的演变过程进行了对比研究[6]，戴卫义阐释了档案馆公众教育的现实意义和发展走向[7]，王玉珏等人系统地梳理了法国[8]、美国[9]等发达国家的档案馆公众教育服务历史与现状。信

---

[1] 王月娥：《中美档案馆社会教育活动比较研究》，《中国档案》2003年第6期。
[2] 钱俊铭：《论档案馆公共服务的拓展与深入》，《浙江档案》2004年第6期。
[3] 傅荣校、郭佩素：《从普遍利用到休闲利用——对档案馆与社会公众关系的考察》，《档案管理》2005年第6期。
[4] 毛建军：《新加坡国家档案馆公众教育的启示》，《北京档案》2012年第2期。
[5] 谭必勇：《如何拉近档案馆与公众的距离——解读西方公共档案馆公众教育职能的演变》，《图书情报知识》2013年第4期。
[6] 王云庆、宁现伟：《谈档案馆公众教育的发展演变》，《档案学通讯》2014年第2期；宁现伟：《档案馆公众教育研究》，硕士学位论文，山东大学，2014年。
[7] 戴卫义：《试论档案教育功能的现实意义及发展方向》，《档案学通讯》2014年第1期。
[8] 王玉珏、杨太阳：《法国档案馆公众教育服务体系建设及其启示》，《档案学研究》2016年第5期。
[9] 王玉珏、张晨文、陈洁：《美国国家档案馆公众教育服务的发展》，《档案学研究》2017年第5期。

息技术是档案馆公众教育功能提升的催化剂,围绕档案馆在线教育服务①、档案网站教育体系②、档案馆公众教育 APP 开发③等主题也产生了不少成果。

进入 21 世纪,档案馆参与公共服务的方式进一步拓展,其突出表现就是各地档案馆设立了各类现行文件利用服务机构,过渡性地充当了政府信息公开服务机构。这一服务创造性地将尚未转化为档案的部分现行文件纳入国家综合档案馆的服务范畴,是对传统档案馆工作范围和内容的突破,但这种突破与现有的档案学理论及档案管理体制存在相当的冲突,因此在学术界引发了广泛的争论。2000 年 4 月,深圳市档案馆试办"文档资料服务中心",力争拓展档案馆公共信息服务功能,成为第一个"吃螃蟹"的地方档案馆,在当时尚无现成经验可供借鉴的情况下,作了诸多有益的探索④。2001 年,国家档案局馆室司综合调研组对深圳市、北京市昌平区、江苏省常熟市等地档案馆现行文件利用服务工作进行了调研,肯定了这一做法,认为它是拓展档案馆信息服务功能与服务内容的重要方式,有利于扩大档案部门的社会影响力⑤。2002 年前后,《中国档案》《中国档案报》以及各省、市档案期刊刊发了大量有关档案馆与现行文件利用服务工作的相关报道,学术界对此问题的研究随即升温。周毅较早对档案馆开辟现行文件阅览中心的现象进行了

---

① 章燕华、金沙沙:《综合性档案馆在线教育服务研究:案例与启示》,《档案学通讯》2012 年第 5 期;沈浠琳:《国家档案馆在线教育服务研究——以美、英、澳为例》,《浙江档案》2016 年第 9 期。

② 曲春梅、王红娟:《档案网站教育体系的构建——以英国国家档案馆网站为例》,《档案学通讯》2011 年第 6 期;王晓璐:《国内档案网站公众教育服务体系建设研究》,硕士学位论文,山东大学,2015 年。

③ 李梦飞、桑毓域:《基于 APP 的公共档案馆可提供的手机移动服务构想》,《档案学研究》2015 年第 3 期;陈可彦、谭必勇:《我国公共档案馆 APP 开发现状及发展策略研究》,《信息资源管理学报》2017 年第 2 期;徐欣欣:《档案馆公众教育服务 APP 的发展现状和对策研究》,《兰台世界》2017 年第 17 期。

④ 方燕:《档案馆建立"文档资料服务中心"的思考与实践》,《中国档案》2000 年第 12 期。

⑤ 具体参见国家档案局馆室司综合调研组《档案馆为广大人民群众服务的有效途径——北京市昌平区档案馆现行文件阅览室调研报告》,《中国档案》2001 年第 9 期;国家档案局馆室司综合调研组《适应社会需求 拓宽服务内容——深圳市文档资料服务中心调查报告》,《中国档案》2001 年第 9 期;国家档案局馆室司综合调研组《拓展档案馆信息服务功能的有益尝试——江苏省常熟市建立文件资料服务中心》,《中国档案》2001 年第 9 期。

深度解读，他认为这一做法需要解决的关键难题包括：现行文件阅览中心基本功能的完善、档案馆业务功能与基本任务的扩大、政务信息与现行文件公开的制度建设以及由此带来的相关档案学理论问题①。何嘉荪认为，档案馆对政府现行文件的收集是特定时期内的一种特殊服务行为，这让我们看到一部分现行文件所具有的广泛社会性，可以将其与文件中心结合起来，甚至将其纳入数字档案馆建设之中②。王协舟从法律、理论、实践和体制四个层面对档案馆开展现行文件开放利用服务的可行性进行了分析，认为由国家综合档案馆（或公共档案馆）来开展现行文件开放利用服务是相对理想的模式③。黄霄羽、赵传玉通过实地调研后提出了我国档案馆开展现行文件利用服务需要注意的五个问题，即明确现行文件利用服务的主体、确立档案馆开展现行文件利用服务的法律依据、促进现行文件利用服务的多样化、加大档案馆开展现行文件利用服务的宣传力度、适时关注现行文件的合理处置④。2008年《政府信息公开条例》实施以后，我国各地国家综合档案馆创建的现行文件服务中心逐步转变为各级政府的信息公开查阅中心，成为我国政府信息公开服务体系的重要组成部分。周毅在总结中国公共档案馆参与政府信息公开进程中所面临的新问题⑤的基础上，对公共档案馆在政府信息公开进程中承担的责任类型及如何规避责任进行了探讨⑥。魏玉玲则分析了《政府信息公开条例》实施后档案馆如何准备的相关问题⑦。张斌、黄建军提出，档案部门可以借助政府信息公开的有利契机，以修改档案工作相关法律法规为机遇，加大档案馆开放力度，着力提升自身管理水平和公

---

① 周毅：《政务信息公开与档案馆现行文件》，《档案学研究》2002年第3期。
② 何嘉荪：《现行文件阅览中心、文件中心与数字档案馆》，《档案学研究》2003年第1期。
③ 王协舟：《浅析档案馆开展现行文件开放利用服务的模式选择——兼论文件生命周期理论的基础性意义》，《档案学通讯》2005年第3期。
④ 黄霄羽、赵传玉：《档案馆开展现行文件利用服务需注意的若干问题》，《档案学通讯》2006年第1期。
⑤ 周毅等：《政府信息公开进程中的现行文件开放研究》，群言出版社2007年版，第207—241页。
⑥ 周毅：《政府信息公开进程中公共档案馆的责任》，《北京档案》2008年第2期。
⑦ 魏玉玲：《基于〈政府信息公开条例〉施行下的档案馆政府信息公开服务工作研究》，《档案学研究》2008年第1期。

共服务水平，推动公共档案馆建设的稳步发展①。此外，围绕政府信息公开背景下国家档案馆的角色定位问题②，特别是公共档案馆与公共图书馆在推进政府信息公开方面如何协调、合作等问题③，学者们也进行了相关的探索。

从一定意义上讲，档案馆公众教育服务职能的扩展是档案馆"以其独特的专业优长进行社会渗透和技能推广的功能实现过程"④，属于档案馆服务社会化演进的组成部分。档案馆服务社会化研究，又称"档案服务社会化"⑤，属于公共档案馆公共服务研究的重要组成部分。实际上，这一研究的缘起还先于公共档案馆研究。2000年，黄建峰就提出了"档案信息服务社会化"的概念⑥。不久，赵屹、陈晓晖介绍了美国档案工作社会化的进程、表现形式和服务措施，建议将档案工作进一步纳入社会信息服务体系，强化与图书馆、博物馆等部门的联系，走联合开发之路，促进社会信息化进程⑦。王英玮认为，档案馆服务社会化的实现只有实现观念突围，确立服务社会化的发展目标，才能为社会所接受，才能获得社会公众的支持，从而取得事业发展所需的力量源泉；档案馆服务社会化的基本路线是馆藏资源的合理构建、共知与共享，而

---

① 张斌、黄建军：《政府信息公开背景下公共档案馆建设刍议》，《档案学研究》2010年第6期。

② 张敏、王霞：《对国家档案馆在政府信息公开工作中所扮演的角色的思考》，《档案学通讯》2010年第4期。

③ 罗贤春、黄俊锋：《面向政府信息公开的公共图书馆与档案馆合作机制研究》，《国家图书馆学刊》2013年第5期。

④ 覃兆刿：《价值目标与伦理重构——关于档案馆社会化服务的功能与效能研究》，《档案学研究》2005年第5期。

⑤ 国内学术期刊常见"档案服务社会化"和"档案社会化服务"两种提法，虽然都以档案服务为核心，但内涵还存在很大差异。黄霄羽认为，"档案服务社会化"指的是由档案部门面向社会公众提供的专业服务，它基于公共档案馆的立场，指向档案馆提供服务的对象，指明了档案服务的一种方向，揭示了档案服务功能的一种特征；"档案社会化服务"指的是从社会分工角度出发，涉及档案管理的专业性、专门化服务，一般为有偿服务（参见黄霄羽《"档案服务社会化"与"档案社会化服务"辨析》，《中国档案报》2010年1月25日第3版）。因此，本书采用"档案服务社会化"这一术语，契合公共档案馆这一研究主题。

⑥ 黄建峰：《档案信息服务的社会化》，《中国档案》2000年第11期。

⑦ 赵屹、陈晓晖：《美国的档案工作与信息服务社会化——兼谈对我国档案信息服务社会化的启示》，《档案学通讯》2001年第2期。

科学合理的利用政策与策略则是其健康发展的有效保障①。2009年,饶圆以《档案服务社会化研究》为题完成了17万字的博士毕业论文,对我国档案服务的历史形态、档案服务社会化的内在逻辑和生存环境、发达国家档案服务社会化的理论与实践等问题进行了较为系统的梳理,并提出了我国档案服务社会化的基本原则、实现路径和运行机制②。网络社会的发展催生了传统档案服务方式的深刻变革,也给档案服务社会化带来了新的挑战。李财富、杨晓晴从伦理优势、伦理问题和伦理方向三个层面对网络时代档案服务社会化问题进行了伦理解读③。近年来,黄霄羽④、李财富等⑤对国外档案馆服务社会化的理念、实践特点和规律进行了分析,并对中外档案服务社会化的发展历程、基本特征等方面的异同点进行了总结⑥。

数据分析与实证研究相结合,是公共档案馆公共服务研究的重要趋势。2007年,陈永生以大量公开的统计数据为基础,从政务公开制度、政府信息资源整合以及档案部门自身等视角,多维度地分析了档案馆(室)的档案开放与利用问题,对中国公共档案馆开展公共服务所面临的深层次问题进行了较为系统的阐释⑦。何玉琼⑧、雷晓庆

---

① 王英玮:《关于公共档案馆服务社会化的思考》,《档案学通讯》2005年第3期。
② 饶圆:《档案服务社会化研究》,《档案学通讯》2009年第6期。
③ 李财富、杨晓晴:《档案服务社会化的伦理解读》,《档案学通讯》2010年第1期。
④ 黄霄羽:《国外档案利用服务社会化的理论认识和实践特点》,《档案学通讯》2010年第6期。
⑤ 李财富:《西方发达国家档案服务的实践及启示》,《档案学通讯》2016年第2期。
⑥ 李财富、杨静:《中外档案服务社会化的比较研究》,《档案学研究》2013年第1期。
⑦ 参见陈永生《从开放法规的实际执行反思档案开放——档案开放若干问题研究之一》,《浙江档案》2007年第6期;陈永生《从政务公开制度反思档案开放——档案开放若干问题研究之二》,《浙江档案》2007年第7期;陈永生《从政务公开制度反思档案开放——档案开放若干问题研究之三》,《浙江档案》2007年第8期;陈永生《档案开放的改进思路——档案开放若干问题研究之四》,《浙江档案》2007年第9期;陈永生《档案可供利用情况的数据分析——档案充分利用问题研究之一》,《档案学研究》2007年第3期;陈永生《档案开放利用情况的数据分析——档案充分利用问题研究之二》,《档案学研究》2007年第4期;陈永生《档案已供利用情况的数据分析——档案充分利用问题研究之三》,《档案学研究》2007年第5期;陈永生《档案充分利用的措施保障——档案充分利用问题研究之四》,《档案学研究》2007年第6期。
⑧ 何玉琼:《我国公共档案馆网络信息服务分析及启示——基于公共档案馆网站数据统计分析》,《档案管理》2008年第4期。

等[1]、高彩燕[2]、张衍等[3]以不同类型的公共档案馆网站为统计对象，分析了特定范围内公共档案馆在线信息服务的基本状况，并提出了不同的解决措施。吕元智[4]、王灿荣[5]、赵洋月[6]、盛梅[7]等人对我国公共档案馆公共服务绩效的评估状况、难点、理论模型、方法与机制等问题进行了较为系统的研究。随着微博、微信等社交媒体日渐深入公共档案馆服务领域，如何利用这些新媒体拓展公共服务范围成为学术界关注的焦点。张磊[8]、李龙[9]、许翠花[10]、松姗[11]调查了档案馆官方微博的开通及运营状况。伍晓丽[12]、窦苡[13]调查了公共档案馆利用微博平台提升公共服务能力的基本状况。雷晓庆、曹东玉采用全面调查法对微信公众平台在档案馆中的应用状况进行了调研[14]。李茂茂、王玉斌对国内档案馆领域应用微信公众平

---

[1] 雷晓庆、崔雪：《公共档案馆档案信息服务现状及对策——基于公共档案馆网站调查的视角》，《档案学研究》2013年第5期。

[2] 参见高彩燕《中外公共档案馆在线信息服务的比较研究》，硕士学位论文，山西大学，2015年。

[3] 张衍、林巧敏：《走向公众的档案馆：基于社会服务的地市级档案馆网站调查》，《档案学通讯》2016年第4期。

[4] 参见吕元智《我国公共档案馆服务绩效评价研究现状分析》，《档案学研究》2010年第2期；吕元智《公共档案馆服务绩效评价理论模型研究》，《档案学通讯》2011年第2期；吕元智、朱颖《公共档案馆服务绩效模糊综合评价实现模型研究》，《档案学通讯》2011年第6期。

[5] 参见王灿荣、刘喜球《公共档案馆信息服务绩效测评难点与对策》，《档案时空》2013年第12期；王灿荣、刘喜球《公共档案馆信息服务绩效测评的层次分析法应用分析》，《现代情报》2014年第4期；王灿荣《公共档案馆档案信息服务社会化绩效评价内涵探析》，《档案学研究》2014年第3期；王灿荣《公共档案馆信息服务社会化绩效评价机制设计》，《档案时空》2015年第4期；王灿荣、蒋超美《公共档案馆信息服务社会化绩效评价指标维度构建策略》，《档案学研究》2016年第3期。

[6] 参见赵洋月《国家档案馆公共服务评价体系设计与实证研究》，硕士学位论文，浙江大学，2012年。

[7] 参见盛梅《综合档案馆公共服务能力评估与实证研究》，硕士学位论文，浙江大学，2015年。

[8] 张磊：《档案馆微博利用的实证分析》，《档案管理》2012年第1期。

[9] 李龙：《档案馆微博开通现状的调查与分析》，《兰台世界》2012年第2期。

[10] 许翠花：《我国档案馆应用微博的现状调研》，《档案管理》2013年第5期。

[11] 松姗：《综合档案馆政务微博现存问题及成因》，《中国档案》2013年第9期。

[12] 参见伍晓丽《公共档案馆应用微博开展档案信息服务研究》，硕士学位论文，福建师范大学，2015年。

[13] 窦苡：《公共档案馆微博服务状况调查研究》，《档案管理》2015年第5期。

[14] 雷晓庆、曹东玉：《国内档案馆微信应用现状及发展对策》，《档案管理》2015年第6期。

台提供服务的实践情况进行跟踪调研，总结微信在该领域内的应用现状[1]。邓君、宋雪雁等人从用户感知角度对公共档案馆微信公众平台服务质量评价进行了深入的分析与探讨，为公共档案馆微信公众平台的技术改进和服务质量提升提供了参考[2]。周林兴采用问卷调查、互动效果测试等方法，收集了档案馆微信公众平台的运行现状数据以及社会公众对档案馆微信公众平台的反馈意见，他认为微信公众平台与其他社交媒体应该并行存在，用独特的精品资源吸引不同用户群体的兴趣，用专业快速的反应速度回复社会公众的需求，并在档案馆微信公众平台的建设中充分考虑到档案馆的特殊社会属性，避免使其成为一种"摆设"[3]。古攀云[4]、董潇潇[5]、刘英捷等[6]对微博、微信两种社交媒体在档案馆的综合应用情况进行了调研。黄华等以新媒体技术在公共档案馆信息服务中的实际应用为研究对象，分析了新媒体在公共档案馆信息服务应用中存在的问题，并提出了相应的解决对策[7]。

公共档案馆公共服务能力建设问题是近年来学界研讨的热点。张锐从逻辑起点、价值取向、最佳契机、目标设置、认证范畴和技术依托六个层面探讨了公共档案馆拓展服务职能的基本内涵[8]。价值创新理论[9]、

---

[1] 李茂茂、王玉斌：《国内档案馆领域微信应用现状的调查与思考》，《档案学研究》2015年第6期。

[2] 邓君、张巨峰、孟欣欣、宋雪雁：《基于用户感知的公共档案馆服务质量影响因素研究》，《图书情报工作》2016年第16期；宋雪雁、张岩琛、王小东、孟欣欣、邓君：《公共档案馆微信公众平台服务质量评价研究》，《图书情报工作》2016年第16期；宋雪雁、张岩琛：《公共档案馆微信公众平台服务质量优化研究》，《兰台世界》2017年第20期。

[3] 周林兴：《象征、意义与社会服务——档案馆微信平台传播影响力及前景分析》，《档案学研究》2017年第3期。

[4] 参见古攀云《综合档案馆社会化媒体服务研究》，硕士学位论文，东北师范大学，2015年。

[5] 参见董潇潇《"微时代"江苏省地级市档案馆公共服务体系建设研究》，硕士学位论文，扬州大学，2016年。

[6] 刘英捷、王芹：《档案政务新媒体应用研究——以江苏省为例》，《档案学研究》2016年第1期。

[7] 黄华、李广都、钱昌俊：《新媒体背景下公共档案馆信息服务分析》，《北京档案》2017年第9期。

[8] 张锐：《公共档案馆职能拓展的"过程逻辑范式"及要义分析》，《档案学研究》2009年第5期。

[9] 吕元智：《基于价值创新的公共档案馆信息服务模式研究》，《图书情报知识》2010年第3期。

信息生态理论[1]、品牌战略[2]、信息均等化[3]等思想被引入公共档案馆研究领域，以破解公共档案馆公共服务工作的困局。苏君华建议公共档案馆应该积极融入公共文化服务体系建设中，明确其公共文化服务的塑造者、公共文化服务的信息提供者和公众文化的休闲场所等角色定位，并通过提高公共档案馆文化产品的供给力和服务力、完善各种服务设施、提升公众信息素养，积极融入公共文化服务体系[4]。胡洪彬建议通过提升档案馆社会资本存量的方式来推进档案馆公共服务能力建设水平[5]。赵爱国、赵珍珍认为，应从拓展服务范围、深入开展政府信息公开工作、强化管理与服务职能三方面入手，提升公共档案馆的公共服务能力[6]。崔珍通过理论和实证分析后认为，公平服务能力是公共档案馆的核心能力，并阐述了这一核心能力的生长机理以及如何根据环境变化对其进行动态培育的基本策略[7]。

此外，国内公共档案馆研究还涉及公共档案馆的文化责任[8]、社会形象[9]、

---

[1] 参见冯晓红《基于信息生态理论的公共档案馆服务系统研究》，硕士学位论文，天津师范大学，2010年。

[2] 参见杨普旭《公共档案馆信息服务品牌战略研究》，硕士学位论文，山西大学，2014年。

[3] 参见聂云霞《论档案信息服务均等化——以公共档案馆为视角》，《档案学通讯》2011年第1期；聂云霞《基于公共档案馆视角的档案信息服务均等化探析》，《档案学研究》2011年第1期。

[4] 苏君华：《论公共档案馆融入公共文化服务体系建设》，《浙江档案》2014年第2期。

[5] 胡洪彬：《档案馆社会资本：档案公共服务的新视角》，《档案学研究》2013年第1期。

[6] 赵爱国、赵珍珍：《公共档案馆公共服务能力提升问题研究》，《中国行政管理》2013年第4期。

[7] 参见崔珍《公共档案馆核心能力动态演进及培育研究——以山西省档案馆为例》，硕士学位论文，山西大学，2015年。

[8] 参见潘玉民《论公共档案馆的文化责任》，《档案学研究》2010年第1期；李云鹏《公共档案馆文化传播效果研究》，《北京档案》2012年第2期；周林兴《文化强国战略下公共档案馆的社会责任及实现机制研究》，《档案学研究》2014年第4期。

[9] 参见薛匡勇《档案馆品牌与档案馆外在形象塑造研究》，《浙江档案》2010年第4期；彭小芹《公共档案馆形象塑造研究》，硕士学位论文，南昌大学，2012年；王巧玲、谢永宪、孙爱萍、李晨《国家综合性档案馆公众形象实证研究——基于北京地区的问卷调查》，《档案学通讯》2015年第2期；张聪《网络新闻中公共档案馆媒介形象的研究》，硕士学位论文，山东大学，2015年；江潇、陈丽《公共档案馆的功能定位及形象塑造——以人民网为例》，《四川档案》2017年第3期。

档案馆建筑①等主题。2000年以来，国内学者出版的部分著作涉及了公共档案馆问题，如前述及的薛匡勇的《档案馆论》、姜之茂的《档案馆理论与实践新探》以及李扬新的《档案公共服务政策研究》②、杨霞的《国家档案馆利用服务研究》③、赵屹的《档案馆的现在与未来》④ 等。周林兴的《公共档案馆管理研究》是目前国内唯一一部专门研究公共档案馆问题的专著，该书在梳理公共档案馆内涵及意义的基础上，重点探讨了公共档案馆的馆藏管理、建筑管理、队伍管理、用户管理、服务管理、形象管理、竞争力管理、社会援助管理、功能管理等，较为全面地阐述了公共档案馆的事务管理⑤。

综上所述，国外档案学界对公共档案馆的发展史已经进入了较为深入的调查研究，既有对中央或联邦层面公共档案馆的演变研究，又涉及部分有代表性的地方公共档案馆建设状况，不过这些研究主要是针对公共档案馆改革实践存在的问题而进行的实证研究与分析，虽然部分研究成果对公共档案馆发展演变的时代背景与社会因素进行了梳理，但缺乏对发展动力、运作模式、推广机制等深层次问题的剖析，更为关键的是，西方学者主要从公共档案馆自身需要的角度出发探讨具体实践问题，缺乏从国家需要的角度出发的宏观研究。国内研究者大多立足传统档案学理论对公共档案馆进行分析，较少涉及制度、文化等背景解读，尽管部分研究成果涉及公共档案馆的功能设计与政策安排，但以理论阐释为主，缺乏实证分析和技术模型构建，使研究成果缺少应用性和针对性。已有成果中，对几个公共档案馆建设状况良好的省份进行研究的较多，对其他省份尤其是中西部地区的公共档案馆问题研究并不多见，研究结论的普适性有待探讨。由于对国外公共档案馆发展背景特别是早期发展史缺

---

① 参见姜之茂《论档案馆建筑设计的方针原则》，《档案学研究》2002年第3期；傅筱、沙晓冬《从封闭到开放——档案馆建筑设计理念转变探讨》，《建筑学报》2003年第12期；彭远明《面向公众：我国新型档案馆建筑的目标与功能之我见》，《档案与建设》2009年第2期；聂云霞、向彩霞、龚姗《中美档案馆建筑文化比较研究——兼读〈档案馆建筑设计规范JGJ25—2010〉》，《档案学研究》2014年第5期。
② 李扬新：《档案公共服务政策研究》，上海世界图书出版公司2011年版。
③ 杨霞：《国家档案馆利用服务研究》，学苑出版社2012年版。
④ 赵屹：《档案馆的现在与未来》，上海世界图书出版公司2015年版。
⑤ 周林兴：《公共档案馆管理研究》，上海世界图书出版公司2012年版。

乏细致的梳理,导致现有的关于中外公共档案馆比较方面的研究成果偏少、不够深入。

第三节 研究思路及创新之处

一 研究思路

本书在前人研究成果的基础上,尽可能地吸收国内外最新的相关成果,综合运用文献梳理、案例分析、比较研究、实证研究等多种研究方法,以公共档案馆及其发展为研究对象,将中外公共档案馆思想与实践的演变过程与时代背景、社会文化等历史与现实环境相结合,全面系统地分析、考察中外公共档案馆事业,最大限度地反映国际公共档案馆发展的新动态、新变化及我国公共档案馆建设中出现的新现象和新事物,深入挖掘中外公共档案馆发展的异同点和内在规律性,突破单一或局部的研究视野,立足于整个档案行业的高度来解读和分析中外公共档案馆的发展问题,以期为我国正在开展的国家档案馆"公共性"建设与转型研究提供有益的理论参考。

具体来说,本书紧密围绕中外公共档案馆的形成与发展这个主题,试图系统地梳理中外公共档案馆思想及实践的基本脉络,较为客观地探寻中外公共档案馆发展的动力机制,深入分析西方国家公共档案馆建设过程的主要模式及其优缺点,并对当前主要国家公共档案馆体系的运行机制进行解读,进而在分析中国公共档案馆建设面临的社会环境、相关经验和困境的基础上,提出推动中国公共档案馆建设的基本策略,具体研究主要内容包括以下几个方面:

第一,运用档案学、历史学相结合的研究范式,从思想与实践交互的视角探讨中外公共档案馆思想的演变发展。具体来说,以时间先后为序,紧扣萌芽、形成与发展、深化与传播三条主线,分析中外公共档案馆思想在古代、近现代和当代三个时期的演变脉络及其特点。

第二,从社会生态学的视角,探讨中外公共档案馆形成与发展的动力机制。从政治及行政动因、文化动因、经济动因三个维度提出了公共档案馆形成与发展的外动力;从基础内动力、原始内动力和核心内动力三个方面阐述了公共档案馆形成与发展的内动力;最后认为,公共档馆与图书馆、博物馆等公共文化服务机构之间既竞争又合作的运作态势构成了公共档案馆形成与发展的一种特殊的竞合性动力。

第三，以档案管理体制分析为切入点，分析不同档案事业管理体制下国外公共档案馆建设的主要模式。以法国为案例，阐述了统筹发展模式的基本特点及其当代变化；以英国、加拿大为主要案例，分析了自主发展模式在两国不同时期的表现形式、特征及其合理性；以澳大利亚和南非为案例，阐述了部分国家通过改造、重组等方式实现公共档案馆体系跨越式发展的后发建设模式。

第四，从档案馆运作的基本要素入手，探讨当前国外公共档案馆的运行机制。具体来说，主要涉及档案资源整合的平衡机制、公共服务的复合供给机制、经费筹措的多元保障机制、决策治理的制衡机制四个方面。

第五，中国公共档案馆建设的现实基础与推进策略。通过分析中国建设公共档案馆所面临社会环境的基本特征，结合我国部分地方在探索公共档案馆建设方面的经验及存在的现实困境，提出如何突破体制机制的阻碍来强化国家综合档案馆公共性的具体策略。

当然，受资料、语言等各方面因素的限制，中外公共档案馆思想与实践演变的某一时段或某一层面不能完整地阐述出来，如早期公共档案馆思想主要涉及古希腊、罗马，公共档案馆建设与发展以英、美、加、法、澳等国为主，具有悠久档案管理传统的意大利、德国等均着墨不多，此外，苏联解体、东欧剧变给俄罗斯及东欧各国档案馆理论与实践带来了巨大挑战，这是 20 世纪 90 年代以来国外档案馆发展史上的重大事件，但由于资料收集的困难而未能加以阐述。这些遗憾与不足，均可作为未来公共档案馆研究的突破点。

二 创新之处

研究视角创新。中外公共档案馆比较研究是当前档案学研究较为薄弱的研究领域，现有研究主要侧重于对国外最新公共档案馆状况和部分制度层面内容的介绍与分析，较少涉及中外公共档案馆演变发展的思想源流与社会因素。本书以"思想源流—动力机制—建设模式—运行机制"为逻辑主线，以中外公共档案馆的形成与发展过程为研究主题，分析不同社会力量在中外公共档案馆形成与发展过程中的地位及其作用机理，总结和提炼国外公共档案馆建设与运行中的基本规律及内在特征，预测中国公共档案馆建设的可行路径与方案。

资料运用的创新。在以往有关于中外公共档案馆发展的比较研究中，多以中文图书、期刊文献为主，缺乏原始档案文献资料的发掘利用，且较少使用国外英文文献。本书大量搜集了欧美各国的英文图书报刊、部分档案馆馆长的工作报告，也搜集了国内档案机构的原始档案文献，特别注重发掘前人尚未注意的史料。加拿大公共档案馆馆长早期的原始工作报告，记录了19世纪末20世纪初加拿大档案先驱们为获得独立地位而不懈努力的过程，美国早期档案工作者的演讲稿反映了他们对国家档案馆功能与职责的理解，英国地方档案工作者协会创办的《档案》（Archives）刊物上发表了大量有关地方公共档案馆的调研报告，为我们了解当时的英国地方公共档案馆及其实际运作形态提供了比较直观的素材。加拿大公共档案馆第四任馆长兰姆（W. Kaye Lamb）向澳大利亚特别内政部提交的《国家档案馆的发展》报告，使我们知晓国际档案界在澳大利亚国家档案馆创建中的特殊作用。中国第二历史档案馆馆藏内政部、国史馆的档案，以及四川大学校史馆收藏的毛坤手稿档案等，为我们获悉民国时期官方和民间等不同力量参与筹建"国家档案馆"工作的各种细节提供了较为可靠的素材。《申报》等民国报刊对公文档案改革运动等事件的报道，为我们判断当时社会的档案意识提供了一定的媒体线索。

研究方法的创新。本书注重运用历史分析、比较分析、个案分析等方法，从不同层面解读中外公共档案馆的组织架构及其运作状况。通过运用历史分析法，对中外公共档案馆思想在萌芽、形成、发展与深化等不同阶段的主要内容、特征与表现形式进行提炼。通过比较分析的方法，分析集中式和分散式档案事业管理体制下欧美各国建设公共档案馆的不同路径及其背后的政治、经济和社会文化因素。采用个案分析法，对中国各地突破体制机制阻力提升档案馆公共服务水平的各种经验进行总结，进而找寻当前中国开展公共档案馆建设的各种现实困境。

第 一 章

中外公共档案馆思想的源流与演变

"一个国家在保护过去历史遗迹方面的负责程度也许会成为衡量该国文明程度的尺度。"一个国家主要的历史遗迹就是它的档案,所有的文明国家均已认识到,对档案进行保护是政府的一项自然而正当的职责。①

——沃尔多·吉福德·利兰(1912)

思想是行动的先导。公共档案馆思想,是指公共档案馆创设、运行、管理、服务等过程所形成的基本理念,是公共档案馆在不同时代和国家多元化映射的深层次产物,也是人们解读不同公共档案馆发展模式的"解码器"。尽管18世纪末期法国国家档案馆的成立和全国档案馆网络体系的创建被国际档案学界誉为世界公共档案馆建设的开端,但公共档案馆思想的萌芽、产生、深化却经历了一个相当长的发展时期。公共空间、开放理念在古希腊城邦时期就已萌生于神庙档案馆之中,从中世纪到文艺复兴再到法国大革命,在人文主义以及自由、平等、人权等资本主义思潮的冲击下,档案利用由统治阶层给予的一种"恩赐"逐步扩大到学术利用,进而成为面向全体公民的一项法定权利,公共档案馆理念日渐深入人心。两次世界大战以后,公共档案馆服务精神逐步成为国际社会的普遍共识,由此推动了延续至今并深入到发展中国家的公共档案馆思想大发展。由于文献获取和语言等方面的限制,笔者尚未见到专门阐述

---

① Waldo Gifford Leland, "The National Archives: A Programme", *The American Historical Review*, Vol. 18, No. 1, Oct. 1912, p. 1.

全球范围内公共档案馆思想发展史的论著,因此,本书以英文文献和中文文献为参照,选取公共档案馆思想演变进程中的关键节点进行深入阐释,以初步勾勒出中外公共档案馆思想发展的基本脉络。

第一节　西方早期档案馆开放思想的萌芽

开放是现代西方公共档案馆的重要特征之一。档案馆由封闭、半封闭逐步走向开放,进而催生公共档案馆的产生与发展,是近现代档案馆进入高级阶段的表征。公共档案馆是档案馆发展的高级形态,档案馆开放思想是公共档案馆思想的早期形态。虽然学术界对于最早的档案馆于何时在何处诞生,尚存有不同看法,但现有的档案学研究成果和考古发现表明,早期的档案机构首先诞生于中国的黄河流域、西亚的两河流域及古埃及等人类文明的发祥地①。古代社会的统治者将文字记录作为"文字珍宝",看成国家的权力凭证,将其与实物珍宝一起存放,因此中外档案馆在起源之初,往往一身兼具多种性质和职能,既为档案馆,又是图书馆,还是珍宝库,是一种混合型机构。随着文件数量的增加,档案馆的馆藏重点由实物转为文字记录,并逐渐和实物分开,逐步出现了独立的档案馆。从现有文献看,欧洲早期的档案馆活动中就孕育着公开、公共空间等基本理念,是近现代公共档案馆思想形成的重要源头之一。

一　密特伦神庙、公共空间与早期的档案馆开放精神

程序化的宗教仪式在中外早期的国家活动中占据非常重要的地位。著名文化人类学家马林诺夫斯基曾经指出,"宗教信仰及仪式使人生重要举动和社会契约公开化,传统地标准化,并且加以超自然的裁认,于是增强了人类团结中的维系力","宗教的需要,是出于人类文化的绵续……宗教使人类的生活和行为神圣化,于是变为最强有力的一种社会控制"。② 中国和西方都曾以神庙或宗庙这种崇拜活动场所作为保管档案

---

① 薛匡勇:《档案馆论》,第二军医大学出版社2002年版,第18—20页。
② [英]马林诺夫斯基:《文化论》,费孝通等译,中国民间文艺出版社1987年版,第78页。

的机构，西周的天府和古希腊的密特伦神庙（Metroon）即为代表性的机构[1]。在古希腊时期，神庙不仅是人们进行祭祀活动的神圣场所，也是统治者用来颁布各种法令的公共场所。尽管古希腊长期就有保存口头文献和书写记录的传统[2]，但在密特伦神庙建立之前，这些保存行为是随意的、不系统的。公元前5至4世纪，古希腊人在雅典的公共广场上建立了目的单一的建筑来保存雅典的公共文件，即为著名的密特伦神庙[3]。密特伦神庙定期接收和集中保管雅典城邦的一些公共文件，包括各种条约、法律、公民大会的记录、收支账册以及其他国家文件，因此有西方学者认为，它实际上是当时雅典城邦的国家档案馆[4]。古希腊演说家吕库戈斯（Lycurgus）在《诉莱奥克拉底》的演说辞中有过对密特伦神庙所藏公共文件重要性的描述：

  如果一个人进入地母神神庙（即密特伦神庙）擦去了一条法律，然后为自己开脱说，城市并没有因为失去这条法律而遭遇危险。难道这样你们就不会将他处死了吗？我认为将他处死才是合情合理的，至少如果你们希望保全其他法律就应如此。[5]

吕库戈斯所说的"擦"，是指破坏密特伦神庙所藏石碑上的文字记录的行为。根据西方学者的考证，古希腊的公共文件主要写在木板或纸草卷上，大部分文件在公共事务活动结束后随即销毁，部分重要文件则会在密特伦神庙中保存几年、几十年甚至几个世纪。此外，从公元前6世纪开始，古希腊人将财务账单、法令等重要文件刻在石碑上，这一制度在公元前5世纪中叶逐步成熟。这些石碑记录，在当时是作为木板或纸

---

  [1] 肖南：《中西档案馆发展史比较》，《档案学通讯》1996年第6期。
  [2] Rosalind Thomas, *Oral Tradition and Written Record in Classical Athens*, Cambridge & New York：Cambridge University Press, 2003, pp. 73–83.
  [3] James P. Sickinger, *Public Record and Archives in Classic Athens*, Chapel Hill & London：University of North Carolina Press, 1999, p. 62.
  [4] Rosalind Thomas, *Oral Tradition and Written Record in Classical Athens*, Cambridge & New York：Cambridge University Press, 2003, pp. 73–83.
  [5] [古希腊]安丰提：《古希腊演说辞全集：阿卡提演说家合辑》，冯金朋主编、陈钗等译，吉林出版集团有限责任公司2013年版，第247页。

草卷文件的副本而产生的,承担着公布政务信息的作用,客观地发挥着公共文件的功能[1]。不难看出,古希腊时期的公共文件有着三种不同的命运:第一,所有公共文件都会在特定时间节点经过地方行政长官之手,其中部分文件如陶片放逐制(ostraka)所用的投票陶片就不再有进一步的处置;第二,部分公共文件的全文或摘要被刻在石碑或青铜器等持久性载体上,从而临时或永久地展示在公共场所;第三,部分书写在纸草卷或木板上的公共文件则被存储在档案馆[2]。根据西方学者的考证,公元前4世纪的阿卡提演说家们以及由亚里士多德编纂、写成于公元前3世纪的《雅典政制》一书均曾引用过密特伦神庙保存的公共文件[3]。密特伦神庙建立了较为完善的文件归档系统、档案分类系统,制定了一个简便的利用手续,并让一个公共奴隶来负责提供档案的公开利用,并将档案馆收藏公共文件的目录汇总成册存放在雅典卫城当中。[4] 尽管石碑记录的只是古希腊时期公共文件总量中的极少部分,由于古希腊时期形成的记录在木板或纸草卷的公共文件几乎全部毁于战乱之中,留存至今的古希腊石碑记录无疑成为现代人了解古希腊时期档案机构和制度的重要参考。从当前档案学概念看,这些木板、纸草卷或石碑上的记录,有的还处于现行或半现行阶段,并不能严格地判定为档案,不少在公共事务处理过程产生、具有法定效力的文书也很快被刻在石碑上以供公众查询利用[5]。更为重要的是,密特伦神庙一方面扮演着公共档案存储库的角色,另一

---

[1] James P. Sickinger, *Public Record and Archives in Classic Athens*, Chapel Hill & London: University of North Carolina Press, 1999, pp. 3 – 5.

[2] P. J. Rhodes, "Public Documents in the Greek States: Archives and Inscriptions, Part I", *Greece & Rome*, Vol. 48, No. 1, Apr. 2001, p. 33; Alan L. Boegehold, "The Establishment of a Central Archive at Athens", *American Journal of Archaeology*, Vol. 76, No. 1, Jan. 1972, p. 24.

[3] James P. Sickinger, *Public Record and Archives in Classic Athens*, Chapel Hill & London: University of North Carolina Press, 1999, preface.

[4] William C. West, "The public archives in fourth-century Athens", *Greek, Roman and Byzantine Studies*, Vol. 30, No. 4, 1989, pp. 529 – 543.

[5] 根据文献记载,古希腊城邦时期,人们在公共事务活动中形成的公共文件并不会都面向全体公民开放,特别是一些重要公共政治人物所产生的文件也不是全部公开,但当时已经形成了较为规范的文件制作、立卷归档、编目整理、存储、利用等流程,利用效果不错。参见 John K. Davies, "Greek Archives: From Record to Monument", from Maria Brosius, *Ancient Archives and Archival Traditions: Concepts of Record-Keeping in the Ancient World*, New York: Oxford University Press, 2003, pp. 324 – 340。

方面也是公民利用公共文件（档案）、进行事务交流与沟通的公共空间，作为档案馆的密特伦神庙成为当时雅典公民公共生活的组成部分，"法律诉讼人可以查阅公务档案中的文件来支持其诉讼理由，同时，当选的官员被控告有叛国罪或犯法行为时，档案保管人员也要提供与此案有关的文件"，这是古代世界中档案馆向"非公务研究者开放档案"的唯一案例①，早期的档案馆开放精神就此萌芽。

从某种程度上讲，公元前5世纪末诞生的密特伦神庙所孕育的档案馆开放精神与当时希腊"小国寡民"式城邦制度的发达具有密切的关系。根据西方学者的考证，古希腊最早的神庙出现于公元前8世纪，在时间上同城邦的兴起相吻合②。与此同时，体育场、体育馆、摔跤场等文化性公共建筑也相继出现。从社会功能上看，城邦公共建筑格局所形成的公共空间是对所有公民开放的，而由神庙和祭坛组成的宗教圣地，则是人们参与宗教崇拜的地方。与后来出现的基督教不同，古希腊人都崇拜一个奥林匹斯神系，但他们没有正统而抽象的宗教教义，也没有无所不包的圣经，宗教崇拜主要以公共节日的形式出现，面向城邦的所有公民。不难看出，古希腊的宗教崇拜不是统治阶层的特权，而是城邦的公共活动，是全体公民共同的活动。雅典公共广场是古希腊城邦文化的重要特征，也是雅典经济和政治生活的中心，人们在这里交流有关城邦事务的信息，参与市政议事会和公民大会。希腊城邦创造了一种以公共广场及其公共建筑为中心的公共社会空间，"通过共同的宗教崇拜，人们获得了一种自我意识，一种集体的认同感"，由此培养了公民的参与意识和集体观念。③

密特伦神庙通过存储公共档案、展示公共文件等事务，融入了这一公共空间，不仅真实地记录了公共空间中发生的各项重要事务，而且将公共空间所体现的开放、公开理念以石碑等物化方式呈现出来，实际上

---

① ［法］米歇尔·迪香：《开放、利用和传播档案信息的调研报告》，载中国档案学会外国档案学术委员会编《〈文件与档案管理规划〉报告选编》，档案出版社1990年版，第217页。

② Anthony M. Snodgrass, *Archaic Greece: The Age of Experiment*, University of California Press, 1980, pp. 58–60, 转引自黄洋《希腊城邦的公共空间与政治文化》，《历史研究》2001年第5期。

③ 黄洋：《希腊城邦的公共空间与政治文化》，《历史研究》2001年第5期。

就是当时雅典的国家档案馆。密特伦神庙在公共文件保管、利用方面的做法，对古罗马的档案工作产生了重要影响。公元前83年，创建于公元前508年的"埃拉里"（Aerarium）档案馆不幸毁于火灾，数年之后罗马共和国建立了名为"塔布略里亚"（Tabularium）的石头建筑物来保存公共文件，这也被西方人视为罗马的国家档案馆或公共档案馆[1]。该国家档案馆位于罗马城市的中心地带，紧邻公共当局的办公场所、公共市场和宗教祭祀之处，但它的保管库房则位于档案馆最偏僻的地方，是远离办公场所的封闭区域，从而使国家档案馆既能时刻感受公民生活的发展脉搏并为之提供有效的服务，又能保障公共文件从其形成机构安全、顺利地流向档案保管库。著名档案学者、加拿大英属哥伦比亚大学的露西安娜·杜兰蒂（Luciana Duranti）博士认为，罗马国家档案馆的建筑特征表明它是直接受罗马共和国管辖的中央档案保管库，而公元5世纪中后期编纂完成的《查士丁尼法典》（The Justinian Code）正式将档案馆定义为"保存契约的公共场所"，认为文件保存在档案馆中，能够为公共事务运转提供可信的证据和连续持久的记忆，这是档案馆作为（保管可信文件的）"场所"这一概念在罗马法的源头，并且深深根植于西方文明的法律文化当中[2]。

密特伦神庙和罗马国家档案馆的先后出现，是古希腊和古罗马政治文明发展到一定阶段的产物，相对稳定的社会环境和逐步成熟的官僚体制促使公共档案的积累、保管与利用问题受到公共当局的重视，而集中化的保管体系、接近城市中心区域、提供相当程度的开放利用等运行特征，均体现出两者在参与公民生活、打造公共空间等方面的主动性与活跃度，在某种程度上可视为西方档案馆开放精神的先导。

二 中世纪、文艺复兴与档案馆开放思想的启蒙

公元5世纪西罗马帝国灭亡后，西欧进入了一个长达千年的中世纪时期并在中世纪后期迎来文艺复兴的曙光，受此影响，古希腊和古罗马时期

---

[1] Sue McKemmish, Michael Piggott, Barbara Reed, Frank Upward, *Archives: Recordkeeping in Society*, Wagga Wagga: Charles Sturt University, 2005, pp. 27–28.

[2] Luciana Duranti, "Archives as a Place", *Archives and Manuscripts*, Vol. 24, No. 2, 1996, pp. 243–244.

萌生的档案馆开放精神在中世纪饱受压制后，又借助文艺复兴的契机得到了相当程度的恢复和发展，客观上起到了档案馆开放思想的启蒙作用。

（一）"权力的忠实附庸"：17世纪前欧洲档案工作的进展及其局限性

由于中世纪的西欧处于较为落后的蛮族统治之下，相当长时期内欧洲文明处于停滞不前的状态，古希腊以来的欧洲文化传统被人为地断裂了。在古罗马帝国后长期接管世俗世界最高统治权的天主教会，在很大程度上也限制了文化的发展。受此影响，古希腊、古罗马时期刚刚出现的档案馆开放精神受到了极大压制，古希腊、古罗马帝国"具有一种广泛公开性"① 的档案保管与利用制度也未能有效地传承下来。雅典密特伦神庙档案馆向"非公务研究者开放档案"在古代世界里的昙花一现，显示着古代档案工作中封闭性、机密性占绝对统治地位。法国学者对此有过入木三分的描述：

> 在古代对由国王和教父设置的档案库的利用，严格地控制在对档案保管负有责任的公务官员或得到最高当局专门批准的人员的范围之内，实际上，档案的保管经常与权力的行使相联系。掌握历史资料是进行统治和行使管理的主要手段之一。所以利用档案是一种特权，而不是权利。……在古埃及、美索不达米亚和中国，档案的保管甚至被认为是具有宗教色彩的职能……那时的档案利用是要预防各种形式的泄密和对付带有敌意的好奇。②

不过，古罗马人利用各种法律认可的证据去证明权利合法存在的传统并没有随着罗马帝国的灭亡而消失，以保存证据为目的的档案管理活动不但存在于教会机构，也广泛运用于世俗事务③。从11世纪末叶开始，随着商品经济的发展，真正意义上的城市发展起来。城市的政治制度和

---

① ［德］阿道夫·布伦内克：《档案学——欧洲档案工作理论与历史》，中国人民大学档案系油印本1985年版，第133页。
② ［法］米歇尔·迪香：《开放、利用和传播档案信息的调研报告》，孙钢译，载中国档案学会外国档案学术委员会编《〈文件与档案管理规划〉报告选编》，档案出版社1990年版，第217页。
③ 王岑曦：《来源原则历史源流新探》，博士学位论文，南京大学，2018年，第57—58页。

政治关系在许多方面是古典城邦的复活,也是近代国家制度的雏形。城市生活培育出来的市民精神,是近代政治思想重要而直接的来源。早期城市一般与君主结盟,共同抵御教会权力的扩张,从此,教会及其官方的神学理论遇到了真正强有力的对手。① 这一时期,作为行政管理工具的档案管理体系逐渐成长起来,为欧洲各国官僚体系的运行提供了支撑:

> 11世纪以来的文化"复兴",已使人们更容易理解个人对政府服从所蕴含的这种社会关系纽带——一个总有些抽象的概念——的意义。……形诸文字的习惯及对这种习惯潜在意义的不断重现,使国家可以建立档案,如果没有档案,政府工作的真正连续性就不会存在。来自采邑的封建赋税簿、定期账目、文件收发册——数不胜数的各种文字记录,12世纪中叶以后出现在盎格鲁—诺曼国家和西西里的诺曼王国,12世纪末或13世纪期间出现在法兰西王国和它的大多数重要的大公国。这些文字记录的出现预示着,一种新的权力,至少是一种此前限于大教会和罗马教廷才有的权力,即官僚体制,正在崛起。②

事实上,档案工作一直就与权力息息相关。在古希腊和拉丁语中,档案馆(Archivum)是指地方行政长官的居住地或公共办事机构,中世纪档案保管的早期历史是与教堂和城邦建立的机构紧密相联的。③ 罗马帝国和拜占庭帝国时期采用的"二元主义"④ 的文件分类及整理规则,也为

---

① 徐大同主编:《西方政治思想史》,天津教育出版社2005年版,第108—109页。
② [法] 马克·布洛赫:《封建社会(下卷)》,张绪山等译,商务印书馆2004年版,第672—673页。
③ [英] E. 希格斯:《从中世纪学说到信息管理:档案专业的演变》,载国家档案局、中央档案馆编《第十三届国际档案大会文件报告集》,中国档案出版社1997年版,第110页。
④ 所谓二元主义,是指原件发给收文者并由其保存、发文者只保存所发文件的誊录簿,从而收文与发文誊录簿各为一类的分类法。中世纪时期的档案馆,无论是教会档案馆还是世俗档案馆,通常都只保存收文且以收藏财政、法律方面的文件为主。甚至当时欧洲各国的国王们都没有永久保存这些文件的场所,有的国王将文件与珍宝、宗教圣物一起保存在安全的地方,有的就直接寄存在教堂。由于仅保管收文难以全面反映机构的整体文书运行状况,于是一些机构开始将发出的文件进行复制处理,并汇编成册,以图书的形式保存。这些档案文件汇编后来就成为文艺复兴时期人文主义学者们进行古典学术研究的重要工具。参见Ernst Posner, "Some Aspects of Archival Development since the French Revolution", *The American Archivist*, Vol. 3, No. 3, Jul. 1940, pp. 159 – 161。

希腊、意大利主教所管辖的教区和修道院所采纳。在中世纪独特的政权与教权二元化的权力体系中,由于相互竞争的需要,档案文件常常被用来证明权力的合法性而引起社会的重视,欧洲地区的封建统治者们越来越注重搜集与他们利益切实相关的档案文件,这也在一定程度上推动了档案的整理、保管与可控利用等业务的开展。到了中世纪后期,君主统治在整个欧洲逐步趋于稳定,国家的行政管理功能与范围日渐扩大,档案文件的数量和利用次数也不断增加,一批用于安全保存行政、法律和财经等文件的档案库房开始出现和壮大。欧洲各国的档案管理活动随即产生了不少突破性的进展。在英国,10 世纪中后期盎格鲁-撒克逊国王们开始利用教堂作为发布重要文件的场所,并出现教会文件管理的专门化人才;早在亨利三世(1216—1272 年)时期,英国国王就开始任命"管卷大臣"(Keeper of the Rolls of Chancery)这一职位;1323 年,威廉·斯特普尔顿(William Stapleton)编制了财务署的第一本财产目录①。法国的档案管理可一直追溯到 12 世纪,据说法国国王菲力·奥古斯都在一次与英国国王的战斗中丢失了财务文件,于是毅然决定建立档案库以保存公共法令文书②,1318 年皮埃尔·迪特姆斯制定了财产法规和登记薄的目录。在意大利,早在 1284 年那不勒斯的安茹(Anjou)档案馆就编制了档案目录和管理规章。整个欧洲的档案收藏都开始出于行政管理目的被整理和编制成目录。③

从 13 世纪末开始欧洲社会结构发生了深刻的变化:从政治上看,封建制度开始衰落;从经济上看,工商业努力摆脱庄园和农场束缚,城市经济得到快速发展;从社会上看,社会下层阶级为争取人身自由和经济自由、建立地方自治政府的斗争不断兴起④。新兴的资产阶级借用恢复古典文化的名义发起了文艺复兴运动,导致了欧洲在文学、艺术、哲学、

---

① [英] E. 希格斯:《从中世纪学说到信息管理:档案专业的演变》,载国家档案局、中央档案馆编《第十三届国际档案大会文件报告集》,中国档案出版社 1997 年版,第 111 页。
② 徐波:《文艺复兴时期法国民族史学研究》,四川人民出版社 2006 年版,第 203 页。
③ Ernst Posner, "Some Aspects of Archival Development since the French Revolution", The American Archivist, Vol. 3, No. 3, Jul. 1940, p. 160.
④ [美] 詹姆斯·W. 汤普逊:《中世纪晚期欧洲经济社会史》,徐家玲等译,商务印书馆 1996 年版,第 2—9 页。

科学技术领域发生了巨大变化,催生了拥有巨大创造力的近代欧洲文明[①]。文艺复兴运动发生在欧洲从中世纪向近代转型的过渡时代,是欧洲在意识形态层面开启的一场与封建文明的决裂,在知识、科技、人文和社会诸领域展开的一场新思想和精英文化的运动。自14世纪初至17世纪30年代共三百余年的文艺复兴时代,先进知识分子的思想体系和精神象征是人文主义。人文主义使人们在注重人的同时,开始关注人类各个稳定的共同体,以国家为分类,促使了民族史的觉醒,进而推动了档案的利用。文艺复兴时期的史学家们不仅使用《圣经》和各种教会记录,还使用各种世俗的政治、经济和文化等方面的材料,包括前人未曾使用过的资料和未曾披露过的档案,英国史学家还对口述和观察资料进行收集和整理,注重利用文物和历史遗迹进行考证分析。提高了历史研究的真实性和可靠性,使历史编纂学逐渐走出中世纪编年史的桎梏。意大利史学家佛朗西斯科·圭恰尔迪尼(1483—1540年)注重收集和运用包括佛罗伦萨的公共档案在内的新近档案文献资料,"成为近代第一个复原历史的历史学家"[②]。法国学者迪蒂耶利用整理王室档案馆的机会,抄录了大量对法学家和史学家都极为重要的档案,并以此为基础编成《法兰西王国档案集成》,从而使法国公众能够接近档案材料[③]。

从法国国王腓力四世发动"阿维尼翁之囚"后,教皇的神权力量开始衰落,欧洲各国推动了君主制的官僚主义化,特别是16世纪西欧爆发的宗教改革运动强化了君主专制,"王权依靠市民摧毁了封建贵族的权力,建立了巨大的、实质上以民族为基础的君主国,而现代的欧洲国家和现代的资产阶级社会就在这种君主国里发展起来"[④]。印刷术的广泛应用以及君主事务的增多,导致文件数量不断增长,16世纪开始欧洲各国的档案管理工作呈现出集中化趋势,档案馆进入了相对快速的发展时期,欧洲各国档案开始集中于中央档案库统一保存,并由专业档案工作者负

---

① [美] C. 沃伦·霍莱斯特:《欧洲中世纪简史》,陶松寿译,商务印书馆1988年版,第2—3页。

② 孙锦泉、徐波、侯树栋:《欧洲文艺复兴史·史学卷》,人民出版社2010年版,第71—73页。

③ 徐波:《文艺复兴时期法国民族史学研究》,四川人民出版社2006年版,第203—206页。

④ 《马克思恩格斯选集》第3卷,人民出版社2012年版,第846页。

责管理，欧洲档案工作的专业化逐步得到社会各界的认同①。法国著名史学家皮埃尔·诺拉认为，从16世纪开始的档案集中化发展，催生了"公共档案"这一概念，但这时的"公共档案"并不是指对资料的公共使用，而是服务于君主制度的扩张以及随之伴生的国家民族意识的兴起②。

总体而言，从中世纪到文艺复兴欧洲各国档案工作取得了相当大的发展，但"档案却始终只是王室的私有财产，只用于十分功利主义的用途，其目的在于保存关乎王室权威和统治的文书，为王室储备涉及权力与权利的法律文件"，"档案工作者无论想表现得多么独立，始终只是权力的忠实附庸"③。造成这一现象的根源在于，中世纪时期，保存档案、建立档案馆库是一种特殊的权利，该权利与最高权力（sovereignty）紧密相连，因此只有皇帝、教皇及他们选择的代理人才有资格保管档案文件④。12—17世纪，"打开档案馆所须钥匙的数量，以及保管这些钥匙的官员的级别，与密室或柜子中所存材料蕴含的权力是成正比的"⑤。可见，由于中世纪的档案馆产生于权力的制高点，档案与权力行使联系在一起，因此档案常常被视为统治阶级的私有财产和统治工具而难以向社会开放。

（二）走出中世纪：档案馆开放思想的提出

档案馆封闭状况从16世纪开始发生了深刻的变化：此时正值文艺复

---

① 档案管理工作集中化的表现有：1545年，西班牙国王查理五世开始将其文献宝库从卡斯蒂利亚转到著名的锡曼卡斯城堡，到1567年它完成了对卡斯蒂利亚王国（Castilian Crown）的议会档案、宫廷档案、大法官档案、司库档案的接收工作，而1588年制定的《锡曼卡斯档案馆条例（Instruccion para el Gobierno del Archivo de Simancas）》则是已知的第一个档案法规；1568年，法国停止在宪典宝库（Trésor des chartes）登记册上做记录，转而在总理公署和国家秘书处保存档案；1610年，英格兰詹姆一世任命赖卫纽·曼克（Levinus Monk）和汤姆斯·威尔逊（Thomas Wilson）为英格兰档案文件库总管（Keepers and Registers of Papers and Record），此后英国产生的重要文件都集中保管在档案文件库；1670年开始，欧洲各国君主开始在所有重要的国家公仆逝世时搜集他们的档案。具体参见 Michel Duchein, "The History of European Archives and the Development of the Archival Profession in Europe", *The American Archivist*, Vol. 55, No. 1, Jan. 1992, p. 16。

② [法] 皮埃尔·诺拉主编：《记忆之场：法国国民意识的文化社会史》，黄艳红等译，南京大学出版社2015年版，第405—406页。

③ 同上书，第405页。

④ 例如，中世纪的意大利博洛尼亚大学最重要的档案要么保存在城市档案馆，要么保存在教会里。具体参见 Luciana Duranti, "Medieval Universities and Archives", *Archivaria*, No. 38, Fall 1994, pp. 41-42。

⑤ Luciana Duranti, "Archives as a Place", *Archives and Manuscripts*, Vol. 24, No. 2, 1996, p. 245。

兴运动进入高峰阶段，各国又先后爆发了宗教改革运动，人文主义思想传播到欧洲各国，为资产阶级提供了一种新世界观和一套新文化，政治观念开始摆脱神学的影响，封建教会披在国家身上的"神圣"外衣被剥掉，权力代替神意和道德，成为国家与法律的基础[1]。文艺复兴运动带来了思想大解放，导致档案利用的垄断性和封闭性开始受到人们的质疑，档案开放的呐喊之声开始出现。

16世纪末期开始，欧洲学者出版了最早的一批档案学著作，对档案机构的内涵及性质等问题进行探讨。德国档案学者雅各布·冯·拉明根（Jacob von Rammingen，1510—1582年）和意大利学者巴尔达萨雷·博尼法乔（Baldassare Bonifacio，1586—1659年）[2]是欧洲档案学早期的代表性人物。1571年，拉明根在《论登记室及其机构和管理》一书中认为，登记室（即档案室）应当是与办公室和财务室并列的管理机构，"登记室是政府及其一切权力、利益和财产的顶点，政府只有通过登记室内的档案才能保持这些权力、利益和财产，因为只有档案才能提供文字依据"[3]。1632年，博尼法乔出版了《论档案馆》一书。该书共10章，对档案的定义、档案馆的历史与建制、档案工作者的角色、档案整理与档案馆管理等进行了阐述。他认为"关注未来比关注过去"更重要，因此建议档案馆尽可能全面地收藏反映社会各阶层的档案，无论是教会还是王室、公共或私人，从而为后代提供全面的信息参考。他指出，"顺序"是档案馆的"灵魂"，建立由"地区—事由—时期"组成的目录索引，可以方便快捷地提供利用。他强调，由于早期档案收藏于神庙当中，而当前档案馆进入了公共权力体系，因此档案馆具有"神圣性和不可侵犯性"。他非常心痛长期存在的伪造、盗窃、烧毁档案文件行为弱化了档案馆的神圣不可侵犯性，因此主张重建科学的档案馆管理与服务体系，恢复档案馆的卓越地位，使其拥有一种"没有紫色的皇权"[4]。此外，博尼法乔用古希

---

[1] 徐大同：《西方政治思想史》，天津教育出版社2000年版，第91—95页。
[2] 国内档案学界一般将其翻译为"波尼法西奥"。
[3] 黄坤坊编著：《欧美档案学概要》，档案出版社1986年版，第4—6页。
[4] 在欧洲紫色长期是皇权的象征，除君主之外他人不得使用。这里"没有紫色的皇权"意指给予档案馆以崇高的地位但不是独占性的，是面向普通民众开放的一种高贵的场所。参见Lester K. Born, "Baldassare Bonifacio and His Essay De Archivis", *The American Archivist*, Vol. 4, No. 4, Oct. 1941, pp. 227–237。

腊的术语"档案馆"代替了"登记室",要求档案馆"像古代雅典的档案机构那样,只接收和保管公开的档案"[1],实际是一种托古改制的做法,我国学者黄世喆认为博尼法乔实际上巧妙地预设了这样一个约束条件:无论是哪个国家的档案学理论,只要采用古希腊的"档案(馆)"术语,就得承认档案馆的开放性及公共性[2]。这一理念与当时档案馆的封闭状况是针锋相对的。

由此不难看出,进入封建社会末期的欧洲,受到资本主义萌芽冲击的欧洲,资本主义因素、科学文化教育已颇具规模,特别是文艺复兴运动中人权、平等、自由等启蒙思想推动了民众对统治阶层垄断档案的利用需求。在这一背景下,拉明根和博尼法乔等早期欧洲档案学者以自身丰富的档案工作经验为依据,对档案馆独立性和公开性等进行阐述,初步指明了民本思想回归趋势下档案馆的建设方向,"没有紫色的皇权"的呐喊更是振聋发聩,为法国大革命后世界各国档案馆走向开放、建设公共档案馆提供了思想源泉。

法国大革命爆发后,巴黎民众放火焚毁了被视为封建君主特权终极堡垒的皇家档案建筑,并很快建立了保存和陈列国民议会制定的各种法律文件的国民议会档案馆,进而在此档案馆的基础上建立了法国国家档案馆并允许民众有权利用这些档案文件。这是世界上国家档案馆首次真正以立法方式将普通民众利用档案文件的权利确立下来,因此被视为公共档案馆建设的真正开端。但法国大革命能在档案领域产生如此根本性的变革有其深刻的社会背景。古希腊密特伦神庙和罗马国家档案馆的运行状况表明,档案文件进入档案馆之前通常会制作副本以供公民查询之用,而且档案馆往往与公共空间紧密相连,这与中世纪封闭的公共档案管理机制形成了较为明显的反差,从而为文艺复兴时期档案开放思想的产生提供了启迪。在二元权力重叠和权威分散的政治体系下,中世纪的教会与君权之间的权力斗争客观上促进了档案利用,档案整理、保管与利用工作逐步规范化。更为重要的是,在法国大革命之前,欧洲思想文

---

[1] 黄坤坊编著:《欧美档案学概要》,档案出版社1986年版,第4—6页。
[2] 黄世喆:《走出中世纪:现代档案学的文艺复兴思想火花》,《档案管理》2008年第1期。

化界的重要变化,可以视作法国档案工作革命的序曲。文艺复兴运动对人性权利的主张,反对封建政权对个性自由和社会平等的压制,因而促使人们开始关注自身的现实生活,并寻求进行自我教育及提升的各种机遇,而保存着丰富文化资源的档案机构,就开始受到知识精英们的重视。自 17 世纪以来,英国的历史学家们为使公众承认档案价值而一直进行着不懈的努力。在 18 世纪初期,在近代文明日益繁荣的欧洲大陆,在持续数个世纪文艺复兴运动和蓬勃发展的资产阶级革命浪潮的深刻影响下,法国掀起了一场波澜壮阔的思想解放运动——启蒙运动,伏尔泰、卢梭、孟德斯鸠等法国启蒙思想家宣扬的自由、平等、人权等核心思想,为推动档案馆开放的民本思想的萌芽与发展,提供了广泛的生长土壤[1]。法国大革命摧毁了封建君主式的档案体制,标志着档案馆作为人们生活不可或缺的核心组成部分的地位的终结,行政档案和历史档案的二元对立由此出现[2],档案的文化遗产及公共利用价值因此日渐受到社会各界的重视,这无疑是当代西方档案馆开放思想的重要滥觞。

第二节　近现代中外公共档案馆思想的形成与发展

法国大革命开创了世界档案事业的新纪元。曾任尼日利亚国家档案馆馆长的 U. O. A. 埃思认为:"法国大革命是近代档案发展的分水岭。它不仅通过建立世界上第一个近代档案馆从本质上改变了我们的档案思想,而且通过颁布第一部档案法,从法律的角度改变了我们对档案的认识。1794 年颁布的档案法是最重要的一部档案法,它表明国家档案馆进入了对公众开放的新时代。"[3] 著名档案学者恩斯特·波斯纳认为法国大革命在档案领域具有三个方面的重要意义:(1) 它创建了一套从地方到中央的完整的公共档案馆网络系统。据统计,法国大革命前,仅巴黎一地就

---

[1] Java Valge, Brigit Kibal, "Restrictions on Access to Archives and Records in Europe: A History and the Current Situation", *Journal of the Society of Archivists*, Vol. 28, No. 2, Oct. 2007, p. 196.

[2] Luciana Duranti, "Archives as a Place", *Archives and Manuscripts*, Vol. 24, No. 2, 1996, pp. 247–248.

[3] [尼日利亚] U. O. A. 埃思:《档案学:国家和文化传统,还是一门国际学科?》,载国家档案局、中央档案馆编《第十三届国际档案大会文件报告集》,中国档案出版社 1997 年版,第 209 页。

有 405 座档案库,而整个法国则有 1225 座档案库房,法国大革命后通过立法等手段将散布各地的档案保存机构进行了资源和管理整合,结束了档案管理分散和混乱的局面,首次实现了对历史档案和公共机构现行文件的全面管理。(2)它促使国家承认有保护过去文献遗产的职责。(3)以立法手段保障公众利用档案文件的权利。① 不难看出,法国大革命后公众有权利用档案的这一原则的确立,对世界范围内公共档案馆的发展最具深远影响。实际上,法国档案开放原则的确立也经历了一个短暂的发展过程。1789 年法国《人权和公民权宣言》第 15 条写道:"每一名公务人员都有义务报告他的行政管理情况",这表明公民"利用公共档案的权利也可能是从公民监督公共雇员行为的权利中推论出来的"②,档案开放原则是公民民主权利的体现。1790 年 9 月,法国国民议会批准的国家档案馆条例规定,每一个法国公民在每周的固定日期和规定的时间内都可以进入档案馆亲自查阅他所需要的文件,为此国家最初规定把公有的土地契据从移交的档案里抽出来,由档案馆保存,而把具有历史意义的档案,拨归图书馆,"以保卫他们与清算封建权力和财产关系有关的物质利益"③,这实际上承认了国家档案馆的公开性。1794 年 6 月 25 日,法国又颁布了著名的《稿月七日档案法令》,明确宣布公民有权利用档案馆的公共文件,曾任法国国家档案局局长的著名历史学者朗格鲁对此作了高度评价,他认为开放档案原则的意义"在于它改变了档案馆的性质,使档案馆从旧制度下的机密机构,变成了为社会全体公民的利益和权利服务的公开机构,开创了档案利用的崭新时代"④,这也宣告了国际公共档案馆理念的正式产生。

法国大革命及随后的拿破仑帝国时代,唤醒了整个欧洲的公民意识,并逐步导致社会结构和公共生活的民主化,这在客观上促进了法国近代

---

① Ernst Posner, "Some Aspects of Archival Development since the French Revolution", *The American Archivist*, Vol. 3, No. 3, Jul. 1940, pp. 161 – 163.

② [法]米歇尔·迪香:《开放、利用和传播档案信息的调研报告》,孙钢译,载中国档案学会外国档案学术委员会编《〈文件与档案管理规划〉报告选编》,档案出版社 1990 年版,第 227—228 页。

③ 韩玉梅、张恩庆、黄坤坊编著:《外国档案管理概论》,档案出版社 1987 年版,第 146 页。

④ 韩玉梅主编:《外国现代档案管理教程》,中国人民大学出版社 1995 年版,第 177 页。

档案思潮迅速在欧洲大陆的广泛传播，比利时（1796年）、普鲁士（1831年）、英国（1838年）等国先后创建了档案集中管理制度，法国的公共档案馆理念与实践成为19—20世纪档案事业发展中的主流[1]。到19世纪50年代，整个欧洲各国的中央档案机构几乎都开始参照法国档案工作的模式，从政府和相关行政机构接收公共档案，开展鉴定、整理著录等基础性工作，并将档案资料向公共研究领域开放，这些职能都体现出现代国家档案机构的基本雏形[2]。19世纪末至20世纪上半叶是世界资本主义快速发展的时期，国家档案文化观、档案公共利用思想、档案职业观应运而生，公共档案馆思想在这一阶段正式产生并逐步成熟起来。

一　档案价值的发现与国家档案文化观的形成

在公元8世纪初至公元14世纪间，统治欧洲的是一种权力重叠和权威分散的政治体系，即欧洲封建制，其总体特征体现为，它是一个在关系和义务上彼此制约的、由一些分化为许多小规模自治体的统治系统组成的网络。民族国家的兴起和宗教改革所引发的各种冲突，西方基督教世界开始面临来自世俗政权的强有力挑战，围绕要求获得更广泛和深入的政治权力的斗争已日趋激烈，从15世纪到18世纪，欧洲各国出现不少行政权力集中化的中央集权国家，现代国家的概念才得以产生，从而为国家（民族）认同——这一新的政治认同形式的发展开辟了道路。[3] 西方学者认为，民族可以分为文化民族与国家民族两大类，前者主要基于某种共同的文化经历而凝聚起来，而后者首先建立在一种普遍的政治历史与法规的统一力量之上[4]。档案学与历史编纂学的联姻，促使社会各界开始注重利用档案文献来挖掘、弘扬政治和文化遗产：

---

[1] Ernst Posner, "Some Aspects of Archival Development since the French Revolution", *The American Archivist*, Vol. 3, No. 3, Jul. 1940, pp. 161 – 163.

[2] Michel Duchein, "The History of European Archives and the Development of the Archival Profession in Europe", *The American Archivist*, Vol. 55, No. 1, Jan. 1992, p. 18.

[3] ［英］赫尔德：《民主与全球秩序：从现代国家到世界主义治理》，胡伟等译，上海人民出版社2003年版，第34—38页。

[4] ［德］梅尼克：《世界主义与民族国家》，孟钟捷译，上海三联书店2007年版，第11—12页。

当为反对因革命而引起的平均趋势及反对拿破仑外来统治而斗争的时候,民族主义开始得到发展。欧洲人民逐渐意识到他们的民族独立,而且开始把民族的历史作为在民族危机时振奋精神的财富。浪漫主义开始炫耀他们的过去,他们的艺术作品,他们的文学及纪实性的纪念物。出版纪实性的材料,以便于更好地了解国家的历史,从新发现的材料里编纂史志,这些便成为富有生机和活力的编史工作的重要目的。①

经历长期民族主义、国家主义思潮的洗礼,欧美各国档案工作者逐步将档案工作"看作是革命后的欧洲在民族国家建设事业的组成部分","旧档无用论"② 的观点遭到抛弃,档案是国家文化财富的理念逐步形成并受到重视。国家档案文化观包含对如下两个观点的认同:第一,档案是国家政府机构行政管理的产物,对其加以保管能够为今后的行政管理提供参考;第二,档案是国家和人民的文化财富,是了解国家历史、形成国家与民族认同、弘扬民族精神的重要源泉。档案作为行政管理工具的价值,在近代国家档案馆尚未产生之前就已经受到充分的重视,古希腊时期神庙档案馆和中世纪教会档案馆的档案保管体系证明了这一点,而档案文化价值的官方认同源自法国政府当局对历史文件价值的承认。法国大革命初期,激进的革命派认为旧制度遗留下来的一切皆为无用的东西,因此摧毁"带有奴役痕迹的东西"成为他们打击封建等级社会秩序的重要手段。1792 年 6 月,法国著名哲学家、启蒙运动的杰出代表人物孔多塞发表演讲时说:"今天是一个值得纪念日子的周年纪念,正是在这一天,制宪议会通过摧毁贵族制而最终确立了政治平等的结构。也正是在这一天,在首都,理性之火在路易十四雕像之下烧毁了那些证明贵族这一社会等级之虚荣的卷宗众多的法令。在公共图书馆、审计法院、

---

① [英] E. 希格斯:《从中世纪学说到信息管理:档案专业的演变》,载国家档案局、中央档案馆编《第十三届国际档案大会文件报告集》,中国档案出版社 1997 年版,第 112 页。

② 两个多世纪后,中国北洋政府时期发生了"八千麻袋事件",固然与当时的政府腐败有直接关联,但"旧档无用论"的传统思维无疑还植根在当时国人的内心深处。

教务会和系谱学者家中还有其他残余。应该将这些残余物一同销毁。"①保守分子则认为，无须毁坏实体遗迹就可以将旧政权的价值理念消除，并将其快速转入官方的反传统主义当中。1794 年，格雷古瓦主教发表了《关于公共纪念碑的铭文的报告》，发明了"破坏文物"（Vandalisme）这一新名词来谴责扩大化的反传统主义行为，并认为这与历史上哥特人和汪达尔人对古罗马艺术的毁坏相提并论②。最终法国政府采纳了保守派的建议，"新的遗产意识围绕着前人遗产的保存和将它们传递给后代的道德上的迫切性而展开。遗产并不是一种今人可随意处置的财产，而是一种寄存物"③。格雷古瓦的报告被翻译成德文、英文，法国的遗产理念在整个欧洲范围内产生了广泛影响。受其影响，公共历史文件被视为一种遗产的观念得到认同：

> 大革命至关重要，是它确立了档案的概念。"旧制度"时期的社会是无法理解档案的含义的，那时的文件不会失去时效性。档案的权威性并不是由其真实性决定的——因为其真实性受到档案持有机构权威性的保证——而是由其古老性产生的。可能当时的学者们会互相交流传阅由教会与国家保存的档案资料。但在古代法国，资料交流在最好的情况下被视为一种恩赐与奢求，要经历繁复的程序，而且常常无果而终。……只有在当局不再需要一些文件时，它们才会变成档案④。

正如法国学者所言：法国大革命创造了我们今天意义上的档案，也就是说有关已结束的过去的文献，"数量巨大的国家文件……失效了，并……可以自由处置"。从一个关于过去的新视角来看，这些档案文献成

---

① 转引自［法］德拉克鲁瓦等《19—20 世纪法国史学思潮》，顾航等译，商务印书馆 2016 年版，第 9—10 页。

② Astrid Swenson, *The Rise of Heritage: Preserving the Past in France, Germany and England*, London: Cambridge University Press, 2015, pp. 29 – 35.

③ ［法］德拉克鲁瓦等：《19—20 世纪法国史学思潮》，顾航等译，商务印书馆 2016 年版，第 9—10 页。

④ ［法］皮埃尔·诺拉主编：《记忆之场：法国国民意识的文化社会史》，黄艳红等译，南京大学出版社 2015 年版，第 406 页。

为遗产的基本部分。① 正是为了适应这种遗产要求，国家档案文化观形成，并以立法方式确立了国家保护档案文化遗产的公共职责，在世界范围内产生了广泛影响。

早期欧洲国家在档案文化遗产保护方面的职责主要限于官方的公共档案，"在19世纪和20世纪初的档案工作者的语言中，档案一词通常仅仅指的是由公共机构，或至少是由已经建立的机构如法庭、教会和大学形成的文件，并不包括私人和家庭文书、个人的信函以及类似的文件"②。19世纪末期开始出版的早期档案学著作对"档案"的定义也表明了这一点。1898年荷兰档案学者缪勒、裴斯、福罗英三人所著的《档案的整理与编目手册》（即《荷兰手册》，被后世学者誉为"现代档案人员的圣经"）就认为，档案全宗"是下列各种文件的整体，这些文件便是一个行政单位或它的一个行政人员所正式受理或产生的，并经指定由该单位或该行政人员保管的书面文件、图片和印刷品"③。古典档案学者的代表性人物、英国档案学者希拉里·詹金逊在其1922年出版并于1937年再版的《档案管理手册》一书中指出："档案是在某一行政管理或行政事务（无论为公共的还是私人的）实施过程中所拟就或使用，成为该事务过程的组成部分，事后由该事务过程之负责人或其合法继承者保管以备不时查考的各种文件。"④ 这一时期，档案的文化价值也开始在档案定义中有所体现。1928年，意大利档案学者卡萨诺瓦在出版的《档案学》一书中认为，档案是"文件的系统累积物，此种文件为某一机构或个人在其活动中所产生，并由该机构或个人为实现其政治、法律或文化上的目的而保存"⑤。

---

① ［法］德拉克鲁瓦等：《19—20世纪法国史学思潮》，顾航等译，商务印书馆2016年版，第9页。
② ［法］米歇尔·迪香：《开放、利用和传播档案信息的调研报告》，孙钢译，载中国档案学会外国档案学术委员会编《〈文件与档案管理规划〉报告选编》，档案出版社1990年版，第216页。
③ ［荷］斯·缪勒、伊·阿·裴斯、阿·福罗英：《档案的整理与编目手册》，中国人民大学历史档案系1959年版，第3页。
④ Hilary Jenkinson, *A Manual of Archives Administration*, London: Percy Lund, Humphries & CO LTD, 1937, p. 11.
⑤ ［美］T. R. 谢伦伯格：《现代档案——原则与技术》，黄坤坊等译，档案出版社1983年版，第18页。

虽然国家档案文化观作为一种基本理念得到了世界各国档案界的广泛认可，但它毕竟是人类文化系统的组成部分，在不同国家的文化环境中就会产生不同的表现。20世纪上半叶，苏联档案界以"国家档案全宗"这一全新概念阐述了社会主义制度下国家对所有档案文化财富的集中统一管理思想，体现了档案的国家所有权性质。从19世纪末到20世纪初，加拿大公共档案馆自1872年第一任馆长道格拉斯·布里默开始，便形成了由公共档案馆同时收集公共档案与私人档案的文化传统，不仅强调了档案馆作为公共机构业务活动记录证据的守护者这种"官方角色"，而且突出了档案馆作为国家记忆和历史特征的保管者这种"文化作用"[1]。美国著名历史学家查尔斯·安德鲁斯（1863—1943年）的言论代表了这一时期社会各界对国家档案文化观的认知："构成一个国家和一个民族真实历史的，并不是那些偶然的插曲和浮在表面的事件，而是国家机构和社会组织的本质面貌，对于这一点认识得越清楚，档案就越会得到重视和妥善保管。没有任何一个国家的人民可以被认为已经完全掌握了自己的历史，除非是他们那些被收集起来、妥加照管并整理得便于研究者调阅和查考的公共文件经过系统的研究，其内容的重要性得到了肯定。"[2] 国家档案文化观的成熟与发展，推动了世界各国公共档案意识的增长，促进了各国国家档案馆建设的快速发展。

二 国家档案馆思想

国家档案馆属于公共档案馆的最顶层架构，它的建立，不仅是文明的标志，也是国家独立和主权的象征。法国大革命后欧洲各国陆续通过立法手段建立了国家档案馆，强化了对国家公共档案的保护与管理，不过，同一时期的加拿大和美国，却在为国家档案馆或公共档案馆的创建而努力奋斗，而受到西方公共行政思潮和各国国家档案馆运动影响的中国，也在南京国民政府时期发起了一场创建国家档案馆的倡议活动，国

---

[1] ［加］T. 库克：《1898年荷兰手册出版以来档案理论与实践的相互影响》，载国家档案局、中央档案馆编《第十三届国际档案大会文件报告集》，中国档案出版社1997年版，第155页。

[2] ［美］T. R. 谢伦伯格：《现代档案——原则与技术》，黄坤坊等译，档案出版社1983年版，第14—15页。

家档案馆思想日渐深入人心,成为强化世界各国民众公共档案馆意识的催化剂。

(一)"高贵的梦想":加拿大国家档案馆思想

加拿大早期国家档案馆思想多来自史学家和公共档案馆的早期领导者。加拿大联邦成立不久,历史学者、魁北克文学及历史学会会员亨利·霍珀·迈尔斯(Henry Hopper Miles)1870年底发表了著名的"论加拿大档案馆"(*On 'Canadian Archives'*)的演讲,简要阐述了法国国家档案馆、英国公共档案馆集中保管政府文书、档案的基本情况,以及美国州政府(由州图书馆负责)、联邦政府(总统直接管辖)管理公共档案的状况,并对加拿大当前分散保存政府公共文书、档案的现状及其危害进行了总结:"政府公共记录……以及提交国会审议的法律草案、国会审议通过的法令等,每隔几年就会形成大量难处理的文件,除非同时有一个便利的制度体系为这些记录提供安全的保管并为学术研究、未来参考等提供利用服务。"[①] 1871年底,魁北克文学及历史学会广泛发动在魁北克和蒙特利尔的作家、神职人员以及重要教育家,向联邦当局提交了创建加拿大档案馆的请愿倡议。在倡议里,他们强调,分散保存官方记录的危机已经显现,推进公共档案便捷获取并保护其免受意外损坏具有重要意义。另外,他们还提出,考虑到加拿大地方史文献资料的匮乏及相关文献证据缺乏可能带来的政治、宗教偏见,会对国家与社会认同造成伤害,建议创办一个类似于英、法等国的加拿大档案馆系统。加拿大国会批准了这一倡议,不过将这一名为"档案分部"(Archives Branch)"JP+1]的机构设置于当时负责艺术及制造业的农业部之下,1872年6月20日,道格拉斯·布里默(Douglas Brymner)被任命为农业部"高级二等书记",即通常所称的自治领档案馆馆长(Dominion Archivist),以创建全国范围内的档案馆系统。这就是加拿大国家档案馆的最早组织源头。[②] 由于

[①] 亨利·霍珀·迈尔斯的演讲发表于1870年12月14日,后发表于1871年魁北克文学与历史学会会刊上。具体参见 Henry Hopper Miles, "On 'Canadian Archives'", From: *Transactions of the Literary and Historical Society of Quebec*, Quebec: Middleton & Dawson, 1871, pp. 53 - 71。

[②] B. C. Cuthbertson, "Thomas Beamish Akins: British North America's Pioneer Archivist", *Acadiensis: Journal of the History of the Atlantic Region*, Vol. 7, No. 1, 1977, pp. 86 - 102.

经费短缺、设备与人员不足等问题,档案分部的早期工作并不顺利,因此也招致了各种非议和指责。1882年5月,国会众议院与国会图书馆联合委员会在审阅档案分部提交的年度报告后建议将档案分部收集的所有文献永久地保存在国会图书馆。一旦该建议实施,无疑将会对刚刚起步的加拿大档案事业造成巨大的损失。面对来自文书分部和国会图书馆的竞争性压力,布里默融合英国和欧洲大陆诸国档案实践并结合自身对研究需求的观点,形成了一个加拿大特色的公共档案馆理念[①]。他在1882年的档案分部年度报告里将这一理念描述为一个"高贵的梦想":加拿大档案馆是大英博物馆、英国公共档案馆与历史手稿委员会三个机构组织与功能要素的集合,"它的特殊使命就在于获取所有的原始资料,包括私人与公共的,这些文献能够使加拿大的社会史、商业史、市政史以及纯粹的政治史变得更加清楚",它的目标是希望"关于英属北美的历史,每一份与之相关、甚至第一眼看上去只是间接关系的文献,都应当能够在档案分部找到"[②]。布里默不仅成功化解了当时档案分部的生存危机,其公共档案馆理念更受到史学界的极大关注和支持,为此后加拿大档案事业在制度上解决发展瓶颈奠定了坚实的基础。1904年5月,阿瑟·乔治·道蒂(Arthur George Doughty)被任命为第二任自治领档案馆馆长,他在牛津大学受过严格的学术训练,在被任命为自治领档案馆馆长之前任魁北克议会图书馆联席馆长。他的加拿大史学观产生于魁北克环境之中,其研究兴趣主要是魁北克城市史和1759年运动,道蒂在其首份年度报告中便强调"档案馆的主要使命是鼓励历史研究"[③]。他提出相对自由的档案利用政策,甚至认为有必要在晚上开放档案阅览室。1906年夏,上任刚满两年的道蒂致信当时的总理威尔弗里德·劳里埃(Wilfrid Laurier),

---

[①] 在1881年的年度报告中,布里默详细描述了英国公共档案馆(British Public Record Office)、历史手稿委员会(Historical Manuscripts Commission)、苏格兰档案登记总局(General Register Office for Scotland)的历史及运行状况,而国会图书馆的议案是在1882年5月提出。由此可见,布里默在此之前已经开始思考如何对档案分部的职能进行更为清晰的定位,而该议案刺激了更快地阐述他的理念,以应对这一危机。具体参见 Douglas Brymner, *Report on Canadian Archives* (1881). Ottawa: S. E. Dawson, 1882, pp. 1 – 54。

[②] Douglas Brymner, *Report on Canadian Archives* (1882), Ottawa: Maclean, Roger & CO., Wellington Street, 1883, pp. 6 – 8。

[③] Ian E. Wilson, "'A Noble Dream': The Origins of the Public Archives of Canada", *Archivaria*, Vol. 15, Winter 1982 – 1983, p. 25.

强调档案馆与职业化历史学对于满足大众对统一、公正的加拿大史的需求是非常关键的,"档案馆应当成为国家生活发展过程中一个重要的影响因素"。道蒂的观点得到了议会反对党、媒体和学术界的广泛支持。历史学家亚当·肖特（Adam Shortt）在自治领教育协会发表专题演讲支持档案馆的文化教育价值,并与历史学家乔治·朗（George Wrong）一道与劳里埃总理讨论如何更好地在档案馆与"国家教育活动"之间建立联系。劳里埃总理最后认同了道蒂的观点并给予极大的支持。① 1912 年,《公共档案馆法》（*Public Archives Act in 1912*）通过后,档案分部脱离农业部成为一个独立的机构,并更名为加拿大公共档案馆（Public Archives）,从而在法律上获得正式身份,公共档案馆由此成为独立的公共服务机构。

（二）美国国家档案馆思想

美国国家档案馆思想与史学家有更为密切的关联。1831 年 5 月至 1832 年 2 月访问美国的法国著名政治思想家夏尔·阿列克西·德·托克维尔在其名著《论美国的民主》对 19 世纪上半叶美国公共档案管理的状况进行了深入的观察：

> 在美国,掌权的人在台上的时间很短,不久便回到每天都在改变面貌的群众中去,所以他们在社会活动方面留下的痕迹往往不如他们在家庭活动方面留下的痕迹。……行政管理的不稳定性,已开始渗入人民的习惯。我甚至可以说,今天每个美国人都觉得这样合乎口味。谁也不打听在他以前发生的事情。不追求有条不紊的体系,不形成档案,不在容易办到的时候把文件收集在一起。即使有人做了,也很少有什么库房加以存放。②

---

① Ian E. Wilson, *Shortt and doughty: the cultural role of the public archives of Canada, 1904 – 1935*, Ph. D. Dissertation, Ontario: Queen's University, 1973, pp. 55 – 57.

② 这段话来自托克维尔《论美国的民主》第 1 卷第 5 章"美国的民主政府"第 2 部分：美国行政的不稳定性（Instability of the Administration in the United States）。前四句摘自董果良翻译、1991 年商务印书馆出版的《论美国的民主》中文版,后两句转引自黄坤坊等译、档案出版社出版的《现代档案——原则与技术》一书。由于后面两句涉及档案与文件等术语,黄坤坊等人的翻译更符合对档案文件管理状况的认知,因此采用了这本书的译法,特此说明。参见［法］托克维尔《论美国的民主（上）》,董果良译,商务印书馆 1991 年版,第 235—236 页；［美］T. R. 谢伦伯格《现代档案——原则与技术》,黄坤坊等译,档案出版社 1983 年版,第 41 页。

19世纪中后期，欧洲受训归来的新一代美国学术群体在挖掘、研究以前没有充分利用的原始资料的基础上，创造了一个新的且具有自我意识的科学历史专业[1]。1888年，加拿大自治领档案馆馆长布里默在美国历史学会发表演讲，分享加拿大档案界的"高贵的梦想"。美国历史学界对此进行了热烈的回应，并以加拿大为榜样致力于建立美国的国家档案馆。1885年和1899年，美国历史学会先后创建"历史手稿委员会"和"公共档案委员会"，开始探索档案专业化之路。受此影响，创建国家档案馆成为此后很长一段时期美国学术界特别是史学界的一大中心任务。著名历史学家约翰·富兰克林·詹姆森（J. Franklin Jameson，1859－1937年）是美国国家档案馆运动的发起人和主要领导人[2]。1882年，詹姆森在美国约翰·霍普金斯大学获得该校首个历史学博士学位，先后在约翰·霍普金斯大学、布朗大学、芝加哥大学任教，1905—1927年担任卡内基学会历史研究部主任，是美国历史学会创始人、《美国历史评论》首任主编。1895年他向美国历史学会执行理事会建议"系统地收集、整理并选择性地出版与美国史有关的档案资料"，因此被任命为新成立的"历史手稿委员会"主席。他对欧洲的公共档案与手稿特藏颇有研究，曾经访问过英、法、意、德等欧洲传统强国的国家档案馆。[3] 自1905年担任卡内基学会历史研究部主任之后，詹姆森集中精力收集、编辑与出版档案资料，全面调查政府档案（包括联邦政府和州政府）和私人档案管理状况，领导了美国国家档案馆运动，被誉为美国"国家档案馆之父"。1910年9月，詹姆森在致信塔夫脱（William Howard Taft）总统的秘书查尔斯·D. 诺顿（Charles D. Norton）时认为，创建一个集中保管联邦政府档案文件的中央档案库非常有必要的，但不能过于激进，需要在各政府机构建立好良好的档案文件保管体系之后再进行改革，他认为国会图书馆可以临时性地

---

[1] Richard J. Cox, Charles Dollar, Rebecca Hirsch, Peter J. Wosh, "Founding Brothers: Leland, Buck, and Cappon and the Formation of the Archives Profession", *The American Archivist*, Vol. 74, No. S1, Jan. 2011, pp. 3－4.

[2] 李刚：《美国档案学史上的双子星座——兼论早期档案学家的专业认同》，《档案学通讯》2010年第5期。

[3] Victor Gondos, *J. Franklin Jameson and the Birth of the National Archives, 1906－1926*, Philadelphia: University of Pennsylvania Press, 1981, pp. 14－15.

担任管理联邦政府公共档案的责任,但从长远来看,档案机构应当是独立的公共机构①。1914年5月,詹姆森在美国图书馆协会年会上发表"国家档案馆建筑的必要性"的演讲,他指出,面对当时混乱无序的美式档案管理官僚体系,建立一座面向未来和普通公众服务的高质量国家档案馆大楼是非常有必要的,有助于缓解因为政府文件日渐增长却缺少科学方法和有效空间进行保管而造成的行政管理压力,而针对一些人提出将政府"死档"移交到国会图书馆保存的建议,詹姆森给予了严厉的批评,"图书馆管理是一回事,而档案管理则是完全不同的另一回事,没有国家政府能够将两个机构合并起来",尽快建立独立的国家档案馆建筑才是解决问题的根本办法②。

沃尔多·吉福德·利兰(Waldo Gifford Leland)作为詹姆森的学生兼助手,是美国国家档案馆运动的主要理论家③。利兰对国家档案馆价值的认知源自于他在长期的档案收集、整理实践工作中的体会。1903年,在詹姆森的推荐下,利兰加盟成立不久的卡内基学会,并帮助著名历史学家克劳德·H. 范·泰恩(Claude H. Van Tyne)编纂《华盛顿美国政府档案指南》(Guide to the Archives of the Government of the United States in Washington)。1904—1907年,利兰参加了Edmund C. Burnett的八卷本《大陆会议成员间信函(Letters of Members of the Continental Congress)》的资料收集与调研工作,并在北卡州调研期间,首次与后来成为美国国家档案馆第一任馆长的罗伯特·迪格斯·温伯利·康纳(Robert Digges Wimberly Connor)结识。"一战"前后(1907—1914年,1922—1927年),利兰长期驻守法国巴黎,为卡内基学会搜集欧洲各地档案馆中收藏的与美国史有关的档案资源,其首要任务就是编纂《巴黎图书馆、档案馆所藏美国历史档案资源指南(Guide to Materials for American History in the Libraries and Archives of Paris)》。由于与欧洲档案界的频繁接触,利兰逐渐形成了对国家档案馆的清晰认识。1907年,他在华盛顿特区哥伦比亚历史协会上发表了题为《联邦政府档案馆》的主题演讲,表达了他希冀联邦政府

---

① Victor Gondos, *J. Franklin Jameson and the Birth of the National Archives, 1906 – 1926*, Philadelphia: University of Pennsylvania Press, 1981, pp. 27 – 28.
② Ibid., pp. 66 – 67.
③ H. G. Jones, *The Records of a Nation*, New York: Atheneum, 1969, p. 7.

重视政府档案保管空间的强烈愿望。这也是他与詹姆森一起积极参与创建美国国家档案馆的开端。[①] 1909 年，利兰在美国历史学会年会上发表了著名的"美国档案问题"的主题演讲。在这篇演讲中，利兰认为当时美国档案领域面临两大问题。一是外部监管问题，即对档案行政管理的创建与治理等活动进行立法支持；二是内部经营问题，即确定哪些与档案工作者的积极性和责任感相关的元素。其中，第一个问题尤为迫切，仅仅在华盛顿一个地方，就有超过 100 多所档案库。在一些行政部门，档案的集中化保管已经开始运行，但更多的则是相当分散化的保管。有些部门的档案获取非常方便，有些则相当困难。利兰认为，国家档案馆一方面要实现对联邦政府各部门档案的集中保管，另一方面又能有效地为联邦政府各部门的档案工作提供监督指导。因此，利兰建议美国联邦政府尽快出台相关法律，界定国家档案馆的功能，明晰档案机构与其他行政机构的关系，"从而确保我们所有的公共档案得到有效的保护与管理"。[②] 利兰和詹姆森一样，都主张国家档案馆的独立性。利兰与欧洲大陆各主要档案馆负责人的交往使他意识到，美国国家档案馆建设必须摆脱依附于图书馆及历史协会的状况，转向独立的公共档案馆传统，使其工作流程与国际标准与技术接轨[③]。1910 年 11 月，利兰从巴黎致信詹姆森时指出，"我当然不相信国会图书馆将会履行一个国家档案馆的职责"，"他们将档案与历史手稿视为同一事物"。他还认为，图书馆应当远离档案，"假如我是国家档案馆馆长，我应当做的事情之一就是从图书馆已有馆藏中取回应当属于档案馆的部分档案"。[④] 尽管从 20 世纪 20 年代开始利兰基本不再直接参与档案事务，但他在档案领域的影响力依然广为美国档案界所认可，1939 年利兰被美国档案工作者协会选为第二任主席

---

① Rodney A. Ross, "Waldo Gifford Leland: Archivist by Association", *The American Archivist*, Vol. 46, No. 3, Summer 1983, pp. 265–266.

② Waldo Gifford Leland, "American Archival Problems", *Annual report of the American Historical Association for the year 1909*, Washington, 1911, pp. 342–348.

③ Richard J. Cox, Charles Dollar, Rebecca Hirsch, Peter J. Wosh, "Founding Brothers: Leland, Buck, and Cappon and the Formation of the Archives Profession", *The American Archivist*, Vol. 74, No. S1, Jan. 2011, p. 4.

④ Randall C. Jimerson, "American Historians and European Archival Theory: the Collaboration of J. F. Jamerson and Waldo G. Leland", *Archival Science*, Vol. 6, No. 3–4, Sep. 2006, pp. 307–308.

（1939—1941年），他的两次主席演讲——"危机时期的档案工作者""'一战'时期的历史学家与档案工作者"为新生的美国档案工作者协会发出了重要的学术声音。

（三）南京国民政府时期中国学术界的国家档案馆思想

南京国民政府时期是中国档案事业发展的关键节点，中国现代档案学科、现代档案学高等教育以及诸多现代档案管理实践活动均在此阶段产生，被视为中国档案事业由传统向现代转型的关键。传统史家的理想、乾嘉考据学派所蕴含的科学求真精神、五四前后西方实证方法与科学史观的传入与模仿、内阁大库档案的遭遇与整理实践、"公共心"的提倡和图书馆博物馆事业的拉动、外国档案馆事业的专业见识、行政效率提高的呼声等多种因素，共同营造了近代档案思想形成的人文环境，促进了我国档案事业的专门化和档案学的萌芽。[①] 巧合的是，受欧美新史学、图书馆学、行政学思想影响的中国知识分子，南京国民政府内部的部分开明人士先后提出了创建中央档案局、国立档案总库的设想，甚至草拟了《档案保存法》《全国档案馆组织条例》等法律文件，掀起了一场持久倡导国家档案馆建设的思潮，虽最终未能建立国家档案馆，但与19世纪末20世纪初加拿大、美国等新兴国家掀起的公共档案馆或国家档案馆运动有很大的相似之处，可以称之为"国家档案馆运动"。

早在北京政府初期，外交部等中央机关就开始设置"档案库"来保管本机构的重要文书档案[②]。南京国民政府初期，中国图书馆界在推动公共图书馆运动的同时，试图将国家档案文献的保存纳入中央图书馆的管辖范围，从而形成了我国知识分子对国家档案馆的初步认知。1928年12月，时任外交部长兼中华图书馆协会董事的王正廷在中国国民党中央政治局会议上提议设立"中央图书馆筹备处"，其草拟的《中央图书馆筹备处组织大纲》的规定，中央图书馆负责"搜罗党国史料，整理档案"，"设立共同保藏档案图书场所，保管档案及图书，并办理借索档案及图书事宜"[③]。1929年1月，中华图书馆协会第一次年会在南京金陵大学召开，

[①] 覃兆刿：《从"档房"到"档案馆"——关于中国档案事业近代化的文化反思》，《档案学研究》2004年第3期。

[②] 《专电》，《申报》1913年6月17日第2版。

[③] 《王正廷提议设立中央图书馆筹备处》，《申报》1928年12月7日第8版。

时任金陵大学图书馆馆员的蒋一前提出了《呈请政府组织中央档案局案》，这份议案比较简单，主要阐述了政府组织中央档案局的理由及方法。对于为何要创建中央档案局，他认为，"整理档案以供现时之参考，为当今之要务。而各部各地，整理异法，既不集中易致遗失，且亦不便查阅"，因此"非设中央档案局，不足以救其弊"。"档案为一国之文献，宜设专部典藏之"。他认为传统的档案管理办法"专恃一、二人之脑力"，"不但整理不得完善，甚至移交亦不可能"。因此，"宜设中央档案局，参考科学方法，采用标准检字及规定索引整理之，以为全国之模范"。而如何组织中央档案局，他建议中央档案局隶属于中央图书馆，并从组织框架设计、经费与建筑等方面提出了参考意见①。这是目前所见的最早关于成立国家档案行政管理局的提案。《申报》对此也进行了简略的报道②。从议案的基本内容看，至少传递了如下信息：第一，不少档案保管与整理机构存在档案的自然损毁、人为破坏甚至被盗等状况，档案管理状况不容乐观；第二，缺乏有效的制度来保障机关文件向档案室（馆）的定期移交。这些状况表明，当时国民政府各机关基本处于各自为政、缺乏规范与制度的状况之下，缺乏有效的档案行政管理体系。因此，蒋提出筹设中央档案局，应当来说是切中要害，是一剂治理当时中国政府机关档案管理问题的良方。蒋一前毕业于金陵大学图书馆学系，是一位汉字检字法专家，在他所撰写的论著中鲜有关于档案学方面的内容，因此目前很难找到有关他撰写这份议案的背景信息。不过，根据1929年出版的《中华图书馆协会第一次年会报告》的记载，蒋一前在这次会议上还提出《促成中央图书馆早日实现案》，理由之一是"档案不集中，不便于各部参考"③。时任中华图书馆协会执行委员会主席的袁同礼提出了《请各省市政府调查及登记所属区域内所藏之书报绝板及档案遇必要时设法移送图书馆保存案》，要求将"无人注意""损坏甚巨"的档案，在必要的时

---

① 中华图书馆协会执行委员会编：《中华图书馆协会第一次年会报告》，中华图书馆协会事务所1929年版，第68页。
② 《中华图书馆协会年会之第一日》，《申报》1929年1月29日第3版。
③ 中华图书馆协会执行委员会编：《中华图书馆协会第一次年会报告》，中华图书馆协会事务所1929年版，第66页。

候"得移送图书馆保存"①。据此可以推测，当时中华图书馆协会正在筹建中央图书馆，并且协会的领导层比较认同中央图书馆应当承担保存历史档案的责任②。

国民政府内部存在提倡行政效率运动的改革派以及专注于创建国史馆的开明派人士，他们就国家档案馆建设也提出了有建设性的议案与想法。由于明清历史档案、北洋政府旧政权档案的保管混乱等问题引起了很大的社会反响，1930年国立北平研究院上书教育部要求对历史档案妥善保存，不能任意销毁或贩卖，并指出："欧西各国对旧有档册，即一鳞一爪，莫不设法搜集，建设专馆，加以保存。"③ 这里的专馆应指西方国家的国家档案馆或国家历史档案馆。1934年1月，邵元冲、居正、方觉慧等人在国民党四届四中全会上提出了《重设国史馆案》的议案，该议案由国民党中央秘书处转交国民政府行政院审核，3月底行政院内政、教育、财政三部会审后认为，"旧式国史馆之意义已甚微薄"，而"官撰新式国史，尚非其时"，限于人力、财力等困难，"今日在国史整理上之需要者，不在国史馆"，因此建议重点做好两件事情："一、搜索史料及整理在时间上已可公开之档案，应委托学术机构从事，作为一种科学工作"，"二、未到公开时期，而不专属任何机关，或现属某机关而堆积不用之档案，应设立直隶于行政院之国立档案库……以保存国家文献"。④ 这是国立档案库第一次被南京国民政府在公文中正式提出来，尽管"国

---

① 中华图书馆协会执行委员会编：《中华图书馆协会第一次年会报告》，中华图书馆协会事务所1929年版，第76页。

② 国家或中央级图书馆承担保存国家档案文化遗产任务在档案事业发展早期并不是一件罕见的运作状态，美国国会图书馆就曾肩负过这样的使命（H. G. Jones, *The Records of a Nation*, New York: Atheneum, 1969）。此外，俄国十月革命之后，苏维埃俄罗斯共和国曾审议过"设立中央档案库暨图书馆管理局"和"设立俄罗斯革命运动历史档案图书馆"的两个议题（具体参见[苏]斯米尔诺夫（И. С. Смирнов）：《苏联初期文化建设史略》，徐亚倩译，中国人民政府政务院文化教育委员会1953年版，第220—221页）。美国、苏联是当时中国图书馆界接触较多的国家，中华图书馆协会的设想与他们对美、苏的了解可能存在一定的关系。此外，袁同礼在美国留学期间就对英国公共档案局有一定的认识（参见袁同礼《袁同礼君致校长函》，《北京大学日刊》1922年12月5日第1版），此外袁同礼本人就认为，"研究图书馆学者，从事档案文献博物等馆之工作，最为适宜"（参见刘纯《从图书馆说到档案处》，《中央时事周报》1935年第4卷10期），这也在一定程度上代表了当时不少图书馆学界知名人士的真实态度。

③ 转引自李祚明《"国立档案总库"与"国史馆"》，《档与建设》1988年第6期。

④ 《公文：关于教育文化者：关于重设国史馆案》，《中央党务月刊》1934年第68期。

立档案库"的提案未能变为现实，不过有关国立档案库功能与想法的讨论依旧在进行。滕固认为国立档案库的价值不可估量："有了国家总档案库搜罗时间上较古而现行机关不恒取用的档案。此在消极方面，可补救独立机关因堆积而损失的情事；在积极方面，替历史学者设置了一所贵重的作场。"他甚至希望仿效德、奥、瑞士诸国，将这一体制推行到地方"而有地方档案库之设置"。[1] 1935年10月，历史学家蒋廷黻发表《欧洲几个档案库》一文，专门提及了德国柏林的两个大型中央档案库：普鲁士档案馆和帝国档案馆[2]。1939年1月，张继、吴敬恒、邹鲁等十三人在国民党五届五中全会上提出了《建立档案总库筹设国史馆提议》的提案，重提国立档案库的建设问题。该提案认为，"夫欲续历史，不可不设国史馆；欲保存史料，不可不设档案总库。盖国家档案为史料之渊海，国史之根抵（柢），实为至高无上之国宝"，并参考西方当代国家档案馆和中国古代架阁库等制度，主张将"总档案库设于国民政府，所藏皆各院、部、会之机密重要档案正本，府文官长管其钥，更师古代金匮石室遗意，特造钢骨水泥之地下库，而以铁匮藏其中，国之重宝可同藏焉。各院、部、会各自藏其副本，俟时效已过，或取出发表于时政记，或终藏于总档案库将来择其宜者作为史料"，而针对可公开和不能公开的两类不同的档案，提案主张"宜采英国蓝皮书制度，将全国重要案卷分为二类：一为当时可发表者，即印于蓝皮书（案：蓝皮书之名可取唐宋时政记之名，易之说，详下）而公布发卖，使国民咸知……一为秘密档案，一时不可发表者，则存于特别档案库而严密保存，将来即可用为史料"[3]。

由于各种条件的限制，中央档案局、国立档案库、国立档案总库的设想均未能变为现实，但以张继等为首的国史馆筹备委员会及后来的国史馆一直在为国立档案总库的筹建进行着扎实而积极的准备。《国民政府国史馆筹备委员会筹备大纲》将"筹备档案总库""整理档案办法""筹

---

[1] 滕固：《档案整理处的任务及其初步工作》，《行政效率》1935年第2卷第9—10期合刊本。

[2] 蒋廷黻：《欧洲几个档案库》，《国立北平故宫博物院十周年纪念文献特刊》，1935年，第35—38页。

[3] 参见蒋耘、蒋梅选辑《张继等人提议建立档案总库筹设国史馆史料一组》，《民国档案》2012年第4期；《张继等提议建立档案总库筹设国史馆提案及有关文书》，中国第二历史档案馆馆藏国史馆档案，全宗号：三十四（2），案卷号：1。

备时政记"作为筹备国史馆的重要任务①。国史馆筹备委员会先后推动国民政府颁发了《国民政府关于废存旧档移交国史馆筹备委员会保存的训令》（1941年5月）、《各机关保存档案暂行办法》（1941年10月）、《国民政府通饬各机关清理档案的训令》（1945年9月）、《国民政府关于接收党政军机关旧档》（1946年2月）等文件，从制度上保障了历史档案与机关现行文件向国史馆的正常、有序移交，使国史馆实际上承担起了中央档案馆的责任。

此外，傅振伦和毛坤开展了我国最早的国家档案馆制度体系的设计工作。傅振伦毕业于北京大学史学系，20世纪30年代两次赴欧洲考察，参观过英国公共档案馆和法国国家档案馆等欧洲著名档案馆，1940—1942年受聘于国史馆筹备委员会任编纂干事，翻译了"欧美档案馆学论文译丛"10篇：《德、奥、瑞档案馆考察报告书》《美国中央档案馆概况》《美国中央档案馆法案》《美国移交中央档案馆之档案整理条例》《美国中央档案馆中档案之修整及保藏》《欧洲档案馆之编目》《普鲁士档案学教育之养成》《柏林普鲁士史学专科及档案学学院规程》《普鲁士国家档案馆档案学术服务人员录用法》《关于苏联之档案机关》。傅振伦对各国档案管理体制进行了简要介绍。例如，德、奥、瑞士诸国的"总档案馆与地方档案馆，均直隶于全国档案总董，而不隶属于科学教育艺术部总长"，苏联"中央及高级机关之档案，政治上、学术上具有重大价值之地方档案及地方档案机关管理不利，易致损害之档案，均得由中央档案机关接管。盖采中央集中保管制度也"。② 傅振伦草拟了《全国档案馆组织条例》，该条例分五章二十一条，其中在第一章第二条明确规定，国家档案由"国家档案馆、省市档案馆、县市档案馆"保存管理，从而明确提出了国家档案馆网的构想；第二章第三条规定，"国家档案馆直属于国民政府，并受全国档案监理会之指导监督"，这一制度设计显然受到德、奥、瑞士诸国国家档案馆直隶于"全国档案总董"做法的影响；第二章第四、五条规定，国家档案馆保管"具有全国性质者"、"具有重大

---

① 《国民政府国史馆筹备委员会筹备大纲》，《国史馆馆刊》1948年第1卷第4期。
② 《傅振伦编译〈档案馆学论文译丛〉稿》，中国第二历史档案馆馆藏国史馆档案，全宗号：三十四，案卷号：2079。

价值者"的档案,国家档案馆下设总务处、编辑处、典藏处、修整处、流传处,以做好国家档案馆的日常业务与行政管理工作①。

毛坤毕业于北京大学哲学系,又在武昌文华大学图书科攻读图书馆学,1934年任私立文华图书馆学专科学校档案管理特种教席的中方教师,主讲《档案经营法》《档案行政学》等课程,是国内最早主讲档案管理学课程的中国人。毛坤深受英国古典档案学者希拉里·詹金逊的影响,崇信"档案必须在某种完善可信之档案管理系统中传下者方为可靠。经过私人及不完善之档案保管室收藏者,即有流弊"②,因此非常关注国家档案馆建设。由于授课的需要,毛坤广泛收集国内外有关档案管理的书刊,并深入档案管理部门实地考察,逐步形成了对中国档案管理体制的构想。1936年,他发表了《档案处理中之重要问题》一文,明确指出:

> 管理档案处的行政组织系统,我以为要分为独立的档案管理处和附属于某机关的档案管理处。独立的可暂分为全国档案管理处、全省档案管理处和全县档案管理处三级。全国档案管理处直隶于国民政府或行政院,全国各机关的老档,概行送归管理。全省档案管理处直隶于省政府,全省各机关的老档,概行送归管理。每到一相当时期,全省档案处应将所储档案目录送呈全国档案管理处备查。……全县档案管理处直隶于县政府,全县各机关的老档送归管理。③

由此不难看出,毛坤所谓的全国档案管理处、全省档案管理处和全县档案管理处,相当于各级国家档案馆与档案行政管理机构的集合,在这篇文章中,他进一步认为,"档案之为物,时间愈近行政上之功用愈大,时间愈久历史功用愈大。所以现档当然留在机关中作行政上的参考,老档相对于该制档机关效用甚微,但对于历史社会学者之研究价值却甚大。正是己所不用而人有用的东西,自然应该送到一个总机关去保存应

---

① 傅振伦:《拟全国档案馆组织条例》,载傅振伦《公文档案管理法》,文通书局1947年版,第100—105页。
② 毛坤:《档案序说》,《文华图书馆学专科学校季刊》1935年第7卷第1期。
③ 毛坤:《档案处理中之重要问题》,《图书馆学季刊》1936年第10卷第3期。

用"。1939—1940 年，毛坤就借鉴欧美国家档案馆的管理办法，参考当时故宫博物馆文献馆等机构管理清代档案的经验，结合个人创见，草拟了我国最早的一份《国家档案馆规程》，该规程包括创建规程、组织规程、工作规程、人事规程、征录规程、编目分类索引规程、藏护规程、应用规程、编印规程、销毁规程十章，并列入了其 1940 年撰写的《档案行政学》讲义当中（参见图 1—1）。他在《档案行政学》讲义中指出："为免除空言而较合实际起见，对于档案行政一课，特草拟《国家档案馆规程》一种，将可能想到之档案行政中之各项问题尽量纳入，使行政理论有所附丽。"①

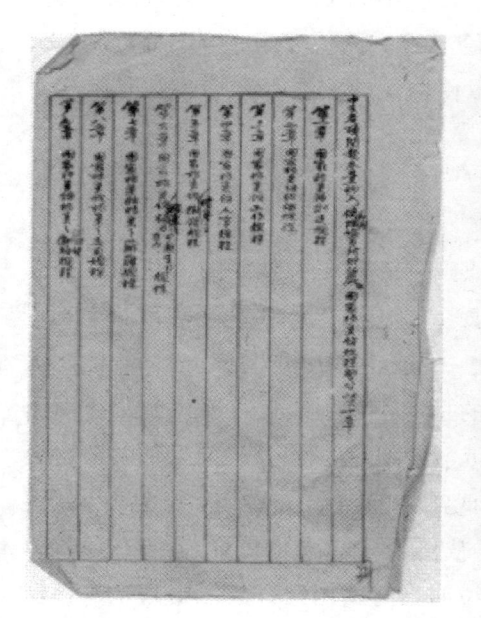

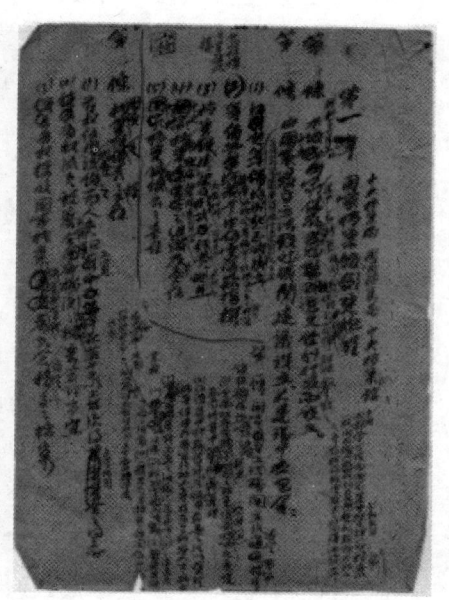

图 1—1　《档案行政学》讲义中的《国家的档案馆规程》
（四川大学校史馆收藏）

从这份《国家档案馆规程》的框架来看，前四章是针对国家档案馆的整体管理而言的，后六章则是面向具体的档案管理流程。毛坤在教学实习中，安排学生模仿《国家档案馆规程》来草拟省立档案馆规程、县

---

① 毛坤：《〈档案行政学〉讲义原稿》，四川大学校史馆收藏。

立档案馆规程及机关档案室规程,为民国时期档案管理工作走向科学化、专业化提供了基础①。在此期间,起草《全国档案馆组织条例》的傅振伦于1942年从国史馆筹备委员会辞职,并于1942—1944年短暂任教于迁至重庆的文华图书馆学专科学校。南京国民政府时期国家档案馆制度建设的两个代表性人物汇聚于重庆的文华图书馆学专科学校,体现了该校档案学教育的重要地位,而正是在这一段时间,傅振伦写出了《公文档案管理法》这一中国近代档案学名著,对国家档案馆的选址原则、建筑形式、库房设备和管理问题进行了系统阐述②。当代著名档案学者邓绍兴等对此评价甚高,他认为以毛坤为代表的"文华档案专科班突破了当时档案学局限于研究现行机关档案集中管理的小圈子,提出了国家档案馆网的设计意见,主张设立独立的档案管理处和附属于机关的档案管理处,相当于国家档案馆和机关档案室,以使档案的宏观管理趋向专业化和科学化"③。

三 公共利用与档案职业思想

法国大革命所倡导的档案开放原则是面向全体公民的,并没有考虑到以历史学家为主的学术群体的需求。1790年9月,法国政府将"所有涉及王国体制和公众权利的文件都集中了起来,组成保藏室",并定期提供给公众开放利用,这实际"涉及的是将一个司法资料库对公众而不是对历史学家开放的问题"④。1869年,法兰西学院教授、国家档案馆历史组主任指出:"直到1830年(甚至是到1836年),这个时代还没有任何一个卓有成就的历史学家感到需要从已经印出来的原始资料中寻找事实。"⑤ 这一说法虽然稍显夸张,但说明当时的档案开放原则只是一种理论性的权利,法国国家档案馆依旧延续着长期形成的(司法)文件储存库的角色,直到1840年才设置档案查阅室,等到"法国政治的稳定性与

---

① 梁建洲:《毛坤对档案教育和档案学发展的贡献》,《档案学通讯》1995年第6期。
② 傅振伦:《公文档案管理法》,文通书局1947年版,第38—64页。
③ 邓绍兴、邹步英、王光越:《中国档案分类的演变与发展》,档案出版社1992年版,第86—89页。
④ [法]安东尼·德·巴克、弗朗索瓦丝·梅洛尼奥:《法国文化史Ⅲ:启蒙与自由:十八世纪和十九世纪》,朱静、许光华译,华东师范大学2006年版,第279页。
⑤ 同上书,第250页。

其行政遗产的稳定性相结合时",这一原则才真正被付诸实践①。为何会出现这一现象？当代历史学者对此有过深刻的解释："国家档案馆的问题变成了关于国家对公民行使权力的记忆的控制问题，以及谁有权力动员或干预这一记忆来塑造政体、书写历史的问题。"② 最初的档案利用主要是作为维护公民权利的武器，因此现行文件往往比历史档案的获取更加方便，从事历史研究的学者不得不经过严格的审批、通过特殊授权的方式拿到阅读原始档案的"钥匙"③。即便是德国19世纪伟大的史学家兰克（Leopold Von Ranke, 1795—1886年），为了获得利用档案的许可，不得不与档案馆接待大厅的工作人员展开各种策略性的周旋，而且还得接受对他社会关系、研究计划、史学观点、学术声望等的行政审核④。

不过，19世纪毕竟是"历史学的世纪"，职业史学家的出现推动了历史学家与档案馆之间的紧密联系，因为花数年时间待在历史档案馆几乎是成为职业历史学家的前提条件。阅览室的设置、开放时间的公布、馆藏目录和档案检索工具的编纂出版等，使档案馆日益成为一个公共场所。⑤ 法国政府在1887年下令1848年以前的档案无条件向公众开放。1895年，曾任法国国家档案局局长的著名历史学者朗格鲁在《国际档案馆、图书馆、博物馆》杂志发表了题为《关于档案馆的科学》一文，1898年又在《历史研究导论》一书进一步阐述了他对档案馆的看法：法国大革命后由于标志着档案工作发展到新阶段的开放原则的实施，档案馆作为"从法律上证明自身权利的武器库"的目的已退居第二位，档案

---

① ［法］皮埃尔·诺拉主编：《记忆之场：法国国民意识的文化社会史》，黄艳红等译，南京大学出版社2015年版，第407页。

② Jennifer S. Milligan, "'What Is an Archive?' in the History of Modern France", from Antoinette Burton, *Archive Stories: Facts, Fictions, and the Writing of History*, Durham: Duke University Press, 2006, p. 160.

③ Stefan Berger, "The Role of National Archives in Constructing National Master Narratives in Europe", *Archival Science*, Vol. 13, No. 1, Mar. 2013, pp. 5 - 8.

④ P. Müller, "Doing Historical Research in the Early Nineteenth Century. Leopold Ranke, the Archive Policy, and the Relazioni of the Venetian Republic", *History of Historiography*, Vol. 56, No. 2, 2009, pp. 80 - 103.

⑤ Stefan Berger, "The Role of National Archives in Constructing National Master Narratives in Europe", *Archival Science*, Vol. 13, No. 1, Mar. 2013, pp. 7 - 13.

馆正变成"历史的文件库""历史学的实验室"。① 不难看出,尽管此时的档案馆已不再是政权的附属物,而成为具备公共服务职能的文化机构,然而这一时期档案馆所服务的主要对象,依然还是熟稔各种专业知识的"文化精英",特别是与历史学家的关系比较密切。不过,值得关注的是,从19世纪下半叶开始,欧美各国档案馆开始出现档案向非专业公众开放的迹象,"在1867年,巴黎国家档案馆、英国公共档案馆和奥地利公共档案馆都建立了档案博物馆,……这一活动不仅是为了满足'专供社会名流调研之用'的期望,也是为了满足'大批渴望求得各种知识的有识之士,即希望把他们的闲暇时间用于自学一无所知的科目的有识之士'的期望"②。1910年,美国国会图书馆手稿部的盖拉德·亨特(Gaillard Hunt)从欧洲会议回来后向美国档案界介绍了欧洲各国档案利用的基本情况:(1)欧洲各国中央档案保管机构都为利用者提供了研究室;(2)各国均规定了档案最早开放的年限,比如伦敦公共档案馆提供了1837年之前的档案,法国巴黎国家档案馆规定1848年之前的档案开放等;(3)大部分欧洲国家档案馆拥有比较完善的馆藏目录、索引等基础工具;(4)国家档案馆都是由受过专业培训的档案工作者管理③。1912年2月,著名史学家、耶鲁大学教授查尔斯·安德鲁斯在美国参议院举行的关于建立国家档案馆的听证会上对英国公共档案馆进行了评价,他认为英国公共档案馆的建筑面积过小、没有考虑未来的发展需求是其重要缺陷,但它在利用方面却有独到之处:将利用者按照不同类型(如律师、政府公务人员、普通民众)进行划分,在不同的阅览室进行查阅,防止利用者之间的互相打扰④。19世纪末期至20世纪上半叶,革命、内乱、政权更迭占据着了此时欧洲历史的重要篇章,两次世界大战则给欧洲档案工作带来了重大破坏,档案行政管理体制未能适时地进行有效的重组与优化,

---

① 转引自韩玉梅、张恩庆、黄坤坊编著《外国档案管理概论》,档案出版社1987年版,第239页。

② [法]克莱尔·贝舍尔:《档案的普遍利用》,载中国档案学会学术部、《档案学通讯》编辑部编印《第九届国际档案大会报告集》,1982年,第128—129页。

③ American Historical Association, *Annual Report of the American Historical Association for the year 1910*, Washington, D. C.: U. S. Government Printing Office, 1911, pp. 298–301.

④ Victor Gondos, *J. Franklin Jameson and the Birth of the National Archives, 1906–1926*, Philadelphia: University of Pennsylvania Press, 1981, pp. 53–54.

这些都严重阻碍并延缓了欧洲各国国家档案馆的现代化进程①。因而，尽管公民自由利用档案的原则为欧洲各国所采用，但在实际工作中，档案的开放程度十分有限，档案利用限制却很严格②。

第二次世界大战之前，加拿大公共档案馆的利用服务颇具特色。20世纪初期，当"加拿大史"课程刚刚进入加拿大高校的时候，公共档案馆就迅速做出了反应，开展了"历史研究奖学金"的教学试验项目。该项目的具体做法如下：由大学从高年级学生选拔对历史研究感兴趣的学生，在他们的三个暑假时间内，每月可获得由档案馆提供的50加元奖学金，并在档案馆工作人员的指导下，选择自己感兴趣的课题，进行系统的历史专题研究。但是，此次项目的发起人却发现，大学里很少有学生会主动选择历史作为未来的职业，这与项目的目标及宗旨相去甚远。因此，该活动从1911年开始，到1920年就不得不停办了。另外，1922年，加拿大公共档案馆帮助女王大学建立了"加拿大历史研究学院"，每个暑期都会在档案馆开设一门研究生课程，直到1940年为止。③ 1929年，女王大学与加拿大公共档案馆联合举办了一场"教师暑期学校"，这一做法显然收到了一定的效果，加拿大公共档案馆1931年的年度报告显示："教师群体对影印出版物的档案查询请求日益增多，因为他们已经发现这类材料在加拿大史教学方面的极高价值。"此后，越来越多的大中小学生开始参观档案馆，1937年，加拿大国家档案馆"地图部"给全国的高中发放了数以千计的历史地图出版物。④

尽管在19世纪末至20世纪上半叶，欧美各国档案馆逐步增加了公共服务设施与服务资源的建设，使得馆藏资源更多地面向公众，但整体而言，公共服务只是国家档案馆职能的"点缀"。在很长一段时间内，欧洲国家的档案馆重点只是放在历史档案的保管上，有些档案馆直至第二次大世界大战时也是如此。例如，1866年建立的西班牙国家历史档案馆

---

① Stefan Berger, "The Role of National Archives in Constructing National Master Narratives in Europe", *Archival Science*, Vol. 13, No. 1, Mar. 2013, pp. 1–22.

② 肖秋会、杨青：《欧洲档案利用限制的历史与现状》，《中国档案》2010年第1期。

③ Ian E. Wilson, "'A Noble Dream': The Origins of the Public Archives of Canada", *Archivaria*, No. 15, Winter 1982–1983, p. 31.

④ Ken Osborne, "Archives in the Classroom", *Archivaria*, No. 23, 1986–1987, pp. 16–26.

(Archivo Histórico Nacional) 只收集旧机构的历史档案,而不接收现行机构的档案文件。英国公共档案馆是自1838年开馆数十年后才开始接收现行机构的档案文件①。由于欧洲早期国家档案馆重视国家较早的官方档案,因此也形成了这一时期欧洲档案工作者特定的职业观——政府机构司法证据的守护者或保护者②。《荷兰手册》(1898年)、《档案管理手册》(1922年)等早期档案学经典著作对此有过充分的描述,尊重档案的原始顺序、尊重全宗原则等核心理论的提出将这些原则化为典章。因此,欧美早期档案学家的学术背景与历史学相关,但档案工作应首先服务于国家司法行政等目的的核心任务基本形成共识③。例如,美国档案职业之父利兰就认为,"档案之所以被保存下来,首先是出于公共或行政的目的,其次才是私人目的,例如为历史学者服务等等"④。他认为,由于历史研究的需求而将特定的文件从档案中抽取出来无疑会破坏档案的完整性,"为查档者提供历史资料是档案库的重要功能,但不是首要功能,正确而有效地管理档案是一种方式而不是目的"⑤。英国古典档案学代表希拉里·詹金逊也持类似的观点,他认为国家的档案文件并不是挑选来为历史或历史主题服务的,因此档案人员对文件的任何鉴定或销毁也被视为非档案性的:"档案人员的职业是一项服务性职业。他(她)的存在是促使其他人有可能开展工作……他(她)的信条是证据的神圣不可侵犯;他(她)的任务是保护每一个证据;他(她)的目标是不带偏见、不加事后思索地满足一切希望了解知识工具的人们的利用需求……一个

---

① Michel Duchein, "The History of European Archives and the Development of the Archival Profession in Europe", *The American Archivist*, Vol. 55, No. 1, Jan. 1992, p. 18.
② [加]特里·库克:《四个范式:欧洲档案学的观念和战略的变化——1840年以来西方档案观念与战略的变化》,李音译,《档案学研究》2011年第3期。
③ 19世纪最具影响力的德国史学家冯·兰克就宣称"历史是怎样发生的就怎样叙述",并认为"当事人的信函比史学家的记录更有价值"。当时的档案工作者认为,他们的职责只是"为国家和民族乃至社会文明保存史料,积累知识,因而认为鉴定档案是对历史的亵渎和冒犯,原则上反对一切鉴定和销毁档案的行为"。
④ Lester J. Cappon. "What, Then, Is There to Theorize About", *The American Archivist*, Vol. 45, Winter 1987, pp. 19 – 25.
⑤ Waldo Gifford Leland, "American Archival Problems", *Annual report of the American Historical Association for the year* 1909, *Washington*, 1911, pp. 343 – 347.

优秀档案人员也许是现代社会中真理的最虔诚信徒"①。1944 年，他以"证据的神圣性"的著名论断阐述了他对 19 世纪末至 20 世纪上半叶档案工作者职业理念的理解：

> 如果有人要我用四个字来描述档案工作者职业信条的话，我会说："证据的神圣性"（the sanctity of evidence），……他不必对档案内容感兴趣——如果他对此不感兴趣在某种程度上反而是一种优势，可以让他在处理档案的过程中抵制住诱惑，保持超然的心态……他的角色只是简单地保护所有证据的完整，这不仅包括文件的内容，还包括其格式、标记、来源以及与其他关联文件的定位等。他的目标是：没有偏见或事后的考虑，为所有人诚实地提供他们所想知道的东西，以及获得知识的方法。②

可见，詹金逊之所以认为档案工作者不要对档案内容感兴趣，要保持公平、超然的职业心态，是因为担心档案工作者的个人研究兴趣介入档案的收集、整理与利用工作，会影响档案管理实践的开展，并最终伤害档案职业的根本。这一相对保守的观点得到了部分学者的认同。例如，有学者认为，詹金逊只是正确地贬低了 18 世纪法国等国开展的无视档案原始分类体系而强行将（主题）次序引入公共档案而徒增职业困惑的行动③。但他将"证据的神圣性"与档案工作者的职业信条结合起来，势必将档案职业引入比较被动、保守的趋向。从实践看，将档案工作者排除在档案鉴定工作之外，实行"行政官员决定论"，并不能确保"证据的神圣性"，因为行政官员可能会因各种原因而过多或过少销毁文件，甚至导致"行政意志和国家意志塑造档案"。这也导致他的思想观点遭到了同时

---

① ［加］T. 库克：《1898 年荷兰手册出版以来档案理论与实践的相互影响》，载国家档案局、中央档案馆编《第十三届国际档案大会文件报告集》，中国档案出版社 1997 年版，第 147 页。

② Hilary Jenkinson, "British Archives and the war", *American Archivist*, Vol. 7. No. 1, 1944, p. 16.

③ H. H. E. Craster, "Review of A Manual of Archive Administration. By HILARY JENKINSON. (London: Milford, 1922.)", *The English Historical Review*, Vol. 38, No. 149, Jan. 1923, pp. 136 – 137.

代以及后代档案学者的批判。詹金逊的保守在于,他始终对于脱离甚至曾经暂时脱离文件形成者所掌控的正规保管体系之外的档案都持一种"不信任"态度,进而要求档案工作者不要参与档案鉴定工作,并最终形成"证据的神圣性""行政官员决定论"等近乎"执拗"的绝对主义思想①。英国档案史专家、伦敦大学学院伊丽莎白·谢泼德(Elizabeth Shepherd)教授认为,詹金逊一直未接受"后战争"的时代变革对公共档案馆发展模式的巨大影响,而在其任期内始终未进行应对或调整,"直到他(詹金逊)退休后公共档案馆才最终找到了适应它的职业发展路径"②。

詹金逊的档案思想既打上了其个人职业经历的烙印,又是实证主义史学思潮与公共档案保管传统交互影响而衍生出的自然结果。詹金逊的古典档案思想强调"证据的神圣性",反对档案工作者干预档案的鉴定与销毁,这在处理数量不多的历史档案时是可行的。然而,随着文件生成环境的日趋复杂以及现代文件数量的剧增,"档案工作者作为证据的中立守护者或被动保管员这种传统的公正观念不再被接受……在过去这个世纪,档案工作者已经从詹金逊式的形成者遗留下来的文献残存的被动保管者,转变成档案遗产的积极构建者"③。伴随着现代档案管理技术与手段的普及,档案鉴定工作的常态化推进,史学色彩在档案领域的日渐褪去,坚守"证据的神圣性"及反对档案工作者参与档案鉴定活动的詹金逊档案思想影响日渐式微,成为古典档案学派的最后一个高峰。以守护自然形成的档案遗存证据为中心的中立保管者角色的档案职业理念,随着第二次世界大战结束后社会信息环境的变化,也不再适用了,新的公共档案馆思想与职业理念也就应运而生。

---

① 谭必勇:《"证据的神圣性":希拉里·詹金逊古典档案思想成因探析》,《档案学通讯》2017年第4期。

② Elizabeth Shepherd, *Archives and Archivists in 20th Century England*, Farnham: Ashgate, 2009, pp. 81-82.

③ [加]特里·库克:《四个范式:欧洲档案学的观念和战略的变化——1840年以来西方档案观念与战略的变化》,李音译,《档案学研究》2011年第3期。

第三节　当代公共档案馆思想的深化与传播

"二战"结束后,欧洲各国在政治、经济、文化、教育等多方面遭受重创,百废待兴。欧洲各国档案机构在欧洲经济社会重建工作中发挥着重要作用。例如,西德"国家档案馆内关于重要文化意义和历史意义的建筑物的文件,获得了无比巨大的实际价值。它被用来修复在第二次世界大战时受到无可估量的巨大破坏的建筑物,用来重建这样一些举世闻名的建筑物"[1]。西方发达国家认识到档案作为文化资源的重要性以及开放档案的必要性,档案文化遗产价值和公共利用潜能到20世纪50年代成为国际社会的普遍共识。联合国教科文组织、国际档案理事会等国际组织的成立推动了国际档案界的深度交流与合作,世界各国政府信息公开立法优化了档案开放利用的社会环境,计算机和信息网络技术的发展与普及催生了形态各异的公共档案馆服务项目的落地,全球公共档案馆事业进入了快速发展时期。2013年,特里·库克又将20世纪50年代以来档案范式分为记忆、认同和社区三个阶段[2],不同范式的档案工作特征和档案工作者的角色也发生着巨大变化,本书试图以这一思想框架来分析现当代公共档案馆思想的发展脉络。

一　记忆范式下的中外公共档案馆思想

19世纪以来,记忆研究主要属于心理学领域的研究范畴,1925年法国社会学家莫里斯·哈布瓦赫(Maurice Halbwachs)在《记忆的社会框架》(*Les cadres sociaux de la mémoire*)一书中正式提出"集体记忆"的概念,1950年该书被收入《论集体记忆》(*La Mémoire collective*)在巴黎再次出版。莫里斯·哈布瓦赫认为,集体记忆不是一个既定的概念,而是一个社会建构的概念,它在本质上是立足现在而对过去的一种重构:

---

[1]　[西德] R. 格罗斯:《档案在工艺上的利用》,载中国档案学会学术部、《档案学通讯》编辑部编印《第九届国际档案大会报告集》,1982年,第107—110页。

[2]　Terry Cook, "Evidence, Memory, Identity, and Community: Four Shifting Archival Paradigms", *Archival Science*, Vol. 13, No. 2 – 3, Jun. 2013, pp. 95 – 120.

人们通常正是在社会之中才获得了他们的记忆的。也正是在社会中,他们才能进行回忆、识别和对记忆加以定位。……无论何时,我生活的群体都能提供给我重建记忆的方法……正是在这个意义上,存在着一个所谓的集体记忆和记忆的社会框架;从而,我们的个体思想将自身置于这些框架内,并汇入到能够进行回忆的记忆中去。……记忆的集体框架也不是依循个体记忆的简单加总原则而建构起来的:它们不是一个空洞的形式,由来自别处的记忆填充进去。相反,集体框架恰恰就是一些工具,集体记忆可用以重建关于过去的意象,在每一个时代,这个意象都是与社会的主导思想相一致的①。

莫里斯·哈布瓦赫的"集体记忆"直到20世纪80年代前后才受到史学界的重视,形成了"记忆潮"的兴起,"记忆""传统"和"遗产"突然代替"历史","在欧洲,现在与过去的关系正在发生重大的变化,学院历史学家正在失去他们向别人——尤其是向媒体——解释(国家)过去的特权的、专家的地位"②。这与20世纪70年代达到鼎盛的西方新史学有密切的关联。与以兰克史学和实证主义史学为代表的传统史学不同,新史学重新发现了历史的多元化和复杂性,也注意到在历史构成和历史发展的过程中,不同阶层、不同地域、不同文化、不同时代等多重细节的综合影响③。集体记忆所蕴含的丰富含义构成与传统史学相区别的学术演进的基础,进而催生了历史学、社会心理学、文化人类学、语言学等诸多学科的交叉融合。新史学对传统史学的批判④对国际档案界产生了重要影响,20世纪80年代以后,"集体记忆"被大规模引入西方档案

---

① [法]莫里斯·哈布瓦赫:《论集体记忆》,毕然、郭金华译,上海人民出版社2002年版,第68—71页。
② [荷]克里斯·洛伦茨:《跨界:历史与哲学之间》,高思源等译,北京大学出版社2015年版,第154—153页。
③ 赵静蓉:《文化记忆与身份认同》,生活·读书·新知三联书店2015年版,第56—57页。
④ 格拉夫顿认为:"兰克依赖中央政府档案和大家族的文件,且并无深刻反思,就接受了一种对历史的特定解释:国家和君主要优先于人民和文化。"转引自[荷]克里斯·洛伦茨《跨界:历史与哲学之间》,高思源等译,北京大学出版社2015年版,第145页。

学领域①，用以阐释多元社会背景下的档案和档案管理模式，主要聚集在以下四个主题：第一，将档案馆放到遗产保护机构的高度，关注其作为集体记忆的象征性基础的角色；第二，对社会记忆产生、构建和传播过程中文件、档案和档案工作者的作用给予批判性认识；第三，追溯档案、社会记忆和社会权力三者之间的关系；第四，从记忆视角对文件作为历史证据和人工产品的本质以及"档案记忆"的概念进行反思②。

集体记忆的理念启示世人：在一个社会中有多少群体和机构，就有多少集体记忆。社会阶级、家庭、协会、公司、军队和工会都拥有不同的记忆，这些不同的记忆通常都是由其各自的成员经历很长的时间才建构起来的③。实际上，"构成社会、政治环境的国家，以及有着历史经历的社群或者代代繁衍的群落，都会根据不同的用途来建立各自的档案，从而形成了记忆"④。传统的欧洲公共档案馆保管传统难以全面反映社会生活的方方面面，加上两次世界大战以及国家行政机构和公共事务的增多，导致公共文件的数量激增进而迫使传统的被动保存国家司法遗产的档案管理模式面临破产，档案馆和档案工作者必须主动介入文件的挑选、鉴定工作，将需要永久保存的档案留存在档案馆之内。记忆范式下，档案鉴定是决定性的特征，在决定哪些档案文件将被档案馆接收的决策过程中，档案工作者不可避免地会受各种主客观因素的影响来有意识地构建"公共记忆"。特里·库克认为，现代意义的记忆不是某种稳定的、过去的东西，不是"历史"的同义词，当然也不是帮助追忆或回忆的固定的范畴或存储间，现代记忆更是一个有机的生命纬度，是人类用以感知

---

① 早在1950年第一届国际档案大会上，国际档案理事会第二任主席、法国国家档案馆馆长夏尔·布莱邦就认识到档案馆的文化工具属性，他认为"档案是一个国家、省、行政机关的记忆"，档案馆"保存着一个国家财富中最宝贵的东西，即历史证据和作为国家灵魂的材料"（参见黄坤坊编著《欧美档案学概要》，档案出版社1986年版，第67页）。不过，从他的表述中不难发现，他关注的是国家记忆，基本不涉及个体、社群层面的集体记忆。

② Trond Jacobsen, Richard L. Punzalan, Margaret L. Hedstrom, "Invoking 'Collective Memory': Mapping the Emergency of a Concept in Archival Science", *Archival Science*, Vol. 13, No. 2–3, Jun. 2013, pp. 217–251.

③ ［法］莫里斯·哈布瓦赫：《论集体记忆》，毕然、郭金华译，上海人民出版社2002年版，第40页。

④ ［法］皮埃尔·诺拉主编：《记忆的地点》，巴黎：伽利马出版社1984年版，转引自［法］雅克·勒高夫《历史与记忆》，方仁杰、倪复生译，中国人民大学出版社2010年版，第108—109页。

当今这个迅速前行的世界的一系列激励工具,因此他认为记忆范式更关注档案工作者"怎样主动地创建文化记忆资源,如何运用现代业务工具和方法有效地管理不断增长的馆藏"[①]。受这一范式影响,中外档案界开始将档案与国家、社会、民族、社群、家庭的历史记忆联结起来,强调档案是一种社会(或历史、集体)记忆,含有"集体记忆的关键",认同档案馆是"记忆宫殿"或"记忆的保管场所",并从个人乃至民族的根源感、认同感、身份感的高度去看待档案及其保护的重要性[②]。

(一)"总体档案"(total archives)思想

加拿大的"总体档案"突出反映了记忆范式下西方公共档案馆理念的拓展。"总体档案"是由法国档案学院教授罗伯特·亨利·博捷(Robert-Henri Bautier)在1970年第十二次国际档案圆桌会议上首次提出的,由于它契合加拿大档案实践,因此很快被加拿大档案界引入并加以弘扬,成为反映加拿大公共档案馆传统理念的经典概念。20世纪50年代之前,欧洲国家档案馆的主要任务是保存国家职能活动中产生的正式文件,而不属于公共文件的那部分文件则"被抛弃在与公共档案库房不直接相关的图书馆和文化机构里",另外,国家档案馆优先处理古代文件,现代文件只有经过长期拖延之后才进入档案馆,导致档案馆与行政管理的联系比较疏远。为了描述这一变化,博捷提出了"总体档案"这一概念,他所说的"总体档案"的概念指的是,档案不能再仅仅"局限于书面记录上,也不仅仅局限于公共来源的文献上,甚至不局限于具有永久价值的文件","我们必须把与行政管理服务活动相关的文件总体称作是文件材料,而不论它们的形式如何。对档案馆来说,这种对国家、地区或城市文献遗产进行保护的责任不限于公共管理活动所形成的文献,而是把它们的注意力转向那些非公共组织、集体、经济企业、家族和个人。那即是说,目前档案工作者把他的责任放大到全部档案历史遗产,而不考虑它的时间、材料和法定地位"[③] 1972年,加拿大第五任公共档案馆馆长

---

① [加]特里·库克:《四个范式:欧洲档案学的观念和战略的变化——1840年以来西方档案观念与战略的变化》,李音译,《档案学研究》2011年第3期。
② 丁华东:《档案学理论范式研究》,上海世界图书出版公司2011年版,第232页。
③ [加]威尔弗莱德·史密斯:《"总体档案":加拿大的经验》,丁媚译,《档案学通讯》2001年第4期。

威尔弗雷德·I. 史密斯（Wilfred I. Smith）用"总体档案"这一概念对近百年的加拿大档案馆馆藏发展政策作了一个理论性的阐释①。威尔弗雷德·I. 史密斯提出的"总体档案"包含四个核心元素：（1）档案馆中的档案材料均是从公共和私人来源征集而来的；（2）所有载体形式的材料都可以被征集，产生于同一来源的材料应该被保存为同一整体；（3）人类活动所有主题的材料应按照其领地管辖保存在一个库房内，而不是基于主题将材料分配给不同的库房；（4）文件形成者和档案工作者应达成共识以保证整个"生命周期内文件的有效管理"②。这一概念的明确提出，不仅阐明了传统加拿大公共档案馆收藏政策的理论框架，同时对于规范加拿大公共档案馆管理、提高档案工作效率具有重要的作用。

特里·库克认为，"总体档案"反映了一个长期形成的加拿大档案传统，"实现公共档案和私人档案之间的平衡"，"加拿大国家档案馆，事实上还包括所有其他的公共档案馆，将接收包括官方文件和私人文件的'总体档案'作为其使命的一部分；把各种记录载体的'总体文件'（包括胶片、影片、图片、照片和录音带——许多国家将这些材料分散保存在若干个文化机构）接收进馆；重点放在通过建立一个国家档案馆网络来反映'人类事业'和'总体'范围；强调在文件从产生到销毁或作为档案永久保存的'整体'生命中档案管理机构的积极参与"③。加拿大"总体档案"理念实际反映的是一种更广泛的档案观，即让社会认可档案，让档案充分反映社会活动并"为了最广大民众的利益"而得到最广泛的利用④。

从萌芽、诞生到后期的发展，"总体档案"不只是加拿大在档案收集、接收甚至档案体制发展领域的一个理论贡献，其发展和演变过程也

---

① Wilfred I. Smith, "'Total Archives': The Canadian Experience" (originally 1986), from Tom Nesmith, *Canadian Archival Studies and the Rediscovery of Provenance*, New Jersey: Scarecrow Press, 1993, pp. 133–150.

② Ibid..

③ ［加］T. 库克：《1898年荷兰手册出版以来档案理论与实践的相互影响》，载国家档案局、中央档案馆编《第十三届国际档案大会文件报告集》，中国档案出版社1997年版，第155页。

④ Ken Osborne, "Archives in the Classroom", *Archivaria*, No. 23, winter 1986–87, pp. 26–27.

见证了加拿大档案体制从一人无计划地收集历史材料成长为科学地、系统地、合作地保存加拿大社会记忆的档案行政管理体系。在这一过程中，加拿大档案界探索了档案工作定位中若干核心内容，如文化职能与辅政职能、档案馆与其他文化机构、档案管理与文件管理、公共档案与私人档案、纸质文件与电子文件等。特别是在"总体档案"概念的形成阶段，受各种因素影响，如加拿大政府在文化领域的角色定位、文件数量的剧增、信息技术的使用、建立加拿大独立身份的急迫性（尤其是区分于其强大的邻居——美国）和地方档案馆的建立等，加拿大档案工作的文化职能和辅政职能都得到了一定程度的发展。这一时期的加拿大政府认为文化职能是其职能的重要构成部分，加上此时其他文化机构（如图书馆、博物馆等）的不完善发展，档案馆在文化事业，尤其在对社会记忆保存方面被寄予了重大责任。与此同时，政府文件数量的剧增、不恰当管理和电子文件的生成意味着如果档案馆不及早介入对政府文件的管理，社会记忆将受到威胁。尽管这一时期加拿大档案界开始重视对政府文件的管理和接收，但其最终目的仍然是对社会记忆的保护，是文化职能的履行。[1] 总之，"总体档案"这一概念的提出标志着加拿大档案界在理论层面对这一实践的肯定，这一概念甚至被认为是加拿大档案界对世界档案界最重要的贡献[2]。

"总体档案"理念源于加拿大独特的历史背景，是加拿大档案事业的支柱理论之一，为促进加拿大公共档案馆发展、保存社会记忆、维护民族认同感做出了突出贡献，也为其他国家档案理论的发展提供了借鉴。尽管许多欧美国家档案馆和地方公共档案馆至今未将私人档案纳入馆藏范围，但不少国家已经认识到"具有公共价值的私人档案"的文化遗产属性，例如法国政府就以立法的方式强化了对公共档案和"具有公共价值的私人档案"的整体控制[3]，这在一定程度上是"总体档案"思想的

---

[1] 潘未梅、楚艳娜、谭必勇：《加拿大公共档案馆思想演进历程简析——从"总体档案"到"档案系统"》，《中国档案研究》2015年第1辑。

[2] Laura Millar, "Discharging our debt: The evolution of the total archives concept in English Canada", *Archivaria*, No. 46, Fall 1998, pp. 103–146.

[3] 参见王玉珏《遗产保护体系下的档案立法：法国〈遗产法典（第二卷：档案馆）〉解读》，《档案学通讯》2016年第4期。

体现。

（二）中国的"档案记忆观"

20世纪90年代以后，中国档案学界开始接纳社会记忆视角的档案理论研究，并形成具有自身特色的档案记忆观。1996年，第十三届国际档案大会的20篇主、辅报告中，涉及"档案记忆"的就有9篇之多，时任国际档案理事会主席的让·皮埃尔·瓦洛在开幕式上致辞时就指出："档案这种金子就是人类记忆、文化和文明的金子。它也是民主、法制和公共行政的金子。他归根到底是显示各个集体、民族同一性的金子。"特里·库克关于档案人员建造"记忆宫殿"的论述更是引起国内档案界的极大关注。[1] 1997年，中国人民大学冯惠玲教授完成我国首部档案学博士论文《拥有新记忆——电子文件管理研究》，并在《档案学通讯》连载发表，在档案学界引起巨大反响。2001年，中国人民大学主办了"中国首届档案学博士论坛国际学术研讨会"，会议主题即为"21世纪的社会记忆"。此后，"记忆"成为档案学界的一个高频词，档案与集体记忆、社会记忆成为档案学研究的一个重要主题。[2]

档案实践专家也很早认识到中国各地国家档案馆收藏记忆的不完整性。1999年，中国学者赵跃飞在《未见平民史》一文中指出：

> 翻阅中国历史总有一种残缺不全的感觉，读到的多是社会上层结构的崩析与重组，重组复崩析，几乎看不到社会低层（底层）民众的真实生存状态和精神历程。……问题的症结主要出在历代的文化贮存体制上。历史的职业文化贮存者，端的是官饭，干的是官差，自我意识中自家也是官人，留存的社会信息也只能围绕"官"字而取舍，眼光自然也长成了"官家的眼"。……新中国成立后，社会结构的根本变革引起文化形态的质变，"人民群众"在社会文化结构中占据越来越重要的位置。最近，中国革命博物馆向公众广泛征集收藏品的举措很好地印证了这一点，三两粮票、恢复高考制度第一年

---

[1] 参见国家档案局、中央档案馆编《第十三届国际档案大会文件报告集》，中国档案出版社1997年版，第10、143页。

[2] 徐拥军：《档案记忆观与中华民族集体记忆的传承》，《中国档案报》2017年8月10日第3版。

的一张普通准考证、一条印有政治标记的双人床单等小物件统统登堂入室，以当代文物的身份作永久收藏。此举耐人寻味处在两点：一是这些平民化的小物件包含着时代变迁的文化讯息；二是国家文化机构的门槛越砍越低，以人的常态视线平视社会，容易构出像《清明上河图》那样的百姓生存场景。①

21世纪初以来，中国各地国家档案馆开始倡导向公共档案馆转型，开设现行文件阅览中心、加强民生档案资源建设，国家档案局逐步形成了"三个体系"和"五位一体"②的公共档案事业顶层设计思路，皆体现出我国档案界在公共档案馆建设方面的"记忆自觉"。近年来，我国档案工作者以维护和传承社会记忆为出发点，将此宗旨贯穿于馆藏建设、档案鉴定、利用服务等管理实务中，"城市记忆工程""乡村记忆工程"甚至"数字记忆工程"等成为各地档案馆挽救社会记忆的重要手段。冯惠玲教授主张从档案记忆观、档案资源观的视角来构建"中国记忆"大型数字资源库，为中华民族集体记忆的构建与传承提供文献支持，并促进档案事业社会影响力和公众满意度的提升③。

2001年，英国史学家卡罗琳·斯蒂德曼（Carolyn Steedman）在《尘埃：档案馆与文化史》一书中指出："从19世纪开始人们提到记忆的时候就喜欢用档案馆这个比喻，仿佛它们无所不包。其实，档案馆无法和记忆相比拟：它那里面的东西，都是被精挑细选出来的，排好了顺序，分好了类别。那些安静地坐在档案馆里的文件夹，整理得明明白白在告诉我们，国家权力是如何通过控制记载文件的簿子、单子等等来运行的。"④ 记忆范式之下，中外档案工作者不仅从超越传统的历史、功利、司法或行政环境对档案、档案馆与社会记忆传承的关系进行了解读，"档

---

① 赵跃飞：《未见平民史》，《中国档案》1999年第1期。
② "三个体系"包括"覆盖人民群众的档案资源体系、方便人民群众的档案利用体系、确保档案安全保密的档案安全体系"。"五位一体"指的是"档案安全保管基地、爱国主义教育基地、档案查阅利用中心、政府公开信息文件查阅中心、电子文档中心"。
③ 冯惠玲：《档案记忆观、资源观与"中国记忆"数字资源建设》，《档案学通讯》2012年第3期。
④ 转引自张颖《历史学家，档案馆，尘埃——解构之后的历史研究与写作》，《书城》2009年第9期。

案之所以能够成为社会建构物，主要根源于创造和保管它们的统治者、政府、商业组织、协会以及个人的信息需求和社会价值。尽管文件的本质及其利用以及保存文件的需求会发生变化，但是自古希腊时代作为记忆单元以来档案馆一直关乎权力——关于维护的权力、关于当代人控制对过去解释的权力，以及关于记住与遗忘的权力"[①]，同时促进他们在实践中不断审视档案馆政策以及如何发挥档案工作者的"社会记忆的积极建构者"的角色。

二 认同范式下的中外公共档案馆思想

20世纪70年代以来，档案工作者以行业专家的身份开始出现。尽管档案工作者的教育背景仍然植根于历史学科，但随着档案学高等教育培养方案的出现，档案专业学术期刊的繁荣，以及培养档案工作者、开展专业活动和奖励优秀者的档案专业协会的创建，他们逐步独立出来并建立了专业的身份认同。这一现实与后现代理论的结合，又一次改变了档案范式，档案馆藏和业务活动与档案专业本身开始更直接地反映社会的多元性、复杂性和偶然性。认同范式最大的特点是将档案看作社会资源，在这一范式下，档案工作者以文件专家身份，根据自身权利，从服务于广泛利用的目的出发，去辨识、鉴定、收集和著录社会资源，这些社会资源尊重后现代和数字世界的多样性和模糊性，而不是之前占主导地位的单一模式。档案也从支撑学术精英的文化遗产资源变为服务认同和正义的社会资源。[②] 在认同范式影响下，面对快速变迁的社会组织和数字媒体环境，公共档案馆在帮助社会形成多元认同的工作中发挥着积极而主动的作用。

（一）从"总体档案"到"档案系统"（Archival System）

由"总体档案"向"档案系统"的转型体现出加拿大公共档案馆从

[①] Joan M. Schwartz, Terry Cook, "Archives, Records, and Power: The Making of Modern Memory", *Archival Science*, Vol. 2, No. 1–2, Mar. 2002, p. 3.

[②] Terry Cook, "Evidence, Memory, Identity, and Community: Four Shifting Archival Paradigms", *Archival Science*, Vol. 13, No. 2–3, Jun. 2013, pp. 109–113; [加] 特里·库克：《四个范式：欧洲档案学的观念和战略的变化——1840年以来西方档案观念与战略的变化》，李音译，《档案学研究》2011年第3期。

记忆范式向认同范式转型中的理念变化。加拿大档案界有一个悠久的传统，即档案馆的核心任务之一就是，在一定程度上促进和维护国家、地区或文化的认同①。不过，身份认同感一直是困扰加拿大政府的一个问题，这也是其早期大力支持档案事业的原因之一。然而，与早期强调加拿大的独立国家身份不同的是，到20世纪70年代，加拿大公民逐渐趋向于从地方和社区等小范围定义自己的身份（比如宗教、民族、政治团体、性别等），其直接影响是出现了越来越多的私人和社区档案馆来收集某一主题或某一地区的私人档案，加拿大公民也倾向于将与他们身份相关的档案保存在这些离他们较近的私人和社区档案馆中。在这样的历史背景下，由国家档案馆集中保存全国所有文化遗产的"总体档案"构想越来越不适用。从20世纪80年代开始，受加拿大经济危机的影响，"总体档案"作为一种传统档案管理理念在加拿大的实施遭遇了一系列的挑战，以至于最终被"档案系统"所取代②。

1985年，加拿大建立了加拿大档案理事会（Canadian Council of Archives，CCA）来协调、计划和代表加拿大档案系统。作为一个非营利组织，其会员包括来自各加拿大档案机构（如大学档案馆、社区档案馆、省档案馆等）和项目的800多个代表，以及加拿大两个档案专业工作者协会——魁北克档案工作者协会和加拿大档案工作者协会，省和地区档案工作者理事会及加拿大国家档案馆的成员。其目标包括以下六个方面：确认全国档案事业的重点和优先发展的领域，为档案系统的运作提供建议和财政资助，开展和促进相关项目在加拿大档案界的实施和管理，向加拿大国家档案馆馆长提供建议，促进加拿大档案系统内各成员之间的沟通，向决策者、研究者以及公众传达档案需求。自建立之时，档案理事会在加拿大档案事业发展的多个领域做出了贡献，包括资助和开展了国家档案发展项目、协调各档案机构对加拿大文化遗产的收集和提供利用、资助了加拿大档案描述标准的制定和维护、开展对档案工作者的培训、对积压档案的处理等。

---

① Ken Osborne, "Archives in the Classroom", *Archivaria*, No. 23, winter 1986 – 1987, p. 18.
② Laura Millar, "Discharging our debt: The evolution of the total archives concept in English Canada", *Archivaria*, No. 46, Fall 1998, pp. 103 – 146.

加拿大档案理事会的建立标志着加拿大档案事业由在"总体档案"思想指导下的公共档案馆收集、接收和管理全国的档案转化为由档案理事会协调"档案系统"内各档案机构有计划地收集、接收和管理全国的档案。不难看出，与集中管理思想下的"总体档案"概念不同，"档案系统"是指由联邦、省、市各级公共档案馆，企业档案馆，私人档案馆，大学档案馆，主题档案馆，社区档案馆和其他类型档案馆形成的档案网络；各档案馆负责接收和管理其资助机构的文件，包括现行文件、半现行文件和非现行文件。这一转变是诸多因素的共同作用的结果，档案事业本身的发展、对档案和档案工作本质认识的发展和演变、信息技术的影响、文件数量的剧增、政府职能的转变、政府信息公开和保护公民隐私的时代趋势等，导致"总体档案"理念逐渐弱化，包括公共档案馆职能不断延伸、私人文件的收集弱化、文件的文化价值弱化等。不过，"档案系统"思想的确立，看似是对"总体档案"核心理念的冲击，实则是对"总体档案"的丰富和发展。在从"总体档案"到"档案系统"建立的过程中，"总体档案"原有的不分媒介这一层含义逐渐演化为对图片档案、音像档案以及电子文件的收集，档案工作文化职能和辅政职能不断平衡和发展，文件管理和档案管理实现了有机结合，档案工作者不断审视和调整自身职责，公共档案馆角色适时转换等。这些变化是政府、档案馆、其他文化机构根据各项因素的变化不断调整相关政策、措施的结果，促进了加拿大档案界更加科学地开展档案工作，从而系统、全面地保存加拿大多层面的社会记忆，促进加拿大多元化社会认同的形成与发展。[①] 近年来面对数字时代的变化和挑战，加拿大国家图书档案馆提出了四项原则：一是重要性，即档案要聚焦最能代表加拿大社会发展历史和加拿大社会文化价值的文献遗产；二是充足性，强调加拿大档案文献遗产的收集，在质量和数量上要足以全面反映加拿大社会，满足加拿大人的各种需求；三是可持续性，因为资金有限，既要保证收集到重要的档案，又不能影响保护和利用；四是社会性，档案应该记录加拿大社会的

---

① 潘未梅、楚艳娜、谭必勇：《加拿大公共档案馆思想演进历程简析——从"总体档案"到"档案系统"》，《中国档案研究》2015年第1辑。

多元化，为此需要加强与各相关部门通力合作①。这些原则充分体现了"总体档案"与"档案系统"思想的融合。

（二）"权力的档案馆"与"档案馆的权力"

后现代主义是 20 世纪后半叶流行于西方世界的一种思潮，他们致力于从微观层次上解构现代社会的霸权，通过揭示话语与知识中所包含的意识形态和权力构成机制，消解长期以来"知识""真理""客观性"所包容的主观预设和人文建构因素，进而解构使权力话语合法化的意识形态②。后现代主义学者排斥所谓的世界观、元叙事、宏大叙事和整体性，更强调非决定论、多样性、差异性、复杂性等，他们将注意力转向社会的边缘地带③，从而逐步引起了开始主张利用档案积极构建社会记忆的档案学者们的共鸣。20 世纪 70 年代以来，"档案的价值已经从服务于国家和学术精英（尤其是历史学者）延至更广泛的社会文化诉求，包括公共政策的责任性、信息的自由度以及更广泛的公众参与（如利用档案保护个人权利、开展各层次的文化遗产教育、分享个人及社群与过去的历史联系等）"④。

后现代主义引入档案界首先可能源自信息技术对档案学理论带来的压力。数字信息技术使得传统的文件、档案、证据等概念的内核发生了重大变化，档案学者对此产生了诸多困惑。1994 年，特里·库克在澳大利亚《档案与手稿》杂志发表文章首次专门谈到了后现代主义在电子文件时代的影响⑤。他强调，后现代主义认为"文件不是客观的事物"，但文件、档案背后的来源，反映了过去（或现在）的社会权力关系，档案工作者推行电子文件管理的后保管模式体现了后现代主义倾向。1998 年，美国著名电子文件管理研究专家玛格丽特·赫德斯特伦专门指出：

---

① 杜梅：《怎样留住社会记忆》，《瞭望》2011 年第 36 期。
② 陈建宪主编：《文化学教程》，华中师范大学出版社 2004 年版，第 287—290 页。
③ ［美］乔治·瑞泽尔：《后现代社会理论》，谢立中等译，华夏出版社 2003 年版，第 12—15 页。
④ Terry Cook, "The Archive(s) Is a Foreign Country: Historians, Archivists, and the Changing Archival Landscape", The Canadian Historical Review, Vol. 90, No. 3, Sep. 2009, p. 532.
⑤ Terry Cook, "Electronic Records, Paper Minds: The Revolution in Information Management and Archives in the Post-custodial and Post-modernist Era", Archives and Manuscripts, Vol. 22, No. 2, 1994. 转引自［加］特里·库克《电子文件与纸质文件观念：后保管及后现代主义社会里信息与档案管理中面临的一场革命》，刘越男译，《山西档案》1997 年第 2 期。

毫无疑问，档案工作者和（软件和硬件）设计者们在保障电子档案的可获取性及可利用性方面还有很多工作可做，但档案工作者必须注意要将所有功能放置到档案系统当中去。虽然充分的著录信息和技术，如时间/日期戳、加密技术等，可以防止文件被更改，但档案工作者同时需要努力将电子档案利用者培养成为具有鉴别能力和怀疑精神的数字信息消费者。档案工作者需要教育下一代学者和公众要学会用质疑思维去处理数字证据，比如，这些证据是如何产生的？为什么被保存下来？它可能会被怎样解读？在大多数社会成员能够像对待传统形式的文件一样接纳电子证据之前，档案工作者有责任帮助利用者来评估、理解和阐释新的文件形式。[1]

后现代主义代表人物米歇尔·福柯和雅克·德里达对档案的阐释引起了西方档案学者对传统档案管理思想与模式的深刻反思。1968年，福柯在《关于科学的考古学——对认识论小组的答复》一文中指出："我所谓档案，并非指一种文明中所保存下来的所有文献的总体，也不是指人们从灾难中抢救出来的所有记录，我是指一种文化中决定陈述产生和消失的规律游戏，其残留和抹去，还有其作为事件和事物的诡异存在。在档案的整体材料中分析话语事实，这就不是把它们视为包含某种隐蔽意义或某种结构规律的文件，而是视之为建筑物。"[2] 1969年，福柯在《知识考古学》一书中进一步谈到了他对档案的理解：

> 我用这个术语（笔者注：指档案）并不是指某种文化所拥有的全部文本，这些文本被看作是这种文化自身历史的文件或是久经考验的同一性的证明；我也不想用它来指在某一既定的社会中，使人们能记录和保存那些人们愿意记住和任意支配的话语的所有的机制。……档案首先是那些可能被说出的东西的规律，是支配作为特

---

[1] Margaret Hedstrom, "How Do Archivists Make Electronic Archives Usable and Accessible?" *Archives and Manuscripts*, Vol. 26, No. 1, May 1998, p. 15.
[2] 转引自［法］朱迪特·勒薇尔《福柯思想辞典》，潘培庆译，重庆大学出版社2015年版，第10页。

殊事件的陈述出现的系统。……我们不能透彻地描述某一个社会、某一种文化或者某一种文明的档案；无疑也不能描述整个时代的档案。档案的这种从未完结的，从未被完整地获得的发现形成了属于话语的形成的描述。①

福柯从知识考古学的视角出发，对整体性、连续性、规律性、同一性等传统概念进行质疑，侧重话语分析以及话语事件本身的规律，强调陈述的非连续性、断裂性、扩散性和转换性等，破除了以官方档案和主流叙事方式构建连续性、同一性和总体性的传统历史书写风格，凸显了由语言维度清算"主体形而上学"的"档案"，因此福柯被法国学者吉尔·德勒兹评为"新一代档案保管员"②。1996年雅克·德里达的《档案馆热》英文版由芝加哥大学出版社正式出版，后现代主义思潮更深入地影响着档案学界对档案管理理论与实践的认知与思考。德里达认为，"档案馆不是一个单纯的静态资源保存库，而是塑造社会记忆的中介"，他坚信，一个社会如何构建记忆或档案并提供利用，是该社会民主制度健康状况的晴雨表，"有效的民主化通常可以通过这一基本准则来衡量：民主的参与度和档案的可获取性、宪法及其代表性"③。不难看出，后现代的文化理论家们将档案看作知识和权力的来源，档案对社会和个人的身份认同非常重要。档案工作者必须回应后现代主义的挑战，并在"过去""记忆""知识"等社会观念的连续性和变迁中寻找最终的问题症结，那就是档案馆与社会的关联性、档案记录的权力以及档案职业的现存价值和未来生命力④。因此，特里·库克认为，"流程而非产品、形成而非存在、动态而非静态、背景而非文本"等后现代主义理念改变了档案、档案馆的特性，为新的档案职业概念范式奠定了基础，"尽管维护政府问责

---

① [法] 米歇尔·福柯：《知识考古学》，谢强、马月译，生活·读书·新知三联书店2003年版，第143—147页。

② [法] 吉尔·德勒兹：《福柯 褶子》，于奇智、杨洁译，湖南文艺出版社2001年版，第7—8页。

③ Jacques Derrida, Archive Fever: A Freudian Impression, Chicago: The University of Chicago Press, 1996, p. 4.

④ Joan M. Schwartz, Terry Cook, "Archives, Records, and Power: The Making of Modern Memory", Archival Science, Vol. 2, No. 1-2, Mar. 2002, p. 13.

制和行政连续性、保障个人权利依然是档案馆的重要任务,但正如世界各国档案立法所体现的那样,对于大部分用户和纳税人来说,档案馆存在的主要理由取决于档案馆能否给公民提供认同感、地方感、历史感以及个人和集体记忆,档案馆在 21 世纪初逐步成为"民有、民享甚至民治"的公共档案馆①。

后现代主义思潮带来了人们对身份认同、社群认同的关注,20 世纪 60 年代以来的妇女运动、黑人权力、同性恋解放等新政治运动都以关注某种形式的认同而发起。1980—2000 年,法国有 2241 个协会注册成立,保护"小众遗产"是这些协会主要宣扬的目标,这些协会或社群的认同所倡导的局部的、宗派的或特定记忆与国家历史记忆形成了竞争②。西方出现的社群记忆对国家记忆的抗争现象,体现出民众对"差异法则"的需求大于对民族国家认同的需求③。黑人文化档案馆、同性恋档案馆、移民或原住民档案馆、地方历史纪念馆等不被公共档案机构重视的特色档案机构不断出现,这些机构被叙述自身历史的渴望所驱动,致力于保存、分享与推动公众了解他们的历史从而寻求身份认同、赢得权利。受此影响,"社群档案"作为一个学术概念逐步进入了主流档案学界的研究范畴。

西方社会文化思潮和公众权利意识的觉醒、地方历史意识和地方史研究的兴起、信息技术的普及和应用、档案高等教育和研究项目的扩展等,为西方社群档案建设思想提供了坚实的基础④。英国学者安德鲁·弗林(Andrew Flinn)是较早研究社群档案的档案学者,他认为社群档案是指具有共同身份特征(如地域、种族、性别、性取向、兴趣爱好等)的特定社群成员所形成的、记录社群历史的文件集合⑤。最初社群

---

① Terry Cook, "Archival science and postmodernism: new formulations for old concepts", *Archival Science*, Vol. 1, No. 1, Mar. 2001, pp. 3 – 24.

② François Hartog, "Time and Heritage", *Museum International*, Vol. 57, No. 3, 2005, pp. 13 – 14.

③ [荷]克里斯·洛伦茨:《跨界:历史与哲学之间》,高思源等译,北京大学出版社 2015 年版,第 165 页。

④ 谭雪、孙海敏:《国外社群档案概念的兴起背景、研究进展与评析》,《浙江档案》2015 年第 11 期。

⑤ Andrew Flinn, "Community Histories, Community Archives: Some Opportunities and Challenges", *Journal of the Society of Archivists*, Vol. 28, No. 2, Oct. 2007, pp. 76 – 151.

档案馆主要由边缘群体、个人或公益组织自发建设和管理，属于公共档案资源体系之外的民间档案资源管理范畴，随着社群档案的价值持续受到社会各界的广泛关注与重视，不少西方国家纷纷开展社群档案资源建设项目，一些主流档案馆或博物馆对社群档案建设情况和社群档案现状展开调研，呼吁公众提高对社群档案的重视，关注边缘群体和社群档案保护，甚至主动收集社群档案资源并将其纳入公共档案资源体系之内。

从宏观层面看，社群档案资源是社会档案资源系统的有机组成部分，特别是那些由于战争、历史政策、公共法律等因素造成的特殊身份群体，其所形成和留存的档案记录，无疑具有重要的公共历史价值。澳大利亚国家档案馆对"强制收养群体"[1]和"被遗忘的澳大利亚"[2]建立网站以重建历史记忆，西班牙拉里奥哈地区档案馆与西班牙复原历史协会为西班牙内战（1936—1939年）及弗朗哥独裁统治时期（1939—1975年）的受害者恢复记忆[3]，中国第二历史档案馆重建"南京大屠杀档案"等，均体现出国家权力通过公共档案馆将社群记忆纳入社会公共记忆的尝试与努力。从微观层面看，社群档案包含众多与主流叙事并行的故事以及多元化的声音，创建社群档案馆，特别是大量在线社群档案馆的建立可以将大众的故事和公共档案馆联系起来。著名的南非真相与和解委员会处理的案例数以万计，这些普通民众的故事都被记录下来收藏在委员会的档案馆之中，原则上是能够被公共获取的[4]。南非纳塔尔大学的艾伦佩顿中心、第六区博物馆、同性恋档案馆、重建的南非历史档案馆、罗本岛博物馆等机构大量收集了逃亡至他国的黑人的经历、非国大和泛非大的文件记录以及"国际辩护和援助基金会"的记录，将那些被掩藏的、边

---

[1] 谭必勇、陈珍：《社群档案视域下公共档案资源体系的多元化建设路径——以澳大利亚国家档案馆"强制收养历史项目"为例》，《档案学研究》2017年第6期。

[2] Gavan J McCarthy, Joanne Evans, "Principles for Archival Information Services in the Public Domain", *Archives and Manuscripts*, Vol. 40, No. 1, Apr. 2012, pp. 54 – 67.

[3] Meirian Jump, "The Role of Archives in the Movement for the Recovery of Historical Memory in Spain. La Riojia: A Regional Case Study", *Journal of the Society of Archivists*, Vol. 33, No. 2, Oct. 2012, pp. 149 – 166.

[4] Eric Ketaalar, "Archives as Spaces of Memory", *Journal of the Society of Archivists*, Vol. 29, No. 1, 2008, pp. 9 – 27.

缘化群体的、被流放群体的"其他"档案引入社会记忆的"主流",为南非公共档案馆的转型注入了强大的推力①。南非著名学者凡尔纳·哈里斯认为,档案记录只是人们了解事实的一个小窗口,它不能完全反映社会现实,和所有其他的记忆存储工具一样,档案记录是记住、遗忘和想象的产物,也是权力的表现形式和工具,只有意识到档案与权力的关系,才能充分地利用它来维护社会公平与正义②。埃里克·卡特拉认为,社会导航和普适计算技术将档案馆打造成社会记忆的空间,成为抚平创伤记忆的场所,档案馆正在变成"记忆实践的空间,人们在这里可以通过利用文件尝试把他们的创伤放入当时的语境中,主要不是寻找那个真相或那个历史,而是为他们的经历赋予意义"③。

近年来,西方学者也开始关注社群档案建设的局限性,认为对身份认同问题的过分强调会分散社群档案机构对其自身可持续性发展实践的注意力,无意中反而让档案工作者陷入边缘化的泥潭④。凡尔纳·哈里斯就认为,重要的并非是使边缘人群传奇化,或是把他们从历史遗忘中解救出来,他们有时并不想被主流档案馆所解救,甚至他们被档案工作者冠以"边缘化"的名义实际上反而更加重了他们的边缘化⑤。由于特殊社群对公共记忆机构固有的排斥性,特别是担心一旦社群档案纳入公共档案保管体系之后反而不利于自身的利用,加上各社群档案机构的档案工作者之间缺乏交流和接受专业培训的机会,社群档案工作者对社群档案的内涵和边界、社群档案馆的价值以及多元治理主体在社群档案建设中的意义等一时难以达成共识,这些无疑会影响社群档案的长远发展⑥。

---

① Verne Harris, "The Archival Sliver: Power, Memory, and Archives in South Africa", *Archival Science*, Vol. 2, No. 1 – 2, Mar. 2002, p. 76.

② Ibid., pp. 85 – 86.

③ 转引自[加]特里·库克《四个范式:欧洲档案学的观念和战略的变化——1840 年以来西方档案观念与战略的变化》,李音译,《档案学研究》2011 年第 3 期。

④ Christine N. Paschild, "Community Archives and the Limitations of Identity: Considering Discursive Impact on Material Needs", *The American Archivist*, Vol. 75, No. 1, Spring/Summer 2012, pp. 125 – 142.

⑤ Verne Harris, Seeing (In) Blindness: South Africa, Archives and Passion for Justice, Archifacts, 2001: 1 – 13 (http://www.kznhass – history.net/files/seminars/Harris2002.pdf).

⑥ Sarah Welland, "'Us and Them': Expert and Practitioner Viewpoints on Small New Zealand Community Archives", *Information Research: An International Electronic Journal*, Vol. 22, No. 4, Dec. 2017 (http://www.informationr.net/ir/22 – 4/rails/rails1609.html).

当合作、数字归档、社群参与等越来越成为影响社群档案建设的关键要素的时候,迫切需要一种新的理念和范式来解读这种趋势,从而让社群档案馆与公共档案馆建立和谐共赢的新局面。

三 社区范式下的中外公共档案馆思想

大数据、社交媒体、移动互联等信息技术的普及应用,极大地改变了信息的产生与传播方式,人人都能成为自己的出版商、作家、摄影师、电影制片人、音乐录制艺术家和档案工作者。难以计数的非政府组织、游说集团、社群激进分子和普通公民聚集在互联网上,分享自身的经历、信仰、愿景等,并产生大量档案记录以维系他们的社群、促进群体认同及运营他们的事务。每个人都在建立自己的在线档案库,造成数字空间中海量的档案记录及其碎片化的分布状态,证据、记忆、认同的多样性,以及档案馆有限的收藏能力,都使得档案馆保存社会整体记忆的梦想变为泡影。因此,以英国学者安德鲁·弗林、美国学者珍妮特·A. 巴斯蒂安(Jeannette A. Bastian)、南非学者凡尔纳·哈里斯、荷兰学者克拉特为代表的著名学者们建议,档案工作者应当放弃专家、控制、权力等来之不易的"咒语",而是与社会/社区(既有城市、乡村中的真实社会/社区,又有通过网络空间的社交媒体连接起来的虚拟社会/社区)共享建档。这就是特里·库克所谓的正在显现的社会/社区范式。在这一范式下,面对新的数字化、政治化和多元化的世界,职业档案工作者应该从隐藏在"制度墙"(institutional walls)后的精英专家转变为深度参与社区工作的导师、协调者、教练员,鼓励将建档作为一种参与式流程与更多的社会大众共享,而没必要将所有的档案产品收集到我们已经建立的档案馆当中。[①] 因此,社区范式下,职业档案专家们的帮助和档案数字基础设施的开展将强化社区(社群)保管自身档案记录、特别是那些数字记录的能力,从而使这些社群群体加深对他们自身遗产和身份认同的责任感和自豪感。档案馆2.0、公民档案工作者、参与式档案馆(participatory

---

① Terry Cook, "Evidence, Memory, Identity, and Community: Four Shifting Archival Paradigms", *Archival Science*, Vol. 13, No. 2-3, Jun. 2013, pp. 113-115;[加]特里·库克:《四个范式:欧洲档案学的观念和战略的变化——1840年以来西方档案观念与战略的变化》,李音译,《档案学研究》2011年第3期。

archives）等强调互动、参与等理念的出现，预示着公共档案馆、档案工作者和档案职业正发生着关键性的变化。

（一）档案馆 2.0

档案馆 2.0 的概念是档案学领域对 Web2.0 时代的一种回应。Web2.0 是 2004 年 3 月 O'Reilly Media 公司和 MediaLive International 公司的一次头脑风暴会议。2005 年 9 月 30 日，蒂姆·奥莱利（Tim O'Reilly）在《什么是 Web2.0：下一代软件的社交模式和商业模型》一文中提炼了 Web2.0 的概念，并对 Web2.0 的特征进行了描述，从而使得 Web2.0 概念很快流行起来[1]。Web2.0 是对 Web1.0（2003 年之前互联网模式的统称）的一次从外部应用到核心内容的革命：模式上由单纯的"读"向"写""共同创作"发展，由被动地接收互联网信息转向主动地创造互联网信息；交互方式从单一的网站对用户，转向个人对个人以及群体协同的互动传播；内容构成单元由静态网页向动态发表或记录的信息发展[2]。Web2.0 所倡导的去中心化、开放与共享、共同参与创作等理念对档案馆的资源组织、用户服务、网站建设等方面带来了诸多参考。欧美档案学者很快注意到这一趋势对档案馆理念的意义。密歇根大学信息学院的伊丽莎白·雅克（Elizabeth Yakel）认为 Web2.0 在技术和理念的创新虽然对档案工作者很陌生，但当前第二代互联网普遍应用的社会化导航和大众分类（folksonomy）方法对提升档案网站信息检索系统具有意义，她建议将虚拟参考服务、信息推荐或评级系统等引入档案网站，让档案利用者参与档案资源的分类、著录标引等工作，从而使档案馆和利用者之间的互动更为顺畅、有效[3]。但随着研究的深入，越来越多的学者认识到，Web2.0 不仅是技术理念的革新，更是档案馆整体发展与服务理念的升级换代。2008 年初，埃里克·卡特拉在《档案与手稿》杂志发表论文指出，Web2.0 的应用使档案馆进入档案馆 2.0，它推动人们将他

---

[1] Tim O'Reilly, "What is Web 2.0: Design Patterns and Business Models for the Next Generation of Software", from Helen Margaret Donelan, Karen Kear, Magnus Ramage, *Online Communication and Collaboration: A Reader*, London & New York: Routledge, 2010, pp. 225 – 226.

[2] 孙茜：《Web2.0 的含义、特征与应用研究》，《现代情报》2006 年第 2 期；马费成、宋恩梅编著：《信息管理学基础（第二版）》，武汉大学出版社 2011 年版，第 68—70 页。

[3] Elizabeth Yakel, "Inviting the User into the Virtual Archives", *OCLC Systems & Services: International Digital Library Perspectives*, Vol. 22, No. 3, 2006, pp. 159 – 163.

们的故事、文献上传到档案馆的服务器上,不仅改变了公共文件和私人文件的关系,而且能创建社区自身的档案记录,从而丰富了档案馆的馆藏结构[①]。2008年10月21日,曾任美国国家档案馆政策专家、现为自由撰稿人的凯特·海默(Kate Theimer)在她名为"下一代档案馆"(ArchivesNext)的个人博客上发表了《档案馆2.0?》一文,对档案馆2.0的内涵进行了总结,并认为"以用户为中心"和"开放"是档案馆2.0的两大特征[②]。此后,档案馆2.0的概念成为欧美档案界讨论的重要议题,2008年和2009年美国档案工作者协会均涉及了这一主题。2009年3月,英国曼彻斯特大学"社会文化变迁研究中心"(Centre for Research on Socio-Cultural Change,CRESC)召开了关于数字存档和档案数据再利用的小型学术研讨会,"档案馆2.0:变化中的用户与档案工作者间的对话"是此次会议的最后一个小主题。伦敦大学学院的安德鲁·弗林和曼彻斯特大学历史档案研究平台图书馆与档案服务的高级主管乔伊·帕玛(Joy Palmer)出席了此次会议,并就此发表演讲。弗林指出,Web2.0和档案馆2.0都是档案实践民主化的呼声,而档案民主化的呼声从本质上看源自这一认知:公共档案馆或国家档案馆及其档案实践都是为维护特权阶层的利益服务的[③]。帕玛认为,档案馆2.0不是检索工具2.0,它的出现不仅仅是一种技术变迁,而且一种更大范围内的认识论层面的变迁,在档案馆2.0时代,档案馆不仅仅是一个物理空间,更像一个档案在线交互平台,档案利用者不仅是档案馆的信息消费者,而且是信息生产者,他们对档案馆的贡献和深度参与赋予数字时代档案馆更广泛的内涵。作为长期研究网站互动服务的专家,帕玛对档案馆能够支持的深度参与类型及其意义持一定的保留态度,他认为档案馆的"众包"有其局

---

① Eric Ketaalar,"Archives as Spaces of Memory",*Journal of the Society of Archivists*,Vol.29,No.1,2008,pp.9-27.

② Kate Theimer,"Archives 2.0?",*ArchivesNext*,Oct.21,2008(http://archivesnext.com/?p=203).

③ Andrew Flinn,"An Attack on Professionalism and Scholarship?:Democratising Archives and the Production of Knowledge",*Aridane:Web Magazine for Information Professionals*,No.62,Jan.2010(http://www.ariadne.ac.uk/issue62/flinn#author1).

限性。① 2011年，凯特·海默（Kate Theimer）进一步对档案馆2.0的内涵、特征及其意义进行阐述，她指出，与档案馆1.0相比，档案馆2.0呈现出开放、透明、用户中心导向，档案馆以标准化、可计量的、可交互的信息服务和产品来吸引用户，不拘泥于传统，注重价值创新和灵活性。此外，她特别强调，技术变迁只是档案馆2.0形成的重要因素之一，技术仅仅提供了档案工作者期待的各种信息交互的平台和模式，而网络信息爆炸以及人们查找、检索和利用信息方式的变化，则从根本上改变了档案馆的利用者，从而造成档案馆建设模式与服务方式的根本变革。②

值得注意的是，学者们比较关注档案馆2.0的理论架构下档案工作者与档案利用者之间的关系问题，特别是档案利用者的利用行为、利用数据与档案馆2.0的价值创新间的关联性问题③。因此，如何在数字时代构建档案工作者与档案利用者乃至普通公民间的关系成为档案馆2.0理念中一个关键的问题，而对这一问题的持续关注，导致了另一种新的档案理念——公民档案工作者的诞生。

（二）公民档案工作者

公民档案工作者的理念是美国公民文化的产物，源自于公共档案馆对个人数字遗产保存和档案文化遗产数字化众包的现实需求，也是对传统档案馆志愿服务观念的深化。一般认为，社会各界有机会接触档案、参与档案工作的非档案专业人士均可称为"公民档案工作者"。美国匹兹堡大学的著名档案学者理查德·J. 考克斯在2008年和2009年先后发表论著对这一问题进行阐述。他认为，个人数字文件保管系统的快速发展使得现在的档案馆越来越难以获取个人或家庭档案，而个人则可以通过捐赠的方式将这些档案存放在档案馆、图书馆、博物馆或其他文献收藏机构。他认为专业的档案工作者可以培育公民的档案保管与管理能力，

---

① Joy Palmer, "Archives 2.0: If We Build it, Will They Come?", *Aridane: Web Magazine for Information Professionals*, No. 60, July 2009 (http://www.ariadne.ac.uk/issue60/palmer#2).

② Kate Theimer, "What is the Meaning of Archives 2.0?", *The American Archivist*, Vol. 74, No. 1, Spring/Summer 2011, pp. 58 – 68.

③ Mary Samouelian, "Embracing Web 2.0: Archives and the Newest Generation of Web Applications", *The American Archivist*, Vol. 72, No. 1, Spring/Summer 2009, pp. 42 – 71.

提升他们对数字时代档案使命的本质和重要性的认知,从而将他们武装成具有深度参与数字保存工作的公民档案工作者,因此,档案工作者应当与公众建立新型合作关系,而公众也需要向专业的档案工作者学习如何提升文献遗产保护的综合素养。[1] 2010 年 4 月,现任美国国家档案馆馆长戴维·S. 费列罗（David S. Ferriero）在官方微博上发文,希望在"开放政府计划"背景下,将美国国家档案馆的馆藏以数字化的方式推向公众,从而培育有助于更好实现美国国家档案馆使命的"公民档案工作者"[2]。2010 年 7 月,美国国家档案馆创建了一个旨在推动档案工作者、档案利用者与研究者之间沟通的平台——档案维基（Our Archives Wiki）,2011 年 9 月,美国国家档案馆在其官方网站上专门开辟了"公民档案工作者"版块,这一倡议获得 2012 年度美国沃尔特·盖尔霍恩创新奖[3]。2016 年理查德·J. 考克斯分析了公民档案工作者给档案职业带来的伦理问题,他认为,随着数字社会的兴起,学科融合进一步加深,文化敏感性和自我意识的不断增强,社群档案和原住民档案日渐增多,网络化社交媒体的迅速普及,档案工作者的重点首先是应该与他人分享自己的专业知识,甚至使他们能够成为称职的档案工作者,其次档案工作者必须承认普通人都拥有对自身遗产和权利的卓越管理权,最后档案工作者不应再强调制定严格的、规范化的基本原则,如档案与文件、证据与信息,以接受不同形式的文化和原住民群体所认同的基于宗教、文化、象征和证据等因素而形成的价值观[4]。

此外,还有不少学者用"参与式档案馆"这一概念来概括数字时代

---

[1] Richard J. Cox, *Personal Archives and a New Archival Calling*: *Reading*, *Reflections and Ruminations*, Duluth, Litwin Books, LLC, 2008; Richard J. Cox, "Digital Curation and the Citizen Archivist", *Digital Curation*: *Practice*, *Promises & Prospects*, 2009, pp. 102–109 (http://d-scholarship.pitt.edu/2692/).

[2] David S. Ferriero, *Cultivating Citizen Archivists*, Apr. 12, 2010 (https://aotus.blogs.archives.gov/2010/04/12/cultivating-citizen-archivists/).

[3] 杨太阳:《美国国家档案馆的"公民档案工作者倡议"荣获 2012 年度政府最佳创新实践奖》,《中国档案报》2013 年 1 月 11 日第 3 版。

[4] Richard J. Cox, "Is Professionalism Still an Acceptable Goal for Archivists in the Global Digital Society", Archives, and Public Life: Around the World-Wide Streamed Conference, University of Alberta Libraries, May 2016 (http://d-scholarship.pitt.edu/28002/).

档案馆和档案职业的发展态势[1]。不难看出，多元并存是当前数字时代最大的特色，基于此，以加州大学洛杉矶分校信息研究学系安·吉利兰（Anne Gilliland）教授为代表的欧美学者提出了档案多元论（archival multiverse 或 archival pluralism）的思想[2]，试图从实证主义、相对主义和国际化的立场来反映多元视角下档案存在及其建构意图的多元特征，揭示出学术机构、官僚机构和个人在档案证据性文本和记忆留存意图方面的多样性，从而尊重社区多元化带来的文化形式和文化财产概念的差异性。国内学者安小米、郝春红[3]则认为，档案多元论是21世纪档案学领域对档案多种可能存在形式及其属性认识的一套假说，从跨学科视角来理解档案的本质，从跨机构、跨文化全球化视角来认知档案权力、档案话语、档案实践模式及其社会影响，提供融合实证主义方法论和解释主义方法论的混合方法论。档案多元论改变了传统纸质工作环境下档案部门以末端被动中立方式开展证据和记忆留存的思维方式和工作习惯，倡导在互联网新媒体工作环境下档案部门以前端和全程主动参与证据和记忆的形成、留存和提供可持续再用，这对中外公共档案馆理念的升华和公共档案馆建设的推进提供了理论指导。

不难看出，由于西方国家公共档案馆思想和实践均早于我国，我国的公共档案馆思想的产生与发展均受到西方相关理论的影响，自南京国民政府时期中国知识分子发起"国家档案馆"运动以来，我国公共档案馆思想从萌芽到生长，特别是结合中国国情而提出的由国家综合档案馆向公共档案馆转型的建设思想颇具时代生命力，而在当今的数字时代，公共档案馆的理念也将指引着中国的档案馆以更加亲民、开放、包容的方式走向民众。

---

[1] Isto Huvila, "Participatory Archive: Towards Decentralised Curation, Radical User Orientation, and Broader Contextualisation of Records Management", *Archival Science*, Vol. 8, No. 1, Mar. 2008, pp. 15–36; Anne J. Gilliland, Sue McKemmish, "The role of participatory archives in furthering human rights, reconciliation and recovery", *Atlanti: Review for Modern Archival Theory and Practice*, Vol. 24, 2014, pp. 78–88; Alexandra Eveleigh, "Crowding Out the Archivists? Locating Crowdsourcing within the Broader Landscape of Participatory Archives", from Mia Ridge, *Crowdsourcing our Cultural Heritage*, London & New York, Routledge, 2016, pp. 211–229.

[2] Anne J. Gilliland, *Conceptualizing 21st-century Archives*, Chicago, Society of American Archivists, 2014.

[3] 安小米、郝春红:《国外档案多元论研究及其启示》，《北京档案》2014年第11期。

第二章

中外公共档案馆形成与发展的动力机制

  历史学家们已经摆脱了文献崇拜，整个社会都沉浸在保存的执着和档案的生产热之中。我们今天所称的记忆，实际上是由庞大得令人头晕目眩的材料积累和深不可测的资料库构成的，这些资料库储存着我们无法记住的东西，对我们可能需要回忆的东西进行无边无际的编目。莱布尼茨所称的"纸面记忆"已经变成了一种独立的体制，它包括博物馆、图书馆、资料室、文献中心和数据库。仅就公共档案馆而言，根据专家们的估计，几十年内发生了数量上的革命，它们增长了上千倍。……随着传统记忆的消失，我们甚至带着宗教般的虔诚去积聚各种过去的遗迹、证据、文献、形象、语言和直观象征物，仿佛这些日益丰富的资料终会在某某历史法庭上成为某种证据。[1]

——皮埃尔·诺拉（1984）

  一般认为，法国大革命掀开了世界公共档案馆建设的真正大幕，并逐步推动了国际范围内社会各界对公共档案馆理念的普遍认同。从一定程度上讲，对公共档案馆形成的动力机制开展研究，可以对中外公共档案馆的形成过程进行提炼和总结，找到推动公共档案馆产生的各层面的社会力量和因素，从而对公共档案馆的未来发展提供参考。1956年美国

---

[1] ［法］皮埃尔·诺拉主编：《记忆之场：法国国民意识的文化社会史》，黄艳红等译，南京大学出版社2015年版，第13页。

学者谢伦伯格在其名著《现代档案：原则与技术》一书中从行政效率、文化、公民权利、政府公务等四个方面对法、英、美三国国家档案馆的设置原因进行了综合分析，成为研究公共档案馆动力机制的经典范式[1]。当前，欧美学者已经关注到政治、经济、文化等社会外部环境因素在公共档案馆建设中的地位与作用[2]，但他们的研究聚焦于公共档案馆转型与发展阶段中的关键影响因素，对公共档案馆产生、形成阶段的动力因素缺乏较为系统、深入的研究，且较少关注公共档案馆产生的内生机理。国内学者较早关注档案馆社会化的动力机制[3]，注意到政治民主化、民本文化等外部因素和公共档案馆自身发展等内部因素在推动档案馆开放中的核心作用[4]，近年来则出现解读西方公共档案馆动力机制的研究成果[5]，但成果数量偏少、研究视角单一，难以从中外公共档案馆产生的整体社会背景入手进行的宏观分析。实际上，世界各国公共档案馆的产生，既离不开它们所依存的社会大环境所赋予的外动力，也与档案馆自身的管理与发展水平所产生的内动力紧密关联，是多元社会力量和相关要素相互关联、相互作用的结果。

第一节　公共档案馆形成与发展的外动力

任何一种社会制度和组织的形成，都离不开相关的社会发展环境。档案馆是一个社会实体，是一个在社会环境中生长和发展起来的开放式

---

[1] Theodore R. Schellenberg, *Modern Archives*: *Principles and Techniques*, Chicago: University of Chicago Press, 2003, pp. 3 – 10.

[2] Friedrich Kahlenberg, "Democracy and Federalism: Changes in the National Archival System in a United Germany", *The American Archivist*, Vol. 55, No. 1, Jan. 1992, pp. 72 – 85; Imre Ress, "The Effects of Democratization on Archival Administration and Use in Eastern Middle Europe", *The American Archivist*, Vol. 55, No. 1, Jan. 1992, pp. 86 – 93; Sarah Tyacke, "Archives in a Wider World: The Culture and Politics of Archives", *Archivaria*, No. 52, Fall 2001, pp. 1 – 25; Lajos Körmendy, "Changes in archives' philosophy and functions at the turn of the 20th/21st centuries", *Archival Science*, Vol. 7, No. 2, June 2007, pp. 167 – 177; Eric Ketalaar, "Muniments and monuments: the dawn of archives as cultural patrimony", *Archival Science*, Vol. 7, No. 4, Dec. 2007, pp. 343 – 357.

[3] 姚志强：《档案馆社会化动力机制研究》，《档案与建设》2006 年第 5 期。

[4] 冯惠玲：《开放：公共档案馆的发展之路》，《档案学通讯》2004 年第 4 期。

[5] 谢玉兰：《美国公共档案馆动力机制探析》，《北京档案》2012 年第 10 期。

的人造系统，是人类社会能动的记忆系统①。公共档案馆是档案馆发展到一定阶段的产物，它的形成直接受社会发展水平和演变规律的制约和影响。从生态学的视角看，档案馆在长期适应外部社会生态环境的过程中，逐步形成了具有特色的人事结构、馆藏资源、管理制度、服务对象、技术规范等，而公共档案馆的产生在很大程度上是由相对封闭的国家行政系统走向更广泛的社会文化系统的结果。

一 政治及行政动因

公共档案是公共行政机构正式活动的直接产物，因此政治及行政方面的需要，既是档案文件形成的客观环境，也是公共档案馆得以产生的最直接动力。

（一）良好的政治环境与政治机遇是公共档案馆产生的基础保障

近代西欧各国公共档案馆的形成，在很大程度上得益于西欧资产阶级政治革命的大力推动。18世纪末法国大革命催生了法国国家档案馆和遍布全国的公共档案馆体系，而随后的拿破仑帝国时代，则推动了19世纪上半叶欧洲大陆各国中央档案馆的先后诞生，这在一定程度上可以称为18—19世纪的欧洲"公共档案馆运动"。图书馆学界借用"政治机遇结构"（Political Opportunity Structure）的理论模型来解释不同政治机会结构下公共图书馆的发展问题②，我想将它用来阐述公共档案馆的产生机制，在一定程度上也是可行的。

政治机遇结构指的是"各种促进或阻止某一政治行动者之集体行动的政权和制度的特征，以及这些特征之种种变化"，而"一个政权的总体特征影响着任何潜在的要求提出者所面对的威胁和机遇，而这些特征的种种变化则导致了抗争性质的变化"，"威胁和机遇二者都会因权力的分割或集中，因政体的开放性、政治结盟关系的不稳定性以及盟友可获得性方面的变化而发生改变"③。公共档案馆的理念与实践是对传统的封闭

---

① 何振：《档案馆学新探》，中国档案出版社2003年版，第80—81页。
② 孟艳芳：《公共图书馆发展动力机制的社会学分析——基于对公共图书馆阅读推广的检验》，《图书馆》2016年第11期。
③ [美]查尔斯·蒂利、西德尼·塔罗：《抗争政治》，李义中译，译林出版社2010年版，第62—73页。

式的档案馆服务理念的一种抗争,它必然会受到传统政治力量和守旧分子的抵制,双方的对抗、交锋会持续一段时间,直到公共档案馆运动促使公共档案馆由理念变为制度化机构,这一过程中,政治环境与政治机遇往往会成为影响这一演变历程时间长短的关键性因素。

公共档案馆的产生,蕴含于特定的政治机遇结构之中。当政治机遇结构处于开放状态时,公共档案馆就能比较容易地获得话语体系、制度安排、公共政策等方面的机遇,从而推动公共档案馆制度化的快速实现。法国公共档案馆的形成就得益于法国大革命的兴起所带来的巨大政治机遇。1790年成立的旨在"保管新法兰西的文件"的法国国家档案馆就面临如何处置旧政权档案遗产的重大问题,这一问题既与政权更迭所带来的权力结构演变有关,也关涉法国国家档案馆档案遗产的丰富性,并在很大程度上决定着这些档案文件是否能够被后人所利用。激进的革命分子主张将体现着旧秩序法理和特权的旧文件销毁[1],而保守派认为这些旧政权文件已经是公共的财富,公众应该有机会利用这些文件,以保障自身在消除封建权利和封建财产关系方面的切身利益,因此应该保留这些文件。经历过短暂的档案文件销毁历程后,法国政府和民众逐步认识到

---

[1] 法国大革命最初阶段,实际上已经造成了大量档案文件的销毁。新华社记者唐霁和高静撰写的《遇见,巴黎》一书提到参观法国军械博物馆推出的"巴士底狱的秘密"展览时,展览负责人专门介绍过,"1789年,法国大革命爆发,巴士底狱被摧毁,起义者将文件扔到壕沟的淤泥里,大量资料遭到破坏",1797年后法国政府才开始对巴士底狱的文件档案进行重新收集、整理(参见唐霁、高静《遇见,巴黎》,文化艺术出版社2014年版,第150—151页)。国内学者撰写的《世界历史》提及,1793年7月,雅各宾派上台不久,国民公会就颁布新的土地法令,宣布无条件地废除一切封建权利以及由此产生的各项代役租,并销毁一切与封建权利有关的文契(参见汤重南、谢闻歌、段启增著《世界历史(第20册):战争与近现代社会革命》,江西人民出版社2011年版,第104页)。西方学者的著作对此均有不少记载。英国学者马克斯·布尔(Marcus Bull)在《回眸中世纪》一书中提到,19世纪30年代末和19世纪40年代初,法国国王路易·菲利普把凡尔赛宫的一部分改造成一系列画廊以庆祝法国历史,为此需要开辟一个空间来颂扬在十字军东征中表现突出的法国家族,如果这些家族后人能够提供他们祖先参加十字军东征的文献证明,这些家庭就被授予盾形纹章。但是,法国大革命后幸存下来的旧家庭丢失了他们很多的记录,新贵家庭试图通过伪造在旧政权的家谱,从而能够提升家族的地位,从而造成了最臭名昭著的伪造档案文件案(参见[英]马克斯·布尔著《回眸中世纪》,林翠云等译,河北教育出版社2016年版,第85—86页)。法国学者皮埃尔·诺拉则指出,法国国家档案馆成立之初,对"旧制度"时期的档案进行了分类处理,其中"无用的文件"将被出售,而有关"暴政和迷信的档案"则要郑重销毁(参见[法]皮埃尔·诺拉主编《记忆之场:法国国民意识的文化社会史》,黄艳红等译,南京大学出版社2015年版,第405—406页)。

档案文件是维持旧社会、建立新社会的基础，"承认档案对于社会的重大意义，是法国大革命的重大成果之一"[①]。尽管法国国家档案馆建立面向公众开放的阅览室是数十年之后的事情，但作为一种制度安排，法国公共档案馆体系借助于法国大革命所带来的开放的政治氛围却很快创建起来了。

相比较而言，北美地区的加拿大、美国创建公共档案馆的历程就颇为曲折。从 1872 年加拿大在农业部下设"档案分部"算起，直到 1912 年公共档案馆法出台，加拿大公共档案馆才获得独立的地位[②]。1776 年美国独立以后，对档案工作并未投入过多热情，直到 19 世纪末随着詹姆森、利兰等史学家开始发起"国家档案馆运动"之后，又历经 40 年余年才创建了美国国家档案馆[③]。因此，美国史学家琼斯不禁感慨："一个向来重视成文宪法和法律的国家，竟然在一个半世纪的时间内，漠视保存公共文件这样重要的一件事情，单是这件事本身就已很不寻常。但是这个国家，一旦体会到这项工作的重要性，而在不到一个世纪的时间内便建立起了世界上最具规模的档案体系之一时，这件事情又可说是更加不寻常了。"[④] 这充分说明了政治机遇结构的重要性。此外，南非国家档案馆在种族隔离制度废除之后，很快就作为政治民主化的工具而开启了向公共档案馆转型的发展道路[⑤]，也凸显了这一点。

中国国家档案馆体系的创建以及向公共档案馆转型的案例也证明了政治因素在公共档案馆产生中的巨大影响力。受欧美国家档案馆建设和公共档案馆思潮的影响，南京国民政府时期中国政府内部的开明人士、知识分子先后提出创建"中央档案局""国立档案库"和"国家档案馆"

[①] [美] T. R. 谢伦伯格：《现代档案——原则与技术》，黄坤坊等译，档案出版社 1983 年版，第 9—10 页。

[②] Ian E. Wilson, "'A Noble Dream': The Origins of the Public Archives of Canada", *Archivaria*, No. 15, Winter 1982 – 1983, pp. 16 – 35.

[③] H. G. Jones, *The Records of a Nation*, New York: Atheneum, 1969, pp. 3 – 23; Victor Gondos, *J. Franklin Jameson and the Birth of the National Archives, 1906 – 1926*, Philadelphia: University of Pennsylvania Press, 1981.

[④] 转引自李世洞《美国历史档案的管理简介》，《档案工作》1981 年第 3 期。

[⑤] Verne Harris, "Redefining Archives in South Africa: Public Archives and Society in Transition, 1990 – 1996", *Archivaria*, No. 42, Fall 1996, pp. 6 – 27.

的不同倡议,但最终未能实现①。中华人民共和国成立后不久,就于1954年11月成立国家档案局,1956年3月国务院常务会议通过的《关于加强国家档案工作的决定》明确指出,"档案工作的基本原则是集中统一地管理国家档案,维护档案的完整与安全,便于国家各项工作的利用",并要求"国家档案局应该全面规划,逐步地在首都和各省区建立中央的和地方的国家档案馆"②,由此中国很快创建了从中央到地方的国家档案馆体系,并借助20世纪80年代初期的开放历史档案倡议和21世纪初期开始的创建公共文化服务体系运动,积极推动国家综合档案馆走向公开和开放,逐步形成了中国的公共档案馆建设思路。稳定、开放的政治环境,特别是2002年中国政府将"公共服务"作为政府四大职能之一所带来的政治机遇效应,对当前的中国公共档案馆建设起到了非常关键的作用。

(二)提升行政效率的实际需求是推动公共档案馆产生的原始动力

早在20世纪40年代,民国档案学者黄彝仲就曾指出:"档案管理为行政事务中重要之一环,因管理不善而影响行政效率之提高,关系甚大。今后若欲加强行政效率,推动事务,非由健全档案管理一途入手,殊难见其成效。"③古代世界各国建立档案机构的重要目的之一就是为了资政服务。王国档案馆、庄园档案馆、教会档案馆均为设置在特定机构内并为本机构服务的具有依附性、封闭性的档案馆,总体而言,这些档案馆的馆藏量并不大,存放在本机构也便于借阅、查询之用,这些对于本机构的管理来说是有益的。然而,随着时间的积累及政府行政职能的扩大,档案文件的数量也日趋增多,各国政府机关的档案库房开始不堪重负:

> 在大革命时期,革命前的法国政府各部已经把巴黎所有的档案库都塞得满满的,而在法国内地,各行政区的档案库也都拥挤得无以复加。在英国,五个世纪的政府活动,使分散在伦敦各处的许多档案库全都塞满了文件。……至于美国,在联邦政府成立后的一个

---

① 谭必勇:《南京国民政府时期筹建"国家档案馆运动"的回顾与反思》,《档案学研究》2018年第5期。

② 《国务院关于加强国家档案工作的决定》,载国务院法制办公室编《中华人民共和国法规汇编:1956—1957(第三卷)》,中国法制出版社2005年版,第205—207页。

③ 黄彝仲:《档案管理之理论与实际》,南京德新印务局1947年版,第1页。

半世纪内，公共文件也塞满了阁楼、地下室和其他偏僻的角落——文件通常都是在日常工作不再需要它的时候被堆在那些地方。……这种文件充塞在政府机关，就会妨碍公务的正常进行，它占用机关大量宝贵的空间，每天都会提醒人们对它进行某种处置。[①]

南京国民政府时期也发生过类似的事情。1939年1月，张继、吴敬恒、邹鲁等十三人在国民党五届五中全会上提出了《建立档案总库筹设国史馆提议》的提案，而行政院拒绝该提案的理由之一就是认为"现中央各机关档案可送总库者尚不甚多"[②]。不难看出，只有当充塞在政府机关的档案文件堆积到影响政府行政效率的时候，政府才会考虑将档案馆从国家行政系统中独立出来，建立独立的档案库房对各行政机关积累的公共文件集中保管，并建立科学规范的档案管理系统，为政府行政机关的行政事务提供参考服务。

当然，这种文件充塞所带来的外在压迫感有时并不足以使政府机关马上采取行动。英国公共档案馆、美国国家档案馆、加拿大公共档案馆创建之前的相当长时间里，不少政府机关的文件被堆放在无防火、防水设施的房间里，因受潮或火灾等造成的严重档案损毁不少，各国政府均成立了所谓的调查委员会来开展调查，得出需要建立公共档案馆及中央档案库房的相关结论，但从呼吁到最终实现，所耗时间均在数十年以上[③]。

从另外一种视角讲，只有当政府机关意识到独立的公共档案馆系统能有效地提升行政效率之时，他们才会有更强大的动力去推动公共档案馆的产生，使得公共档案馆及其相关业务活动具有或显或隐的"政治烙印"，从而引导产生的公共档案馆适应特定的官僚政治体制并能有效地融

---

① ［美］T. R. 谢伦伯格：《现代档案——原则与技术》，黄坤坊等译，档案出版社1983年版，第13—14页。

② 蒋耘，蒋梅选辑：《张继等人提议建立档案总库筹设国史馆史料一组》，《民国档案》2012年第4期。

③ 参见［美］T. R. 谢伦伯格《现代档案——原则与技术》，黄坤坊等译，档案出版社1983年版，第10—13页；H. G. Jones, *The Records of a Nation*, New York: Atheneum, 1969, pp. 3–23; Ian E. Wilson, "'A Noble Dream': The Origins of the Public Archives of Canada", *Archivaria*, No. 15, Winter 1982–1983, pp. 16–35。

入行政管理系统,"为现实的历史的政治目的服务是档案保管的社会目的和社会动力"①,这是早期公共档案馆产生的政治及行政动力的根源。

首先,公共档案和公共档案馆本身就具有天然的政治性。公共文件产生于特定的行政管理系统或公共服务系统,公共文件之所以成为公共档案被保存起来首先是由于它对公共事务活动具有凭证或参考价值。公共档案馆作为保管具有社会历史价值的公共文件的场所和空间,也须得到特定政治和行政体制的支撑。

其次,公共档案馆的收集、整理、鉴定、保管等基本业务活动具有比较明显的政治性,并会对社会公共记忆的形成产生直接影响。1998年,时任美国马里兰大学帕克分校人类学系教授理查德·哈维·布朗(Richard Harvey Brown)和美国国会法律图书馆数字转换项目协调员的贝丝·戴维斯—布朗(Beth Davis-Brown)在《人类科学史》杂志上发表论文,就与档案馆政治性的相关性问题提出几个命题:

> 谁控制、创建和维持档案馆,他们如何做到这些?哪些材料会被留存在档案馆而哪些会被排除在外?当被选留进档案馆的文件和人工制品被排序和分类的时候,这些(排序、分类的)模式和结构是如何使相关材料得到留存或排斥、突出或边缘化的不同关照?最后,分类和排列的逻辑层级在大多程度上反映了社会或政治的阶层?②

在现代社会,人们常常将明显的政治问题简化为技术工具问题,将政治—道德问题转移到非道德、非政治的技术问题,从而建立一种只有发起人才能理解的"元政治"话语体系,因此他们认为,收集、分类和保存等"技术性"档案管理活动实际上一直就具有明显的"政治性",甚至当这些活动并没有引起社会争议而没有体现出明显的"政治性"的时

---

① 丁华东:《档案学理论范式研究》,世界图书出版公司2011年版,第241页。
② Richard Harvey Brown, Beth Davis-Brown, "The Making of Memory: The Politics of Archives, Libraries and Museums in the Construction of National Consciousness", *History of the Human Sciences*, Vol. 11, No. 4, Nov. 1998, p. 17.

候，它们至少具有潜在的"政治性"①。理查德·哈维·布朗和贝丝·戴维斯—布朗关于档案馆工作具有天然政治动机并能直接影响社会记忆的思想也得到了档案学界的认同和响应②。早在1997年，南非著名学者凡尔纳·哈里斯就认为，档案文件是不可靠的"目击证人"——它们常常被操控来代表专制政权的观点，从而为长期以来占统治地位的精英或新转型社会的记忆构建提供了糟糕的基础③，2002年他进一步指出，档案远不是对现实的简单反映，而是构建个人和集体过程的窗口，档案一旦产生就会成为反映和强化现行权力关系的工具，记忆的建构性和权力的维度在专制政体或民主化转型社会等极端政治环境中体现得非常明显，但这些都是档案在所有社会环境中的真实情况④。2004年，美国学者理查德·J.考克斯在《没有纯真的收藏：对档案鉴定的反思》一书中明确提出，档案馆里绝"没有纯真的收藏"，"档案并非自然而然发生的，而是被档案工作者、文件形成者以及其他个人和机构有意识地塑造而成的（有时还会受到扭曲）"⑤。

最后，公共档案馆的政治动力机制告诉我们，为公共行政系统服务是公共档案馆的核心工作之一，明确这一内涵才能更好地开展工作并赢得政府和相关公共事务系统的持续支持，在历史档案保存和现行文件管理之间保持平衡，才能产生真正的公共档案馆。加拿大公共档案馆的前身——农业部档案分部，由于长期只注重对历史文件和档案资料的收集，而忽视了对政府机关现行文件的保存与管理，因此导致未能做出合理的制度安排"逐步和持续地将政府部门的文件转移到档案分部"，从而在很

---

① Richard Harvey Brown, Beth Davis-Brown, "The Making of Memory: The Politics of Archives, Libraries and Museums in the Construction of National Consciousness", *History of the Human Sciences*, Vol. 11, No. 4, Nov. 1998, pp. 17 – 32.

② Trond Jacobsen, Richard L. Punzalan, Margaret L. Hedstrom, "Invoking 'Collective Memory': Mapping the Emergency of a Concept in Archival Science", *Archival Science*, Vol. 13, No. 2 – 3, Jun. 2013, pp. 221 – 222.

③ Verne Harris, "Claiming less delivering more: a critique of positivist formulations on archives in South Africa", *Archivaria*, No. 44, Fall 1997, pp. 132 – 141.

④ Verne Harris, "The Archival Sliver: Power, Memory, and Archives in South Africa", *Archival Science*, Vol. 2, No. 1 – 2, Mar. 2002, p. 63.

⑤ 转引自［加］特里·库克《海外书评——〈没有纯真的收藏：对档案鉴定的反思〉》，李音编译，《中国档案》2006年第9期。

长时间内无法实现公共档案馆的制度化①。20世纪70年代，法国档案学院教授罗伯特·亨利·鲍蒂埃呼吁，"档案馆必须成为政府机器的一个组成部分，必须整理现行文件，确保每个机构中具有永久价值的文件得到妥善保存，一心一意地进行文件管理工作"②。20世纪80年代初期，在资源日趋紧张的情况下，"世界上大多数公共档案馆对于从地方行政机关、国家独立机构或公共企业的活动中所产生的文件行使直接管理、提供咨询或负责保管等职责"③。直到今天，档案工作的国家、政治和权力属性依然被反复强调④。1955年国务院《关于加强国家档案工作的决定》，即是冠之以"国家"的名义。2014年中共中央办公厅、国务院办公厅印发的《关于加强和改进新形势下档案工作的意见》，依然强调"档案工作是党和国家工作中不可缺少的基础性工作"⑤。

总之，公共档案馆的产生需要适宜的政治"土壤"和有效的行政运转系统，开放的政治环境及良好的政治机遇可以加速公共档案馆的制度化落地，而行政运转系统对科学的公共档案管理与服务体系需求的迫切程度，有时又能在公共档案馆诞生的关键环节起到重要作用。从本质上讲，公共档案馆是国家和社会记忆的宝库，它对国家和社会记忆的选择性保存受到权力和社会观念的控制与影响。从生态学的视角看，公共档案馆既是政治与行政系统的子系统，又是整个社会系统的组成部分，它的产生与发展既源自于政治与行政文化更新的需要，又受制于社会文化观的整体发展状况。

二 文化动因

公共档案馆在"本质上是一种文化的存在"，"是人类文化发展到一

---

① Ian E. Wilson, "'A Noble Dream': The Origins of the Public Archives of Canada", *Archivaria*, No. 15, Winter 1982 – 1983, p. 32.
② ［法］彼得·瓦尔纳主编：《现代档案与文件管理必读》，孙钢等译，档案出版社1992年版，第5页。
③ ［瑞士］奥斯卡·高耶：《对档案馆的挑战——日益繁重的任务及有限的资源》，载国家档案局外事处编《第十届国际档案大会报告集》，档案出版社1986年版，第17页。
④ 徐拥军：《档案记忆观：社会学与档案学的双向审视》，《求索》2017年第7期。
⑤ 《中共中央办公厅 国务院办公厅印发〈关于加强和改进新形势下档案工作的意见〉》，国家档案局网站（http://www.saac.gov.cn/zt/2014-05/04/content_44880.htm）。

定水平时的产物"①，因此，除了政治及行政因素之外，植根于国家行政机关和社会大众的文化观念和档案意识等深层次因素也是推动公共档案馆产生的重要动力。文化与政治体制有紧密关系，但又不是简单地为政治体制所决定，任何文化都有其深刻的根源，也会经历萌芽、发育与成熟的过程，而一旦生成，它便会演化成一种氛围、一种环境、一种土壤，从而对制度的确定、政策的兑现产生重大的制约性和影响力②。公民意识的兴起、社会档案意识的提升，成为推动公共档案馆产生的文化动力。

（一）公民意识的兴起是世界各国创建公共档案馆的文化元动力

公民意识是市民社会和政治国家二元化进程中政治解放和人的解放的产物，它呈现的是与民主政治和市场经济相适应的主体自由追求和理性自律精神，是市民社会和国家互动发展的精神黏合剂③。欧洲文艺复兴运动兴起后，自由、平等、权利等意识逐渐深入人心，西欧资产阶级革命将人们从封建政治国家的桎梏中解放出发，一方面使市民社会得到充分发展而化解为集合形态的、以交换价值纽带相联系的独立的、自由的各个个人，另一方面使国家主权成为公民平等而广泛参与创制并共享的公共产品④。公民意识的兴起，促进人们开始主张对档案文件的自由、平等的利用权，进而通过立法方式实现公共档案馆的机构化、制度化。因此，公民意识的萌芽和兴起是世界各国建立公共档案馆的重要基础和元动力。

公民意识推动了公众自由、平等地获取档案文件权利的首次实现。1689 年英国《权利法案》的公布，伏尔泰、孟德斯鸠、卢梭等法国思想家对公民意识的启蒙，1789 年法国制宪会议通过的《人权宣言》，都极大地推动了"权利平等"思想深入民心，权利的自由与平等，作为法国大革命的价值追求，突出体现在法国《穑月七日档案法令》中⑤。这份法令宣告普通民众有权利用国家档案馆的档案文件，这是公共档案馆产生的最重要标志之一。更重要的是，法国大革命及随后的拿破仑帝国时代，

---

① 周林兴：《公共档案馆管理研究》，上海世界图书出版公司 2012 年版，第 243 页。
② 冯惠玲：《开放：公共档案馆的发展之路》，《档案学通讯》2004 年第 4 期。
③ 马长山：《国家、市民社会与法治》，商务印书馆 2002 年版，第 287—288 页。
④ 马长山：《公民意识：中国法治进程的内驱力》，《法学研究》1996 年第 6 期。
⑤ 王改娇：《公民利用档案权利研究》，上海世界图书出版公司 2012 年版，第 50—51 页。

唤醒了整个欧洲的公民意识，对欧洲各国公共档案馆的建立起到了非常关键的作用①。

公民意识推动了欧美各国通过立法方式建立制度化的公共档案馆体系。法国思想家卢梭主张通过社会契约的方式解决人类不平等的问题，认为"人由于社会契约而失去的，是他的天然自由，以及对于他所企求和所能得到的一切事物的一种无限制的权利；他所获得的，是公民自由，以及对于他所拥有的一切事物的所有权"，从而使人们"由自然状态到公民状态的过渡"，"服从自己制定的法律才是自由"②。这一思想不仅影响了欧洲公共档案馆或国家档案馆的立法建设，也对世界各国公共档案馆的法制化生存产生了巨大影响。加拿大、美国在创建公共档案馆的过程中，始终以获得国会的立法支持为目标，就体现了这一点。1909 年，利兰在美国历史学会年会上呼吁向社会各界寻求"对档案行政管理的创建与治理等活动进行立法支持"，他指出，"我们的首要责任是促成相关立法，从而确保我们所有的公共档案得到有效的保护与管理"③。尽管我国在 1987 年就颁布了《中华人民共和国档案法》，但国内学者认为，现有的档案法规对档案馆性质及其职能的规定过于综合和宽泛，对公共档案馆的建立及其发展缺乏具体而直接的指导意义，因此主张制定我国的《公共档案馆法》④。

(二) 社会档案意识的提升是公共档案馆制度形成的文化氛围

社会档案意识指的是社会大众对档案这一客观事物和档案工作这一项事业的认识和重视程度，它是由档案和档案工作所显示的社会作用长期影响人们而在社会上形成的一种较为稳定、较为普遍的大众心理倾向，是档案和档案工作面向社会、走向社会并达到一定程度的社会化的产物⑤。如前所述，档案价值的发现和国家档案文化观的形成，是近代公共

---

① Ernst Posner, "Some Aspects of Archival Development since the French Revolution", *The American Archivist*, Vol. 3, No. 3, July. 1940, pp. 161 – 163.
② 转引自北京大学哲学系外国哲学史教研室编译《十八世纪法国哲学》，商务印书馆 1963 年版，第 370—375 页。
③ Waldo Gifford Leland, "American Archival Problems", *Annual report of the American Historical Association for the year 1909*, Washington, 1911, p. 342.
④ 薛匡勇：《档案馆论》，第二军医大学出版社 2002 年版，第 167—169 页。
⑤ 杨冬荃：《社会的档案意识和档案界的社会意识》，《档案学通讯》1991 年第 1 期。

档案馆思想的重要表现，对公共档案馆的形成具有重要的推动效力。从本质上看，这些都属于社会档案意识的范畴。社会档案意识的长期积累与整体提升，才会孕育出公共档案馆破土而出的"社会文化土壤"。

法国大革命建立公共档案馆制度之前，欧洲档案工作的近代化转型已经延续了近两个世纪[1]，专业化的档案工作者群体开始出现，而自17世纪开始，英国的历史学家就为使公众承认档案的社会文化价值而一直进行着不懈的努力[2]。法国的历史学家利用国家官方档案来撰写史学著作的活动也并不罕见。由此，法国大革命之前的法国社会已经对公共档案具有一定程度的认知和理解。法国大革命使法国政府承认了公共档案的价值，并将其作为一种"遗产"加以看待。正如美国学者谢伦伯格在1956年出版的《现代档案：原则与技术》一书中所言："公共档案是包括书籍、手稿和博物馆珍藏品在内的文化财富的一种。它的重要性不亚于公园、纪念碑和各种建筑物。"[3] 意大利自1975年成立文化遗产部后，公众利用文化遗产的权利得到了强化，"在传统上作为高度专门化研究之地的公共档案馆，也不得不把自己迅速变成传播文化的中心。它们扩大和加强了教育活动，旨在通过组织训练班、进修班、研讨会和其他活动，并通过举办展览会（常常是多学科的）来传播和促进文化"[4]。由此，公共档案馆的文化价值理念逐步植根于民众内心深处，为20世纪世界范围内公共档案馆的发展奠定了坚实的社会基础。

从19—20世纪北美档案学者访欧的经历和体会看，欧洲社会的档案意识普遍高于北美的加拿大和美国，这也是这两个国家创建公共档案馆颇费周章的原因之一。以美国为例，首先由于档案工作者的专业化进程较为缓慢，由历史学家、图书馆员或政府公务人员临时管理档案文件的

---

[1] Michel Duchein, "The History of European Archives and the Development of the Archival Profession in Europe", *The American Archivist*, Vol. 55, No. 1, Jan. 1992, p. 16.

[2] ［美］T. R. 谢伦伯格：《现代档案——原则与技术》，黄坤坊等译，档案出版社1983年版，第11页。

[3] 同上书，第14页。

[4] ［瑞士］奥斯卡·高耶：《对档案馆的挑战——日益繁重的任务及有限的资源》，载国家档案局外事处编《第十届国际档案大会报告集》，档案出版社1986年版，第19页。

情况居多,档案工作者的专业认同意识难以建立①;其次,美国政府习惯于将政府文件结集出版,并通过寄存图书馆系统向公众开放,他们潜意识地认为出版政府文件汇编就是保护档案本身,因此长期以来对原始档案的保管缺乏足够的关注②。这自然会导致美国社会的档案保管意识不强。美国国家档案馆运动的主要领导人詹姆森和利兰通过演讲、发表论文、接受媒体采访等方式,向美国政府和民众灌输档案意识③。加拿大公共档案馆的前两任馆长,为了获得政府和社会大众的支持,多次在公开场合发表演讲,阐述档案的历史文化价值④。

中国具有悠久的档案工作传统,特别是宋代出现的架阁库、金耀门文书库,相当于现代的政府机关档案室和中央级国家档案馆,并出现了定期将保存在架阁库中的档案按照形成年限向金耀门文书库移交的制度⑤,体现出中国古代传统档案管理的特色。近代以后,随着西方公共档案馆理念的传入,中国社会开始出现公共档案馆的意识。"八千麻袋事件"和档案文献流落异邦的遭遇,激发了梁启超、蔡元培、鲁迅以及旅欧学者们的公共心和爱国良知,他们意识到中国迫切需要建立一个专门保藏公共档案资源并以公众为服务对象的档案馆⑥。1936年著名史学家顾颉刚对当时民众档案意识的觉醒过程有过深刻评价:

> 让我们先说一说国人对于清代档案认识的过程。最初是封禁时期:档案禁闭在库里,诚所谓"三百年来学士大夫不得一窥",谈不到认识。其次是宣统初年档案出库的时期,那时谁也瞧不起档案,都以为"旧档无用",应付诸一炬。又其次是保存时期:档案得到学

---

① 李刚:《美国档案学史上的双子星座——兼论早期档案学家的专业认同》,《档案学通讯》2010年第5期。
② H. G. Jones, *The Records of a Nation*, New York: Atheneum, 1969, pp. 3-5; Victor Gondos, *J. Franklin Jameson and the Birth of the National Archives, 1906-1926*, Philadelphia: University of Pennsylvania Press, 1981, pp. 4-9.
③ Victor Gondos, *J. Franklin Jameson and the Birth of the National Archives, 1906-1926*, Philadelphia: University of Pennsylvania Press, 1981.
④ 谭必勇:《加拿大公共档案馆的源起及其早期发展》,《外国档案》2014年第2期。
⑤ 参见王金玉《宋代档案管理研究》,中国档案出版社1997年版,第32—82页。
⑥ 覃兆刿:《从"档房"到"档案馆"——关于中国档案事业近代化的文化反思》,《档案学研究》2004年第3期。

部属官的青睐，赖张之洞氏的奏请而得以移储国子监南学。第四是民国初年档案渐引起人们的注意，政府打算把它们储入图书馆的时期。起初，张之洞氏虽保存了档案，可是没有怎样去处置它们过……第五是学术界重视档案及积极负起保存与整理档案之责任的时期。"①

当时的知识分子除了关注欧美公共档案馆的开放性和服务性等问题外，还特别注意到档案馆收藏的平民化问题，这是非常难能可贵的。1938年，何鲁成在《档案管理与整理》一书中指出："在古代，对于档案之保存，亦鲜注意。帝王之言行，间有记载保存，其他所能保存者，亦不过为军事之布置，王威之宣扬等，而于民间病苦，则绝少保存。降至近代，则保存档案之观念，非复旧观。对于法律之影响于公众事件者，特加注意。"② 这反映了何鲁成对公共档案馆馆藏公共性的认识。1942年秦翰才的《档案科学管理法》一书中指出："吾人断定一个民族或一个国家之文野，常以其有无历史记录，或有无完善之历史以为衡。由是吾人评判一组织在文化上之程度，亦可以其有无完善之档案以为衡。"③ 殷钟麒认为，抗战胜利后，中国社会的档案意识有了较大提升："自民国二十年起厉行档案改革运动后递遭至今，朝野上下，对于档案之观志，为之丕变……现在各机关之首长以至干部人员，多能认识档案之重要。"④ 新中国成立后，中国政府特别强调了国家档案的文化财富性质。1956年4月23日，《人民日报》发表"加强国家档案工作"的社论，指出"档案是国家和人民的公共财富"，并指出档案工作"本身又是一件复杂繁重的科学工作，而不只是所谓'保管档案'，更不能只是把档案'锁起来'"⑤。这一社论充分表明当时中国政府在档案馆理念上的开放与自信，为改革开放以后社会档案意识的逐步提升奠定了基础。21世纪以来，随

---

① 顾颉刚：《禹贡学会的清季档案》，《文献论丛》1936年创刊号，第71—72页。
② 何鲁成编著：《档案管理与整理》，商务印书馆1938年版，第12页。
③ 秦翰才：《档案科学管理法》，科学书店1942年版，第3页。
④ 殷钟麒：《中国档案管理新论》，重庆私立崇实档案学校出版部1949年版，第29页。
⑤ 《加强国家档案工作》，载《人民日报社论全集》编写组编《人民日报社论全集：国民经济恢复和社会主义改造时期（1949年10月—1956年9月）：四》，人民日报出版社2013年版，第792页。

着国家层面将档案馆与图书馆、博物馆、文化馆等一起列入国家公共文化服务设施,我国真正意义上的公共档案馆建设才广泛、深入地开展起来。

自20世纪50年代以来,"档案作为一种从一个社会或国家的文化记录和知识宝库这一广义上理解的资源,也许已进一步得到普遍承认"[①]。从文化视角看,作为社会文化生态系统组成部分的公共档案馆,它们所开展的各项活动属于人类文化活动的范畴。公共档案馆履行文化传承、文化服务、文化传播、文化教育、文化交流的责任,不仅在完成着对社会文化的建构,也将公共档案馆文化纳入社会文化传播的广泛轨道,推动着社会的进步及文明的演进[②]。公共档案馆履行文化责任与社会公共文化责任意识之间具有相互影响、互相促进的关系。随着社会公共文化责任意识的不断提升,公共档案馆获得了体系化生长、发展的可持续性的文化动力。

三 经济动因

一个致力于公众信息服务的文化机构仅凭其有价值的目标是无法确保它的生存,它必须为它所提供的服务找到一个市场,而这个市场不仅是需要这个信息机构服务的社区或群体,而且还包括愿意为该机构提供所需资金的来源[③]。公共档案馆的产生与发展也有其固有的经济动力。公共档案馆的成立,一方面离不开一定的经济基础,同时良好的公共档案馆体系又能为国家、社会、组织的经济活动提供服务。早在民国时期,殷钟麒就认识到经济因素在档案工作中的重要性,他指出:"经费为庶政之母,凡百事业,必有的款,方能推动,档案业务,何独不然。盖档案业务所用之簿册、表单、卷壳、卷箱,乃至卷库与一切文具,皆有一定规定,非普通工具所可充数",他认为当时国民政府各机关的档案经费"在预算上尚未占有地位"、不能"实现专款独立",从而限制了档案事业

---

① [赞比亚]詹姆斯·W. M. 穆尔:《档案在经济上的利用》,载中国档案学会学术部、《档案学通讯》编辑部编《第九届国际档案大会报告集》,北京(内部资料)1982年版,第122页。

② 潘玉民:《论文公共档案馆的文化责任》,《档案学研究》2010年第1期。

③ 马费成、胡翠华、陈亮:《信息管理学基础》,武汉大学出版社2002年版,第290页。

的发展①。20世纪70年代,英国当代著名史学家汤因比在与厄本的广播对话中指出:

> 伦敦档案局在国内刚成立的时候,里面堆满了大量文件,以致它的负责人说,他们连所有这些文件都无法收藏,更不用说处理这些文件了。他们认为,他们将不得不销毁其中很大一部分,并讨论过究竟应该销毁些什么文件。我得知,他们销毁了有关在英国建造铁路的全部文件——包括公家的和私人的文件——,其理由是,这种枯燥单调的主题不可能引起任何人的兴趣。而在今天,经济学家为了得到这些档案,会不惜任何代价的。②

实际上,经济因素是制约世界各国公共档案馆产生和发展的重要因素,英国公共档案馆早期的制度建设深受财政部的影响就突出反映了这一点③。只有当经济条件发展到一定阶段,真正意义上的公共档案馆才能够产生并履行其本质的职责与任务。公共档案馆产生与发展的经济动因表现为以下几个方面。

(一) 公共档案馆植根于特定的经济土壤

从一定程度上讲,欧美地区的公共档案馆及其制度植根于资本主义市场经济土壤。在自由竞争文化盛行的资本主义国家,"公众在多大程度上理解和认可档案馆之所以存在的理由(影响民众的生活、财产、公民福利等),公众就会有多少意愿去支持和鼓励档案馆"被认为是至今依然适用的首要原则④。世界各国公共档案馆均以立法的形式通过而产生,其重要原因在于它能够以法律的形式为公共档案馆的运行提供稳定的经济来源。为了与其他公共部门竞争并获得公共财政稳定而长期的支持,档案馆必须树立更加开放、共享、亲民的理念,从资源组织、服务流程、

---

① 殷钟麒:《中国档案管理新论》,重庆私立崇实档案学校出版部1949年版,第105—106页。
② [英]阿诺德·约瑟夫·汤因比:《汤因比论汤因比:汤因比与厄本对话录》,王少如、沈晓红译,上海三联书店1989年版,第5—6页。
③ 陈磊:《英国公共档案馆馆制考(1838—1910)》,《档案学研究》2017年第1期。
④ Elsie Freeman Finch, *Advocating Archives: An Introduction to Public Relations for Archivists*, Lanham: The Scarecrow Press, 2003, p. 1.

制度规范等方面创建更为科学合理的公共档案馆体系,从而在公共财政支持体系中赢得一席之地。

(二) 追求经济效益是公共档案馆可持续发展的动力

公共档案馆的资金来源主要来自政府的公共财政投入,而公共档案馆活动的内在经济动因,可以归之为社会在公共档案管理领域的最小投入,获得最大的社会效应。在经济社会快速发展的时代,公共档案馆需要树立"经济效益"意识,并通过开展多样化的公共服务项目,与社会外界建立良好的公共关系,才能赢得更多的财政资源推动公共档案馆的可持续发展。2004年,上海市图书馆的王宗义曾对中国公共图书馆事业发展中的经费环境进行过评价:

> 近50年,公共图书馆事业的发展始终处于"铺与补"交替过程:社会经济形势良好时,公共图书馆把争取到的经费投入,大量投向各种类型、不同层面的新馆建设,迅速地"铺开摊子";接踵而来的往往就是维持经费不足的苦恼,于是千方百计地"补"足维持经费成为各个图书馆管理者的日常难题;而一旦社会经济环境出现异常,大量守不住的"摊子"就只好抛弃。何况,如此恶性循环在某些地区已经好几次。[①]

公共图书馆的状况与公共档案馆有很多相似之处。在不少国家,公共档案馆与公共图书馆均属于文化事业机构[②],经费基本来自政府的财政拨款,在国家经济运转情况良好的时候,其经费能得到保障,而一旦出现财政危机,这些文化事业机构的经费往往会首先受到削减,从而影响公共档案馆的正常运作。例如,经过"二战"以来20多年经济的高速发展后,20世纪70年代经济危机又开始席卷西方资本主义世界,这也导致

---

① 王宗义:《"公共图书馆精神"的科学解读》,《中国图书馆学报》2004年第5期。
② 例如,根据意大利2004年通过的《文化与景观遗产法典》规定,文化遗产由文化财产和景观资产组成,文化财产包括"具有艺术、历史、考古、人种—人类学、档案和目录学价值的可移动和不可移动物品,以及其他由法律确定为或根据法律证明具有历史文化价值的物品",而包括政府部门和宪政机关历史档案在内的文化财产由文化遗产部进行统一管理。参见国家文物局编译《意大利文化与景观遗产法典》,文物出版社2009年版,第1—21页。

西方各国档案机构普遍陷入财务紧张的状态。20世纪70年代末期至80年代初期，美国加利福尼亚、肯塔基、北卡罗来纳、纽约州等地的州档案机构评估报告显示：这些州档案机构普遍面临着财政预算减少、人员流失、设备不足等问题[1]。面对财政危机和服务困境，各国档案机构被迫调整发展战略。加拿大档案界开始尝试从传统的"资源中心"模式转向"用户中心"模式，提升档案馆作为一个"动态和充满活力的组织、是值得支持且能够满足赞助商及广大公众在当前与未来的信息和文化需求"的形象[2]。美国一些州档案机构开始尝试扩大服务范围，如科罗拉多州立大学档案馆、科罗拉多州档案馆与科罗拉多州立大学历史系从1972年起就建立了紧密联系，将档案馆的实践训练作为历史系研究生学术研究的重要课程[3]。20世纪80年代起，为了帮助档案馆应对全国范围的经费缩减危机，美国档案工作者协会成立了"档案与社会特别工作小组"，通过开展筹资、招募志愿者、加强与媒体联系、推出营销服务项目等各类活动，使公众能熟悉档案馆和档案馆政策与实践工作[4]。英国档案界则通过与公共学校体系的紧密合作来提升档案馆形象，如英国萨斯喀彻温档案委员会鼓励档案部门参与历史教学，将现存档案记录的阐述、利用与地方史主题结合起来，提升了人们的档案意识和档案利用素养，获得了很好的效果[5]。由此可见，西方各国调整的核心目标之一，就是将为公众服务纳入档案馆工作的重心。在档案工作人员不足、档案保管费用急剧增加的时候，档案部门把时间和大量资金用在吸引更为广泛的公共服务项目和公众教育活动中，给档案财富贴上吸引人的"标签"，这是西方档案界应对"行政改革时代"的现实策略。因为，在经济危机的时代，公众的广泛支持无疑是档案机构生存与发展的最大动力。面对公共财政危机，

---

[1] Bruce W. Dearstyne, "What Is the Use of Archives? A Challenge for the Profession", *The American Archivist*, Vol. 50, No. 1, Winter 1987, pp. 82–83.

[2] Gabrielle Blais, David Enns, "From Paper Archives to People Archives: Public Programming in the Management of Archives", *Archivaria*, No. 31, Winter 1990–1991, pp. 101–113.

[3] James E. Hansen II, John Newman, "Training History Students in Working Archives", *The History Teacher*, Vol. 13, No. 2, Feb. 1980, pp. 211–221.

[4] Elsie Freeman Finch, *Advocating Archives: An Introduction to Public Relations for Archivists*, Lanham: The Scarecrow Press, 2003, pp. 1–2.

[5] Ron Chepesiuk, "Archives and the Child: Educational Services in Great Britain and Ireland", *Provenance, Journal of the Society of Georgia Archivists*, Vol. 1, No. 2, Jan. 1983, pp. 45–58.

主动地缩减服务项目，或者墨守成规地固守原有的服务领域，对于档案馆来说都不是最佳选择。试想一下，如果此时档案馆的服务不见改善，公众因此日益远离档案馆，那么，接下来，档案馆很可能面临的就是更少的财政预算和更严厉的行政处罚了。这就不可避免会造成长期而严重的恶性循环。因此，西方各国的上述调整使得档案馆树立积极开放的服务理念，与公众服务密切关联的档案推广工作逐步成为档案馆的基本职能，并融入档案职业的整体工作体系之内①。总之，"经济效益"意识的产生，一方面可以促使公共档案馆形成更有效率、更经济的服务与运行模式，另一方面又能使公共档案馆在政府公共投资减少的情况下吸引或获取充足的经费，从而保证它们能够完成其应肩负的社会使命。

（三）直接及间接的经济影响力是国家、地方和社区推进公共档案馆的重要驱动力

公共档案馆收藏的档案是国家文化资源的重要组成部分，具有转化为现实经济价值的开发利用价值，而公共档案馆及其相关活动对国家及档案馆所在地的经济发展具有相当的经济驱动作用，已经逐渐受到社会各界的重视。随着信息技术的发展和人们休闲时间的增多，催生了以文化产品和文化服务消费为主要方式的休闲行业，而档案和档案馆在休闲社会中有着重要的地位，因为它所具有的独特文化资源可以促进新产品和新服务的研发，从而在全球化世界中刺激部分市场消费②。英国、美国、加拿大等国档案学者对档案馆的经济驱动作用进行初步研究后认为，档案馆的经济影响力可以通过直接收益和间接收益两种不同方式进行评估：直接收益是指档案馆为利用者提供有偿服务时带来的直接收入，而间接收益是指档案利用者在档案馆外的市场交易行为（如餐饮、购物、住宿等）对当地经济发展的贡献③。尽管当前公共档案馆对经济发展的"引擎作用"并不显著，但它在不少国家正逐渐融入地方文化旅游体系当

---

① Timothy L. Ericson, "'Preoccupied With Our Own Gardens': Outreach and Archivists", *Archivaria*, No. 31, Winter 1990 – 1991, pp. 114 – 122.

② ［哥斯达黎加］何塞·本尔那·里瓦斯·费尔南德斯：《档案在休闲社会中的作用》，载国家档案局编《第十四届国际档案大会文集》，中国档案出版社2002年版，第205页。

③ Elizabeth Yakel, Wendy Duff, Helen Tibbo, Adam Kriesberg, Amber Cushing, "The Economic Impact of Archives: Surveys of Users of Government Archives in Canada and the United States", *The American Archivist*, Vol. 75, No. 2, Fall/Winter 2012, pp. 297 – 304.

中，成为文化遗产机构生态系统的重要组成部分，从而与地方政府、社区和特殊社群建立更为广泛、深入的链接，这也是公共档案馆赢得发展资金的重要渠道。

第二节 公共档案馆形成与发展的内动力

公共档案馆的形成与发展，不仅仅是对社会外部环境诉求的回应，更伴随着公共档案馆精神与服务理念获得感、存在感的提升，而这种精神、理念所释放出来的推动档案馆发展的能量是难以估量的。无论公共档案馆建设的最初要求是来自于民众个体还是来自某种社会集团，无论是来自政治诉求、文化需求或经济需要，这一精神与服务理念都会逐渐内化为档案馆自身的需要，成为公共档案馆存在的理由和发展的动力。

一 基础内动力：独立性价值的追求

追求独立性是公共档案馆产生与发展的基础内动力。从附属性的机构变为独立性机构是近代意义档案馆产生的前提和标志。19世纪上半叶，以霍费尔、艾哈德、冯·麦登等为代表的德国档案学者发表系列论文，就档案馆性质和服务方向问题展开了理论讨论并达成了一定共识，他们认为档案馆在必须摆脱机关附属机构的地位成为一个独立机构的同时，也应与行政机关加强联系，从而保持为行政管理和科学研究服务的双重性质[①]。这被看作近代档案学产生的主要标志之一。此外，19世纪上半叶也是欧洲各国国家档案馆快速发展的时期，受法国大革命和法国国家档案馆成立的影响，欧洲各国普遍创设了具有独立性质的中央档案馆或国家档案馆，为公共档案馆的发展奠定了坚实的基础。相对而言，北美国家创建公共档案馆的历程就艰辛许多。以加拿大为例，该国早在1872年就成立了公共档案馆的前身——档案分部，不过这一机构却隶属于农业部，直到1912年才正式独立为公共档案馆，由于缺乏独立性和有力的制度保障而导致加拿大公共档案馆的工作困难重重，但也使加拿大档案界在追求创建独立性质公共档案馆的过程中积累了丰富的经验，形成了在

---

① 黄霄羽：《外国档案工作纵横论》，中国档案出版社2002年版，第66—67页。

国际范围内颇具特色的加拿大公共档案馆理念与实践模式①。在种族隔离制度时代的南非,以国家档案馆为代表的公共档案机构虽然名义上保持了独立机关的性质,但实际上却沦为统治者的附庸和思想统治工具,直到20世纪90年代种族隔离制度废除后,在国际档案界的帮助下,才开始启动向真正独立的公共档案馆转型的历程②。挪威档案学家列维·米克兰在第十二届国际档案大会上所作的《从职业到专业:档案工作者的职业特征》主报告中指出:"档案馆积累和保存档案,就是保存了历史文化遗产,是对历史文明的肯定。"③ 档案馆是保证档案财富持续积累和世代相传的组织形式,单靠档案室难以完成系统保存人类社会文明成果的历史使命。对独立性的追求,使得档案馆摆脱了行政机关附属机构的性质,从更广泛的视角去保存人类社会文化遗产,这是它迈向真正意义上的公共档案馆过程中最坚实的一步。正如王改娇所说,从19世纪末期到20世纪中期,法、英、美三国通过法律明确国家档案馆是一个独立机构,不从属于政府的其他部门,"是确保国家档案馆'公共性'的重要条件"④。21世纪初以来,我国上海、广东、沈阳等地档案馆迁出党委、政府大院,在城市繁华地段或交通便利之所建立独立的档案馆新馆,在某种程度上可视为我国档案馆在"区位"上寻求独立性、塑造公共档案馆形象的切实努力。由此不难发现,追求独立性价值是中外公共档案馆产生、发展与演化的基础动力。

二 原始内动力:资源整合的需求

馆藏资源结构是现代公共档案馆具备"公共性"的基石,而档案资源管理的有序化则是档案馆发展的原始动力⑤。欧洲档案学早期经典著作如《档案的整理与编目手册》(即我们通常所说的"荷兰手册")、《档案管理手册》(詹金逊,1922年)等,以及中国近现代档案学经典著作——

---

① 谭必勇:《从文化层面解读加拿大公共档案馆的早期发展模式》,《档案学通讯》2015年第4期。
② Verne Harris, "Redefining Archives in South Africa: Public Archives and Society in Transition, 1990-1996", *Archivaria*, No. 42, Fall 1996, pp. 7-20.
③ 转引自胡鸿杰、吴红主编《档案职业状况与发展趋势研究》,中国言实出版社2009年版,第63页。
④ 王改娇:《公民利用档案权利研究》,上海世界图书出版公司2012年版,第69页。
⑤ 谢兰玉:《美国公共档案馆动力机制探析》,《北京档案》2012年第10期。

如《档案管理与整理》（何鲁成，1938 年）、《档案管理法》（周连宽，1945 年）、《公文档案管理法》（傅振伦，1946 年）等，均侧重于探索档案整理、编目、保管等基础性工作，这说明在公共档案馆产生与发展的早期阶段，馆藏资源建设以及档案资源的序化管理一直是档案工作者的工作重心，这也在一定程度上反映出资源整合的内在需求是推动公共档案馆发展的重要内动力。

（一）馆藏结构的优化与合理化是公共档案馆发展的重要动力

档案馆馆藏的质量、类型及数量，在很大程度上影响着档案馆社会服务能力和社会竞争力，并对档案馆的性质和发展方向具有决定性的影响。在欧洲各国国家档案馆体系形成的初期，社会各界普遍认识到时代久远的历史档案是国家公共档案的重要组成部分，但对于新近形成的档案文件则未能给予足够的重视，"19 世纪的档案学家主要对古代的档案感兴趣，他们认识不到增加新的收藏或对新近的文献予以整理分类的需要"①。即使在远古档案匮乏的加拿大，早期加拿大档案工作者收集档案的重点依然是历史档案，正如加拿大公共档案馆第五任馆长史密斯所说："既然联邦政府开始于 1867 年，那么在几年之内要把它的文件看成是档案是不现实的。"② 受这一环境影响，欧洲古典档案学家们对"档案"范畴的界定非常严格③，甚

---

① ［美］米歇尔·迪尚：《世界的档案馆》，载［印］戈帕尔等编著《人类文明史：第 7 卷，第 20 世纪》，中文版编译委员会译，译林出版社 2015 年版，第 450 页。

② 威尔弗莱德·艾·史密斯：《"总体档案"：加拿大的经验》，丁媚编译，《档案学通讯》2001 年第 4 期。

③ 1898 年出版的《荷兰手册》第二章第 36 条曾专门提到，英国、法国严格禁止曾经遗失的文件重新归入国家档案馆或公共档案馆的馆藏体系：英国"严格禁止把曾经一度为私人占有的文件重新归入档案全宗；这些文件被送到图书馆去了。这样做的理由是一份公文曾在某一时期脱离了档案馆，并落在各种各样的人手里，他可能已经不是原来的样子而可能已经经过窜改了"；"巴黎国家档案馆在很长一段时期内，曾经通过接受赠送、收买或依法重制的方式，回收一些文件，只要这些文件已经从它们所属的档案全宗中移出过，那就不让它们复归原位。这些文件另辟专室贮藏，并列入专门的一系列文件"（参见［荷］斯·缪勒、伊·阿·裴斯、阿·福罗英《档案的整理与编目手册》，中国人民大学历史档案系 1959 年版，第 66—67 页）。此外，詹金逊在 1922 年出版、1937 年再版的《档案管理手册》（$A\ Manual\ of\ Archives\ Administration$）中所说，文件要成为档案，需要在正式性（official character）、书写环境（the circumstance of writing）、文件定义、公私档案界线、文档转化时机、保管状况等多方面满足严格的条件。他明确指出：档案的特性（Archive quality）取决于是否始终有专人来负责保管，以保障其保管链（the chain of custody）的完整（参见 Hilary Jenkinson，$A\ Manual\ of\ Archives\ Administration$，London：Percy Lund，Humphries & CO LTD，1937，pp. 2 – 11. ）。

至由于长期忽视对当代政府文件的管理，不仅导致在馆藏建设方面困难重重，甚至影响了公共档案馆本身的制度建设①。这一状况到 20 世纪初期开始得到好转，在部分欧美国家，"档案馆不再被视作远古文献独占的领地，新的档案会定期增加进来"，这意味着长期在公共档案馆中占据垄断地位的"古代的档案不再是唯一需要的档案了"②，此后欧美公共档案馆的馆藏体系逐渐完善，馆藏数量日趋增多，公共文件定期归档与移交制度得以形成并推广，馆藏结构日趋合理化的过程也是公共档案馆体系不断发展的过程。近年来，为了推动我国综合性国家档案馆向公共档案馆的转型，国家档案局提出"三个体系"建设的馆藏资源体系发展思路，加大各地民生档案资源建设力度，在增强各级各地国家档案馆馆藏社会辐射面的同时，为国家档案馆向公共档案馆转型提供了坚实的资源基础。

（二）实现档案资源的序化管理是公共档案馆产生与发展的直接动力

早在 1632 年，意大利档案学先驱博尼法乔在《论档案馆》一书中就明确指出，"顺序"是档案馆的"灵魂"③，这反映出序化管理很早就成为档案馆管理的基本理念。虽然 19 世纪之前的欧洲并没有建立统一的档案整理原则，但相关的理论与实践探索为此后以来源原则为核心的全宗理论的诞生和推广提供了坚实的基础。正如意大利档案学者 A. 穆勒在第十三届国际档案大会上指出的那样，欧洲各国"来源原则"一词"出现的时间段是从现代档案学基础的确立和档案馆地位发生根本变化的历史性时刻开始的，也就是说，是从旧政权被推翻和档案成为对公民自由开放的整个国家财产的一部分，这一原则不再只是被单纯讨论的对象并逐

---

① 在很长一段时间内，欧洲国家的档案馆重点只是放在历史档案的保管上，有些档案馆直至第二次大世界大战时也是如此。例如，1866 年建立的西班牙国家历史档案馆（Archivo Histórico Nacional）只收集旧机构的历史档案，而不接收现行机构的档案文件。英国国家档案馆也是自 1838 年开馆数十年后才开始接收现行机构的档案文件。具体参见 Michel Duchein, "The History of European Archives and the Development of the Archival Profession in Europe", *The American Archivist*, Vol. 55, No. 1, Jan. 1992, p. 18。

② ［美］米歇尔·迪尚：《世界的档案馆》，载［印］戈帕尔等编著《人类文明史：第 7 卷，第 20 世纪》，中文版编译委员会译，译林出版社 2015 年版，第 450 页。

③ Lester K. Born, "Baldassare Bonifacio and His Essay De Archivis", *The American Archivist*, Vol. 4, No. 4, Oct. 1941, pp. 227 – 237。

步被广泛接受的时候开始的,这一原则本身就是法国大革命的成果"[1]。从实践上看,早期世界各国国家档案馆建立的重要原因之一,无一例外都是政府当局担心由于长期缺乏安全空间和科学方法管理而堆积的档案文件所产生的"难以想象的混乱"会阻碍政府公务活动的正常开展而逐步启动的[2]。英国公共档案馆早期发展过程中,查档、运转、编目、复印等职能部门的出现就是档案集中到新馆后由于必须分流程进行资源整合、管理的必然结果[3]。档案资源的序化管理提升了档案馆业务工作的全程化、集约化、规范化、现代化水准,不仅推动单个公共档案馆自身职能的完善与发展,也催生了国家对整体档案文化遗产的保护需求,从而促进了公共档案馆体系的形成与发展。正如薛匡勇所说,"以来源原则为核心的全宗理论是指导国家档案馆网建设和档案馆馆藏建设的理论指南"[4],这在一定程度上体现出档案资源序化管理在推动公共档案馆体系化建设与发展中具有不可估量的作用。

三 核心内动力:公共服务创新的驱动

公共服务的理念起源于19世纪末的德国,1912年法国公法学者狄骥明确提出了"公共服务"这一概念。公共服务具有以下特点:首先,公共服务以公共权力或公共资源的投入为标志;其次,公共服务的最终目标,是促进社会福利最大化;最后,政府是承担公共服务责任的核心主体[5]。公共服务是社会生产力发展到一定阶段的产物,公共服务的内涵、形式、主体等会随着政府职能的不断调整而发生相应变化,因此创新公共服务是政府机构的一项长期任务。公共档案馆是由政府出资兴建、以收藏政府公共档案为主、面向全体社会民众服务的公共文化机构,履行和承担公共服务是其天然的职责。为了更好地进行公共服务创新,公共

---

[1] [意] A. 穆勒:《来源原则:仍是本专业的基本原则吗?》,载国家档案局、中央档案馆编《第十三届国际档案大会文件报告集》,中国档案出版社1997年版,第194页。
[2] [美] T. R. 谢伦伯格:《现代档案——原则与技术》,黄坤坊等译,档案出版社1983年版,第13页。
[3] 陈磊:《英国公共档案馆馆制考(1838—1910)》,《档案学研究》2017年第1期。
[4] 薛匡勇:《档案馆论》,第二军医大学出版社2002年版,第102页。
[5] 石国亮、张超、徐子梁:《国外公共服务理论与实践》,中国言实出版社2011年版,第8—10页。

档案馆自形成伊始，就不断调整职能、开展多形式服务，在业务流程、人事、资金筹措、运营模式等方面日渐完备与规范，由此推动公共档案馆理念、制度建设走向深化。

（一）公共服务价值观是公共档案馆发展理念的内核

从历史视角看，档案工作虽然历史悠久，但专业化、现代化档案馆的大规模出现却是 19 世纪以来的事情。近现代世界各国公共档案馆的建设历程，实际上是档案馆突破传统权力因素的禁锢，转向关注公民权利的保障与实现，逐步产生了"从权力到权利"的公共服务基本价值取向的过程[①]，也是档案馆不断强化"公共性"社会形象、寻求身份认同的过程。

早在 19 世纪下半叶，欧洲各国档案馆在馆藏建设上就突破了"历史资源库"的局限，开始收集现行政府文件，有些国家档案馆甚至将私有文件纳入馆藏范围，由此欧美各国开始出现档案向非专业公众开放的迹象[②]，尽管这一服务的范围不大、影响有限，但是其标志性意义在于凸显了档案馆的对外服务功能。不过，由于长期局限于向历史学等研究群体提供学术利用，欧美各国的公共档案馆并没有真正深入地走向普通民众，导致西方国家档案馆直到 20 世纪 50 年代之前，社会辐射面较小的学术利用是档案馆联系社会的主要纽带。进入 20 世纪中后期，在国际档案理事会、联合国教科文组织等国际组织的大力支持下，特别是受经济危机所带来的财政投入减少等重大事件影响，档案馆及档案工作者认识到，在经济危机时代，公众的广泛支持是档案馆生存与发展的最大动力，正如谢伦伯格所指出的，"在档案工作者所从事的一切活动中，服务活动无疑是最重要的，这意味着向政府和公众提供档案、档案复制品或关于档案的情报资料"[③]，由此欧美各国档案界逐步树立了面向普通民众的服务理念与机制，从而极大地推动了公共档案馆理念与实践的发展。美国国家

---

① 李灵风：《从权力到权利——国家档案馆公共服务基本价值取向研究》，《档案学通讯》2011 年第 3 期。

② [法] 克莱尔·贝舍尔：《档案的普遍利用》，载中国档案学会学术部、《档案学通讯》编辑部编印《第九届国际档案大会报告集》，1982 年，第 128—129 页。

③ [美] T. R. 谢伦伯格：《现代档案——原则与技术》，黄坤坊等译，档案出版社 1983 年版，第 129 页。

档案馆前任馆长温斯坦曾经指出:"公共服务是我们的核心使命;为每一位公民、为所有政府机构和公务人员,为总统、国会以及法院提供档案服务,是我们的工作重心。国家档案馆的馆藏属于组成这个国家的男男女女、老老少少;美国人民是我们的客户,我们致力于为他们提供便捷有效的服务。"① 交通便利的档案馆选址、人性化的馆舍建筑、贴近大众社会的馆藏、简便的利用手续、低廉的利用费用、原始的保管、知情权隐私权的保护等都是这种公共服务理念的具体体现,推动着公共档案馆的可持续发展②。

中国公共档案馆理念与实践的发展也证明了这一点。尽管中国公共档案馆的建设历程可以追溯至 20 世纪 50 年代,从 1958 年全国档案工作会议提出"以利用为纲"方针到 1980 年中共中央作出"开放历史档案"决定,都在相当程度上推动了档案馆开放利用工作的开展,但另一个显见的事实则是,公共档案馆思想与建设热潮的出现,与 2002 年 3 月国务院《政府工作报告》首次将"公共服务"列入四大政府职能这一重大事件有着紧密的关联③。

(二)公共服务创新是公共档案馆可持续发展的"保鲜剂"

创新是档案事业不断发展的内在动力。公共档案馆只有不断创新,才能保持内在生态系统的平衡,进而持久地保持生机与活力。伴随着总体社会形势的变化、社会大众的要求、财政压力的增加等多种因素,20 世纪 70 年代以来世界各国的公共服务朝着市场化、社会化、分权化等方向发展④,公共档案馆的发展在很大程度上来自于自身公共服务领域的不断创新。

首先,市场化将市场机制引入公共档案馆服务领域,重点解决政府公共投入不足、资源浪费、效率低下等问题。其次,社会化鼓励各种非营利性组织和社会公众参与公共档案馆建设,形成以政府为主导的、各种社会力量共同参与的公共服务供给格局。普通公民深度参与档案馆公共服务是其中重要的形式。例如,萨尔瓦多国家档案馆收藏了一批数量

---

① 杜梅:《怎样留住社会记忆》,《瞭望》2011 年第 36 期。
② 谢兰玉:《美国公共档案馆动力机制探析》,《北京档案》2012 年第 10 期。
③ 具体参见本书"导论"第二节"公共档案馆公共服务功能研究"部分的相关内容。
④ 孙晓莉:《中外公共服务体制比较》,国家行政学院出版社 2007 年版,第 44—57 页。

不多但颇具价值的记录各种政府典礼和仪式活动的照片档案收藏。为了准确地鉴定、整理和保管这些收藏，20世纪80—90年代萨尔瓦多国家档案馆利用开展"档案日"活动的机会，邀请特定的人们来参观这些照片档案，帮助档案馆鉴别有助于识别典礼内容，并维系和促进特定社群或社区民众的情感联系[①]。最后，分权化则是指正确处理好国家级公共档案馆和地方级公共档案馆的分工与合作，让地方公共档案馆在公共服务事务中扮演更多的角色。从本质上看，公共服务创新动力的演化、重组，不断促使公共档案馆在市场体制的规范下，将自身本体利益融入全社会的共同利益当中，通过利益关系的杠杆作用促进自身社会价值的最大化[②]。

公共服务创新离不开信息技术的支撑。20世纪80年代末期以来，计算机和信息网络技术的普及，使得人类社会进入了全新的时代。信息技术革命促进了经济、政治、社会等各个领域发生了根本性的变化，"地球村""信息社会""知识经济"等新兴术语形象地刻画出我们所正在经历的这个变革时代的魅力。信息技术如同催化剂，使得档案馆资源更加接近公众。网站、手机媒体的发展，以及公众信息素养的不断提升，使得档案馆的资源能够更加快捷地直接面向公众，为此西方档案部门不断地创新服务方式与手段，以避免档案馆的资源和服务迷失于网络空间中"琳琅满目"的信息产品或服务之中，从而导致在数字信息服务领域逐步被"边缘化"。西方各国档案馆参与移动档案信息服务领域，开发了具有特色的手机档案服务项目[③]，以及同图书馆、博物馆等文化资源机构紧密合作，给用户提供深层次、一体化的数字信息资源服务，构建面向公共文化服务的数字化服务平台[④]，这些都反映了它们对未来档案馆公共服务工作的积极探索。

当然，除了以上三个方面的内动力之外，公共档案馆的从业人员即

---

① Alfred E. Lemmon, "Confronting Man and Nature: The National Archives of El Salvador", *The American Archivist*, Vol. 54, No. 3, Summer 1991, p. 408.
② 姚志强：《档案馆社会化动力机制研究》，《档案与建设》2006年第5期。
③ 谭必勇：《基于STOF框架的手机档案馆服务模式研究》，《档案学通讯》2012年第6期。
④ 肖希明、郑燃：《国外图书馆、档案馆和博物馆数字资源整合的研究进展》，《中国图书馆学报》2012年第3期。

档案工作者也是不可忽视的要素。档案工作者是公共档案馆内部系统中最活跃、最具创造力的因素，是公共档案馆公共服务功能的实现者，因此他们的职业素养和专业技能也是决定公共档案馆发展状况的重要动力。20世纪80年代美国档案高等教育进入规范化发展初期之际，美国著名档案学者理查德·J.考克斯发表《论美国档案史价值》一文时指出："当一个职业进入新的成熟阶段，或者自我认同或自我形象改善时，它们往往会对职业发展史产生兴趣……20世纪80年代档案工作者关于档案职业资格、研究生教育、职业准入控制、公共形象、国家文化遗产保护重要等方面的论争，是档案共同体年轻化本质特征的自然结果。"[1] 虽然这篇文章的重点是讲述档案历史研究的价值，但这篇文章发表之时，正是理查德·J.考克斯参与美国档案研究生教育准则方案起草之际，又恰逢美国档案工作者协会刚刚推行档案职业资格认证制度之时[2]，这绝非简单的巧合。不得不说，这是美国公共档案馆事业进入新发展阶段，亟待建立优胜劣汰的档案职业准入制度，提高档案从业人员水平，提升档案职业规范，为优质高效的公共档案馆服务提供坚实的人力资源基础的需要，而随着公共档案馆从业人员职业水平的提升，为了自身的职业声望和行业发展，又会持续不断地贡献新的思想与实践贡献，推动公共档案馆的持续、健康发展。

第三节　公共档案馆形成与发展的竞合性动力

公共档案馆与图书馆、博物馆、文化馆等机构都是公共文化服务机构，属于公共文化服务体系不可或缺的组成部分。从历史上看，由于上古社会文献收藏主体是社会记录档案，档案馆、图书馆等机构曾经"同源同流"，而后随着社会经济的分化，图书馆、档案馆逐步各自摆脱了对方的痕迹和影响，走上了"同源分流"的发展道路，并最终产生了独立意义上的图书馆、档案馆[3]。近年来受公共数字文化资源整合机制的推

---

[1] Richard J. Cox, "On the Value of Archival History in the United States", *Libraries & Culture*, Vol. 23, No. 2, Spring 1998, pp. 136–138.
[2] 郦玉明：《美国档案工作发展概况》，《民国档案》1997年第3期。
[3] 宓浩主编：《图书馆学原理》，华东师范大学出版社1988年版，第41—42页。

动,又出现了图、档、博等机构融合、协同的状况。由于公共图书馆在公共文化服务系统中具有重要的地位,图书馆事业特别是公共图书馆事业与公共档案馆的形成与发展具有非常紧密的关联,因此,我们探讨公共档案馆在公共文化服务系统中的竞合机制,主要以公共图书馆为参照。

首先,公共图书馆思想与实践的发展经验,为公共档案馆的形成与发展提供了现实的参考。尽管欧美公共图书馆产生于19世纪下半叶,在时间上与公共档案馆相比并没有太多优势,但在刚刚成立的图书馆协会及朱厄特、温泽、卡特、杜威等一批杰出学者的共同努力下,提倡图书馆员必须"千方百计地推广图书","采取一切措施接近群众",从理论和实践上解决了图书馆事业快速发展时期所面临的许多问题[1]。由此,图书馆的社会职能从文献收藏发展到文献利用,图书馆的活动从单纯"藏书整理"扩展成为一项复杂的科学工作体系,图书馆的读者从少数人发展到逐步面向全社会[2]。近代图书馆大众化的发展路径,图书馆学分类思想、社会教育思想等都在很大程度上影响了公共档案馆的档案整理与利用服务工作的开展,给同时代欧美各国档案馆的公共性建设提供了参考,欧美各国早期的档案馆馆长有不少受过严格图书馆学教育或具有长期的图书馆管理经历[3],杜威的十进制分类法一度对欧美各国及发展中国家的档案馆事业和档案整理活动产生了非常强大的影响,而图书馆学的社会教育思想推动了档案馆对外开放和公共服务活动的深入开展。直到现当代,图书馆学教育和图书馆事业对档案事业的影响依旧巨大。1968年谢伦伯格发文支持档案学在图书馆学专业下开展研究生教育[4],2007年时任美国蒙大拿州档案馆馆长的朱迪·福利(Jodie Foley)在接受美国档案工作者协会《档案瞭望》(*Archival Outlook*)杂志采访时指出:"面对技术对职业产生的巨大影响,对于具有历史专业背景而没有获得图书馆学硕士学位的人员来说,进入档案工作是非常困难的。历史方面的培训和方法

---

[1] 杨理威:《西方图书馆史》,商务印书馆1988年版,第192—229页。

[2] 宓浩主编:《图书馆学原理》,华东师范大学出版社1988年版,第46页。

[3] 例如,加拿大公共档案馆第二任馆长阿瑟·A. 道蒂(Arthur G. Doughty)和第四任馆长威廉·凯·兰姆(William Kaye Lamb)具有长期的图书馆管理经历。

[4] T. R. Schellenberg, "Archival Training in Library Schools", *The American Archivist*, Vol. 31, No. 2, Apr. 1968, pp. 155–165.

当然是必要的，但以档案为重点的图书馆学方面的培训现已成了标准，如果档案职业要紧跟信息时代发展的话，必须这样。"① 当前，档案学教育与图书馆学教育在国际信息学院（iSchools）运动背景下继续呈现出"渐进式融合"的发展态势②。

其次，公共图书馆与公共档案馆均承担着保护人类文化遗产的重任，在一定程度上会使档案馆面临"替代品的威胁"③，从而刺激公共档案馆组织与制度的发展与转型。例如，加拿大公共档案馆产生之初，由于经费短缺、人员不足等原因，档案收集与整理工作进展一度相当缓慢，1882年5月国会众议院与国会图书馆联合委员会建议将公共档案馆收集的所有文献永久地保存在国会图书馆，其理由就在于国会图书馆可以胜任当时公共档案馆所承担的重要职责。尽管这一议案一度使公共档案馆陷入绝境，但正是在这一来自文化系统的"替代品的威胁"，让公共档案馆开始反思自身的愿景与核心使命，"总体档案"的公共档案馆理念得以产生，并开始多渠道寻求法律和民众支持，并最终在20世纪初度过了制度性的"生存危机"④。美国国家档案馆直到1934年才成立，其中的原因之一就是国会图书馆长期承担了国家档案馆的职责，而在罗斯福总统图书馆成立之前，美国总统离任后留下的文件也保存在国会图书馆。谢伦伯格对此有过详细阐述：

> 图书馆常常是档案的保管者。事实上不少档案馆都是从图书馆的手稿部发展起来的。例如国会图书馆，就曾经在国家档案馆成立以前搜集过联邦政府档案；而且，尽管这座图书馆并不是国家档案馆的先驱，该图书馆手稿部主任，已故的富兰克林·詹姆逊博士却是设立该档案机构的杰出倡导者。美国许多州的档案馆，实际上是

---

① Helen Janousek, "Trailblazers in State Archives", *Archival Outlook*, March/April 2007. 转引自陈艳红《档案职业状况与发展趋势研究》，《档案学通讯》2007年第6期。
② 谭必勇、许文迪：《渐进式融合：iSchools背景下美国档案学硕士研究生教育发展状况、趋势及其启示》，《图书情报知识》2017年第6期。
③ 张文亮：《公共图书馆组织文化诊断：模型与方法》，海洋出版社2016年版，第167—168页。
④ Ian E. Wilson, "'A Noble Dream': The Origins of the Public Archives of Canada", *Archivaria*, No. 15, Winter 1982–1983, pp. 16–35.

从州图书馆的手稿室发起起来的。如果一个州要建立一座单独的档案馆在经费上有困难,那么该州的档案管理工作就可以同该州的图书管理工作结合在一起。①

1996年特里·库克在批判1898年"荷兰手册"的局限性之时指出,荷兰手册"只针对政府和公共档案,要求它们适时向档案馆移交以保护其原始顺序和分类;却把私人档案排除在外,将其划入图书馆或图书管理员的保管范围"②。即使在世界各国国家档案馆和公共档案馆系统比较发达的现代社会,图书馆收藏政府公共文件等竞争性行为依旧屡见不鲜。1996年,原波兰国家档案总局局长J.斯科罗内克在第十三届国际大会上主张对"档案遗产"的定义和范围进行明确的界定,他认为,"所有的公共文件不管被收藏在何地,都应包括在档案遗产之内"。他之所以提出这一倡议,是因为,在中、东欧国家,图书馆、基金会和文化机构都收集公共文件,而根据档案法规定,"公共机构的文件职能由国家或公共档案馆收集",如第二次世界大战时被德国人抢走的15—16世纪波兰国家的文件在20世纪60年代被转移到了德国图书馆,到20世纪90年代"几十万乃至几百万件的在法律上属于波兰的文件仍留在俄罗斯和德国的档案馆里",而"中、东欧中、小国家的多数档案馆面对着相同的状况",因此他认为,"如果人们接受这一做法,必将在国际上酿成灾难性的后果"③。不难看出,正是面对来自公共图书馆等公共文化系统的组织威胁,公共档案馆制度的发展才有了更紧迫的动力。

最后,为了应对数字技术与文化变革所带来的挑战,图书馆、档案馆出现联盟与合作的趋势,这成为数字时代公共档案馆转型与变革

---

① [美] T. R. 谢伦伯格:《现代档案——原则与技术》,黄坤坊等译,档案出版社1983年版,第26页。
② [加] T. 库克:《1898年荷兰手册出版以来档案理论与实践的相互影响》,载国家档案局、中央档案馆编《第十三届国际档案大会文件报告集》,中国档案出版社1997年版,第147页。
③ [波兰] J. 斯科罗内克:《档案工作者的使命:档案工作者以保护文化和民族特性为己任——19、20世纪中、东欧的一个特有范式》,载国家档案局、中央档案馆编《第十三届国际档案大会文件报告集》,中国档案出版社1997年版,第209页。

的重要推动力。当代学者认为,档案馆和图书馆之间存在联通的内在机制——档案与图书的同根生"基因"基础以及档案馆与图书馆承担的共同但有区别的社会记忆使命,是档案馆与图书馆之间进行联通、联合、联盟发展的历史基础与理论根据所在[①]。当前,数字与网络技术彻底改变了传统的信息服务与知识服务方式与手段,文化的多样性又要求公共文化服务机构在承担文化记忆的同时,提供普遍、平等而又多元的服务。不论是作为公益服务机构的图书馆,还是作为公共管理机构的档案馆,都具有提供公共文化服务的社会责任,因而在文化遗产数字化加工保存、政府信息管理与服务、民主社会与公民信息获取权益的保障、终身学习的推进等方面,有着共同的愿景与职责。[②] 美国、英国、澳大利亚等国家在中央和地方等不同层面制定了图书馆、档案馆的整体合作发展规划,加拿大国家档案馆和加拿大国家图书馆合并组建成加拿大国家图书档案馆,表明图书馆、档案馆均在积极寻求政府和政策支持,以推动其事业在数字时代的共同发展。

由此可见,既竞争又合作,是公共档案馆与图书馆等公共文化服务机构之间关系的长期发展状态。良性的竞争可以促使公共档案馆找到自我发展的定位与策略,从而完善公共档案馆的组织体系和制度规范,而在资源建设、社会教育、信息获取等方面的积极合作,又能推动公共档案馆更好地面向社会大众、提升公共档案馆服务水平。双方在资源争夺等领域的恶性竞争与消极对抗,难免会使双方造成不必要的损失,但从另一视角看,正是由于图书馆等公共文化服务机构加入到档案服务生态系统中,使得公共档案馆不得不承受着来自行业内外的多种信息文化服务机构的竞争压力,促使公共档案馆不断审视环境的变化,"查漏洞""打补丁",通过"馆藏优化、技术优化、组织机制优化、人力资源优化的竞争手段的运用"[③],对组织和制度进行改进和升级,

---

[①] 蒋永福、张淑贤:《社会记忆:档案馆与图书馆的共同历史基础》,《情报资料工作》2018年第1期。

[②] 马海群:《发达国家图书档案事业结盟与合作战略规划综述》,《中国图书馆学报》2012年第4期。

[③] 康蠡、蔡青:《网络环境下综合档案馆生态位优化的动力机制》,《兰台世界》2014年第32期。

并最终改善和提升公共档案馆的生态空间。总之，在公共档案馆生态空间中，既竞争又合作的运作态势构成了公共档案馆形成与发展的一种特殊动力机制，而在全球化、数字化时代，这一动力机制显得更为强大、显著。

第 三 章

国外公共档案馆的主要发展模式

> 由于法国革命和旧日帝国的解散,因而古代统治的全部特权事业消灭,许多把法律根据存放在档案馆里的机构都崩溃了,现在档案馆对于行政机关和司法业务实用的意义已经失去。人们现在不能再把档案馆叫作"国家事务的灵魂"、"君主的心脏,安慰和护卫"、"国家的胸甲"了。另一方面在罗曼谛克的影响下对本国史的热爱觉醒了。同业联合的学者和业余学术爱好者于是开始去叩档案馆的大门。现在档案馆的大门应该采取什么方向?档案馆应该列入国家机关系统的什么地方?档案馆应该仍然是行政机关,或者改归科学机构的阵营?[①]
>
> —— 阿道夫·布伦内克(1953)

由于政治体制、经济基础、文化背景等多方面存在差异,世界各国形成了不同的公共档案馆建设理念与发展思想,且受不同发展动力因素等各方面的综合影响,世界各国的公共档案馆建设与发展呈现出不同的路径与特色。从世界范围内看,现代档案事业管理体制主要包括集中式与分散式两大类。集中式档案管理体制指的是全国的档案事业统一接受档案行政机关的领导或监督,地方档案机构接收中央档案机构的领导。分散式档案管理机制指的是国家不设立档案行政管理机关统一掌管全国的档案工作,中央和地方的档案工作实行分权管理、各司其职的原则。

[①] [德]阿道夫·布伦内克:《档案学——欧洲档案工作理论与历史》,中国人民大学档案系油印本1985年版,第56—57页。

集中式档案管理体制的代表包括法国、俄罗斯，分散式档案管理机制包括英国、美国等。[①] 受不同档案事业管理体制影响，不同国家的公共档案馆的发展模式也各具特色。

第一节 统筹发展模式

统筹发展模式主要是指由国家层面对公共档案馆体系进行科学规划、统一布局，在全国范围内进行资源优化配置，有计划、有步骤地推动全国公共档案馆的有序发展。这一模式主要存在实行集中式档案管理体制的国家。集中式档案管理体制包括俄罗斯型、法国型和北欧诸国型三种代表。俄罗斯型，从中央到地方分级设立档案行政管理机关，形成层次化的档案行政管理机关体系，分级掌管国家档案事业建设，使整个国家档案事业系统在统一领导、分级管理的原则下得到有序管理。法国型，全国只设立唯一的档案行政管理机关——法国档案局，统一掌管全国的档案事业建设，地方档案机构均接受法国档案局的领导或监督。北欧诸国型，是指北欧各国均没有设立专门的档案行政管理机关，而将档案行政管理的职能授予中央级档案馆——多为国家总档案馆，使其兼具档案保管机关与档案行政管理机关的双重职能。[②] 虽然不同类型的集中式档案管理体制所具有的行政约束力有所差异，但均能实现对全国档案事业的统筹规划。在这一机制下，公共档案馆的发展能够得到档案行政管理机关强有力的支持，并可针对中央、地方公共档案馆的布局和资源配置进行全局性规划，有利于公共档案馆网络体系的快速形成与发展。法国公共档案馆系统的产生、壮大，就是"自上而下"统筹式发展模式的典型代表。

法国大革命后，由国家档案馆、省档案馆、市镇档案馆三个层级构成的公共档案馆网络体系在法国的产生经历了近半个世纪的时间：1790年9月制宪会议批准档案馆条例，诞生了世界第一个近代意义上的国家档案馆；1796年，法国废除了行政区，设立了省，废除了行政区档案馆，

[①] 黄霄羽：《外国档案工作纵横论》，中国档案出版社2002年版，第75—77页。
[②] 同上书，第75—76页。

并颁布了关于建立省档案馆的法令,在原行政区档案馆基础上建立了省档案馆;1841—1842年普遍创建了市镇档案馆[①]。

正式组建于1884年的法国档案局比1790年创建的法国国家档案馆晚了近百年[②],但这种"自上而下"的统筹发展理念却自国家档案馆成立后就诞生了。首先,通过立法的手段树立档案集中管理、档案事业独立发展的思想。1790年9月的国家档案馆条例规定,凡与法国国家机关、行政区划、国家法律和公共规章有关的文件,包括地方的有关文件,都应集中到档案馆保存。不难看出,从国家档案馆创建伊始,建立对全国范围内公共档案的集中统一管理体系就是其隐含的价值取向。数月之后的1790年11月5日,法国颁布了成立行政区档案馆的法令,规定每一个行政区政府各机关的档案都要向行政区档案馆移交。由此,公共档案馆体系开始形成。1794年6月25日的《穑月七日档案法令》有一项对法国公共档案馆体系建设具有重大意义的规定——"建立一个全国性的公共档案管理机构",据此"国家档案馆受权统一管理原来分别拥有自己档案库的巴黎各中央机关的文件,以及在革命期间收存那些已不存在和被撤销地方机关的文件的行政区档案库"[③]。这里的行政区档案库,即1790年11月之后创建的行政区档案馆。这意味着此时的行政区档案馆在业务上开始接受国家档案馆的领导和监督。因此,国内学者王玉珏认为,从内容上看,《穑月七日档案法令》强调国家对地方档案机构的管理,确立了集中制的档案管理模式[④]。应当说,这一判断是没有问题的。尽管数年之后,行政区档案馆建制被撤销,但为接管行政区档案馆所保管的文件而在各省建立起来的省档案馆,在1796年10月26日的法令中,被明确授权由国家档案馆负责管辖[⑤]。这表明国家档案馆在实质上具有了国家最高档案行政管理机关的职责。市、镇为法国基层行政单位,1841年以后普

[①] 陈兆祦主编:《三十国档案工作概况》,档案出版社1985年版,第179—184页。
[②] 同上书,第184页。
[③] [美] T. R. 谢伦伯格:《现代档案——原则与技术》,黄坤坊等译,档案出版社1983年版,第9页。
[④] 王玉珏:《遗产保护体系下的档案立法:法国〈遗产法典(第二卷:档案馆)〉解读》,《档案学通讯》2016年第4期。
[⑤] [美] T. R. 谢伦伯格:《现代档案——原则与技术》,黄坤坊等译,档案出版社1983年版,第9页。

遍设立的市镇档案馆，则受省档案馆馆长的管辖。其次，在国家档案馆和各地方公共档案馆同步推行开放原则。早在 1790 年颁布的国家档案馆条例中就规定，每个法国人都可以在每周固定的时间内到档案馆查阅其所需要的文件，1794 年的《穑月七日档案法》令坚持和完善了这一要求，并规定"1790 年国家档案馆实行的对外开放原则，是全法国各级档案馆共同遵循的原则"，要求档案馆定期编制档案目录，对于重要的档案还要编制总索引，以方便公众查询[①]。由此可见，《穑月七日档案法令》将公民利用档案馆文件的权利正式确立下来，极大促进了法国公共档案馆思想的发展。

18 世纪末期至 19 世纪上半叶，法国资产阶级政权以革命的激烈手段创建了一套"自上而下"的公共档案馆系统，并使其在全法国范围内生长、扎根。因此，法国公共档案馆所具有的"自上而下"的统筹发展模式，与法国大革命的特殊背景有着紧密的关联。列宁曾对法国大革命评价道：

> 拿法国大革命来说吧。它被称为大革命不是没有道理的。这次革命给本阶级，给它所服务的那个阶级，给资产阶级做了很多事情，以至整个 19 世纪，即给予全人类以文明和文化的世纪，都是在法国革命的标志下度过的。19 世纪在世界各地只是做了一件事情，就是实行了、分别地实现了、继续完成了伟大的法国资产阶级革命家们所开创的事业。[②]

法国大革命冲击了封建专制国家的各个角落，实施了一系列根本性的改革。受此时代背景的影响，法国资产阶级政权对档案工作进行了一系列开创性的重大改革，为近现代档案事业的快速发展提供了契机，使档案馆作为公共服务机关的理念得到充分发展。正如 1980 年版的美国《科利尔百科全书》所指出的：在法国大革命时期，档案机构作为一种服务机构以更加完善的形式出现了，并为其他欧洲国家提供了具有示范意

[①] 陈兆祦主编：《六十国档案工作概况》，中国档案出版社 1995 年版，第 188 页。
[②] 《列宁选集》第 3 卷，人民出版社 2012 年版，第 829 页。

义的公共档案馆服务系统：（一）一个负责保管中央政府档案的国家档案机构；（二）保管中级政府文件的省档案机构；（三）手稿及其他地方档案一般由国家档案机构的管理员管理。① 不过，法国大革命催生的这种统筹发展模式既具有执行力强的优势，但也存在一定的隐患：一旦这种发展思路发生偏差，就会对公共档案馆体系建设产生不可忽视的负面效应。实际上，法国大革命初期发生的大量旧政权历史档案损毁和散失行为，就严重背离了国家档案馆集中统一保管公共档案的最终目标，给法国国家档案馆的长远发展造成了相当的困境。

法国国家档案馆起源于1789年建立的国民议会档案馆，其宗旨在于有效地保管和维护反映资产阶级政权运行的档案文件，但另外却大量销毁反映旧政权、旧秩序的历史档案，大量的贵族家谱档案、封建庄园档案、骑士的特权证书等被烧毁。因此，部分当代西方档案学者认为，对待新旧档案的两种截然不同的态度及其诸多矛盾之处，使得法国大革命时期的档案发展史显得颇为复杂②。在外界压力下，1794年后法国政府逐步停止了大规模的烧毁旧档案行为，并授权国家档案馆对集中起来的旧政权机关的档案进行分类、鉴定和处理，但仍使不少历史档案在"合法化外衣"的保护下消逝在历史的长河中。根据法令规定，旧政权历史档案一般分为四大类：（一）国家产权类文件；（二）历史文件类；（三）封建文件类；（四）显然无用的文件类。第一类档案移交国家档案馆保存，第二类则移交给图书馆，第三、第四类档案则属于可销毁的文件，"焚毁、出售、循环再利用"是后两类档案的最终归宿。不少旧政权历史档案藉此被保存下来了，但由于缺乏档案全宗的概念，"致使大量历史档案合法地进入了图书馆"③，这些侥幸留存下来的档案，则被重新分类和任意排序，"既不完整，又无法融入整体环境"④。第二帝国时期法国国家档案馆馆长、考古学家莱昂·德·拉博德（Léon de Laborde）曾经说过：

---

① 转引自韩玉梅、张恩庆、黄坤坊编《外国档案管理参考资料》，档案出版社1987年版，第2—3页。

② Judith M. Panitch, "Liberty, Equality, Posterity?: Some Archival Lessons from the Case of the French Revolution", The American Archivist, Vol. 59, No. 1, Winter 1996, pp. 30–47.

③ 陈兆祦主编：《六十国档案工作概况》，中国档案出版社1995年版，第188页。

④ Judith M. Panitch, "Liberty, Equality, Posterity?: Some Archival Lessons from the Case of the French Revolution", The American Archivist, Vol. 59, No. 1, Winter 1996, p. 45.

"图书馆只是一种物,而档案馆却是一个人……能够生存和呼吸。"[①] 从历史视角看,法国大革命时期的欧洲档案工作还处于前专业化阶段,由于档案学的核心理论、档案工作的基本原则等尚未出现,档案文件经常会遭遇被掠夺、"肢解",甚至焚毁等厄运,就不难理解了。值得庆幸的是,1789年至1793年,法国政府颁布了一系列法律废除了大多数的头衔和特权,没收了大量贵族、神职人员、流亡者、死刑犯等的财产和档案,并就近移交给当地政府,其中经过分类整理后保留下来的那部分档案,就成为省档案馆、市镇档案馆等地方公共档案馆的馆藏[②]。1953年12月,美国历史学家卡尔·路德维格·勒克(Carl Ludwig Lokke)在美国历史协会发表《档案馆与法国大革命》的主题演讲时指出,在同传统决裂的大革命时期,"如果革命者没有为法国创建国家档案馆的话,那么几乎肯定的是,公共文件的损失会更大"[③]。英国档案学者伊丽莎白·A. 斯图尔特(Elizabeth A. Stuart)在回顾法国公共档案馆发展史时说:"与大多数机构相比,档案馆在更大程度上是地方文化的产物。……在法国,档案馆系统发端于法国大革命,国家档案馆创建于1789年,而地方公共档案馆的发展则是对教会和贵族财产充公的直接结果。"[④]

19世纪50年代至80年代是法国国家政体变更频繁的时期,也是法国现代政治文化形成的关键时期,"公共获取(信息)的程度和形态间的冲突、档案馆与图书馆的边界问题、文献真实性的基础以及对公众人物所握文件所有权的质疑等"影响了这一时期国家档案馆的发展,不过,尽管法国国家档案馆也数次易名,但在基本定位、主要功能等方面保持了适应现代法国政治体制的内在延续性,为现代法国国家档案馆提供了

[①] 转引自李刚《十九世纪法国史学发展与档案文献研究的历史考察》,《档案学通讯》2008年第2期。

[②] Judith M. Panitch, "Liberty, Equality, Posterity?: Some Archival Lessons from the Case of the French Revolution", *The American Archivist*, Vol. 59, No. 1, Winter 1996, pp. 30–31.

[③] Carl Ludwig Lokke, "Archives and the French Revolution", *The American Archivist*, Vol. 31, No. 1, Jan. 1968, p. 34.

[④] Elizabeth A. Stuart, "A Question of Culture: the Usefulness of Study Tours Abroad", *Journal of the Society of Archivists*, Vol. 9, No. 2, Apr. 1988, p. 84.

基本成型的组织及公共服务架构①。1884年法国档案局的组建，使得法国公共档案馆体系建设有了更为有力的组织和制度保障，"自上而下"的统筹发展模式更为稳定。从1897年开始，法国档案局局长兼任国家档案馆馆长，各级公共档案馆均接受局长的管辖，从而能够更好地协调国家档案馆、省档案馆和市镇档案馆等不同层次公共档案馆的有序合作，推动公共档案馆体系的深入发展。从此，法国国家档案馆不再承担业务指导任务，而是作为法国档案局的直属机构，具体负责收集和保管中央机关的档案和历史档案。最初，法国档案局隶属于教育部，一度又属于内政部领导，1959年以后归文化部管辖。在法国档案局的统一领导下，形成了由国家档案馆、现代档案城、各省档案馆和文件中心、市镇档案馆、主管机关档案馆等组成的公共档案馆网络体系②。20世纪70年代前后，在建设透明政府的时代背景下，法国出台了一系列与政府信息公开相关的法律，由于档案文件与政府信息公开具有紧密关联，因此法国政府出台了一系列相关档案法律（见表3—1）。这一系列档案法律，对于优化法国公共档案馆的内部体系，加强国家对具有公共价值的私人档案的整体保护与管理，均具有相当积极的意义。

表3—1　　　　20世纪70—80年代法国档案立法一览表

颁布时间	法律名称
1970年11月19日	《法国国家档案馆和省档案馆文件开放利用法令》
1970年12月21日	《法国市镇档案法》
1979年1月3日	《法兰西共和国档案法》
1979年12月3日	《法国关于保护具有历史价值和公共利用的私人档案的法律》
1979年12月3日	《关于法国公共档案提供利用的法令》
1979年12月3日	《关于法国公共档案部门的权限及与各机关为收集、保存和提供利用公共档案进行合作的法律》

---

① Jennifer S. Milligan, *Making A Modern Archive: The Archives Nationales of France, 1850 - 1887*, Ph. D. Dissertation, Rutgers, The State University of New Jersey, May 2002, pp. 1 - 6, 307 - 311.

② 黄霄羽：《外国档案工作纵横论》，中国档案出版社2002年版，第167—169页。

续表

颁布时间	法律名称
1979年12月3日	《关于法国国防档案的法令》
1980年12月1日	《关于法国外交部档案的法令》

资料来源：中国档案学会对外联络部、《档案学通讯》编辑部编：《外国档案法规选编》，档案出版社1983年版，第136—164页。

20世纪80年代以来，法国公共档案馆建设出现了两个值得关注的趋向：

第一，由于地方分权改革而导致地方政府取代国家档案局成为地方公共档案的监管主体，法国集中式档案管理体系出现一定程度的松动。1979年颁布的《关于法国公共档案部门的权限及与各机关为收集、保存和提供利用公共档案进行合作的法律》明确规定："法国档案局管理国家档案馆和省档案馆，监督除外交档案和国防档案外的所有公共档案。"[1] 20世纪70—80年代以来，经济全球化和区域一体化趋势日趋明显，特别是石油危机引发西方各国经济的普遍衰退，引发了一系列新的社会与政治问题，这使得建立一整套自主决策、灵活迅速、富有弹性的地方组织体系成为一种现实的需求。1982年3月，法国国民议会通过《大区、省及市镇的权利与自由》法案，启动了地方分权改革，形成了中央、大区、省、市镇四个层级的行政管理体系，中央政府将部分权利下移至地方政府：市镇负责为居民生活提供密切相关的服务、省主要负责社会保障、大区则更多承担经济与协调角色[2]。由于文化发展的特殊性，这种权力下放更主要地表现在国家和地方各级行政机构之间在文化投入上的合作伙伴关系，省档案馆由国家档案局转交给省政府是文化领域"真正意义的权力下放和转移"[3]。对于地方公共档案馆来说，地方政府主管本地公共档案事务，带来的直接效应是地方财政投入的增多，据统计，20世纪80

---

[1] 中国档案学会对外联络部、《档案学通讯》编辑部编：《外国档案法规选编》，档案出版社1983年版，第153页。

[2] ［法］玛丽·蓬蒂埃：《集权或分权：法国的选择与地方分权改革（下）》，朱国斌译，《中国行政管理》1994年第5期。

[3] 张敏：《法国当代文化政策的特色及其发展》，《国外理论动态》2007年第3期。

年代，法国各大区、省的公共文化预算增长了五倍，各市镇的文化预算也增长了两倍①，地方政府在公共档案馆建设中有了更多的主导权，在一定程度上改变了传统的中央政府主导的"自上而下"的公共档案馆发展方式。

第二，法国公共档案馆体系融入国家文化遗产保护的整体范畴。1959年法国档案局划归文化部后，公共档案的文化遗产价值得到了法国社会更大程度的认可。实现初步融入的标志主要表现在两个方面：（一）2004年，法国颁布《遗产法典》，以1979年档案法为基础，纳入了第二卷"档案馆"部分，这一法律在2008年又进行了一次修订，从概念、种类、保护方式、保护程序、法律责任等方面对文化遗产机构（图书馆、档案馆、博物馆）的管理活动进行了规范。（二）2006年，"法国档案局"更名为"法国档案服务部"，并与"博物馆部""建筑遗产部"共同组成了"法国文化部遗产司"。②《遗产法典（第二卷：档案馆）》的颁布以及"法国档案服务部"的重组，体现出法国对文化遗产工作整体控制权的重视。

表面上看，地方政府取代法国档案局主管地方档案事务，体现的是中央级公共档案事务权利的下移，而法国档案服务部和《遗产法典》的颁布，又明显看出国家力量对公共档案事务的积极参与和整体把控，"分权"与"集权"矛盾的背后，实则反映了法国长期以来存在的中央集权与地方分权两种传统的博弈。就公共档案馆发展而言，此时"自上而下"的统筹发展模式遇到了地方分权势力的挑战，但这种挑战促使地方财政加大了对档案事务的投入，反而客观上推动了各地公共档案馆体系的发展。从2008年修订的《遗产法典（第二卷：档案馆）》的具体条款来看，关于公共档案的内涵、私人档案的监管等核心内容得到了保留，增加了关于数字化和开放利用的若干新规定，虽然没有强调档案行政管理机关对地方公共档案馆的监管，但在第211—2—1条明确规定，"档案最高委

---

① 张敏：《法国当代文化政策的特色及其发展》，《国外理论动态》2007年第3期。
② 王玉珏：《遗产保护体系下的档案立法：法国〈遗产法典（第二卷：档案馆）〉解读》，《档案学通讯》2016年第4期。

员会，归文化部下属，负责公共档案和私人档案的政策审议"①，"档案最高委员会"的存在体现了中央政府在制定公共档案馆政策与发展方向拥有相当的话语权。正如法国学者古斯塔夫·佩泽尔在《法国行政法》中所说的，1982 年以来法国大大加强了地方分权，但"中央集权制依旧延续且根深蒂固"②。"法国无论哪个党派执政，只有文化政策的调整，而无文化行政大的变动"③，公共档案馆的发展在局部或特定时间段也许会呈现出"自下而上"的发展趋向，但在集中式档案管理体制下，"自上而下"的统筹发展模式依旧是当前法国公共档案馆演化的主流路径。

法国国家档案馆和地方公共档案馆建设的顺利开展，与法国长期的中央集权政治传统和激进的大革命文化政策具有密不可分的关联，受其影响，欧洲各国纷纷创立或改组国家档案馆，并探索不同的公共档案馆建设机制。对于诸多实行联邦制的欧美诸国来说，由于中央政府和地方政府间并没有直接的上下级或隶属关系，法国这种"自上而下"的发展模式在欧洲其他各国并不具备可复制性，因此就形成了一条不同的发展道路。

第二节 自主发展模式

自主发展模式，主要是指中央和地方公共档案馆呈现各成体系、自主发展的演化模式，并存在不同步、不平衡及竞争性等发展特征。自主发展模式一般存在于实行分散式档案管理体制的国家，英国、加拿大、美国等国的公共档案馆建设就是比较典型的自主发展模式。

一 英国型的自主发展道路

英国人是近代资本主义政治制度的开拓者，英国政治制度的发展具有鲜明的原创性、连续性、渐进性和灵活性的特点，但特殊地理环境催

---

① 国家档案局政策法规研究司编译：《境外国家和地区档案法律法规选编》，中国政法大学出版社 2017 年版，第 279 页。
② ［法］古斯塔夫·佩泽尔：《法国行政法》，廖坤明、周洁编译，国家行政学院出版社 2002 年版，第 106 页。
③ 凌金铸：《外国文化行政研究》，上海人民出版社 2014 年版，第 208 页。

生了该国民众相对保守的"岛国心态"①。英国本身是一个联合王国,遵循共识性文化,虽然经历君主制、司法制、议会制、君主立宪制、责任内阁制等多次变化,但地方自治的传统根深蒂固,中央政府与地方政府之间、地方政府相互之间主要是一种法律关系,而不是一般理解的行政隶属关系和行政领导关系。②受此影响,英国的档案事业体制是比较典型的分散式模式。英国中央级公共档案馆和地方公共档案事务机构采取了独立自主发展的道路③。英国建立了世界上第一个资产阶级政权,但第一个真正意义上的国家档案馆却是由法国创建的,1838年英国政府颁布《公共档案法》(Public Record Office Act),建立了公共档案馆(Public Record Office,简称PRO),比法国晚了近半个世纪,也晚于比利时、荷兰、德国等欧洲大陆诸国④。

(一)中央档案管理机构:从公共档案馆到国家档案馆

1838年英国公共档案馆成立之前,英国中央政府机构所产生的档案一般由各机关档案室保存,"到1800年为止,在伦敦发现分布全市各处贮藏着档案的库房有五十所以上",随着中央政府机关数量的增多和事务的繁杂,档案数量日渐增多,但由于缺乏统一的制度与管理规范、档案库房条件简陋等,这些档案的保管状况不佳,因此1800年至1834年,英国政府先后成立了六个专门委员会来调查中央政府公共档案的管理状况⑤。1800年至1838年,英国国家档案管理进入了档案委员会主导监管、各档案室负责执行改正措施的新管理模式,形成了委员会—秘书—副专员/保管员的三级档案管理体制,其中委员会通过不定期会议或董事会(与财政部和内务部联合)的名义来决定重大事项,秘书拥有日常事务管理的决策权,副专员或各档案室职员则负责具体档案事务的执行⑥。

---

① 阎照祥:《英国政治制度史》,人民出版社1999年版,前言。

② 应松年主编:《英美法德日五国行政法》,中国政法大学出版社2015年版,第23—24页。

③ 从英国档案馆的名称上也可以看出自治传统的痕迹:2003年之前,英国国家档案馆的前身是公共档案馆(Public Record Office),而苏格兰档案馆却称为国家档案馆。

④ Michel Duchein, "The History of European Archives and the Development of the Archival Profession in Europe", *The American Archivist*, Vol. 55, No. 1, Winter 1992, pp. 16 – 17.

⑤ [美]T. R. 谢伦伯格:《现代档案——原则与技术》,黄坤坊等译,档案出版社1983年版,第10—12页。

⑥ 陈磊:《英国公共档案馆馆制考(1838—1910)》,《档案学研究》2017年第1期。

1838年英国议会通过《公共档案法》，正式启动了中央层面的公共档案馆组织与制度建设。这一法案解决了如下主要问题：宣布筹建"公共档案馆"，并由财政部拨款建立档案馆大楼；任命管卷大臣（Master of Rolls）为公共档案馆负责人，并由副馆长（Deputy Keepers of the Records）来具体负责对名义上所有属于国王的档案进行管理；建立了国家档案向公共档案馆移交的制度，开展档案文献的编纂与出版工作。公共档案馆的建立与持续发展，使得数世纪以来公共档案被忽视[①]、缺乏集中统一管理的状况得到了根本性的改善[②]。经过数代档案人的努力，从设立分支机构到设置职能部门，从制定档案管理制度到完善人事管理制度，公共档案馆逐步融入英国文官制度体系，到1910年，形成了财政部和议会授权、管卷大臣领导、副馆长总负责、各职能部门各司其职的较为完备的现代档案管理与运作体系，实现了对"中央"层面档案的有效控制和集中化、标准化和规范化管理[③]。

从20世纪初期一直延续到"二战"期间，英国公共档案馆的基本框架没有发生太大变化[④]，不过，在亨利·麦克斯韦·莱特（Henry Maxwell Lyte）担任副馆长期间（1886—1926年），公共档案馆的档案文献编纂与出版的系统性、针对性得到了极大强化[⑤]，不过这也使得公共档案馆更像一个学术研究机构，从而制约了它对现代档案管理实践的积极响应。

实际上，"二战"结束后，英国公共档案馆面临的环境发生了深刻变

[①] 甚至到了讨论成立英国公共档案馆的关键时期——1836年前后，不少人包括档案委员会的部分成员，依然认为国家文件局（State Paper Office）等公共机构保存的历史文件不是档案，并认为存储这些历史文件的最佳场所是大英博物馆。参见 John Cantwell, "The 1838 Public Record Office Act and its aftermath: a New Perspective", *Journal of the Society of Archivists*, Vol. 7, No. 5, Apr. 1984, p. 277。

[②] Alex Charles Ewald, F. S. A., *Our Public Records: A Briefly Handbook of the National Archives*, London: Basic Montagu Pickering, 1873, pp. 10 – 13.

[③] 陈磊：《英国公共档案馆馆制考（1838—1910）》，《档案学研究》2017年第1期。

[④] 这一时期，《公共档案法》作了两次修订。1877年的《公共档案法》建立了公共档案的定期移交与销毁制度，规定1715年为档案的禁毁年限。这是公共档案馆副馆长首次拥有销毁档案的权力。1898年修订的《公共档案法》则将禁毁年限上溯至1660年。参见 Elizabeth Shepherd, *Archives and Archivists in 20th Century England*, Farnham & Burlington: Ashgate Publishing Ltd., 2009, p. 25.

[⑤] R. B. Wernham, "The Public Record Office, 1838 – 1938", *History*, Vol. 23, No. 91, Jan. 1938, pp. 231 – 235.

化。首先，政府行政事务扩张和持续战争所引发的档案文件数量激增给公共档案馆的库房建设与档案保管活动带来了严峻挑战，英国长期形成的经典档案保管传统亟须转型。其次，1838年制定的《公共档案法》偏重于立法档案和法庭档案，对政府部门的行政档案缺乏足够的重视[①]，通过任命管卷大臣[②]来掌管所有的公共档案，虽然初期在为公共档案馆获取利用、对外沟通与协调方面发挥了关键性作用，但随着公共档案馆的制度步入正轨，管卷大臣的主管地位相对弱化，容易导致公共档案馆的内部管理职责不清，影响公共档案馆的长远发展。最后，"二战"后随着联合国教科文组织、国际档案理事会等国际组织的成立，档案的文化遗产与公共利用潜能受到国际社会的广泛重视，重视司法与行政档案保管的公共档案馆需要转变观念，切实地拉近与公众的距离[③]。1952年，英国成立了由财政大臣和管卷大臣组成的格雷格委员会（Grigg Committee），开始进行广泛深入的调研，为构建现代公共档案馆制度做准备。1954年该委员会提交了一份研究报告，就公共档案移交、档案馆领导职责的调整、公共档案的审查与开放、公共档案范围的扩大等问题提出了针对性的建议[④]。很快，格雷格委员会提交的结论和建议被英国政府采纳，第一名档案行政管理官员和第一名视察官员先后被任命，并且政府部门开始设立部门档案官，以负责管理部门行政档案并执行新的档案审查程序。当然，

---

① Elizabeth Shepherd, *Archives and Archivists in 20th Century England*, Farnham & Burlington: Ashgate Publishing Ltd., 2009, pp. 22 - 23.
② 管卷大臣原是大法官法庭档案保管人的头衔。
③ 英国档案史研究专家伊丽莎白·谢泼德认为，从19世纪初至20世纪50年代，英国中央政府对公共档案只保持了"周期性的兴趣"，政府并未充分意识到档案与文件管理活动对政府和司法系统的运行、经济增长、国家事务或国际关系以及其他关键性政府事务的重要价值，从而难以在立法和政府财政方面获得支持。参见 Elizabeth Shepherd, *Archives and Archivists in 20th Century England*, Farnham & Burlington: Ashgate Publishing Ltd., 2009, pp. 41 - 42.
④ 主要内容包括：政府部门有责任选择并向公共档案馆移交值得永久保存的档案；档案馆应当负责对此过程进行指导、协调和监督；档案馆的领导职责应由管卷大臣移交给一位大臣；大多数档案应当经过初次和二次的两次审查，以决定是否留存；除非有特殊规定，档案应当在形成满30年时向档案馆移交并在满50年时向公众开放查阅利用；每一部门应当指定一名部门档案官，负责其档案从形成到初次审查，直到销毁或移交档案官的全过程，并向机构负责人报告；档案馆应当指定一名档案行政管理官员，并辅以一定数量的视察官员，履行档案管理职责；影片、照片及录音应当作为公共档案。参见王岚《英美档案立法的历史与启示》，载国家档案局政策法规研究司编译《境外国家和地区档案法律法规选编》，中国政法大学出版社2017年版，代序。

更为重要的是,1958 年修订的《公共档案法》从法律上重新确立了公共档案馆与政府部门的关系,将公共档案与公共档案馆的管理职责移交给司法部长 (Lord Chancellor),档案馆的日常管理交给新设立的公共档案馆馆长 (Keeper of Public Records),并首次将公众能利用形成满 50 年并移交给公共档案馆或其他由大法官指定的档案馆库所保存之档案的权力以法律形式确定下来。[1] 这次调整,毫无疑问是巨大的,这一框架基本确立了英国现代公共档案馆的运行系统,强化了公共档案馆对政府机关文件档案管理活动的指导,使其从学术型的历史研究机构转变为真正的现代档案管理机构。根据这次法案成立的公共文件咨询委员会 (Advisory Council on Public Records) 经过近十年的努力,将档案封闭周期从 50 年减至 30 年,大量的现代档案进入公共档案馆收藏体系,档案的利用范围与人数均有明显的突破[2]。

20 世纪 80 年代开始,英国公共档案馆的外部环境发生了诸多变化,特别是以"顾客导向""问责制""透明"为核心的现代公共服务理念的推行,使得改组公共档案馆的呼声日渐高涨。1988 年英国政府提出《改进政府管理:续阶计划》(Improving Management in Government: The Next Steps),主张通过建立执行机构来改进政府管理,四年之后的 1992 年 4 月,公共档案馆正式从一个独立的政府部门变成一个执行机构,在首席执行官和档案馆馆长的领导下,对档案事务拥有了更大的自主权[3]。在新任馆长萨拉·泰亚克 (Sarah Tyacke) 的领导下,通过设计新的管理与战略规划系统、重组内部机构和人员,增强了公共档案馆体系的灵活性和领导力,并逐步承担起作为国家档案行业领导者的角色:一方面积极深化和拓展公共服务,另一方面在信息公开、电子政务建设方面与政府构

---

[1] 王岚:《英美档案立法的历史与启示》,载国家档案局政策法规研究司编译《境外国家和地区档案法律法规选编》,中国政法大学出版社 2017 年版,代序。

[2] 相关数据显示了这一时段的成就:1960 年,公共档案馆只能向公众开放 1909 年前的档案,到 1966 年,1922 年之前的文件向公众开放,而到了 1967 年,20 世纪 30 年代的档案也开始解密。1927 年,20 世纪形成的档案仅占馆藏总量的 1%,而到了 20 世纪 60 年,这一比重就增长到了 30%。与此相对应的是,公民因个人兴趣而去公共档案馆查阅档案的人数有大幅度的提升。参见 Elizabeth Shepherd, Archives and Archivists in 20th Century England, Farnham & Burlington: Ashgate Publishing Ltd., 2009, p.85.

[3] John Cantwell, "The New Style Public Record Office 1992: The Transition from the Old Order", Journal of the Society of Archivists, Vol.14, No.1, 1993, p.39.

建良好关系。2003 年，公共档案馆与 1869 年成立的致力于私人档案与手稿监管工作的皇家历史手稿委员会合并组建为英国国家档案馆（The National Archives of United Kingdom）。尽管这一机构并不是通过立法的方式创建的，也没有设置国家档案馆馆长（National Archivist）这一职位[①]，但它无疑使英国政府加强了对公共档案与私人档案、中央档案与地方政府的综合管理，成为 21 世纪英国公共档案馆建设与发展的重要趋势。

（二）多元的地方公共档案管理机构

英国长期形成的自治传统，使得英国地方公共档案馆的建设与发展呈现出与中央公共档案馆不同的发展道路。早在 1707 年，英格兰与苏格兰合并而颁布的《与苏格兰联盟法》，为了保持苏格兰的相对自治，更是明确规定："（苏格兰的）王冠权杖、议会档案以及所有其他案卷登记材料，无论是公共还是私有的，继续在苏格兰保存。"[②] 1838 年，《公共档案馆法》颁布，但并未涉及地方公共档案的管理问题。1877 年修订的《公共档案法》规定，不具备档案保存价值的公共文件可以被移交至当地机构如图书馆，这被视为官方有意推行公共档案本地化保管理念的最早源头，但直至 20 世纪初叶之前，英国地方公共档案的保管问题一直未能受到国家层面的重视而难以得到真正的发展[③]。从历史发展角度看，英国地方公共档案馆主要经历了"官方档案保管机构建立前的分散保管模式""地方议会负责的官方档案馆统一保管模式"和"协同合作理念下的地方研究中心融合模式"等发展阶段。

1. 官方档案保管机构建立前的分散保管模式

地方档案的保管模式与地方政府的发展演化有密切的关系。在 20 世纪初地方档案馆正式创建之前，英国地方档案的保管工作主要依赖地方

[①] Elizabeth Shepherd, *Archives and Archivists in 20th Century England*, Farnham & Burlington: Ashgate Publishing Ltd., 2009, p.25.

[②] 王岚：《英美档案立法的历史与启示》，载国家档案局政策法规研究司编译《境外国家和地区档案法律法规选编》，中国政法大学出版社 2017 年版，代序。

[③] Elizabeth Shepherd, *Archives and Archivists in 20th Century England*, Farnham & Burlington: Ashgate Publishing Ltd., 2009, p.25.

政府当局和非政府组织及个人的努力，中央政府和公共档案馆对此并未投入过多精力。这一时期，主要存在五种发展模式："治安法官档案室模式"（The Clerk of the Peace's Record Room）、"市镇存储库模式"（City and Borough Repositories）、"公共图书馆寄存模式"（City and Public Libraries）、"文化遗产机构代管模式"（Archaeological and Record Societies and Museums）和"郡议会档案委员会过渡模式"（County Council Record Committees）①。

（1）治安法官档案室模式

治安法官（Justices of the Peace）起源于治安维持官（Keeper of the Peace 或 Conservators of the Peace），是指英国中世纪以来，授权主要审判轻微刑事案件或民事案件的一种地方基层司法文官，一般是由不具备职业法官资格的普通公民担任②。19世纪地方政府改革之前，治安法官既是地方司法官又是地方行政官，季审法庭（Quarter Sessions）既是其审理案件的场所，又是其处理郡内政务的地方。治安法官在实际工作中意识到档案对公共事务处理具有重要意义，因此创建了保存季审法庭档案的档案室，并由其助手——书记官具体负责管理。米德尔赛克斯（Middlesex）季审法庭的档案室是最早创建的档案室之一③，部分治安法官还聘请专业人员对这些档案进行定期的修复、整理及编纂工作，甚至允许公众对这些档案进行审查。治安法官档案室被视为郡档案馆的萌芽④。

（2）市镇存储库模式

1835年，英国通过《1835年市政法案》（*Municipal Corporations Act 1835*），由此建立了民选的多功能自治市议会，自治市镇获得了更大的自

---

① Elizabeth Shepherd, *Archives and Archivists in 20th Century England*, Farnham & Burlington: Ashgate Publishing Ltd., 2009, pp. 96 – 106; Margaret Procter, Elizabeth Shepherd, "Writing the Record Office", *Archives and Records*, Vol. 34, No. 1, 2013, pp. 4 – 8.

② 刘显娅：《英国治安法官制度研究：历史、价值与制度安排》，上海人民出版社2017年版，第22—26页。

③ E. Doris Mercer, "Local Archives of Great Britain XXIV. The Middlesex County Record Office", *Archive*, Vol. 6, No. 29, Jan. 1963, pp. 30 – 39.

④ Elizabeth Shepherd, *Archives and Archivists in 20th Century England*, Farnham & Burlington: Ashgate Publishing Ltd., 2009, pp. 96 – 97.

主权，地位得以提升①。这一时期，不少自治市镇的文化遗产保存意识开始兴起，地方公共档案管理工作藉此融入市镇行政管理体系当中。《1835年市政法案》实施后，布里斯托市就由财务委员会承担起市政档案的管理与整理任务②。《1882年市政法案》则明确要求镇书记员肩负起保管宪章、契约、公文、档案的职责③。尽管大多数地方政府当局建立的档案库房条件简陋，但这一模式基本实现了对地方当局市政档案资源的有效管理。

（3）公共图书馆寄存模式

英国地方公共图书馆的发展要早于地方公共档案馆，这使得致力于收藏地方文献的公共图书馆可能成为寄存地方公共档案的重要场所之一。1850年英国议会通过《公共图书馆法》，经过数十年的发展，特别是在实施义务教育（1876年）、成立图书馆协会（1877年）之后，公共图书馆数量快速增长，从1860年的28所增加到1900年的360所④。公共图书馆寄存模式的出现，主要与以下因素具有密不可分的关系：首先，地方公共档案馆的长期缺位使得依法成立的地方公共图书馆比较自然地承担起地方历史档案保管的职责，公共图书馆的手稿部、特藏部等保存着大量的地方档案，这些手稿部、特藏部在相当程度上扮演着地方公共档案馆的角色。其次，由于公共图书馆在开放与利用方面具有优势，一方面使得地方政府当局愿意将公共档案保存在图书馆，另一方面普通民众也愿意去图书馆查阅公共档案，因此使得这一模式极易得到广泛的支持⑤。最后，从法律授权的角度看，1962年《地方政府档案法》颁布之前，地方

---

① 孙宏伟：《英国地方自治体制研究》，博士学位论文，南开大学，2014年，第84—85页。

② Elizabeth Ralph, Betty Masters, "Local Archives of Great Britain：XIV. The City of Bristol Record Office", Archive, Vol. 3, No. 18, Jan. 1957, pp. 88 – 89.

③ Margaret Procter, "English Local Records：Problems and Proposals, 1880 – 1920", Archives and Records, Vol. 34, No. 1, June 2013, p. 28.

④ 杨威理：《西方图书馆史》，商务印书馆1988年版，第192—197页。

⑤ 1899年12月英国《泰晤士报》发表文章高度赞扬了图书馆保管公共档案和私人档案的做法，并鼓励私人文件所有者将其文件寄存在图书馆等公共保管机构，从而实现安全保管、方便利用。转引自 Margaret Procter, "English Local Records：Problems and Proposals, 1880 – 1920", Archives and Records, Vol. 34, No. 1, June 2013, p. 32。

政府基本无权监管本单位之外的档案①，而设置于公共图书馆的档案部则可能借助《公共图书馆法》的庇护，拥有相对稳定的财政和人力投入，进而获得对地方档案的部分管理权限②。因此，尽管这一模式受到不少质疑，但1922年和1924年的《财产法》（Law of Property Act）还是使公共图书馆获得庄园档案保存库的法定授权③。

（4）文化遗产机构代管模式

在英国的部分地区，文化遗产机构如地方档案学会、私人信托机构、考古学会、博物馆等机构，在官方档案机构缺位开展公共档案的收集与整理工作，这也是非常重要的一种地方档案馆建设模式，而在某些特殊条件下，这一模式会与官方机构发生直接冲突。1910年创建的林肯郡档案协会，由于其成员具有一定的档案管理经验，因而热衷参与地方档案的收集与管理事务，他们当中有相当一部分人进入了后来组建的公共档案馆④。私人信托机构在地方公共档案馆发展中也发挥着重要作用，如斯坦福郡档案馆就是由1872年创立的威廉·索尔特（William Salt）家族信托基金会及其运营的威廉·索尔特私人图书馆演变而来⑤。博物馆、考古学会等机构积极参与地方公共历史文件的收集与整理，起到了创建地方公共档案馆催化剂的作用，1846年成立的多塞特郡博物馆档案室则为多

---

① 1932年的《地方政府法》和1939年的《伦敦政府法》（London Government Act）仅授予了地方政府保存自身档案的有限权力。参见 Nicholas Ridley, "The Local Government (Records) Act 1962: Its Passage to Statute Book", Journal of the Society of Archivists, Vol. 2, No. 7, 1963, pp. 289 – 292; W. R. Serjeant, "The Survey of Local Archives Services 1968", Journal of the Society of Archivists, Vol. 4, No. 4, 1971, pp. 300 – 326。

② Edwin Welch, "Fifty Years On", Journal of the Society of Archivists, Vol. 14, No. 2, Autumn 1993, p. 16.

③ Elizabeth Shepherd, Archives and Archivists in 20th Century England, Farnham & Burlington: Ashgate Publishing Ltd., 2009, pp. 99.

④ Joan Varley, "Local Archives of Great Britain: Ⅵ. The Lincolnshire Archives Committee", Archives, Vol. 1, No. 6, Jan. 1951, pp. 5 – 16.

⑤ 1872年，为了保管当地银行家威廉·索尔特（William Salt）家族的私人收藏，斯坦福郡当地人创建了一家私人图书馆——威廉·索尔特图书馆，并专门成立威廉·索尔特家庭信托基金对此开展日常运营，"二战"期间该信托基金开始接受郡议会的公共财政支出，1947年，威廉·索尔特家庭信托基金会与斯坦福郡议会达成协议，由威廉·索尔特图书馆长担任郡档案馆馆长，郡议会和该基金会共同提名郡档案委员会成员及档案馆/图书馆长人选。具体参见 F. B. Stitt, "Local Archives of Great Britain ⅩⅨ. Record Office Work in Staffordshire", Archive, Vol. 4, No. 4, Jan. 1960, pp. 204 – 205。

塞特郡档案馆提供了丰富的档案资源和完备的基础设施条件①，创建于1863年的约克郡考古学会（1893年之前名为约克郡考古与地形学会）直到在"二战"结束前后依旧在保管地方档案方面发挥着重要作用②。

地方档案学会、考古学会、博物馆、私人信托基金等机构从事地方档案保管工作，主要源自这些机构及其成员对学术研究的需要进而衍生的对文化遗产保护的神圣职责，在官方档案机构缺位的情况下，它们发挥了地方档案临时代管库的作用，而一旦地方公共档案馆体系开始筹建之后，这些机构往往会选择将自身的资源和库房移交给地方档案局，为"二战"后英国地方公共档案馆的快速发展奠定了基础。

（5）郡议会档案委员会过渡模式

郡议会档案委员会模式是英国郡自治制度民主化的产物。19世纪70年代和90年代的大规模地方政府体制改革活动，使得英国形成了选举产生的双层的城市—乡村地方政府结构。作为现代地方自治的高层纽带，郡一级政府被赋予很多职能，郡议会首次成为真正的选举产生的地方当局，接管了治安法官的行政责任，1888年之后英格兰和威尔士地区建立了62个郡议会，单独组建了伦敦郡议会，并在苏格兰地区建立33个郡议会，郡议会的地位及其权力辐射能力均得到极大提升。③ 1888年的《地方政府法》使得郡书记官接管郡级政府的文书档案工作，季审法庭档案也交由郡议会负责，这使创建地方公共档案馆具有了可能性。同年，英国档案学会（British Record Society）的创始人威廉·菲利莫尔（William

---

① 多塞特郡博物馆（Dorset County Museum）自成立开始就注意收集各种档案文件，并在1909年建立了专门收藏反映多塞特郡历史的各类文件的档案室（muniment room）。1928年该博物馆与"多塞特自然历史与古文物田野考古俱乐部"（Dorset Natural History and Antiquarian Field Club）合并组建了"多塞特自然历史与考古学会"（Dorset Natural History and Archaeological Society），该博物馆开始受该学会领导，档案文件的收集工作由此有了更大发展，1931年开始被授权收集、整理多塞特郡庄园档案，并在整理与出版庄园档案文献方面受到郡议会的特别资助，从而在地方公共档案事务方面积累了丰富的经验。1955年以后，多塞特郡博物馆的档案收藏和基础设施成为郡档案馆的核心组成部分。具体参见 Margaret Holmes,"Local Archives of Great Britain XXIX. The Dorset Record Office", Archive, Vol. 7, No. 6, Oct. 1966, pp. 208-210.

② Kirsty McHugh, Brian Barber, "Yorkshire archives and a league of gentlemen: the Yorkshire Archaeological Society and record-collecting 1863-2013", Archives and Records, Vol. 34, No. 1, June 2013, pp. 67-83.

③ 孙宏伟：《英国地方自治体制研究》，博士学位论文，南开大学，2014年，第82—86页。

Phillimore）在《泰晤士报》发表文章，建议每个郡府（County town）在郡议会指导下建立保存郡内所有地方档案的郡档案馆[①]。不过，由于缺乏明确的立法支持和来自中央公共档案馆的直接指导，各地郡议会在相当长时期内无法完成建成郡档案馆的目标，于是部分新成立的郡议会探索过渡机制，如赫特福德郡（1895年）、贝德福德郡（1896年）先后创建了档案委员会，伍斯特郡（1898年）则组建了档案与慈善委员会，积极对地方档案的保管与服务状况系统调研，支持郡内各地区官方和非官方机构的档案收集、整理与出版工作，哈迪家族以及被誉为英国"地方公共档案馆之父"的乔治·赫伯特·福勒（George Herbert Fowler）分别在赫特福德郡和贝德福德郡的地方档案工作中发挥了非常关键性的作用[②]。

总之，20世纪40年代之前，英国各地方档案事务以五种不同的模式相对独立地各自发展，在部分地区甚至出现多种模式同步推行的态势，它们几乎没有受到中央档案管理机构的直接指导，加上行政管理体制、地区文化差异以及相关负责人多元化的背景，造就了灵活多样的运作机制，从而在统一的地方档案馆创建之前肩负起地方档案的保管与服务职责。由于这五种地方档案发展模式深刻反映着英国悠久的自治传统，它们并没有随着现代地方公共档案馆的出现而完全退出历史舞台（如公共图书馆寄存模式），有的甚至以新的方式进入地方公共档案馆体系（如文化遗产机构代管模式），在当今的英国地方档案事务中仍然发挥着不可低估的作用。郡议会档案委员会过渡模式是地方公共档案馆成立前的最后一个发展模式，由于郡议会档案委员会主要负责地方档案政策的调研与设计，无法具体开展地方档案事务，其职责决定了它只能临时性地起到地方公共档案馆的部分职能[③]，当公共档案馆出现后，它就会回归其公共档案咨询与决策的本职工作，并积极推动地方公共档案馆的形成与推广。

[①] Margaret Procter, "English Local Records: Problems and Proposals, 1880 - 1920", *Archives and Records*, Vol. 34, No. 1, June 2013, p. 29.

[②] Elizabeth Shepherd, *Archives and Archivists in 20th Century England*, Farnham & Burlington: Ashgate Publishing Ltd., 2009, pp. 102 - 106.

[③] 尽管许多郡议会创建了档案室（Muniments Room）来保管移交过来的季审法庭档案和郡议会产生的档案，也制作档案目录和索引，但这些档案室既缺少正式员工，也没有开展定期的对外服务活动。

2. 地方议会负责的官方档案馆统一保管模式

19世纪80年代至20世纪初叶，英国地方政府的双层结构趋于稳定，以郡议会为中心的经由选举产生的地方议会全面接管地方行政事务，各郡议会档案委员会开始过渡性地履行郡档案馆的职责，1913年10月乔治·赫伯特·福勒担任贝德福德郡档案委员会主席，并从1914年初开始对郡议会档案室进行了一系列重大改革：清除非档案文件，销毁不具备永久保存价值的档案（如从1914年2月开始销毁10年以上的会计凭证和教师薪水清单）；在英国公共档案馆实践基础上创建了能够快速检索文件的分类方案，并建立了专门面向学生的档案查询室；任命一名有固定薪水的助理；购置移动档案架和通风设备，加固了防火墙等，提升档案室基础设施水准；初步建立了私人档案的寄存制度。尽管"一战"的爆发制约了这一改革的深入和推广，但贝德福德郡议会档案室基本具备了未来郡档案馆的核心要素：良好的档案实体存储条件、检索工具、公共利用（尽管是有限制的）、有限的政府文件管理、受薪的固定员工等。因此，贝德福德郡档案室被视为英国第一个真正意义的郡档案馆，并开启了国家公共档案网络体系建设的新篇章。[①] 具体而言，以郡档案馆为核心的官方档案馆统一保管模式主要经历了两个发展阶段。

（1）地方公共档案馆的初步发展阶段（1913—1945年）

贝德福德郡档案室为英国地方公共档案馆建设提供了经典范式，但这一阶段地方公共档案馆发展的关键在于，1922年和1924年的《财产法》使得不少郡档案室成为庄园文件的法定存储库，此后，地产和家族档案、教区档案、商业档案等先后进入郡档案室法定存储库的保管范围。1930年5月，贝德福德郡档案委员会决定将郡档案室（County Muniments Room）改名为郡档案馆，并承认它可以在"郡议会需求之外"开展工作[②]。这一决定极大拓展了郡档案馆的职责范围，对其他郡档案馆建设和英国地方公共档案馆的整体建设起到了较好的示范作用。不过，总体而言，这一阶段地方公共档案馆建设的整体成效并不显著，到1945年时仅

[①] James Francis John Collett-White, "Bedfordshire 1913 – 2013. The First County Record Office and How it Has Evolved to Meet the Challenges of the First 100 Years", *Archives and Records*, Vol. 34, No. 1, June 2013, pp. 112 – 114.

[②] Ibid. .

有10个郡档案馆成立。这一现象的产生主要有以下几个方面的原因：首先，这一时期地方档案馆建设主要是部分地方当局、少数学术团体和知名社会人士自发开展的，在外部缺乏国家政策与立法的有力支持，内部档案专业人才相当匮乏，致使少数郡档案馆的成功模式难以大规模复制。其次，这一时期公共图书馆寄存模式、文化遗产机构代管模式等依旧发挥着重要作用，因此虽然郡档案馆获得了诸多地方档案的法定寄存权，但在实际中，大部分的地方档案还是流向了公共图书馆等机构，这种竞争态势的存在客观上抑制了各地方当局创建公共档案馆的积极性。最后，这一时期经历了两次世界大战，长期的战争与动乱使得地方政府无暇顾及公共档案馆建设。

（2）地方公共档案馆网络的形成与发展阶段（1946—1973年）

"二战"结束后，英国政府开始关注地方公共档案事务，一系列关键性的事件推动了地方公共档案馆网络的快速形成。首先，英国管卷大臣档案委员会（Master of the Rolls Archives Committee，1943年成立）和隶属于皇家历史手稿委员会的英国国家档案登记处（National Register of Archives，1945年成立）及国家档案登记处各地方档案委员会的先后成立，使地方档案馆建设有了相对稳定的政策支持。其次，英国高校开设档案管理培训课程（1947年伦敦大学学院首次启动）以及英国地方档案工作者协会（Society of Local Archivists，1947年成立，1954年改名为英国档案工作者协会）的成立，推动了档案管理行业的标准化和规范化建设，提升了英国地方档案工作者的专业化水平和合作意识。最后，1948年国际档案理事会的成立，以及英国档案协会（British Records Association，1932年成立）反对"废纸回收"（Paper Salvage，1939—1950年）政策的抗争运动，显著地提升了英国社会对档案服务价值的整体认同度。[1] 在各种力量的积极推动下，1945—1955年，除少数经济困难的郡外，英国大

---

[1] Elizabeth Shepherd, *Archives and Archivists in 20th Century England*, Farnham & Burlington: Ashgate Publishing Ltd., 2009, pp. 11 – 112; Michael Cook, "Myths of the Golden Age: English Local Offices, 1947 – 1962", *Archives and Records*, Vol. 34, No. 1, June 2013, pp. 9 – 14; Freddy Stitt, "The Post-war Decade 1945 – 55: The Memoir of a County Archivist", *Journal of the Society of Archivists*, Vol. 19, No. 1, Apr. 1998, pp. 77 – 78; Oliver D. Harris, "'The Drudgery of Stamping': A Physical History of the Records Preservation Section", *Archives*, Vol. 19, No. 81, Apr. 1989, pp. 8 – 10.

多数郡都成立了郡档案馆来统一保存地方公共档案，地方公共档案馆网络体系至此基本组建完毕①。

1958年英国《公共档案法》规定："倘若大法官认为，公共档案馆外某一地点能够为安全保管档案及公众查阅档案提供适宜条件，大法官可在征得负责该地点档案保存工作的机关同意后，将该地点定为保存任何一类依据本法挑选出来作为永久保存的公共档案的地点"②，这在一定程度上可视为公共档案馆试图强化对地方公共档案监管的信号，加强了英国公共档案馆与地方公共档案馆之间的官方联系，不过可惜的是，1958年的《公共档案法》并没有制定地方档案机构的建设标准，未能提供一个能够推广的可行模式和方案③。1962年英国《地方政府法》授权郡议会可以管辖议会之外的地方档案文件，郡档案馆具有对地方档案进行集中管理的法定权限，1964年英国公共档案馆首次任命联络官（Liaison Officer），定期视察英国各地的公共档案保存库，与郡档案馆负责人进行交流与沟通，进一步强化了中央与地方公共档案馆之间的官方联络④。1962年之后，地方公共档案馆进入了一个相对稳定的发展阶段，这一时期，受过高等教育的新一代档案工作者进入各地方公共档案馆工作，使中央与地方合作创建档案专业标准和规范成为紧迫的事情，但英国公共档案馆和皇家历史手稿委员会未能常态化地提供国家层面的整合与指导服务，致使地方公共档案馆网络失去了一次宝贵的"升级换代"的机会，未能有效地应对20世纪70年代经济危机带来的强大冲击而陷入发展的困境，一个新的模式随即产生。

3. 协同合作理念下的地方研究中心融合模式

20世纪70年代经济危机爆发引发了英国新公共管理运动的推行，英

---

① Freddy Stitt, "The Post-war Decade 1945 – 55: The Memoir of a County Archivist", *Journal of the Society of Archivists*, Vol. 19, No. 1, Apr. 1998, pp. 77 – 78.

② 中国档案学会对外联络部、《档案学通讯》编辑部编：《外国档案法规选编》，档案出版社1983年版，第129—130页。

③ John H. Collingridge, "Liaison Between Local Record Offices and the Public Record Office in the Light on the Public Records Act 1958", *Journal of the Society of Archivists*, Vol. 2, No. 10, 1960, pp. 451 – 457.

④ J. R. Ede, "The Record Office: Central and Local I. Evolution of a Relationship", *Journal of the Society of Archivists*, Vol. 5, No. 4, Oct. 1975, pp. 212 – 214.

国保守党政府在地方公共服务中引入对私人部门的强制性竞标制度（Compulsory Competitive Tendering，简称CCT），即通过对私人部门进行强制性招标的方式，为地方提供公共服务，旨在解决隶属于地方政府的公有部门开支浪费和效率低下等实际问题。布莱尔政府执政期间（1997—2007年），通过公私合作制、私人融资模式与私人部门开展合作，以"最佳价值"政策取代了强制性竞标制度。[1] 20世纪70年代末英国新公共管理运动的开展，使得以竞争方式进行资源配置成为英国当代公共政策的真实写照。地方公共档案馆的发展也不可避免受到这一重大政策的影响。从1974年开始，在地方公共财政投入日趋减少的背景下，英国各地的地方档案馆逐步将服务对象由服务于综合部门转向教育、文化、遗产或休闲机关，并积极介入私人收藏的寄存工作，以获得更多来自私人部门的资金，国家遗产纪念基金（National Heritage Memorial Fund, 1980）、遗产彩票基金（Heritage Lottery Fund, 1994）等文化遗产基金创建后，很快就成为各地方档案馆最重要的资金来源[2]。由此导致地方公共档案馆逐步淡化了长期以来和地方政府当局（如郡议会）建立的行政关系，强化了其文化遗产服务功能，地方议会负责的官方档案馆统一保管模式日渐式微[3]。因此，从20世纪70年代末开始，一些地方公共档案馆改变与图书馆、博物馆等机构的竞争态势，主动与相关图书馆、博物馆开展协同服务，而1980年成立的郡档案工作者协会（Association of County Archivists，

---

[1] 孙宏伟：《英国地方自治体制研究》，博士学位论文，南开大学，2014年，第82—104页。

[2] Ken Harrop, Graham Coulson, Kathryn Ray, Sandra Parker, "Bidding for Records: Local Authority Archives and Competitive Funding", *Journal of the Society of Archivists*, Vol. 23, No. 1, Apr. 2002, pp. 35–36.

[3] 1968年，35家郡档案馆长有30家向郡书记官呈递报告，而到了1992年这一数量下降到了15。1997年英国"地方政府首席档案工作者协会"（Association of Chief Archivists in Local Government，简称ACALG）的调查显示，36个英国地方公共档案馆成为地方教育、文化遗产或休闲部门的组成部分，而仅有9家保留在地方综合行政部门，而在委员会制方面，有29家档案馆对教育、文化遗产或休闲委员会负责，仅有4家继续对地方议会负责（参见Mark Stevens, "Local Authority Archives: Places and Perceptions", *Journal of the Society of Archivists*, Vol. 20, No. 1, Apr. 1999, p. 86.）。相应地，普通民众的文化及休闲利用取代行政利用成为地方档案馆最主要的公共服务项目，《伯明翰城市档案馆1997—1998年度报告（The Birmingham City Archives Annual Report 1997–8)》显示：近五年来家族史、地方史方面的档案查询需求分别占总利用需求的45%和19%，档案馆为纳税人提供文化及休闲服务的功能日益凸显（参见William Gibson, "Recent Work in History and Archives 1998–99", *Archives*, Vol. 24, No. 101, Oct. 1999, pp. 72–73.）。

简称 ACA) 在致力于创建郡档案馆协作网络的同时, 开始倡导将地方档案馆事业纳入国家文化遗产政策体系以获得更多的财政资助和私人捐赠[1]。部分郡档案馆甚至从郡议会大楼搬出, 与图书馆、博物馆等机构进行实质性融合, 以地方研究中心 (Local Studies Centre) [2] 的名义面向公众开展集成式文化信息服务, 从而产生了一种新的地方公共档案馆发展模式。

地方研究中心主要以两种形式运行。20 世纪 80—90 年代, 地方公共档案馆与地方图书馆(公共图书馆或学术组织附属图书馆)、博物馆主要以机构合并或资源重组与共享等方式, 形成综合性的地方研究中心。地方公共档案馆与图书馆合并的有"肯特研究中心"(Center for Kentish Studies, 1990 年)[3]、"什罗普郡档案与研究服务中心"(Shropshire Records and Research Service, 1995 年)[4], 档案馆与博物馆合作的如 1985 年威尔士格温内思郡 (Gwynedd) 创建了一个与郡档案馆合作开展教育与展览活动的博物馆网络[5]。这一模式虽然一度盛行, 但当时就有英国学者认

---

[1] Elizabeth Shepherd, *Archives and Archivists in 20th Century England*, Farnham & Burlington: Ashgate Publishing Ltd., 2009, p. 158.

[2] 地方研究中心的理念伴随着 20 世纪 70 年代英国地方政府改革的推行和新公共管理运动的兴起而逐步形成与成熟起来。1972 年曾出任多地公共图书馆馆长的迈克尔·梅辛杰 (Michael Messenger) 在英格兰中部地区博物馆与美术馆联合会的一次会议上提出了"地方历史资源中心 (Local History Resources Centre)"的理念。此后,理查德·佩罗尼 (Richard Peroni) 等图书馆学家则认为这一中心的收藏对象不应局限于历史资源,还应包含当代的文献资源,进而提出了"地方研究中心"的概念。最早的"地方研究中心图书馆"产生于 20 世纪 70 年代中期的伯明翰、考文垂、沃里克郡等地,并出现了与档案馆的初步合作。1974 年西萨福克郡的郡图书馆馆长兼任郡档案馆馆长,并将该郡的"地方研究图书馆"整合到郡档案馆之内。1985 年,洛斯托夫特镇 (Lowestoft) 建立了一个包括档案馆分馆和地方研究图书馆在内的统一机构。这些机构重组得以进行,在于当时的图书馆界和档案界认为图书馆、档案馆和博物馆保存的均为地方文化遗产,可以在推动文化发展与地方认同的前提下,将具有地方价值的档案、图书和文物进行资源整合,统一提供给普通民众。参见 David Rimmer, "Record Office or Local Studies Centre?", *Journal of the Society of Archivists*, Vol. 13, No. 1, Spring 1992, p. 11。

[3] 2012 年肯特研究中心又重新改名为"肯特历史与图书馆中心"(Ken History and Library Centre), 2003 年什罗普郡档案与研究服务中心更名为"什罗普档案馆——通往什罗普郡和特尔福德历史的门户"(Shropshire Archives-gateway to the history of Shropshire and Telford)。

[4] David R. Jones, "The Shropshire's Past Unfolded Project, 1998 - 2001", *Journal of the Society of Archivists*, Vol. 22, No. 2, Oct. 2001, pp. 149 - 150.

[5] David Rimmer, "Record Office or Local Studies Centre?", *Journal of the Society of Archivists*, Vol. 13, No. 1, Spring 1992, p. 11。

为这种模式在未来具有不确定性和潜在危险：（1）图书馆员、博物馆保管人员、档案工作者之间缺乏真正的职业尊重和互信，可持续的深度融合有相当难度；（2）这种远离地方权力中心的发展模式，容易导致地方当局与地方档案馆之间沟通渠道的中断，从而弱化档案馆馆长对地方档案事务的影响力；（3）"地方研究中心"这一名称容易使普通民众误认为它仅仅是一个地方服务机构，而无法体现公共档案馆在行政与业务指导、教育与学术、维护权利与正义等方面的广泛价值。[1] 因此，经历地方行政隶属关系的短暂变迁后，一些地方档案馆重新加强了与地方政府当局的联系。近年来，在文化遗产基金等支持下，公共档案馆与高校通过建立伙伴关系来建立更加适应信息社会的新型地方研究中心。赫尔大学历史中心（Hull History Center）就是典型代表。从20世纪末期开始，市议会控制的赫尔城市档案馆（Hull City Archives）和赫尔地方研究图书馆（Hull Local Studies Library），以及赫尔大学图书馆档案与特藏部（Hull University Archives and Special Collections）均面临着保管空间和专业人员不足的问题，为了寻求发展机遇和空间，遗产彩票基金、市议会和赫尔大学共同出资建设了赫尔历史研究中心，创建了城市公共档案、地方历史资源和大学档案的集中统一管理方式[2]。

官方档案保管机构建立前的分散保管模式、地方议会负责的官方档案馆统一保管模式和协同合作理念下的地方研究中心融合模式是英国地方公共档案馆发展过程中先后出现的三种模式，但并不意味着后出现的模式会完全取代之前形成的模式，由于地区差异等因素的影响，它们在很长一段时期内甚至经常是平行出现在英国各地，即使到现在，地方议会负责的官方档案馆统一保管模式和地方研究中心融合模式仍是各地档案馆建设的两个重要选项。

2003年英国国家档案馆的成立，是英国公共档案馆发展史的一次重大变革。近年来，英国长期形成的中央与地方公共档案馆自主发展的模

---

[1] David Rimmer, "Record Office or Local Studies Centre?", *Journal of the Society of Archivists*, Vol. 13, No. 1, Spring 1992, pp. 9 – 17; Mark Stevens, "Local Authority Archives: Places and Perceptions", *Journal of the Society of Archivists*, Vol. 20, No. 1, Apr. 1999, pp. 85 – 92.

[2] Paul Leaver, "'Paid Eight Guinuyes for an Index': The Origins of the Hull History Centre", *Archives and Records*, Vol. 34, No. 1, Apr. 2013, pp. 95 – 110.

式出现了一些值得注意的变化。首先，在公共档案馆、皇家历史手稿委员会合并的基础上，英国国家档案馆在 2006 年又并入了公共部门信息办公室（Office of Public Sector Information）、皇家出版局（Her Majesty's Stationery Office）两个机构，形成了对英国中央政府的公共档案和公共部门信息的较为全面的控制。其次，地方研究中心的融合模式是地方当局与文化遗产基金会等机构协同工作的产物，体现出地方当局对其管辖范围内公共档案和私人档案进行集中管理的意图，"在适当的情况下，对私人档案的调查（包括教会档案和其他半官方团体的档案）和对寄存品的接收，往往是地方档案机构最重要的职能之一"[①]。实际上，国家档案登记处（NRA）、全国档案委员会（National Council on Archives，1988 年成立）、博物馆、图书馆与档案馆委员会（Museums, Libraries and Archives Council，2000 年成立）、全国档案与文件协会（Archives and Records Association，2012 年重新组建）等机构的出现，均体现出英国档案管理机构试图强化集中控制的思路，而地方公共档案馆面对政治机构、经济、技术等环境发生巨大变化所带来的挑战时，也亟须统一的政策和专业领导的支持，国家档案馆的成立无疑是适应时代需求。2005 年，英国国家档案馆成立"国家咨询服务部"（National Advisory Services），为英国中央和地方政府公共档案馆，其他政府部门、大学、图书馆、博物馆、企业及慈善机构、私人组织提供文档管理、档案馆建设等方面的政策咨询服务，2009 年该部门更名为档案部门发展部（Archives Sector Development），2011 年该部门接管了"博物馆、图书馆与档案馆委员会"对全国档案机构发展状况进行监督和指导的职责，这是国家公共档案馆提升行业领导力、公共档案馆体系进一步集中化的重要表征[②]。总之，中央政府与地方政府的权力博弈，基金会、志愿组织等第三方组织积极介入公共档案管理领域，使得公共档案馆的建设主体更加多元、复杂，因此，行政机制、市场机制、公益机制如何在公共档案馆建设中发挥作用及发挥多大作用，将在很大程度上决定着英国公共档案馆的未来发展模式。

---

① ［英］迈克尔·库克：《档案管理——中小型机构和地方政府档案机构实用手册》，朱国斌、李宪译，档案出版社 1988 年版，第 225 页。

② Nick Kingsley, "Perspectives and Priorities: The National Archives Vision for Sector Leadership", *Journal of the Society of Archivists*, Vol. 33, No. 2, Oct. 2012, pp. 135 – 147.

二 加拿大型的自主发展路径

加拿大原属英、法两国的殖民地，法国的统筹发展模式和英国的自主发展模式均对其公共档案馆体系的创建与发展产生了深刻影响，这也使得加拿大公共档案馆的分散式发展模式显得颇为复杂。从加拿大公共档案馆演变史看，比较明显地存在一个由"总体档案"思想向"档案系统"思想转型[①]的过程，因而呈现出"总体"模式和"系统"模式两个阶段。

（一）公共档案馆建设的"总体"模式

"总体"模式，是指19世纪70年代至20世纪80年代期间，加拿大公共档案馆实施的对全国范围内档案的全面收集、接收与管理的整体发展思维。这一模式最突出特征就是各级公共档案馆不仅保管官方档案，而且还主动收集反映加拿大及其各地历史文化的各种私人档案，在相当程度上实现了对加拿大历史文化遗产的整体保护。加拿大作为殖民地国家的背景、建国时历史档案的匮乏、建立国家文化认同的迫切感以及国家图书馆、博物馆等机构的长期缺位等，促成了这一模式的形成及合理化，并得到当时加拿大社会各界的认可："加拿大公民一度认为公共档案馆有责任和义务保存和保管整个社会的记忆，因而鼓励档案馆收集所有与加拿大社会相关的各种形式的档案"[②]。不过在早期的发展过程中，由于加拿大公共档案馆未能很好地处理文化功能与政府文件管理职能间的关系，并在国会图书馆和国务秘书部文书分部的压迫下一度存在制度性破产的生存危机[③]。甚至到了20世纪40年代，加拿大公共档案馆里保存的联邦成立以来的政府文件数量依然非常少，政府文件管理依然只停留在理论上。因此，整合公共档案馆的文化功能与行政职责，改变早期的

---

① 关于这一转型过程，请参见本书第一章第三节的相关内容。
② 潘未梅、楚艳娜、谭必勇：《加拿大公共档案馆思想演进历程简析——从"总体档案"到"档案系统"》，《中国档案研究》2015年第1辑。
③ 具体参见 Douglas Brymner, *Report on Canadian Archives*（1881），Ottawa：S. E. Dawson, 1882, pp. 1 - 54; Douglas Brymner, *Report on Canadian Archives*（1882），Ottawa：Maclean, Roger & CO., Wellington Street, 1883, pp. 6 - 8。

公共档案馆发展模式就成公共档案馆系统整体升级的必然选择①。

加拿大公共档案馆第四任馆长威廉·凯·兰姆（William Kaye Lamb）从三个方面进行了改进：（1）通过对档案更加系统、全面的鉴定（销毁）提升公共档案馆的馆藏质量；（2）创建联邦公共文件中心（1956年）和地区分中心，制定公共文件管理制度，建立与深化公共档案馆与政府文件管理部门的官方沟通渠道；（3）显著提升研究服务与公共服务。这使加拿大"档案工作的重心从热情征集旧英雄人物的私人文件转向更加学术化、系统化、专业化地收集当地社会的文件，尤其是有效地管理政府官方文件"。这些改革的核心旨在平衡"公"与"私"及各种档案载体，既保持了档案收藏的现实性，又能服务于学术研究，形成了适应现代化国家需要的公共档案馆运作机制。②

然而，这一"总体"发展模式在20世纪70年代中后期开始遭到诸多挑战。首先，尽管从20世纪20年代开始加拿大就初步形成了联邦、省和地方三级公共档案馆体系，但三者之间发展极不平衡，联邦公共档案馆的发展远超过省和地方公共档案馆，"国家主义"和"地方主义"的思想冲击

---

① 历史地看，加拿大早期公共档案馆的发展道路是当时加拿大档案界所能走的最佳路径。首先，加拿大联邦成立之初，加拿大本国保存的档案文献非常少，为了提升国家文化的认同度，亟须从英国、法国等地收集年代久远的档案材料，并且当时尚无复制设备和技术，只能依靠手工抄录等方式复制这些早期的档案，因此，在人力、物力非常有限的环境下，优先开展历史档案的收集而将政府机构保存的现行文件搁置一旁是不得已的选择。其次，无论是早期的魁北克文学与历史学会，还是掌管"艺术及制造业"的农业部，乃至自治领档案馆的前两任馆长，都拥有非常浓厚的历史研究情结，因此无论是公共文件还是私人文件，只要涉及加拿大历史并具有学术研究价值，他们都会尽可能全面地加以收集。这也使得早期加拿大档案馆的公共服务工作主要还是局限于为从事学术研究的历史学家们提供（档案资源方面）研究指导和帮助。事实上，正如加拿大公共档案馆第五任馆长威尔弗雷德·I. 史密斯（Wilfred I. Smith）所说："既然联邦政府开始于1867年，那么在几年之内要把它的文件看成是档案是不现实的。"这或许是早期的大多数加拿大档案工作者的文化心态。最后，早期加拿大公共档案馆广泛收集历史文化资源的做法，在一定程度上承担其保存加拿大整体文化遗产的重任，而其花了近一个世纪积累起来的丰富文化收藏，在20世纪五六十年代后成为加拿大国家图书馆、国家博物馆和国家美术馆的重要组成部分。毫无疑问，加拿大公共档案馆早期发展模式，是有其内在的历史逻辑与文化背景，也使得加拿大档案事业在国际档案界具有鲜明的特色。具体参见谭必勇《从文化层面解读加拿大公共档案馆的早期发展模式》，《档案学通讯》2015年第4期。

② Terry Cook, "An Archival Revolution: W. Kaye Lamb and the Transformation of the Archival Profession", *Archivaria*, No. 60, 2006, pp. 185–201.

又常常引发各级公共档案馆的馆藏竞争①，致使当时公共档案馆内部的发展生态处于比较"脆弱"的状态。其次，20世纪50年代以后，政府官方文件大规模地被接收进馆，官方文件在公共档案馆馆藏体系中的比重急剧增加，因此而产生的公共服务项目和支出也迅速扩张，导致各级公共档案馆难以兼顾传统的私人文件收集与管理业务②。更为关键的是，此时正逢世界资本主义经济危机时代，中央政府的公共财政支出大幅缩减，伴随着地方分权主义、社区运动的兴起，加拿大人在身份认同上趋于社区化和本地化的趋势，在这一背景下由国家档案馆集中保存所有文化遗产的"总体"模式越来越难以为继。以集中和中央控制为核心的"总体"模式缺乏可持续发展的内部基础和外部环境，一种新的发展模式"呼之欲出"。

（二）公共档案馆建设的"系统"模式

"系统"模式，是指20世纪80年代至今，加拿大联邦、省、地方各级档案部门通过制度化分工与合作等方式实现公共档案馆健康、可持续发展的建设路径。这一模式的主要特征就是通过对国家、省级和地方级档案文献的较为清晰的界定，构建了分工明确、协调互补的三级公共档案馆馆藏收集与服务范围，各级公共档案馆从私人档案管理领域退出，由企业档案馆、大学档案馆、社区档案馆、私人档案馆等承担非公共领域的档案保管职责。加拿大档案理事会的成立（1985年）和加拿大公共档案馆改组为国家档案馆（1987年）是"系统"模式诞生的重要标志。在加拿大档案理事会的支持下，各级公共档案馆和非公共档案馆得到了快速发展，1980年加拿大仅有200座档案馆，1982年就增加到491座，

---

① 20世纪20年代就曾经发生因为联邦公共档案馆的地方分支机构将一些省的地方档案送往渥太华集中保管而遭受争议的情况，甚至到了20世纪70年代，加拿大各省公共档案馆对各城市保存的公共档案依旧抱有浓厚的兴趣，从而时常引发与城市档案馆特别是省会所在城市档案馆的冲突（参见 Kent M. Haworth "Local Archives: Responsibilities and Challenges for Archivists"，Archivaria，No. 3，Winter 1976/77，pp. 28 – 39）。"国家意义"文件和"地方价值"文件如何界定也常常导致争议，1982年联邦文化政策审查委员会（Cultural Policy Review Committee）指出，在"总体档案"理念下公共档案馆的传统收集政策和省、地区、地方档案馆的收集目标之间存在冲突（参见 Myron Momryk "'National Significance': The Evolution and Development of Acquisition Strategies in Manuscript Division, National Archives of Canada"，Archivaria，No. 52，Fall 2001，pp. 155 – 156）。

② Laura Millar, "Discharging our debt: The evolution of the total archives concept in English Canada"，Archivaria，No. 46，Fall 1998，pp. 103 – 146.

而1989年这一数字则增长到了627[①]。

对纸质档案和电子文件等进行全面、系统的收集与管理，也是"系统"模式的重要特征。信息技术的广泛应用和电子文件的普及，使得文件管理变得至关重要，为了确保文件在电子时代保持持续价值，公共档案馆必须努力建立文件管理系统以确保电子和纸质文件可控，为此档案部门需要积极介入文件管理和业务信息系统的设计、开发和管理流程。因此，文件管理和档案管理之间的系统性、关联性特征受到加拿大学者的关注，杰伊·阿瑟顿（Jay Atherton）提出的连续体观点被澳大利亚学者发展为著名的文件连续体理论，是"系统"模式实践对国际档案学界的重要贡献[②]。

总的来说，公共档案馆的政府文件管理职责不断增强、文化职能日趋弱化，是"系统"模式下加拿大公共档案馆建设的重要趋势，长期以来联邦与省级公共档案馆实施的集中式档案收集政策与加拿大联邦分散式档案管理体制之间的内在矛盾所引发的中央与地方公共档案馆的冲突由此得到极大缓和，公共档案馆系统内部以及公共与非公共档案系统间有了较为清晰的分工，从而更加科学地开展档案业务工作，系统、全面地保存加拿大社会记忆。

此外，同属北美地区的美国公共档案馆发展道路，与加拿大有一定的相似之处，两国地方公共档案保管传统比较悠久但机构体制建设较为缓慢，国家档案馆与地方公共档案馆之间并无直接隶属关系，基本属于各自独立发展的状况，两国的国家档案馆都曾面临国会图书馆等机构的制度性竞争[③]等。不过与加拿大联邦公共档案馆创建较早但发展缓慢的态

[①] Laura Millar, "Discharging our debt: The evolution of the total archives concept in English Canada", *Archivaria*, No. 46, Fall 1998, p. 125.

[②] 潘未梅、楚艳娜、谭必勇：《加拿大公共档案馆思想演进历程简析——从"总体档案"到"档案系统"》，《中国档案研究》2015年第1辑。

[③] 美国国会图书馆将部分档案收藏到了它的手稿部，其中相当一部分资料极具历史价值。手稿部的存在，实际上承担了部分国家档案馆的职责，成为推动美国国家档案馆建立的潜在阻碍。当时就有不少学者反对这一做法，认为由于历史研究的需要而将特定的文件从档案中抽取出来无疑会破坏档案的完整性。美国档案职业之父利兰则明确指出，"图书馆应当远离档案，假如我是国家档案馆馆长，我应当做的事情之一就是从图书馆已有馆藏中取回应当属于档案馆的那部分档案"。参见 Waldo Gifford Leland "American Archival Problems", *Annual report of the American Historical Association for the year* 1909, *Washington*, 1911, p. 343; Randall C. Jimerson, "American Historians and European Archival Theory: the Collaboration of J. F. Jamerson and Waldo G. Leland", *Archival Science*, Vol. 6, No. 3-4, Sep. 2006, p. 308。

势不同,美国国家档案馆的成立时间较晚(1934年),但发展较为迅速,在很短时间内就成为世界上最具现代化水准的国家档案馆[①]。值得注意的是,在美国国家档案馆成立之前,美国不少州档案馆就形成了较为固定的几种发展模式,如州政府秘书长办公室、州立图书馆档案部、州历史委员会或历史学会,甚至州立图书馆馆长都在一定程度上承担了州档案馆馆长的职责[②]。直到现在,美国州档案馆依然保留了多元的发展模式,其中31个州建立了州立档案馆,有9个州通过州委员会或协会(有历史委员会、历史协会、图书与档案协会、档案与文件管理委员会等多种组织形式)履行州立档案馆职责,有4个州建立了州立图书档案馆,2个州建立了档案与历史部,2个州建立了档案与文件管理部,还有1个州则以州立图书馆的名义管理州公共档案[③]。这些多元模式的存在相当程度上是对美国国家档案馆成立前各州公共档案保管传统的继承

---

① H. G. Jones, *The Records of a Nation*, New York: Atheneum, 1969, pp. 3–23.

② 基本的模式包括以下三种:(1)州政府秘书长办公室模式。比如马萨诸塞州的州联邦秘书长办公室就建立了一个档案部(Division of archives),将秘书长办公室的文件、所有立法文书等档案。此外,罗德岛州、新罕布什尔州也采取了类似的模式。这些州的历史协会都很积极主动,收集了相当数量的历史档案、手稿等资料。南卡罗来纳州历史委员会任命了一位秘书,这实际上是由州政府秘书长掌控下提名的具有州档案馆馆长性质的职位。与马萨诸塞州不一样的是,南卡罗来纳州的档案馆馆长负责管理所有州政府机构产生的档案文件。(2)州立图书馆代管模式。例如,宾夕法尼亚州图书馆在1904年前后成立了公共档案部(Department of Public Records),该州自1750年以来的立法文件、州政府秘书长文件以及其他州政府行政部门的文件都保存在这里。康涅狄格州、纽约州图书馆收藏了丰富的政府历史档案、手稿。威斯康辛州立历史图书馆虽然成立,但州政府机关的档案依旧在各机关分别保存。(3)政府公共部门管理模式。密西西比州、阿拉巴马州成立了档案与历史部。由于这些州没有强大的历史协会,因此政府性质的档案与历史部就承担起了保存公共历史档案的责任,包括该州所有历史文化遗产。档案与历史部不仅收集政府公共档案,而且从私人机构中征集反映该州历史的各类手稿、日记、报纸等各类历史文献。具体参见 Waldo Gifford Leland, "American Archival Problems", *Annual report of the American Historical Association for the year* 1909, Washington, 1911, pp. 343–344; Robert R. Simpson, "Leland to Connor: An early survey of American State Archives", *The American Archivist*, Vol. 36, No. 4, Oct. 1973, p. 515.

③ 具体参见2013年10月美国国家档案馆"档案馆、图书馆信息中心"(Archives Library Information Center)提供的有关各州公共档案机构的介绍。Archives Library Information Center, National Archives, *State Archives*(https://www.archives.gov/research/alic/reference/state-archives.html)。

与发扬①，既反映了地方文化对公共档案馆发展模式的影响，也突出反映了美国地方公共档案馆自主式建设与发展的重要特征。

总之，英、加、美三国是分散式档案事业管理体制下实施中央与地方公共档案馆各自独立自主式发展的典型代表。英、加两国的中央档案管理机构建成时间早、但缺乏对地方公共档案馆的有效指导，从而导致地方公共档案馆发展较为缓慢，中央与地方公共档案馆的不平衡状态也时常导致双方的矛盾；美国虽然属于分散式档案管理体制，但地方公共档案馆特别是州一级公共档案馆的建设得到了较快发展，形成了各成体系的地方公共档案保管网络，尽管直到现在仍有部分图书馆承担地方公共档案馆的职责，但总体上形成了对公共档案与私人档案的不同管理模式。美国国家档案馆几经发展，成为美国档案与文件管理局（NARA），既具有对国家档案的保管与服务职责，又能承担文件档案管理的政策咨询与决策工作。2003年和2004年，英国国家档案馆和加拿大国家图书档案馆的先后改组，表明这些国家的公共档案馆系统尽管保持着分散式的独立发展模式，但都在不同程度上强化了国家档案馆在业务规范与行业标准建设等方面的"集中控制"，这是当前自主发展模式的重要变化与发展走向。

第三节 转型发展模式

转型发展模式，主要指受政治体制变革、外来公共档案馆建设思潮等因素影响，将档案馆或相关机构进行改造、重组而实现公共档案馆跨越式建设的一种后发建设模式。转型发展模式既存在于发达国家，也存在于发展中国家，前者以澳大利亚为代表，后者则以南非最为典型。

一 澳大利亚公共档案馆的独立与转型

档案馆的馆藏是国家文化遗产的重要组成部分，与此同时，一个

---

① 1850年1月，美国加利福尼亚州政府成立伊始就创建了以立法的方式在州政府秘书长办公室建立了公共档案保管室。参见 The State of California, *Law of the State of California*: *Chapter I. An Act Concerning the Public Archives*（http://archives.cdn.sos.ca.gov/laws/Chapter_1.pdf）。后来这一公共档案保管室发展成加利福尼亚州立档案馆。参见 California State Archives, *About the Archives*（http://www.sos.ca.gov/archives/about-archives/）。

档案馆的机构设置、发展理念、工作方法等，也会带有本地区鲜明的文化烙印。在"二战"之后，世界上大部分国家都建立了自己的国家档案馆。由于各国政治、经济及文化的差异，各个国家档案馆的发展路径也呈现出不同的特征。值得注意的是，澳大利亚档案工作的起源比较晚，但是进展却非常之快。澳大利亚国家档案馆在不到半个世纪的时间内，从图书馆领导下的档案保管机构，发展为政府的档案室，再升级成具有法定权威的国家公共档案馆，走完了欧美档案机构历经数百年发展完成的路程[①]。而在其早期发展的历程中更是历经多次变革与调整，同时也伴随着工作理念的转变。澳大利亚国家档案馆的早期发展历程，既与西方国家公共档案馆的发展路径相似，又因澳大利亚本土国情而有其特殊性。

（一）公共图书馆对各级政府官方历史文件的保管

澳大利亚建国历史较短，因此档案文件的存储和保管长期未能引起中央政府的重视，而地方当局由于公共行政事务较为简单，自然也难以对档案文件的管理产生足够的兴趣。因此，澳大利亚各级公共图书馆积极开展公共档案的收集与保管工作，将公共档案纳入图书收藏体系进行管理。

1. 州立图书馆的早期探索

澳大利亚州和地方政府的档案工作起源于新南威尔士州。始建于1826年的澳大利亚收费图书馆在19世纪50年代便开始搜集澳大利亚早期历史档案。1869年，该图书馆被新南威尔士州政府收购，更名为州立图书馆。1887年，州政府批准了一项"文档中的新南威尔士州历史"计划，并任命历史学家詹姆斯·邦威克（James Bonwick）为"新南威尔士州档案专员"，远赴伦敦搜集并抄录澳洲殖民地成立初期的文档。詹姆斯的工作卓有成效，他在英国各政府部门发现了大量有关澳洲早期历史的珍贵档案，抄录后被州立图书馆所保存，私人文件和商业文

---

① 张弛、谭必勇：《社会发展、理念转变与机构变革：澳大利亚国家档案馆建立的过程及推动因素探析》，《档案管理》2018 年第 5 期。

件等也被纳入了早期档案搜集的范畴。① 除此之外，州立图书馆还接受了收藏家戴维·斯科特·米切尔（David Scott Mitchell）的捐赠，其中也包含了大量珍贵的澳洲早期档案文献。新南威尔士州立图书馆对州档案和其他历史文件进行了详细的区分，从1910年起州立图书馆馆长有权对州政府部门旧档在销毁处理之前进行审查，在1953年州立图书馆档案分部成立之前，州立图书馆扮演着事实上的州立档案馆角色长达50多年。② 新南威尔士州立图书馆早期的档案管理实践是澳大利亚档案工作的滥觞，其措施和理念对联邦层面档案工作的开展产生了深远影响。

不过，以立法手段促进州档案工作的制度化实施，则是南澳大利亚州早期档案工作的特色。1916年，在阿德莱德大学历史学教授乔治·科伯恩·亨德森（George Cockburn Henderson）的大力推动下，南澳大利亚州政府授权公共图书馆、博物馆与美术馆委员会来承担州档案局的职责，并于1920年在该委员会下成立了档案部，并在1925年通过的《公共文件处置管理法案》（An act to Regulate the Disposal of Public Documents）获得立法支持。这是澳大利亚通过立法手段正式创建的保管官方文件的档案部。③

2. 联邦国家图书馆档案分部

1901年5月，在澳大利亚联邦政府成立数月之后，联邦国会图书馆（Commonwealth Parliamentary Library）随即诞生。同美国一样，联邦国会图书馆主要是为议会提供立法咨询，同时也承担着公共服务的职能。在成立初期，由于馆藏匮乏，因此联邦国会图书馆将大量精力放在馆藏资源建设上。1923年，联邦国家图书馆（Commonwealth National Library）作为国会图书馆的组成部分正式创建起来。受民族主义思潮影

---

① David S. MacMillan, "Archives in New South Wales——the Situation in 1956", The American Archivist, Vol. 20, No. 1, Jan. 1957, pp. 49–51.

② Alan Horton, "Archival Backgrounds in New South Wales", The American Archivist, Vol. 22, No. 1, Jan. 1959, pp. 39–48.

③ Michael Piggott, The Visit of Dr T. R. Schellenberg to Australia 1954: A Study of its Origins and some Repercussions on Archival Development in Australia, Sydney: University of New South Wales, 1989, pp. 30–31.

响，当时的图书馆员就认为，"国家图书馆的馆藏是一个先进国家尊严和传承的一部分"。在1907年图书馆委员会的报告中，联邦国会图书馆宣称自己的使命是建立澳大利亚的"国家典藏"，囊括"有关于澳大利亚及其附属地区的发现、殖民以及发展历程的各种类型的手稿、文献和档案"。① 在这一理念的引领下，库克船长的航海日志等一部分关于澳洲早期历史的珍贵历史手稿和档案被纳入联邦国会图书馆的收藏体系之中。

联邦国家图书馆早期主要聚焦于历史档案的收集，忽略了政府公共文件的保存，而当时澳大利亚也没有其他机构承担这一工作。后来，澳洲历史学家们开始呼吁"为未来保存历史"，图书馆也将目光放在了澳大利亚联邦政府所产生的公共文件上。1940年6月，澳大利亚图书馆员理事会（Australian Institute of Librarians）在阿德莱德召开的第三届年会上，专门进行了一场以"档案"为主题的专题研讨会，会议上由图书馆管理公共文件的声音取得了胜利。1944年，联邦国家图书馆创建档案分部，任命伊恩·麦克莱恩（Ian Maclean）为首任档案执行官（Chief Archives Officer），以负责管理联邦政府成立后各政府部门产生的档案，由此澳大利亚联邦层面的档案工作在图书馆的领导下逐步开展。②

（二）战争纪念馆、战争档案委员会对国家战争档案的保护

美国著名档案学理查德·J.考克斯在论述档案与战争的关系中曾指出："纪念战争的努力往往会产生新的档案行动。"③ 在澳大利亚这个新生国家走向独立和成熟的历程中，两次世界大战是非常重要的历史节点。特别是在第一次世界大战中，澳新军团在加里波利战争中付出的牺牲极大振奋了澳大利亚人，被视为民族精神的重要体现而长久被后世纪念。

---

① Dr Belinda Tiffen, "Recording the Nation: Nationalism and the History of the National Library of Australia", *The Australian Library Journal*, Vol. 56, No. 3 - 4, 2007, pp. 343 - 346.

② Ian Maclean, "Australian Experience in Record and Archives Management", *The American Archivist*, Vol. 22, No. 4, Oct. 1959, pp. 387 - 395.

③ Richard J. Cox, "Archives, War, and Memory: Building a Framework", *Library & Archival Security*, Vol. 25, No. 1, Apr. 2012, pp. 21 - 57.

在历史学家以民族主义视角建构战争记忆的过程中，战争档案被视为"神圣遗产"，受到了特别的重视。

1917年，"一战"时期的战地记者、著名战争史专家查尔斯·埃德温·伍德罗·比恩[1]（Charles Edwin Woodrow Bean）提出创建"战争文件部"（Australian War Records Section）的倡议得到联邦政府的积极回应，1925年，国会通过了《澳大利亚战争纪念馆法案》（Australian War Memorial Act），确立了战争纪念馆的法律地位及其收集范围。[2] 在"二战"中，澳大利亚直接面对着来自日本的军事威胁，北部港口城市达尔文遭受了日军的轰炸，而其宗主国英国深陷欧洲战场自顾不暇，澳大利亚意识到自己需要独立保卫自己的安全，民族意识空前高涨。战争所带来的破坏也使政府意识到建立严格的档案保管体系的重要性。1942年，澳大利亚总理约翰·柯廷（John Curtin）批准成立历史档案收集与保存委员会，之后更名为战争档案委员会（War Archives Committee），由比恩任主席。战争档案委员会主要负责制订联邦政府战争文件的保管政策，并监督各个政府部门的实施状况，事实上承担了国家档案局的职能。[3]

（三）独立地位的获得：从国家图书馆档案分部到联邦政府档案办公室

"二战"结束后，战争档案委员会的工作任务减轻，而且战争档案中有很大一部分是政府文件，与联邦国家图书馆档案分部的职能重合，这便为二者的合作提供了契机。1946年，战争档案委员会更名为联邦档案

---

[1] 比恩在"一战"中是澳大利亚的官方战地记者，战后又致力于《澳大利亚1914—1918年战争史（Official History of Australia in the War of 1914 - 1918)》的编纂工作，是"澳新军团神话"的主要缔造者。比恩是一位坚定的澳大利亚民族主义者，其战地记者和官方史学家的经历让他开始重视档案在纪念战争方面的价值。

[2] Michael Piggott，*The Visit of Dr T. R. Schellenberg to Australia 1954：A Study of its Origins and some Repercussions on Archival Development in Australia*，Sydney：University of New South Wales，1989，pp. 31 - 32.

[3] C. E. W. Bean， "Australia's Federal Archives：John Curtin's Initiative"，*Historical Studies：Australia and New Zealand*，Vol. 3，No. 11，1945，pp. 176 - 186.

委员会（Commonwealth Archives Committee），直接向总理汇报，统摄战争纪念馆和联邦国家图书馆的档案工作，管理的职权也从战争文件扩大到所有联邦政府生成的文件。20世纪50年代初期，澳大利亚已经建立起了一套"综合档案管理体系"。殖民地时期英国引进的登记制度得到继承与发展：政府各个部门都安排了一名接受过文件管理专业训练的"部门登记员"，负责制定文件管理计划。联邦档案委员会向各政府部门宣传档案分布的工作，推动档案的移交进馆保存。档案分部的职责则集中于对联邦政府产生的档案的保管、整理、分类和编目。① 联邦档案委员会和联邦国家图书馆档案分部的联合工作机制，使得澳大利亚各级公共图书馆在档案机构缺位的情况下，承担起公共档案的收集与保管任务，但在一定程度上削弱了澳大利亚政府当局对公共档案馆机构的制度性需求。"二战"之后，澳大利亚联邦政府的权力逐渐增强，人口迅速膨胀，经济持续繁荣。政府所产生的"现代文件"数量大量增长。这对档案工作提出了较高的要求，由图书馆领导档案工作的弊端开始显现②，有关于是否继续由图书馆控制档案工作的争论在澳大利亚愈演

---

① Ian Maclean, "Australian Experience in Record and Archives Management", *The American Archivist*, Vol. 22, No. 4, Oct. 1959, pp. 392 – 396.

② 这些弊端突出表现在以下几个方面：首先是档案工作的内容和规模受到较大限制。到1952年，联邦图书馆档案分部仅有25名工作人员，其中还有部分非专业工作者，面对战后联邦政府档案大量增长的情况，可谓是捉襟见肘。到1961年，在墨尔本和堪培拉两地管理联邦档案分部库房的员工依旧保持着17名专业人员加部分非专业管理及服务人员的配置。何况此时国家图书馆也面临着资金和库房不足的窘境，能够倾斜给档案分部的资源少之又少。在这种规模下，档案分部只能将工作重心放在档案整理与保管等基础工作上，档案开放工作进展缓慢，普通民众获取开放政府档案需要经历一个相当耗时的流程。其次，国会图书馆将档案和其他图书材料按照统一原则和方法处理，甚至在对于文书及档案管理人员的培训及考察，也是以图书馆学的知识为主，这既造成了不必要的时间浪费，又使得工作者因缺乏专业知识而难以开展工作。最后，组织上的依附也带来了心态上的自卑和发展前景的迷茫。档案工作者遭受着来自图书馆员的"傲慢与偏见"，政府官员也把他们当作文书人员来看待。档案工作没有被赋予合适的社会定位，更遑论发挥档案的巨大价值。总之，现实的种种困境令档案工作者认识到："同图书馆结合在一起仍是今天澳大利亚档案馆发展的主要障碍，其障碍作用甚至比各州的财政困难还要大一些。"具体参见 Michael Piggott, *The Visit of Dr T. R. Schellenberg to Australia 1954: A Study of its Origins and some Repercussions on Archival Development in Australia*, Sydney: University of New South Wales, 1989, pp. 77 – 201; Maizie H. Johnson, "Archives Administration in Australia", *The American Archivist*, Vol. 28, No. 2, Apr. 1965, pp. 231 – 232。

愈烈①。

1954年，美国著名档案学者谢伦伯格应邀访问澳大利亚，为澳大利亚档案工作者带来了美国先进的文件档案管理思想，在他系列讲座中专门谈到了档案馆"同图书馆的关系"，并提醒澳大利亚的同行，"由于图书馆工作训练总是把注意力集中在个别材料单件的处理上，所以，对档案专业隐藏着某种先天的危险"②，主张档案馆从图书馆独立出来。谢伦伯格的访问极大激发了澳大利亚档案工作者的职业认同感和信心，"向档

---

① 主张继续由图书馆领导档案工作的主要是图书馆员，代表人物有联邦国会图书馆馆长哈罗德·怀特（Harold White）、新南威尔士州公共图书馆馆长约翰·梅特卡夫（John Metcalfe）及其档案部主任阿兰·霍顿（Alan Horton）等，其理由主要有以下几点：一是节约经费。澳大利亚联邦政府的财政状况并不宽裕，如果档案机构获得独立地位，那么新建库房和扩大员工队伍都会是一笔不小的支出。二是方便研究人员的利用，因为图书和档案都是重要的文献材料，利用者往往会综合参阅图书档案的信息，因此将这两者放在一起保存，能让研究者更快捷地获取多途径的信息资源服务。三是坚称图书和档案工作都是基于实体文献的管理，在管理思维和管理手段上有相通之处。图书馆员的底气源于图书馆之前在历史档案收集和政府文件管理体系建立方面取得的成就。正如霍顿所言："如果图书馆当初没有兴趣建立档案部门，如果它不及时拯救这些濒临毁灭的档案，那么，现在能否有一个由图书馆运营的高效的档案管理系统是值得怀疑的。"（参见 Alan Horton, "Archival Backgrounds in New South Wales", The American Archivist, Vol. 22, No. 1, Jan. 1959, pp. 39–48.）主张档案应从图书馆控制体系中独立出来的代表性人物则有联邦档案委员会主席查尔斯·埃德温·伍德罗·比恩、联邦国会图书馆档案分部主任伊恩·麦克莱恩、悉尼大学档案保管员戴维·麦克米伦（David S. MacMillan）等。他们把论述的重心放在了图书与档案管理工作的不同之处上，认为图书馆员和档案工作者是两种不同的职业，思维和工作方式迥异，在馆藏建设、分类和著录等方面有明显的区别。澳大利亚档案工作者深受英国古典主义档案理论的影响，强调文件及档案的证据属性，认为"档案不是搜集物"，将图书馆系统管理的个人档案及历史手稿排除出档案的范围。另外分离主义者还提及实际工作中的需求，档案工作者需要独立地同各部门打交道，这样才能获得更多的权威性，使各个政府部门支持和配合档案部门的工作，推动各项文件管理制度和档案移交工作的开展。（参见 Ian Maclean, "Australian Experience in Record and Archives Management", The American Archivist, Vol. 22, No. 4, Oct. 1959, pp. 387–395.）从他们的论述中可以看出，有关图书馆控制档案工作的争论，并非简单涉及一个机构的归属，其背后是二者更深层次的分歧：对档案的本质属性的认识。图书馆员从利用需求的角度出发，强调档案的文献价值。而澳大利亚的档案工作者则主要吸收了以詹金逊为代表的英国古典主义档案思想，重视档案的证据属性。档案区别于其他文献材料的本质属性，决定了档案工作应采用独特的管理方法。而与行政管理活动的深度联系，又要求档案部门必须要掌握一定的行政权威。因此，分离主义的诉求无疑更为符合澳大利亚的现实情况。在这种思想指导下，档案分部专注于联邦政府文件的管理，将图书馆系统管理的个人档案及历史手稿排除出档案的范围。这种高度的行政属性与图书馆文化机构的定位产生了明显的背离，也是图书馆不适于继续管理档案工作的最根本原因所在。

② ［美］T. R. 谢伦伯格：《现代档案——原则与技术》，黄坤坊等译，档案出版社1983年版，第23—32页。

案管理员展示一个世界,在这个世界里,他们把学者、参考专家、效率专家和管理人员的技能结合起来,以维持学术、政府和社会系统的正常运转"①,阐明了档案工作者的社会角色,展现了档案工作对社会的巨大贡献,这对于正在迷茫与自卑中徘徊的澳大利亚档案工作者而言,无异于一针强心剂。

值得注意的是,虽然谢伦伯格的澳大利亚之行大获成功,但澳大利亚的档案工作者还是更多吸收了以詹金逊为代表的英国古典主义档案思想。这主要是因为澳大利亚的官僚体系和文书制度承袭至英国,在文化方面也有着高度的认同感。另外,詹金逊的《档案管理手册》在很长时间内是英文世界中最具权威的档案学著作,是澳洲档案工作者的启蒙书。詹金逊和谢伦伯格的理念颇多龃龉,但他们在反对图书馆开展档案工作上达成了共识。在詹金逊"证据神圣性"思想指导下,档案分部希望专注于联邦政府文件的管理,将图书馆系统管理的个人档案及历史手稿排除出档案的范围。这与图书馆文化机构的定位产生了明显的背离,亦是档案分部谋求独立的重要原因所在。

1956年,澳大利亚联邦政府成立了"国家图书馆调查委员会"(National Library Inquiry Committee),时任墨尔本大学副校长的乔治·帕顿(George Paton)教授被委任为委员会主席,来审议联邦国家图书馆的工作并判断其职能是否应有所调整。这一委员会支持了档案馆独立发展的思想,建议"联邦国家图书馆档案分部应当成为由合适部门主管下的独立政府机关"②,并促成了1961年《国家图书馆法》(National Library Act)的出台,由此原来的联邦国会图书馆分为三个机构:国会图书馆和国家图书馆成为独立的机构,而档案分部则从国家图书馆独立出来,成为总理部门下属的联邦档案办公室(Commonwealth Archives Office)。③ 澳大利

---

① Michael Piggott, *Archives and Societal Provenance: Australian essays*, Oxford, Cambridge, New Delhi: Chandos Publishing, 2012, pp. 192 – 246.

② Interdepartment Committee on Commonwealth Archives, *Report of the Interdepartment Committee on Commonwealth Archives May 1964* (http://www.naa.gov.au/Images/Interdepartmental_complete_tcm16 – 49444.pdf).

③ Michael Piggott, *The Visit of Dr T. R. Schellenberg to Australia 1954: A Study of its Origins and some Repercussions on Archival Development in Australia*, Sydney: University of New South Wales, 1989, pp. 201 – 248.

亚联邦国家图书馆档案分部从附属于公共图书馆的地位中挣脱出来，获得独立的地位，在档案专业化发展方面赢得了充足的生存与上升空间，由此开启了快速向真正的公共档案馆转型的发展道路。

（四）由联邦档案办公室向真正的公共档案馆转型

独立后的联邦档案办公室在詹金逊理念的影响下，将工作的重心放在档案证据价值的维护上，具有高度的行政官僚色彩。然而，联邦档案办公室在发展中又出现了新的矛盾，具体表现在以下两点：一是缺乏法定权威，联邦层面档案立法的滞后，使得联邦档案办公室对拒绝移交档案的联邦机构无计可施[1]。二是档案开放进展缓慢，虽然在历史学家的推动下，联邦政府于1970年宣布将档案开放期限由50年缩短至30年，但是联邦档案办公室在开放理念及服务保障方面的欠缺还是给档案开放造成了重重困难。这说明，之前的分离运动只是让澳大利亚联邦档案机构从国家图书馆下的附属机构变成了政府的档案室。距离一个具有法定权威的国家公共档案馆还有一定的距离。

自"二战"以来，档案的"文化遗产"价值和"公共利用"潜能逐步为人们所认知，并引起了公共部门的重视，西方发达国家的档案馆纷纷开启了由"国家模式"向"社会模式"转型[2]。在这一背景下，联邦档案办公室的定位开始受到质疑与挑战。另外，随着民主制度的不断发展与完善，公众希望获知政府信息，以监督政府，维护公共利益，保证政体的健康运行。受此影响，1972年，澳大利亚工党惠特拉姆政府提出了"开放政府"的理念。而"开放政府"的一个重要特征是向社会开放政府档案资源。在该理念的指导下，联邦档案工作室在1973年调整至特别内务部管辖，档案立法和完善开放政策也在此时提上了日程。

1973年，加拿大前公共档案馆馆长兰姆应邀对澳大利亚档案工作做

---

[1] 1962年5月，澳大利亚总理批准建立联邦档案跨部门委员会（Inter-Departmental Committee on Commonwealth）的计划，以调查联邦政府各部门档案文件的数量和保管状况，以及各部门现行的档案政策与实践，试图推动政府部门将自己保管的档案文件移交至联邦档案办公室，但效果不佳。参见 Interdepartment Committee on Commonwealth Archives, *Report of the Interdepartment Committee on CommonwealthArchives May 1964*（http：//www.naa.gov.au/Images/Interdepartmental_complete_tcm16-49444.pdf）。

[2] 谭必勇：《如何拉近档案馆与公众的距离——解读西方公共档案馆公众教育职能的演变》，《图书情报知识》2013年第4期。

评述。当时加拿大的联邦公共档案馆已有100多年的历史，并在发展过程中形成了重视档案文化遗产属性和公共价值的理念。对于正处于转型期的联邦档案办公室而言，加拿大公共档案馆建设的经验无疑是其急需的。在考察后，兰姆向特别内政部提交了《国家档案馆的发展》（Development of the National Archives: Report September 1973）报告，又称《兰姆报告》（Lamb Report）①。在该报告中，兰姆结合加拿大的经验提出许多切中肯綮的建议，包括立法承认并加强档案馆的作用、改善档案馆建筑条件、提升工作人员的专业素质、着手收集私人文件、完善开放利用的政策及服务保障等。在报告的最后，兰姆重申：联邦档案办公室应转变对开放利用的态度，工作理念向"利用者导向"倾斜，应努力了解并满足利用者的兴趣与需求，以提升档案馆的社会形象。

兰姆离开后，澳大利亚政府旋即发布了一份新闻稿，表明正在研究他的建议。1974年，特别国务大臣莱昂内尔·鲍恩（Lionel Bowen）将《兰姆报告》公开发表，宣称联邦政府将扩大并升级联邦档案办公室的职能，以"更好地发挥作为国家遗产重要组成部分的历史材料的公共价值"，并表示力争在本届议会任期内出台档案法②。同年，联邦档案办公室更名为"澳大利亚档案馆"（Australian Archives），开启了发展的新方向。但是，在1975年，澳大利亚爆发了"宪政危机"，工党政府被迫下台。20世纪70年代席卷世界的经济危机也使澳大利亚受到重创。直到1983年11月，《澳大利亚联邦档案法》（Archives Act, 1983）③才姗姗来迟。法律的颁布明确赋予了联邦档案馆收集与保管联邦政府档案的权力，同时也规定了公众利用档案的权利，并建立联邦档案馆咨询委员会（The Advisory Council on Australian Archives）作为政策咨询机构，联邦档案馆获得了法定的国家档案馆的地位。在立法方面取得突破后，转变思维观念的要求显得更为急迫。1990年，乔治·尼科斯（George Nichols）接任

---

① William Kaye Lamb, Development of the National Archives: Report September 1973, Canberra: Australian Government Publishing Service, 1974.

② Robert C. Sharman, "Australian Archives in Lamb's Clothing", Archivaria, Vol. 2, Summer 1976, pp. 20–32.

③ Federal Register of Legislation, Archives Act 1983 (https://www.legislation.gov.au/Series/C2004A02796).

澳大利亚档案馆馆长（Director-General），在他的领导下，澳大利亚档案馆接纳了"文件连续体"的理念，开展了一系列深刻的变革[1]，最终完成了向公共档案馆的转型。1998年，联邦档案馆更名为澳大利亚国家档案馆（The National Archives of Australia），联邦档案馆咨询委员会也更名国家档案馆咨询委员会（The National Archives of Australia Advisory Council），使澳大利亚档案馆获得了国家档案馆的"名"与"实"[2]。

机构变革在某种程度上是工作理念转变的产物。从联邦国家图书馆档案分部到联邦政府档案办公室，从联邦档案办公室到联邦档案馆再到现在的国家档案馆，在澳大利亚国家档案馆近半个世纪的发展历程中，我们可以看到它的定位一直在两种角色间徘徊：行政管理机构和文化机构，而这背后则体现的是档案工作重视证据价值和文化价值的两种不同取向。在联邦国家图书馆档案分部时期，由于图书馆自身文化机构的导向，档案工作也受其影响，参与了民族记忆的构建。而在联邦档案办公室时期，天平偏向了证据价值的一端，主要关注对文件进行合适的管理及其作为证据的捕获及保存。在"澳大利亚档案馆"时期，则以立法加强档案馆权威和完善开放政策推动公共转向双管齐下的策略，在两种价值之间取得了微妙的平衡。

值得注意的是，每一次变革并非是对时代变化的被动适应，相反，是对档案馆社会角色与功能的主动探索。在澳大利亚联邦成立之初，档案工作参与到民族主义构建的潮流中，使得政府和社会公众开始重视档案的价值，推动了档案工作走向科学化体系化。在20世纪50—60年代，对证据价值的重视使档案机构摆脱了附庸的地位，拥有了自己独特的职权范围与机构使命。而之后对文化价值的重新重视，又使得档案馆从政

---

[1] 这一系列变革主要体现在两个方面：第一，通过推动数字转型、制定电子文件管理标准与规范等重大举措，使档案馆由消极的保管仓库变为积极的标准制定者和推动者；第二，20世纪90年代中期以后，澳大利亚档案馆被调整至通信与艺术部，并增设了公共服务项目部，不仅积极回应联邦政府的各项调查活动，协助土著人群等受同化政策影响的少数族群寻找身份信息，而且主动发挥档案馆的公共文化服务职能，从而使档案馆由封闭保守的行政机构向开放多元的公共文化机构转型。参见Hilary Golder, *Changes and Choices 1994 to 2004* (http://www.naa.gov.au/Images/Changes_ Choices_ tcm16 - 49446.pdf)。

[2] The National Archives of Australia, *Our History* (http://www.naa.gov.au/about - us/organisation/history/); Hilary Golder, *Changes and Choices 1994 to 2004* (http://www.naa.gov.au/Images/Changes_ Choices_ tcm16 - 49446.pdf)。

府走向社会公众，完成了"公共转向"。正是这种主动探索的精神，使得澳大利亚国家档案馆用不到半个世纪的时间走完了欧美国家档案机构数百年的历程，成为一个具有法定权威的国家公共档案馆，并在理论与实践方面做出很多具有开拓意义的探索。

二　由封闭到民主：南非公共档案馆的转型之路

南非公共档案馆在 20 世纪初就初具规模，但受殖民主义、种族隔离制度等政治环境的影响，20 世纪中后期的南非档案事业陷入停滞不前、甚至倒退的发展状态，直到种族隔离制度被废除之后，南非国家档案馆才走出"封闭"状态，成为南非民主化进程的重要组成部分，实现了向公共档案馆的转型。

（一）种族隔离制度下南非公共档案馆的基本状况

种族隔离制度将两个种族割裂，一方控制着经济资源、拥有社会关系特权并垄断了获取国家信息的渠道，而被统治的另一方只拥有局限的经济资源，并在社会和政治关系中几乎无立足之地①。在这种极端专制的体系下，以国家档案馆为代表的公共档案机构只能是统治者的绝对附庸和思想统治工具。

1. 机构的沉沦：国家档案馆沦为种族隔离统治的附庸

南非国家档案馆（State Archives Service）起源于前联盟开普、纳塔尔、奥兰治和德兰士瓦殖民地的公共档案机构。在联合后的十年内，这些机构被改造为国家档案馆，置于国家内政部。1922 年该机构第一次获得法律授权后，又经历了一系列更名和转移，最终置于国家教育部。起初，它的保管权包括接收所有中央和省政府机关办公室的档案。1962 年，其权限扩展到还要接收所有地方政府的档案。自成立伊始，档案馆就拥有通过收集私有档案来充实官方档案储备的权限。不过，直至 1953 年，它保管公共文件的职能都在政府监管之下，它的档案管理职能也只停留于适度而单纯的咨询。20 世纪 80 年代中期，公共服务立法规定，只有白人才能担任专业和管理岗位。因此，1990 年之前，南非国家档案馆不曾

---

① Stanley Greenberg, *Race and State in Capitalist Development: Comparative Perspectives*, New Haven and London: Yale University Press, 1980, p. 30.

有任何一个职位由黑人担任。档案的保管权全部掌握在白人和讲南非荷兰语的男性手中。他们只记录自己的历史，从自己的角度出发记录这个他们掌控下的国家。这一时期，占南非人口大多数的黑人，不再是历史的主人，只是人类学的研究对象而已。① 在这种环境下，公共档案馆的架构被硬性地分化级别，其管理风格日益趋向官僚主义，职能和服务都受到了种族隔离体系的严重限制。

2. 记忆的缺失：档案鉴定与保存体现出种族隔离政府的意志

档案是控制社会记忆的"结构性媒介"，对档案的操控、重组与利用既体现出统治阶级的意志，也是对社会记忆的操控（实现对社会中个体或群体的社会意识的有效影响），档案对社会记忆的控制有助于实现某种现实的政治目标②。在种族隔离体系中，哪些记录该被保存，哪些该被销毁，都处于少数掌权者的控制之下。为了维护自身利益和统治，加强思想控制，他们很少记录那些反对殖民主义、隔离和种族隔离制度的抗争史。黑人的经历也极少会被记录下来，妇女、残疾人和其他边缘化群体的声音更是微弱到不被察觉。正如历史学家艾伯特·葛兰林（Albert Grundlingh）对以布尔战争为核心事件的南非白人历史的评价——"那只是南非白人对于英国官方战争史和战争时代史的回答"③。

种族隔离政府对档案记录的管控不止于此。在根深蒂固的种族隔离意识形态下，种族隔离政府试图通过审查制度、没收充公、明令禁止、禁闭监禁、暗杀和其他一系列压迫性的手段来销毁所有与其对抗的记忆④。无论公共或私人记录，无论国内还是国外，很多个人和团体的对抗种族隔离制度的记录都在 1994 年大选之前被国家情报局销毁，仅 1993 年 6—8 月，国家情报局就销毁了 44 吨纸质和缩微胶片档案⑤。

---

① Verne Harris, "Redefining Archives in South Africa: Public Archives and Society in Transition, 1990 – 1996", *Archivaria*, No. 42, 1996, pp. 7 – 20.
② 丁华东：《论档案与社会记忆控制》，《档案学通讯》2011 年第 3 期。
③ Albert Grundlingh, "Historical Writing and the State Archives in a Changing South Africa", *South African Archives Journal*, Vol. 35, 1993, p. 81.
④ Verne Harris, "Redefining Archives in South Africa: Public Archives and Society in Transition, 1990 – 1996", *Archivaria*, No. 42, 1996, pp. 7 – 20.
⑤ Verne Harris, *They should have destroy more: The destruction of public records by the South African State in the final years of apartheid* (http://history.msu.edu/hst830/files/2013/09/harris_TRC.pdf).

3. 体系的无力：合法职权的被蔑视及公共服务的缺失

尽管1962年通过的档案法给予了公共档案馆一系列职权，但在南非当时的政治生态下，政府可以阻止档案馆的合法活动并忽视其法律手段。很多政府机关坚持拒绝向公共档案馆提供他们的文件以进行分析和鉴定，更拒绝将其文件系统置于国家档案馆的监管之下。20世纪80年代后期开始，政府机关未经授权擅自销毁公共记录的案例比比皆是[1]。而公共档案馆及档案工作者在揭示这群"罪犯"及其行径方面是极其失败的。同样，在黑暗时代，公共服务也受到漠视。由于深受欧洲档案传统（如荷兰手册）的影响，南非档案实践更关注国家档案馆保管程序的细节以保证政府记录的完整性，进而形成了档案服务于政权的无为主义（An Archival Political Quietism）传统[2]。

（二）南非公共档案馆转型的时代背景

20世纪七八十年代的南非，国际上日益孤立，国内政局不稳，黑人反抗日益加剧，白人对种族隔离制度的前途丧失了信心[3]。受黑人解放运动浪潮的广泛影响，发展教育、获取信息等民主化进程日渐加速，透明、问责、利益相关者、公共参与、重组、重建、转型等思想迅速涌入公众视野中。在民主政治与民本文化的沃土上，公共档案馆由掌权者的统治工具向服务于人民的社群资源文化中心转型已是大势所趋。

1. 国际隔离的结束促进了档案界的国际交流水准

种族隔离政策使得南非档案界长期被排除在国际学术交流之外，致使南非沉迷于一套过时的档案理念而止步不前。1991年国际隔离结束后，南非国家档案馆被允许加入国际档案理事会，并迅速参与到它所有的机构中，尤其在东部和南部非洲分支机构中逐步提升了其作用与地位。随后国家档案馆多次接待了外国档案学者的考察，也应他国邀请多次外出参学，打破了封闭隔离的状态。值得一提的是，澳大利亚的埃里克·卡特拉、加拿大的特里·库克等著名学者数次造访南非，对南非档案界产

---

[1] Verne Harris, "Redefining Archives in South Africa: Public Archives and Society in Transition, 1990–1996", *Archivaria*, No. 42, 1996, pp. 7–20.

[2] Tom Nesmith, "Book Review: 'Exploring Archives: An Introduction to Archival Ideas and Practice in South Africa'", *Archival Science*, Vol. 1, No. 2, June 2001, p. 228.

[3] 郑家馨：《南非史》，北京大学出版社2010年版，第308页。

生了重要影响。他们就档案馆如何参与民主国家建设、如何参与国际最前沿的学术论辩等问题分享了经验，并就此撰写了一系列文章，为南非公共档案馆的转型提供了有益的指导与参考。

2. 三大主流机构的发展推动了档案馆转型进程

在转型过程中，三大主流机构的推动起到了至关重要的作用：南非国家档案馆、非国大、南非档案工作者协会。

南非国家档案馆管理层权力分配的平衡是重要的转型动力之一。1990年以来，南非国家档案馆高层、管理人员和普通职工的任用逐步突破性别、种族的限制，黑人、边缘化群体开始走向专业和管理岗位（具体参见表3—2），他们重新审视鉴定程序，并对种族隔离进行更完整真实的记录。公共服务也在日渐改善：除了开放日，国家档案馆为使用者扩展了阅览室使用、团队参观、专业咨询等服务，仅以荷兰语记录的重要文件也开始被翻译为英语以便公众阅读，对电子文件管理的制度规范也逐步建立起来。

表3—2 南非国家档案馆职员的种族、性别变化情况（1990—1996年）

年份	职员总人数	白人占比	黑人占比	男性占比	女性占比
1990	70	100%	0%	44.2%	55.7%
1996	56	89%	11%	34%	66%

数据来源：Verne Harris, "Redefining Archives in South Africa: Public Archives and Society in Transition, 1990–1996", *Archivaria*, No. 42, 1996, pp. 7–20.

非国大则是立场鲜明地推进档案馆的转型。1992年非国大的艺术与文化部创建了"博物馆、遗址和纹章委员会"并设置档案分委员会，负责审查南非档案管理的整体状况、拟定相关政策文件草案，并就当前档案馆结构的转型、推广和民主化问题提出建议。1992年6月，档案分委员会提交了初步报告，围绕公共机构转型、问责制和透明度、信息自由、拓展服务、公共参与以及推进人类历史进程等核心问题提出了系列建议。该报告对南非档案界产生了巨大影响，并为公共档案馆转型提供了强大的动力。

南非档案工作者协会则在1990年后迎来了翻天覆地的变化。它挣脱了霸权主义和等级制度的束缚，抛弃了过时的档案思想，吸纳新成员和新思想，开阔认知，丰富经历，呈现出一派生机勃勃的景象。与此同时，协会走近了公众平台，对其内部流程进行了升级并提高了透明度，其职业代码也被采用，其主办的南非档案杂志就从一个档案痴迷者的小平台转变为一个极具影响力的学术探索和交流的论坛。一些转型过程中的重要文章以及国际档案界最活跃的思想都在该杂志刊载。除此之外，档案工作者协会开始越发频繁地召开档案专业学术会议。1992年，国家委员会（National Committee）联合档案工作者与手稿图书馆员协会（AMLIB）召开了南非第一次国家档案会议，主题为"社会变迁中的档案馆与利用者"，随后进行的多次集会更是将档案工作者协会推向了公众舞台。[1]

3. 其他主体的努力加快了档案馆转型之路

随着种族隔离制度的倾覆，一些有识者预见到在新的时代，国家和人民将会遗忘或否认种族隔离时代的记忆。因此他们开始收集种族隔离时代的历史记忆，以保护这段痛苦的、被剥夺人权的历史。[2] 学者们通过会议、杂志、出版社发表自己的档案思想；手稿图书馆、南非历史档案馆、南非历史协会等组织也起到了极大的促进作用；一些非官方的组织更是为填补种族隔离时期社会记忆的空白而贡献力量：纳塔尔大学的艾伦佩顿中心、第六区博物馆、同性恋档案馆、重建的南非历史档案馆、罗本岛博物馆等机构大量收集了逃亡至他国的黑人的经历、非国大和泛非大的文件记录以及国际辩护和援助基金会的记录。他们将那些被掩藏的、边缘化群体的、被流放群体的"其他"档案引入社会记忆的"主流"，为公共档案馆的转型注入了强大的推力。

（三）南非公共档案馆的转型与发展成效

在政治制度深度变革的大环境下，南非档案界和其他社会各界一道努力，破除种族隔离制度的阴霾，促进了南非档案馆的制度化、开放化发展，并成为南非民主化进程的重要组成部分。民主政治与民本文化的萌芽发展以及档案馆发展的内外需求使档案馆走上了转型之路。

---

[1] Verne Harris, "Redefining Archives in South Africa: Public Archives and Society in Transition, 1990-1996", *Archivaria*, No. 42, 1996, pp. 7-20.

[2] Joan Fairweather, "Secrets, Lies, and History: Experiences of a Canadian Archivist in Hungary and South Africa", *Archivaria*, No. 50, 2000, pp. 185-191.

1. 法律体系日渐完善

1994年通过的新临时宪法要求国家在文化和档案方面适度放权,将管理权从中央下放至9个新省。这意味着国家档案馆向中央级公共档案馆的转变,新建9个省级公共档案馆也势在必行。1996年,南非国家档案馆法案通过,依法律规定,一个作为公共服务机构的国家档案馆成立。① 至1999年末,姆普马兰加和自由州已通过了各自的档案法,东开普建立了省档案馆,同时其他六个省的法案起草工作也提上了日程。国家档案馆法案和各省档案馆法案明确了档案馆的定义,《推动信息获取法案》明确了公众对公共和私人机构文件的获取权,《法定存储法》规定建立国家电影和声像档案馆。② 据档案法规定,南非还设有国家档案委员会,为档案馆和公共文件管理提供广泛的咨询,并与南非遗产资源局协商,将文件遗产纳入国有资产,同时也协助国家档案馆履行职能,同公共保护部门合作调查文件非法销毁行为。逐渐完善的法律体系也使南非档案机构的发展更具保障性、系统性。

2. 档案工作不断革新

20世纪90年代以来,透明化、问责制下的公共服务以及信息公开立法在欧美各国广泛兴起与发展,给南非档案民主化思想的生长带来了春风,对档案鉴定、收集等工作产生了巨大影响。1996年国家档案馆正式摒弃谢伦伯格的思想,而以宏观鉴定理论为工具重新审视和制定新的鉴定标准及程序。档案收集也不再只针对社会精英,还开始关注普通民众的历史记录。除此之外,公共档案馆不再与私有的收藏机构争抢那些原本更适合他们来保管的档案,这也开创了南非档案收集制度的新篇章。同时,为了弥补种族隔离时期的记忆空白,南非国家档案馆发起了"国家口述史项目"等有影响力的项目,鼓励公众积极参与集体记忆的重建,在不损害口述资料内在档案价值的前提下将口述内容转为物质实体进行保护③。此外,前文提到的各项公共服务的改善和档案开放程度的提高也

---

① *National Archives and Records Service of South Africa Act*(http://www.national.archives.gov.za/arch_act.pdf).

② Verne Harris, *Exploring Archives: An Introduction to Archival and Practice in South Africa*, Pretoria: National Archives of South Africa, 2000, pp. 13 - 15.

③ 李文栋:《南非档案工作掠影》,《中国档案报》2010年7月15日第3版。

都促进了档案工作的进步与民主。

3. 国际交流更加密切

自1991年加入国际档案理事会后，南非档案界便活跃于各大国际档案组织中。它相继加入了文件管理者和档案工作者协会（ACARM）、国际电影档案馆联盟（FIAF）、国际音频档案馆协会（IASA）、国际文件管理协会（IRMC）和国际标准化组织（ISO）。且1997年至1999年，南非国家档案馆担任了国际档案理事会东部和南部非洲分支机构主席。除此之外，大量的国际资助项目在南非开展，如在开放社会基金会（Open Society Foundation）的大力资助下，南非西开普大学"马伊布耶（Mayibuye）历史与文化中心"成立了"视听材料保护项目组"，旨在恢复种族隔离时期被忽视的历史记忆[①]。广泛的国际交流与合作是南非档案馆走向开放与完善的重要标志。

4. 档案教育专业化趋势增强

档案工作者是社会记忆的积极塑造者和社会的记录者，在国家记忆的构建与保存中起着举足轻重的作用。南非档案工作者协会建议将获取大学学位作为档案工作者的入职条件。而在种族隔离时期，档案人员能获得的唯一的专业相关学位即是国家档案馆颁发的档案科学研究生学位。民主南非的曙光为档案教育的发展带来了希望。种族隔离结束后，该学位改由南非理工大学授予，并发展成为远程教育资格认证。1994年后，其他院校也纷纷开设档案课程。纳塔尔大学设立了信息学的本科、硕士和博士学位以适应文件管理需求，维特奥特斯兰德大学将档案课程纳入了本科和硕士阶段的遗产研究项目，南非大学则是将档案学置于信息科学课程中，而比勒陀利亚大学则正在努力探索设立档案学的本科学位。当然，除了专业知识的教学，人类资源、金融、组织发展等方面的学修在档案教育中也越来越重要。[②] 档案教育的发展对提高从业人员素质至关重要，也为南非档案馆的长足发展奠定了基础。近年来以国际著名学者凡尔纳·哈里斯（Verne Harris）为代表的南非档案学界正不断向世界输

---

① Joan Fairweather, "Secrets, Lies, and History: Experiences of a Canadian Archivist in Hungary and South Africa", *Archivaria*, No. 50, 2000, pp. 185 – 191.

② Verne Harris, *Exploring Archives: An Introduction to Archival and Practice in South Africa*, Pretoria: National Archives of South Africa, 2000, p. 100.

出"南非思想",进一步促进了南非档案著作的繁荣、社会档案意识的提升、学术论辩的活跃,南非档案事业在开放与民主的道路上稳步前行,向我们展现了转型后南非公共档案馆的蓬勃生机。

南非公共档案馆转型是白人政府与黑人群体妥协的产物,也是民主制度战胜种族主义的硕果。转型的成果有目共睹,新的思想、新的探索、新的模式都在这一演进过程中不断涌现。重建档案馆体系的设想的确是振奋人心的,但是完成现有机构的系统化转型和新机构的建设是十分昂贵的。新的档案机构体系要建立九个省级档案馆,九个省级档案委员会和遗产委员会,一个国家档案委员会和一个国家遗产理事会,还要解决电子文件和口述材料的保存等诸多难题,而这些任务都建立在资源不断减少、资金不足、专业人才严重短缺的背景下,其难度可想而知。除此之外,作为"让档案走近公众"的公共档案馆,是否能避免"知识的商品化"?而作为社会记忆的积极塑造者的档案工作者能否为反抗性的记录留有一席之地?[1]

总体而言,这条转型之路是极具南非特色的,也是充满历史厚重感又充满战斗性的。南非在反对种族隔离斗争中所形成的"档案追寻正义"传统,突破了传统档案管理员恪守价值中立的基本原则[2],是社会记忆触动民族精神和文化的鲜活范例。尽管南非公共档案馆的转型背景极端而特殊,但其面临的问题与挑战却是共性的。面对时代更迭,任何档案机构和工作者都不可能与强大的社会洪流隔绝,历史、社会和政治框架很大程度上决定了档案馆的发展路径。而档案工作者应该做的便是"扬"与"弃",推动体制的改革,机制的创新和观念的革新,让公共档案馆切实地走向民主与开放。

---

[1] Anthea Josias, "Toward an Understanding of Archives as a Feature of Collective Memory", *Archival Science*, Vol. 11, No. 1-2, Mar. 2011, pp. 95-112; Verne Harris, "Redefining Archives in South Africa: Public Archives and Society in Transition, 1990-1996", *Archivaria*, No. 42, 1996, pp. 7-20.

[2] 付苑:《档案与社会正义:国外档案伦理研究的新进展》,《档案学通讯》2014 年第 4 期。

第 四 章

当前国外公共档案馆的
基本运行机制

  今天的档案馆汇集了令人吃惊的一大批文献。当现代机构制造出文件、影片、录音带、电脑文件和电子邮件信息,档案馆尽力保存有历史意义的片段。即使是汇集文献的1%,它也已经是一座文献的金字塔,我们仍在挣扎着一个事实,那就是我们可以保存一个事件的整体,却让其中的精髓流失。正如我在历史测量课所教导的:最好的并不一定是最多的,保存得最好的,不一定是最重要的。[1]

——罗伯特·舒斯特(1997)

  公共档案馆运行机制是指公共档案馆系统运作过程中各个构成要素之间,以及与公共档案馆系统运行密切关联的其他政治、经济、文化等因素之间的相互联系和彼此作用的工作方式,是一套由一系列子系统相互联系和相互制约的复杂系统。20世纪中叶以来,经过两次世界大战、冷战、经济危机的洗礼及信息技术的发展与普及所带来的冲击,世界各国公共档案馆积极应对、调整和优化内部结构,逐步建立了较为规范的管理制度与组织规范,权力结构日趋稳定,在资源整合、服务供给、经费保障、决策治理等方面形成了较为科学的运行机制。

---

[1] Robert Shuster, "Told by Those Who Saw These Thing", from: Martha Lund Smalley, Rosemary Seton, *Rescuing The Memory of Our Peoples: Archives Manual*, New Haven: Yale Reprographic & Imaging Services, 2003, p. 12.

第一节　档案资源整合的平衡机制

馆藏资源的数量、成分与质量，往往决定着档案馆的性质与发展走向。欧美国家公共档案馆早期发展的经验启示我们，档案资源的整合问题，不仅关系到一个档案馆内部结构的平衡，也关系到公共档案馆制度体系的完备。从当前国外公共档案馆资源整合工作情况看，主要涉及当代文件与历史档案、公共档案与非公共档案之间的处理问题。

一　当代文件与历史档案的平衡

欧美各国的公共档案馆在形成初期，均未能很好地处理平衡这两种资源的管理问题。例如，在很长一段时间内，欧洲国家的档案馆重点只是放在历史档案的保管上，有些档案馆直至第二次世界大战时也是如此。例如，1866年建立的西班牙国家历史档案馆只收集旧机构的历史档案，而不接收现行机构的档案文件，英国国家档案馆也是自1838年开馆数十年后才开始接收现行机构的档案文件[1]。起源于1871年的加拿大公共档案馆经过了80多年之后，才开始真正完成对现行政府机关所形成的当代文件的全面管理。造成这一现象的原因主要在于，当时"许多欧洲国家的档案工作者还非常相信那些19世纪慢慢形成的原则。他们想使自己成为一个历史学家，并把库房视为保存具有永久价值的档案的中心，这些档案主要是用于历史研究。与政府部门的联系只被认为是次要的方面"[2]。

"二战"结束以来，由于各国政府文件数量激增给各国档案馆库房带来的巨大压力等因素，在历史档案和当代文件之间保持平衡的观念，例如档案馆"必须成为政府机器的一个组成部分"，"搞好与政府部门的合

---

[1] Michel Duchein, "The History of European Archives and the Development of the Archival Profession in Europe", *The American Archivist*, Vol. 55, No. 1, Winter 1992, p. 15.

[2] [法]彼得·瓦尔纳主编：《现代档案与文件管理必读》，孙钢等译，档案出版社1992年版，第3—4页。

作，以确保使用最好的方法选择供永久保存的文件"①，开始得到越来越多国家的认同。这一时期，由于意识到"公共文件的有效管理，对于政府有着极大的重要性……文件管理的每一步改善，都会对职能的运行产生影响"②，美国、加拿大建立了分布于全国各地的联邦文件中心来托管联邦政府的现行和半现行文件，法国国家档案馆和部分省档案馆建立了文件中心，编制文件保管期限表，以确定政府机构文件的保管期限，荷兰 1968 年生效的《档案法》则规定档案馆有保存和剔除现行行政文件的责任，并要求它同时发挥长期以来形成的保管历史档案的职责。

20 世纪 90 年代末期由电子政务运动而引发的世界范围内的信息公开立法浪潮，引发了民众对公共档案馆所控制的政府文件开放问题的关注。《信息获取法》《信息自由法》等政府信息立法的出台，要求各国政府及时、主动地公开相关信息并满足普通公民合法的信息公开申请，《个人信息保护法》《隐私权法》等法律则要求政府和相关机构规范对公民个人信息的收集、管理和处理以保护个人隐私。这些都要求世界各国政府能够对现行文件和半现行文件进行有效的管理，维护文件的证据价值，以还原机构的决策和运营过程。因此，世界部分国家档案馆除了继续开展文件中心建设之外，还成立专门的政府信息管理部门，如美国国家档案与文件管理局的"政府信息服务办公室"、英国国家档案馆的"公共部门信息管理办公室"，以强化对现行和半现行文件资源的有效监管，收到了较好的效果③。

二 公共档案与私人档案的平衡

在美国"现代档案之父"谢伦伯格看来，档案馆是接收机构，不从事搜集材料的活动。他在《现代档案：原则与技术》一书中明确阐述了现代档案馆馆藏的基本特征：

---

① ［法］彼得·瓦尔纳主编：《现代档案与文件管理必读》，孙钢等译，档案出版社 1992 年版，第 5—12 页。

② ［美］T. R. 谢伦伯格：《现代档案——原则与技术》，黄坤坊等译，档案出版社 1983 年版，第 46 页。

③ 谭必勇、张莹：《欧美国家档案馆参与政府信息公开的路径及其启示》，《档案学通讯》2010 年第 6 期。

> 任何一座档案馆，无论是政府的或是私人的，全部都是为了保存它所服务的那个主体的文件而设立的。一般说来，它很少依靠收购和接收赠品来获得材料。在正常的情况下，它只有一个来源，那就是它所服务的政府、机构或者个人。一座政府档案馆，只应该接收他所服务的那个政府而不是其他政府所产生的材料。一座只为政府一个部服务的档案馆，应该仅仅接收那个部的材料。一座只为某一级政府服务的档案馆，只应该接收该级政府的材料。所以，联邦政府的档案馆不应该接收州政府的文件，州档案馆也不应该接收联邦政府的文件。[1]

谢伦伯格这本书成型于1954年的澳大利亚之行，他应邀为当时尚处于联邦国家图书馆控制下的档案分部如何发展筹谋划策，因此该书特别强调了作为接收机构的档案馆与作为搜集机构的图书馆之间的本质区别。他这里所指的政府档案馆即我们通常所说的公共档案馆。

从理论上讲，公共档案馆收藏范围为公共领域产生的档案，这是毫无疑问的，但现实生活中，却是另外一种情形。在那些历史悠久且公共档案数量庞大的欧洲国家，仅收藏公共档案就足够支撑档案馆的运作，但是，即使在公共档案丰富的法国，各地方公共档案馆的早期馆藏中有相当一部分是来源于当地贵族的私人档案收藏。对于美国、加拿大、澳大利亚等新兴国家来说，由于官方所形成、保管的公共档案数量相当少，大部分公共档案在殖民地时期就被运往宗主国，而由宗主国任命的总督等官员们在任期结束后往往又带走了部分重要档案，这就迫使美、加、澳早期的公共档案馆负责人不得不多渠道搜集各种反映该国早期历史的档案文件，而不会考虑其是公共档案还是私人档案，而在某种程度上看，非公共渠道甚至更为他们所重视。即使在当今，由于战乱、民族冲突等因素，一些国家的公共档案经常会遭受损毁，而当他们重建公共档案馆系统的时候，也不得不通过非公共渠道补充官方档案的不足。由此，不少的私人档案进入了世界各国的公共档案馆收藏体系中，如何平衡两种

---

[1] ［美］T. R. 谢伦伯格：《现代档案——原则与技术》，黄坤坊等译，档案出版社1983年版，第25页。

档案资源，就成为各国公共档案界面临的资源整合难题之一。从现实情形看，目前主要存在以下三种方式来管理私人档案，以实现公共档案与私人档案的相对平衡。

（一）登记控制模式

登记控制模式是仿照欧洲各国对公共文件保管和利用的登记制而创建的一种由公共档案馆对私人档案进行登记式监控的管理体系，英国是这一模式的创造者和主要运用者。根据原始的登记制，一个机构的文件保存在两个简单的类别之中，一类由发文组成，另一类由收文组成，登记制的"本质特点在于有登记册，文件按其积累次序进行登记，并加上连续性的编号。这些编号是对两个类别内各种文件实行控制的关键"[①]。在英国，早期的政府公共档案是由公共档案馆负责保管，而私人档案则由皇家历史手稿委员会负责监管。1945年，为了加强对地方档案和私人档案的保护与监管，在社会各界的督促下，皇家历史手稿委员会在伦敦组建了国家档案登记处，并逐步在英国各地建立了国家档案登记处的分支机构，对反映英国历史的各种手稿及非公共领域（如个人及家族事务、地产登记、俱乐部、协会、企业等）产生的各种私人档案进行集中登记，同时对地方当局的档案馆、图书馆和大学图书馆或档案馆保存的私人档案进行监管。这种登记控制模式并不拥有对私人档案的所有权，而是利用目录控制手段完成对具有历史价值和公共价值的私人档案的统一著录和管理，对这些档案的基本内容、保存状态、存储地点等情况进行较为全面的监管，明确私人档案保管者的管理职责，以防止这些私人档案的散失和损毁。国家档案登记处由此从私人档案保管与存储的职责中解放出来，能够集中精力开展监督和开发利用等更深层次的业务活动。

经过数十年的工作，国家档案登记处积累了相当丰富的私人档案目录数据，在计算机和信息网络技术出现后，又及时将其数字化并提供部分档案的网络化全文，受到世界各国研究者们的欢迎。2000年9月，在西班牙塞维利亚召开的第十四届国际档案大会上，西班牙历史学家杰弗里·帕克分享了他在英国伦敦国家档案登记处查询伊莎贝尔·图朵儿王

[①] ［美］T. R. 谢伦伯格：《现代档案——原则与技术》，黄坤坊等译，档案出版社1983年版，第73页。

朝文件的经历:

> 虽然中央政府档案里存有数不胜数的有关伊莎贝尔·图朵儿王朝的文件,但在她的部长们、上尉们和上将们的后代的私人珍藏中则更多。可是,一位像我这样普通的研究者怎么能找到它们、享受它们呢?那好办,在伦敦的国家档案登记处里有一个有关全不列颠所有私人文件收藏的资料库。这个资料库也尽可能详细地罗列目录——它们中的许多部分都"在线"——还有文章的发行版。①

2003年,国家档案登记处作为皇家手稿委员会的下属机构,与公共档案馆合并组建了英国国家档案馆,国家档案登记处在登记控制过程中积累的目录数据资源,已经成为国家档案馆最新目录检索系统的重要组成部分,为更大范围内的利用者检索英国国家档案馆馆藏而提供更好的资源支撑②。

此外,法国也实行私人档案登记制度,以监控有价值私人档案的流向,防止有公共历史价值的私人档案的流失。1979年1月颁布的《法兰西共和国档案法》第二章第三条对"公共档案"的范畴进行了明确的界定:(1)国家、地方机关、公共机构和公共企业在活动中形成的文件;(2)负责管理公共事业或该事业中某项业务的私人机构在活动中形成的文件;(3)公务助理人员或司法助理人员的文件原本和目录。而不属于上述第三条规定的档案均属于私人档案。该法第三章第十二条明确规定,"由于具有历史意义而涉及公共利益的私人档案,由档案管理部门提议,经文化部长决定,可作为历史档案进行登记"。当然,这些登记了的私人档案的所有权并不转让给国家,但登记后的档案在进行转让、销毁、买卖、出口等交易时,必须通知档案管理部门。③ 当前,1979年的档案法已

---

① 《西班牙历史学家杰弗里·帕克的主题演讲》,载国家档案局编《第十四届国际档案大会文集》,中国档案出版社2002年版,第28—29页。

② The National Archives, *Discovery: 1000 years of History* (http://discovery.nationalarchives.gov.uk/)。

③ 中国档案学会对外联络部、《档案学通讯》编辑部编:《外国档案法规选编》,档案出版社1983年版,第136—142页。

经纳入《遗产法典》，但关于公共档案的内涵、私人档案的监管等核心内容均得到了保留，法国对私人档案的登记控制在文化遗产保护的框架下继续发挥着重要作用①。

（二）实际控制模式

实际控制模式是指公共档案馆直接参与私人档案的收集、存储与管理工作。这一模式主要发生在历史档案缺乏的新兴国家如加拿大、美国等，但在历史档案丰富的老牌资本主义国家档案馆也收藏有不少的私人档案。加拿大提出的"总体档案"思想就是这一模式的提炼和总结。20世纪80年代以后，随着各国国家档案馆将重心向政府官方档案的管理与提供利用等核心业务转移，这一模式的大规模应用不再有合适的生存土壤了。奉行这一模式最为典型的加拿大也不得不进行策略的调整，各级公共档案馆改变了同时收集公共档案与私人档案的馆藏建设策略，从私人档案收集的竞争性领域中退出，以应对政府文件管理和电子文件管理等新兴领域的挑战。但是，此前以各种形式进入公共档案馆收藏体系的私人档案依旧受公共档案馆的直接管理，而且依然有一些比较重要的私人档案受到各国公共档案机构的重视而采用了实际控制的模式。比如，欧美各国公共档案部门几乎都设有手稿部来征集和购买重要名人的私人档案和手稿，一直奉行经典档案保管模式的英国在2000年成立了博物馆、图书馆与档案馆委员会（MLA），体现出"政府对提升档案馆的文化职能的兴趣"②，表明英国开始重视对私人档案的管理。隶属于美国国家档案与文件管理局的总统图书馆收藏了不少总统的私人档案文件③。根据国内学者在欧美公共档案馆的实际调查，瑞士联邦档案馆从1854年开始收集私人档案，已经搜集了500个全宗的各种私人档案，苏黎世市档案馆收藏了13世纪至今所有苏黎世著名家族历史的档案；法国国家档案馆收藏有

---

① 可参见本书第三章第一节的相关内容。
② ［英］卡罗琳·威廉姆斯：《英国政府与电子文件管理——从分散到集成》，叶六奇译，载安小米、王淑珍主编《城市建设文件档案信息集成管理与集成服务研究》，中国建筑工业出版社2004年版，第38页。
③ 薛理桂：《美国总统图书馆之发展与功能》，（台湾）《图书与资讯学刊》2000年第32期。

600个私人档案全宗①。

(三) 数字化众筹模式

数字化众筹模式,是指公共档案馆或相关档案行政管理部门为完成特定政治目标或档案资源征集任务,搭建档案资源的互联网采集平台,利用社会大众力量广泛征集具有历史价值和公共价值的各种私人档案资源,并使其进入公共档案资源体系的一种新兴档案资源建设与整合方式。众筹是起源于美国的一种社会大众通过互联网为企业或个人发起的项目进行小额投资的新兴商业模式②。近年来,以大众参与、群体智慧、需求倒推为核心的众筹理念被引入文化遗产保护③、档案资源开发领域④,受到了西方档案管理部门的重视。

澳大利亚国家档案馆开展的"强制收养历史项目"(Forced Adoptions History Project)就是这一模式的典型代表⑤。20世纪40年代,澳大利亚公民认为未婚生育是可耻的行为,没有经济来源的未婚少女和孩子爸爸没有资格成为"合格"家长,公众普遍认为将孩子从未婚妈妈的身边带走,交给已婚夫妇收养是对孩子最有利的方式,所以在当时的社会风气下很多单亲妈妈和孩子爸爸被强行剥夺了作为父母的资格,这就是著名的"强制收养政策"。在20世纪50年代至80年代之间的澳大利亚,强制收养是非常普遍的社会现象,这种政府当局提倡,收养机构、医院、教会、社会机构多方参与的收养行为被形容为"制度化育婴"。在澳大利亚强制收养政策推行近40年的时间里,不计其数的父母与自己的亲生孩子骨肉相离,甚至对孩子的讯息一无所知,这一政策所带来的社会影响以及对受害者造成的心理伤害都是无法估计的。20世纪80年代以来,随着强制收养的儿童们长大成人,作为历史政策的受害者,他们通过游行、

---

① 李国庆:《欧美档案馆服务中的人本观》,《档案学研究》2001年第1期;李国庆:《法国私人档案征集中的政府行为》,《中国档案》1999年第7期。

② 孟韬、张黎明、董大海:《众筹的发展及其商业模式研究》,《管理现代化》2014年第2期。

③ 周耀林、赵跃、戴旸:《基于群体智慧的非物质文化遗产档案资源建设模式探析》,载赵彦昌主编《中国档案研究(第一辑)》,辽宁大学出版社2015年版,第111—131页。

④ 陈忠海、常大伟:《众筹模式在档案馆档案信息资源开发中的应用研究》,《档案学通讯》2014年第6期。

⑤ 谭必勇、陈珍:《社群档案视域下公共档案资源体系的多元化建设路径——以澳大利亚国家档案馆"强制 历史项目"为例》,《档案学研究》2017年第6期。

印发宣传册等方式发声抗议强制收养政策，呼吁政府、民众关注强制收养政策给受害者带来的身份认同上的痛苦，倡议修改强制收养立法。日渐高涨的呼声引发了澳大利亚社会的普遍关注，澳大利亚各州政府和联邦政府先后开展调查，而澳大利亚国家档案馆积极参与调查工作，为强制收养人群提供证据帮助。[①] 在社会各界的多方努力下，澳大利亚各州纷纷对强制收养受害者道歉。2013年3月21日，时任澳大利亚总理的朱莉娅·艾琳·吉拉德（Julia Eileen Gillard）代表澳大利亚联邦议会，对所有受政策影响、被迫与亲生骨肉分离的未婚母亲、孩子们及其亲属们公开道歉[②]。由于档案馆的功能以及国家档案馆在促成政府致歉中扮演的重要角色，澳大利亚政府根据参议院社群事务委员会的建议[③]，将150万澳元拨给澳大利亚国家档案馆，用于建设"强制收养历史项目"专题网站和展览，为受害者建档，提高公众对强制收养政策受害群体的认识和理解。

在国家全面道歉之后，澳大利亚国家档案馆在2013年4月成立"强制收养历史项目"工作小组。该工作小组专门负责开展受强制收养政策影响的受害者需求调查，为"强制收养历史项目"的后续工作开展提供指引。此后，"强制收养历史项目"工作小组和一些倡导支持"强制收养历史项目"的公益团体分别在霍巴特、阿德莱德、布里斯班、墨尔本、珀斯和悉尼召开研讨会，探讨"强制收养历史项目"网站的定位与功能。经过近一年的精心准备，2014年3月20日，澳大利亚"强制收养历史项目"网站正式启用。作为服务型网站，其立足于自身用户群，以强制收养历史的亲历者（孩子、父母、见证者等）为主要服务对象，搭建起档案馆与社群成员的沟通桥梁，并使其成为对外宣传"强制收养历史项目"

[①] Community Archive Development Group, *Commonwealth Contribution to Former Forced Adoption Policies and Practices* (http://forcedadoptions.naa.gov.au/sites/default/files/Senate% 20Inquiry% 20report.pdf).

[②] The Guardian, *Julia Gillard Apologises to Australian Mothers for Forced Adoptions* (https://www.theguardian.com/world/2013/mar/21/julia-gillard-apologises-forced-adoptions).

[③] The Senate Community Affairs References Committee, *Commonwealth Contribution to Former Forced Adoption Policies and Practices* (http://www.aph.gov.au/Parliamentary_ Business/Committees/Senate/Community_ Affairs/Completed_ inquiries/2010 - 13/commcontribformerforcedadoption/report/index).

的窗口和提供教育资源的平台。"强制收养历史项目"网站按照用户需求设置导航栏,除了首页栏外,共包括了六个一级类目,分别是影响（Effect）、研究（Research）、经历（Experience）、文件（Records）、资源（Resource）和支持（Support）,在此类导航模式下,用户可根据提供的栏目分类,层层递进找到所需信息（参见图4—1）。

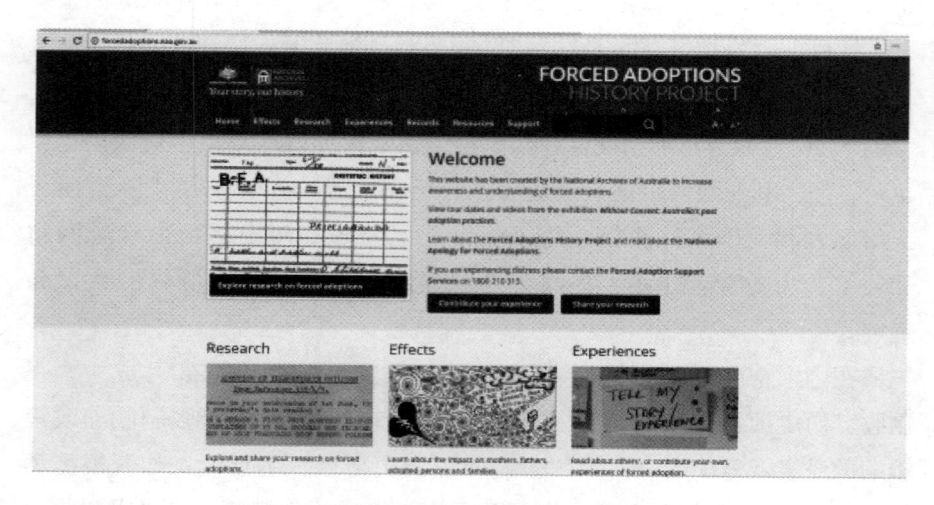

图4—1　"强制收养历史项目"网站首页

在主页的显著位置可以看到"contribute your experience"和"share your research"两个栏目,公众可以自由地分享强制收养的经历和研究成果。此外,上传的收养经历按照人群进行划分：被收养者、利益团体、家庭、母亲、父亲和社会工作者。检索收养经历时又可根据人群、地点、主题三种分类检索。由于出生记录、收养记录等关键材料的缺失或不准确,很多被收养者无法确认自己的身份而找不到自己的亲生父母,因此"强制收养历史项目"网站还提供浏览收养档案状况服务,通过网站就可以直接查询到收养档案保管的机构,有权访问的资格以及如何联系机构和申请记录信息。

作为国家公共政策与社会文化的受害者,强制收养群体是一种特殊的社群,他们因为拥有共同的被强制收养经历而被贴上共同的标签,为了自身的政治权力和群体利益诉求,他们通过呼吁、游说、展览等方式获得主流社会对强制收养群体的广泛关注，而"强制收养历史项目"官方网站的成立为澳大利亚强制收养群体提供了一个获取相关档案记录、分享相似经历的公共服务平台，拓展了强制收养主题类档案资源的积累与服务的方式，并为社群档案记录进入国家公共档案资源体系提供了契机。澳大利亚国家档案馆"强制收养历史项目"通过标准化的数字建档平台，可以让强制收养群体以叙述故事、提供照片和影像记录等方式自主参与强制收养历史档案的构建工作，借助社群自身的力量积累历史记录、再现社会记忆。从世界范围看，建设社群专题网站是西方很多国家构建社群档案资源体系普遍采用的方式，因为社群档案网站打破了国家档案资源被政府组织长期垄断的传统限制，社群成员可以时刻监督网站上的各种管理行为，表达自身利益和权利诉求，自由地发表各种评价和意见，分享自己的特殊经历和感人故事，实现社群成员自我认同。对于那些经历了巨大变革的社群而言，社群历史及档案资源的优化组合会帮助社群个体和群体与他们的遗产和身份重新建立连接，对实现社群乃至社会的稳固性具有重要作用[1]。

当今世界各国的公共档案馆均认识到维持辅政职能与文化职能平衡的重要性，因此以政府官方档案资源为核心，适当收集具有重要公共历史价值的私人档案，既重视历史档案的保存，又关注当代档案文件的管理，为后代留下全面而丰富的档案文化遗产，是当下各国公共档案馆开展档案资源整合工作的基本策略。

第二节 公共服务的复合供给机制

公共档案馆一般是由政府出资兴建的公共文化服务机构，所提供的各项档案服务属于公共服务的范畴。随着政治、经济、社会、文化的发展，以政府组织为中心的单一公共服务供给模式难以满足复杂多变的社会需求，从而催生了政府、企业和社会力量共同提供公共服务的"多中

---

[1] 冯雪、王英玮：《全局性档案管理体系与参与式档案管理模式研究——基于英国社群档案管理经验的思考》，《浙江档案》2017年第1期。

"心"供给模式①。在现实社会生活中,公共服务供给是行政机制、市场机制和社会机制有机结合、共同作用的结果,这种复合机制将社会生活中分散的、个性化的服务需求与不规则的供给进行对接,使提高供给效率和公平程度成为可能②。近年来,后现代主义思潮与计算机和互联网技术的快速结合,极大拓展了公共档案馆的服务范围,同时也对档案的内涵、价值及表现形式、管理与利用范式等造成了巨大的困惑③。为了应对数字化时代更为多元的档案服务需求,世界各国公共档案馆开始将市场机制、社会机制引入档案公共服务领域,积极探索、创新服务供给方式。

一 行政供给机制

行政供给模式是指由政府公共财政支持、公共档案馆直接实施或购买基本公共服务的方式。这一服务供给机制能够针对政府机关及公共部门和普通民众等不同服务对象,提供不同的服务项目。因此,为保证基本、均等化服务项目能够实现行政机制的"权威性供给",就需要系统地梳理档案服务领域的基本任务清单。为政府机关和公共部门提供文档管理的业务指导与政策咨询,定期接收、保管这些机构移交过来的档案文件,均属于公共档案馆的基本服务职能,这些服务经费来自于公共财政拨款的投入。需要注意的是,美国国家档案与文件管理局控制的联邦档案文件中心在保管联邦政府机关的现行和半现行文件时,是向各联邦机构收费的。至于普通民众,公共档案馆的突出特点就在于面向全体民众提供普及性、均等化档案服务,开放档案目录的查询、档案阅览、档案展览等服务均免费向社会公众开放。从目前欧美主要国家的国家档案馆网站所提供服务项目看,均建有档案目录数据库和档案全文数据库的

---

① 贾凌民、吕旭宁:《创新公共服务供给模式的研究》,《中国行政管理》2007 年第 4 期。
② 郁建兴、吴玉霞:《公共服务供给机制创新:一个新的分析框架》,《学术月刊》2009 年第 12 期。
③ Scott Goodine, *Archives, Postmodernism, and the Internet*: *The Return of Historical Narrative in Archival Public Programming*, Thesis for the Master of Arts, University of Manitoba, 2005, pp. 33 – 59.

入口①。

近年来，随着政府信息公开立法的推进及建设透明政府、开放政府的现实需要，档案公开服务成为各国公共档案馆重要的服务项目，受到各国政府公共财政的大力支持。2009 年日本政府颁布《公共档案管理法案》（The Public Records and Archives Management Act），将日本国立公文书馆（即国家档案馆）的职责定位为确保政府职责，即提高政府透明性，并通过建立数字档案系统，将日本国立公文书馆的原始馆藏以数字化的方式免费向社会提供利用，提升了国立公文书馆的社会形象②。

二 市场供给机制

对于那些具有较好商业利用潜力的档案资源，在行政机制一时难以兼顾和无法覆盖的前提下，交由市场机制运作，实现这类档案服务项目的"商业化供给"，即市场供给模式。欧美各国目前都在积极鼓励运营市场模式来提升公共档案服务质量，如 1998 年颁布、2013 年修订的瑞士《联邦档案法》③第四部分第 19 条对"商业目的的档案使用"的授权形式、商业使用的条件和程序进行了规定，英国国家档案馆在《档案激励：国家档案馆规划及优先战略（2015—2019）年》中明确提出要加大档案的商业化开发力度④。目前，这一供给模式主要在以下三大公共服务领域发挥作用。

（一）投资建立、改造服务场所或服务空间

对于利用率较高的公共服务场所，公共档案馆可以通过出售冠名权的方式获得比较高额的商业投资，从而为服务开展提供良好的发展空间和基础设施。例如，位于美国首都华盛顿的美国国家档案馆一馆有一个唯一可以拍照的地方——波音学习中心（Boeing Learning Center），就是

---

① 盛梅：《国家档案馆电子化公共服务能力比较研究——以美、英、加、澳国家档案馆网站为例》，《档案管理》2017 年第 5 期。

② 闫静编译：《日本国家档案馆促进馆藏档案资源公共获取新进展》，《外国档案》2013 年创刊号。

③ 国家档案局政策法规研究司编译：《境外国家和地区档案法律法规选编》，中国政法大学出版社 2017 年版，第 307 页。

④ The National Archives, Archives Inspire: The National Archives Plans and Priorities 2015 – 2019 (http : //www. nationalarchives. gov. uk/documents/archives – inspire – 2015 – 19. pdf)。

2007年由美国波音公司出资500万美元兴建的,包含一座研究室和资料室,用于为读者交流信息、培训师资、开展学习活动、远程教育和互联网交流[1]。

(二)开发相关的专题网站或数据库、软件

台湾学者的调查发现,国外的家族史、历史事件、研究与教学相关主题档案适合档案资源商业开发[2]。公共档案馆收藏的家谱档案是较早被商业化利用的档案类型。家谱档案的利用是民众"个人自觉"所形成的主动利用,也是档案馆介入身份认同功能的重要方式。20世纪80年代瑞士学者奥斯卡·高耶的调查显示,欧美国家公共档案馆利用群体中,查阅家谱档案的人占相当高的比例。1981年,加拿大公共档案馆利用者中查阅家谱档案的人数占总数的50%,芬兰国家档案馆这一比例为60%,而美国国家档案馆则占函件查询数的75%。[3] 早在20世纪末期,苏格兰登记总局(General Register Office for Scotland,GROS)就意识到该机构收藏的苏格兰人出生、婚姻、移民和死亡记录是谱系学研究的重要信息来源,他们通过对档案利用者的职业、年龄、利用频率、利用范围与方式等进行研究后,与商业机构合作,在1998年4月开发出全球谱系学领域的首家商业付费网站——Scots Origins,首批上线的是1553年至1898年的出生与婚姻登记记录、1855年至1925年的死亡记录以及1891年的人口普查记录。该网站早期的互联网用户有50%来自英国国内,有50%是海外用户,其中30%来自北美地区,苏格兰登记总局从商业网站支付的版税中获得了一笔稳定的收入[4]。2015年4月,该网站关闭,其所拥有的在线数据被移交到苏格兰最大传媒集团DC汤姆森公司(DC Thomson)旗下的家谱网——Findmypast[5]。2015年,以向社会提供个人兵役档案和

---

[1] 北京市档案局办公室:《波音公司资助美国国家档案馆500万美元》,《北京档案》2007年第8期。

[2] 张郁蔚、孙云倩:《国家档案馆档案资源商业开发之初探》,(台湾)《图书资讯学研究》2016年第2期。

[3] [瑞士]奥斯卡·高耶:《对档案馆的挑战——日益繁重的任务及有限的资源》,载国家档案局外事处编《第十届国际档案大会报告集》,档案出版社1986年版,第11—12页。

[4] Bruno B. W. Longmore, "Business Orientation and Customer Services Delivery: the Tyranny of the Customer", *Journal of the Society of Archivists*, Vol. 21, No. 1, Apr. 2001, pp. 29–35.

[5] Findmypast, *Origins is Now Part of the Findmypast Family* (https://www.findmypast.co.uk/origins-is-now-findmypast).

军事档案记录、维护拥有共同战争经历的社群记忆为主营业务的 Fold3 公司，通过向美国国家档案馆提供数字化技术和服务支撑，而获得在其官方网站"共享"这部分档案以"盈利"的权利①。2016 年，伦敦大都会档案馆（London Metropolitan Archives）与外部商业机构合作制作家族史数据库，提供数字化图像档案的付费购买服务②。此外，国外一些知名的商业数据库商如 Proquest 等与欧美国家档案馆签署协议，对具有学术价值的历史档案进行联合开发，使得一批珍贵档案通过市场化方式与普通民众见面。打造档案特色、具有相当受众群体的手机 APP 软件也是欧美企业介入商业化档案资源服务的重要手段。近年来，英国国家档案馆推出的"古币价值转换系统"（Old Money）、美国国家档案馆推出的"历史上的今天"（Today's Document）等手机应用软件 APP，就是档案馆充分利用社会对这一类档案资源的需求而吸引企业资金和技术研发出来的③。

（三）开发档案服务项目

对档案馆现场举行的各种专题档案展览、公众教育活动等项目进行直接资助，是早期企业参与档案服务项目的主要形式。近年来，随着社交媒体的广泛应用，公共档案馆积极顺应时代潮流，在推特、脸书等社交网站建立官方网站，加强与互联网用户的联系与交流。以荷兰国家档案馆为例，其从 2008 年起就开始在图片分享网站 Flicker Comons 上共享馆藏图片；2013 年开始正式与维基百科合作，月浏览量达到 2500 万人次④。档案馆因其馆藏的特殊性，也吸引了来自互联网公司的关注。2011 年起，谷歌公司开始实施"谷歌艺术计划"（Google Art Program），致力于整合全世界博物馆、美术馆、档案馆等文化机构的公共数字文化资源，从而实现这些珍贵资源的免费在线获取。2016 年 6 月，美国加利福尼亚州档案馆宣布与谷歌建立新的合作伙伴关系，在谷歌平台上开展在线的

---

① National Archives and Records Administration, *Digitalization agreement and Ancestry. com operations INC.*（Ancestry）（https：//www.archives.gov/files/digitization/pdf/Ancestry - 2015 - agreement.pdf）.

② 张郁蔚、孙云倩：《国家档案馆档案资源商业开发之初探》，（台湾）《图书资讯学研究》2016 年第 2 期。

③ 谭必勇：《基于 STOF 框架的手机档案馆服务模式研究》，《档案学通讯》2012 年第 6 期。

④ ［荷兰］艾琳·赫里茨：《"记忆宫殿"：荷兰历史馆藏的利用》，张宁、李飞燕译，《中国档案报》2016 年 1 月 21 日第 3 版。

专题档案展览。① 借助于企业化运作,世界各国公共档案馆将它们那些颇具特色但无法常年展出的档案资源以专题的方式在互联网上展出,实现了这些档案资源在更大范围内的持久传播。

三 社会供给机制

行政机制旨在为民众提供均等化的服务,市场机制的出发点在于营利,而对于那些非均等化服务、又缺乏市场价值的档案服务项目来说,则依赖于大量非营利组织或个人的运作,即我们通常所说的社会供给模式。

非营利组织由于负有特定的使命,对某一种或几种档案资源有强烈的兴趣,因此它们主要参与相关档案资源的提供利用工作。非营利组织在家谱档案服务方面一直起着相当重要的作用。例如,美国国家档案馆开展家谱档案服务的主要合作机构是"探索你的家族"(FamilySearch)组织。FamilySearch 是由耶稣基督后期圣徒教会全权资助的公益性、非营利性组织,其前身可追溯到 1894 年组建的"致力于保存人类家族的记录"犹他族谱学会。该机构既保存原始档案,如户籍记录、教会记录、遗嘱登记、人口、普查、税务和兵籍等,也保存整理后的资料,如家谱、族谱、口述世系表及当地历史等。档案的来源主要包括三个方面:一是FamilySearch 工作成员的实地收集,包括对名人的口述记录;二是与网站用户的合作,通过在线建立家谱树、用户共享家庭"回忆"等来丰富"每个人"的家庭记忆;三是与各国档案机构建立互助合作关系。FamilySearch 免费提供先进的数字化技术,并部分分担档案部门家庭档案服务的工作,而档案部门为其提供原始档案资料。目前已有美国、瑞典、秘鲁、比利时等国的档案部门与 FamilySearch 合作。②

欧美各国有长期的志愿服务传统,如英国国家档案馆在志愿者服务的基本政策、主要项目、规范要求等方面形成了较为完备的体系③。当今,随着数字化技术特别是社交媒体的广泛应用,志愿者服务的项目越

---

① 王玉珏、刘佳欣:《国外档案馆跨界合作模式及启示》,《档案学通讯》2017 年第 2 期。
② FamilySearch, About FamilySearch(https://www.familysearch.org/home/about)。
③ 张学斌:《英国档案志愿服务发展初探》,《档案》2014 年第 10 期。

来越多地以在线的方式出现，普通民众以志愿者身份参与档案馆公共服务成为近年来欧美各国公共档案馆在线服务体系建设中极具特色的一环。英国国家档案馆在其官方网站公布了志愿服务的愿景、方式、完结的项目和正在进行的项目等基本信息，民众可以选择合适的服务项目进行体验，目前开展的服务项目仅支持在线方式[①]。美国国家档案馆提出"公民档案工作者"的理念，在国家档案馆网站专门开辟"公民档案工作者"在线版块，民众注册后即成为虚拟志愿者，可协助档案馆对历史档案进行标签、在线转录，甚至在国家档案馆在线目录系统中添加评论，从而产生丰富的档案著录信息，帮助互联网用户更好地发现国家档案馆的馆藏资源及其意义[②]。近年来，著名非营利组织——维基基金会（Wikipedia Foundation）旗下的维基百科与世界各国档案馆在文化遗产保护与服务领域建立了更为紧密的合作关系[③]。2013年起，法国国家档案馆与维基百科合作，到2016年11月份已经建立了1000多个与档案馆以及馆藏档案相关的词条，350份馆藏档案在维基共享资源（Wikimedia Commons）的数字媒体库中进行展出[④]。2010年起，维基百科推出"在家办公的维基百科编辑"（wikipedians-in-residence）的行动倡议，双方以项目合作的形式将各档案馆的文献资源以词条的方式整理出来，参与其中的"在家办公的维基百科编辑"大部分是志愿者，维基百科藉此可以获取大量的第一手档案资料，而档案馆则能借助维基百科的平台，对其未经利用的档案资源进行大范围的宣传，从而实现双方的互利共赢[⑤]。

当然，在现实环境下，公共档案馆服务的供给并不是靠单一模式完成的，往往是多个模式合作的结果。数字时代公共档案馆所面临的服务环境，既有赖于政府行政模式的主导作用，又需要企业、非营利性组织

[①] The National Archives, *Get Involved: Volunteering* (http://www.nationalarchives.gov.uk/about/get-involved/).

[②] NARA, *Citizen Archivist Dashboard* (https://www.archives.gov/citizen-archivist).

[③] Joseph Michael Reagle, *Good Faith Collaboration: The Culture of Wikipedia*, Cambridge: The MIT Press, 2011 (http://citeseerx.ist.psu.edu/viewdoc/download?doi=10.1.1.662.7630&rep=rep1&type=pdf).

[④] 王玉珏、刘佳欣：《国外档案馆跨界合作模式及启示》，《档案学通讯》2017年第2期。

[⑤] ［美］贾里德·凯勒：《维基百科编辑与文化遗产保护》，高诺丽译，载《国外社会科学文摘》编辑部编《国外社会信息化研究文摘（上）》，上海社会科学院出版社2016年版，第157—160页。

和普通民众的广泛参与，它们在开展各项档案服务活动时难免会由于自身机构的局限性而迫切需要和相关组织、个人进行多形式的合作，以突破工作中所存在的瓶颈。如前所述，英国国家档案馆开发的"古币价值转换系统"，资金和技术主要来自2009年成立、以开发智能手机应用软件为主营业务的锐威移动通讯公司（RevelMob），档案资料由英国国家档案馆提供，斯提克斯研究中心（Sticks Research Agency）则负责对英国国家档案馆提供的档案资料进行分析①。资金与技术、资源供给、学术支撑分别来自不同的机构，体现出数字时代档案服务的复合型供给机制日渐成型。丹麦哥本哈根市档案馆从公众需求出发，与新闻媒体、公私文化基金会等联合推出了一系列吸引公众注意力的数字化产品和服务②。美国国家档案馆开发的教育在线网站"历史教学"（DocsTeach）是由美国国家档案馆基金会主持研发的，但每年的资源来源却是多元化的，既有知名企业如可口可乐公司、美国电话电报公司（AT&T）、恒康金融服务集团（John Hancock Financial）、派克笔公司（Parker Pen Company）、德州仪器公司（Texas Instruments），也有非营利性的基金会如威廉·伦道夫·赫斯特基金会（William Randolph Hearst Foundation）③。通过该历史教学网站，教师们可以在教室中通过网络直接利用档案文件进行教学，让历史教学更贴近学生生活，为师生提供了一次互动教学的机会，还为教师们创建了一个在线交流与合作的网上社区，因此深受民众欢迎。2016年暑期重新改版上线后，到2017年底，新增用户6385个，新增服务项目或活动3997项，平均每月访问量56893次，新增APP下载182921次④。不难看出，以公共档案馆为主导的行政供给模式，在以企业主导的市场供给模式和非营利性组织主导的社会供给模式的配合与补充下，形成了当下公共档案服务的多渠道、复合式供给机制。

---

① 谭必勇：《基于STOF框架的手机档案馆服务模式研究》，《档案学通讯》2012年第6期。
② [丹麦]安德斯·克里斯蒂安·巴克：《公共领域的档案宣传——提高公众的档案意识》，杨太阳译，《中国档案报》2011年6月22日第3版。
③ National Archives Foundation, *Annual Reports/990S*（https://www.archivesfoundation.org/annual-reports/）.
④ National Archives Foundation, *2017 Annual Report of National Archives Foundation*（https://www.archivesfoundation.org/site/uploads/2017/12/nafbook_final2_pages_small.pdf）.

第三节 经费筹措的多元保障机制

经费保障机制是公共档案馆进行各项内部业务活动和开展服务工作的前提和基础。由于公共档案的公共属性,世界各国公共档案馆的主要经费来自于中央和地方政府的财政拨款,从而形成了较为稳定的经费来源。由政府出资"供养"从事保存国家和民族"记忆"的档案馆,强调政府对公共档案馆的主要职责,是世界各国的通例[1]。公共财政的分配是国家公共政策的重要议题,受政治及经济环境影响较大,在档案事业领域体现得尤为明显,由于公共档案馆兼具行政与文化双重职责,多元化的属性容易导致政府难以把握档案馆所需公共财政的投入力度。例如,在加拿大国家档案馆属于遗产部,1992年和2008年,档案馆所获得的公共财政支出占各级政府在图书馆、档案馆、博物馆三类机构总投入的4%和3%[2]。相对于图书馆、博物馆等文化机构而言,公共档案馆的社会形象较低,尽管当前世界各国的各级政府大多创建了覆盖从中央到地方的公共档案馆网络,但经费不充足一直是个普遍存在的现象[3]。因此,除了积极争取政府公共财政投入以外,世界各国公共档案馆也通过多途径扩大经费筹措渠道,形成多元化的经费保障机制。从投资主体和投资形式上看,当前国外公共档案馆的经费来源主要包括政府公共财政投入、非公共组织投入和自营性收入三大类型。

一 政府公共财政投入模式

政府公共财政投入主要包括直接投入和间接投入。直接投入,主要是指政府按年度将公共财政直接拨付给各级公共档案馆的支付形式,其主要目的在于维持档案馆内部管理活动和对外服务工作的正常开展。间

---

[1] 姜之茂:《档案馆经费》,《上海档案》2000年第5期。
[2] Shelley Sweeney, "Lady Sings the Blues: The Public Funding of Archives, Libraries, and Museums in Canada", from Cheryl Avery, Mona Holmlund, *Better off Forgetting? Essays on Archives, Public Policy, and Collective Memory*, Toronto: University of Toronto, 2010, pp. 22 – 23.
[3] Cheryl Avery, Mona Holmlund, *Better off Forgetting? Essays on Archives, Public Policy, and Collective Memory*, Toronto: University of Toronto, 2010, Introduction.

接投入，主要是通过减税和其他政策性投入的方式，来推动公共档案馆服务能力的提升和优化，一般是以立项的形式实施。从目前世界各国公共档案馆的公共资金来源看，以直接投入为主。档案馆大楼的建设与维修、档案保管与利用设备的购置等均属政府直接投入的范畴。对于大多数公共档案馆而言，政府直接的公共财政投入是它们最主要的经费来源。例如，对英格兰和威尔士档案机构经费来源情况的调查显示：大多数公共档案机构的资助来源于各级政府当局，有12%的机构表示它们的全部收入都是来自上级机构的直接投入[1]。

欧美发达国家的政府直接投入须经过国会、地方议会的严格审批，要制定严格的预算方案，因此投入力度与公共档案馆的服务绩效有紧密关联。这促使各国公共档案馆将经费用于改善保管条件、提升公共服务等重要事务活动当中，例如2013年美国国家档案馆将6.95亿美元总预算的57.4%（3.99亿美元）投入到档案和文件管理活动，而档案和文件管理活动的经费预算则主要用于文件服务、电子文件服务、操作和信息系统、其他与档案相关的服务等支出[2]。

二　非公共组织投入模式

欧美各国的非政府、非营利组织，在支持和援助文化、教育、社会、宗教和其他事务方面扮演着非常重要的角色。在档案领域，英国的遗产彩票基金会和美国国家档案馆基金会（National Archives Foundation，NAF）是其中比较典型的两家代表。

（一）英国遗产彩票基金会

英国文化行政体系一直推崇"一臂间隔"原则，即政府选择非政府的公共机构作为政府文化基金的管理者，并决定资助对象[3]。这一模式也在英国遗产彩票基金会（HLF）的运作中体现得比较明显。英国遗产彩

---

[1] Louise Ray, Elizabeth Shepherd, Andrew Flinn, Erica Ander, Marie Laperdrix, "Funding Archives Services in England and Wales: Institutional Realities and Professional Perceptions", *Archives and Records*, Vol. 34, No. 2, Oct. 2013, p. 183.

[2] 董慧珠：《美国国家档案馆核心职能与启示》，《北京档案》2015年第5期。

[3] 凌金铸、刘勇、徐辰：《中国文化体制改革：理论与实践》，上海交通大学出版社2014年版，第323—324页。

票基金会成立于1994年,是通过英国"数字、文化、媒体与体育部"向议会负责的非政府公共组织。遗产彩票基金会的资金来源是国家彩票(National Lottery),它为英国各地文化遗产项目提供资助,其资助范围包括六大类:建筑与遗址,文化与记忆,工业、海事与运输业遗产,土地和自然遗产,博物馆、图书馆和档案馆,社区遗产①。由于档案与文化遗产的紧密关系,档案馆也可以申请遗产彩票基金会的项目资助,如英国国家档案馆支持的"英国在线查档项目"(Access to Archives,A2A)、"苏格兰档案在线"(Scottish Archive Network)和"威尔士档案网络"(Archive Network Wales)等大型历史档案数字化项目就得到了遗产彩票基金会600多万英镑的资助②。

遗产彩票基金会是英国大部分地方公共档案馆的主要外部资金来源。遗产彩票基金会投入的资金一般不直接拨付给地方公共档案馆,而是由各级地方议会负责接收后再拨付给地方公共档案馆。遗产彩票基金会资助地方公共档案馆的项目所涉及的内容比较多样化:既有档案馆(室)建筑的整体升级改造等综合性项目,也有档案数据库建设、档案的收集与开放等单一项目。综合性项目一般获得的资助金额较大,在百万以上,如"新德文档案馆项目"(New Devon Record Office)获得324万多英镑,用来建立新的档案保管室、改善公众服务设施、建立档案查询室和演讲室以及升级文件管理标准等③。单一性项目相对较少,资助额度一般在3万—10万英镑之间,如巴斯档案馆(Bath Record Office)申请的"我们的遗产,你们的故事:与巴斯档案馆探索过去",得到了遗产彩票基金会7万多英镑的资助,用于创建一个重要历史档案的在线目录,将巴斯地区8个世纪多的历史档案向更多的公众开放④。

---

① Heritage Lottery Fund, *Featured Projects* (https://www.hlf.org.uk/our-projects).
② Louise Ray, Elizabeth Shepherd, Andrew Flinn, Erica Ander, Marie Laperdrix, "Funding Archives Services in England and Wales: Institutional Realities and Professional Perceptions", *Archives and Records*, Vol. 34, No. 2, Oct. 2013, p. 179.
③ Heritage Lottery Fund, *Project Search* (https://www.hlf.org.uk/our-projects/search-our-projects).
④ Bath Record Office, *Our Heritage, Your Story: Explore the Past with Bath Record Office* (https://www.batharchives.co.uk/our-heritage-your-story-explore-past-bath-record-office).

(二) 美国国家档案馆基金会

档案基金会服务于档案事业的发展,是由相关组织或个人成立的非营利组织,为档案机构开展的活动提供资金和创意支持。根据 Guidestar 网站的最新检索数据显示:自 1952 年以来,美国共建立了 25 个档案基金会,主要服务于相关档案机构、组织或个人;服务范围包括:保护相关主题的档案资源,为教育、维护权益等活动提供档案资源支撑;服务方式多样,如为机构活动筹集资金、为相关组织提供创意支持、开展公共服务项目等[1]。档案基金会的建立为档案机构开展各项公共服务活动提供了强有力的资金支持,在保护和开发历史资源、提高公众档案意识、扩大机构影响力方面发挥了重要作用。

在美国诸多档案基金会中,国家档案馆基金会是与美国公共档案馆系统联系最为紧密的非营利性组织,其宗旨在于提高公众档案意识,激发公民对国家遗产的认知,鼓励公众参与。自 1992 年建立以来,已经形成一套完善的体系和服务制度,为国家档案馆诸多项目的运营提供了资金和创意支持,是美国国家档案馆为公众提供优质服务的中坚力量[2]。美国国家档案馆基金会发展较为成熟,其发展理念、服务及合作方式、吸引资金的方法值得其他基金会借鉴,同时也是档案非营利组织和政府机构开展有效合作的缩影。

1. 美国国家档案馆基金会的资金筹集策略

美国国家档案馆基金会为国家档案馆开展的一系列活动提供资金支持,作为重要的融资平台,如何吸引普通公众、相关机构组织的资金支持是美国国家档案馆基金会的重心,同时也是其实现自身战略目标的基础。美国国家档案馆基金会近五年发布的年度报告显示,该基金会成员呈稳定增长趋势,2013 年至 2017 年,会员费收入分别为 643311 美元、1029710 美元、670001 美元、957106 美元和 974125 美元。除此之外,一

---

[1] 这一数据来自于 2018 年 5 月 4 日在 Guidestar(https://www.guidestar.org/Home.aspx)的检索分析,在 25 家档案基金会中有 7 家基金会的总收入和资产均显示为零。需要说明的是,Guidestar 是专门报道美国非营利性公司的信息服务组织,拥有世界上关于非营利性组织的最广泛的信息来源。

[2] 参见华汝国《美国国家档案馆基金会的经验与启示》,《中国档案》2015 年第 6 期;楚艳娜、谭必勇《档案基金会资金筹集与运用策略探析——以美国国家档案馆基金会为例》,《档案学研究》2017 年第 1 期。

些公司、金融机构、团体也会定期资助美国国家档案馆基金会。美国国家档案馆基金会能够成功筹集诸多资金用于支持国家档案馆及其自身的服务活动，主要基于以下策略。

第一，系统的捐助制度。美国国家档案馆基金会采取包括会员制度（membership）、青年创建者协会（Young Founders Society）、签名者圈（Signers Circle）、公司理事会（Corporate Council）等多种捐助方案，每种方案下设置不同等级，如会员制度下，捐助60、100、125、250、500美元可分别成为个人会员、家庭会员、支持人、赞助人、监护人。公司理事会成员分为三个等级，捐助5000、10000、15000美元可分别成为赞助者、监护者、创建者。① 不同等级的会员享有不同的权益和服务，但所有的会员均可拥有优先和自由进入国家档案馆、总统图书馆和博物馆的权利，基金会预先通过电子邮件的形式通知会员即将组织的项目和活动，会员可享有美国国家档案馆网上商店全年10%的折扣，可获得国家档案馆的季度杂志。此外，国家档案馆基金会不定期举办针对不同层级会员的活动，从而吸引公众和其他社会机构加大对美国国家档案馆基金会的资金投入力度。

第二，高效多元的公共服务活动。国家档案馆基金会每年吸引大量资金捐助的核心原因在于其开展的高效多元的公共服务活动，多元的项目既达到吸引公众参与、提高公众档案意识、服务公众的目的，又可达到宣传基金会、增加普通公众或相关组织机构对基金会的支持的效果。基金会自成立以来，同国家档案馆、博物馆以及其他组织加强合作，举办了丰富多元的公共项目。除一般公共项目供公众参与外，国家档案馆基金会针对不同群体开展专项活动，如面向家庭和孩子的Sleepover项目，面向学生和教师的DocsTeach项目，面向基金会成员的特色服务项目（如YFS History Trivia Night）等。高效多元的公共服务活动吸引资金的方式主要表现在：一是多元的活动吸引公众参与，扩大基金会关注度和影响力；二是面向不同群体的项目吸引不同群体的支持，如基金会十分重视针对家庭开展的服务项目，各家庭为获取参与家庭活动的优先权，加大对基

---

① National Archvies Foundation, *Membership*（https://www.archivesfoundation.org/membership/）.

金会的支持力度；三是同各公司或各机构合作举行展览、手工制作工艺品等项目直接吸引公司或机构对基金会的资金投入，间接起到宣传公司或相关机构的效果；四是支持开展丰富的公共服务活动体现了基金会对支持者负责的态度，同时也吸引原有支持者的进一步关注和支持，基金会所公布的内容丰富的年度报告展示了基金会丰富的公共活动以及资金流动状况，增加了公众继续支持基金会的动力。

第三，良好的营销与宣传策略。国家档案馆基金会良好的营销和宣传策略是其不断吸引资金的重要推动力。其营销和宣传主要表现在：多渠道、多路径的宣传方式，多元化服务产品的开发，间接性宣传资助者扩大影响力等。国家档案馆基金会除通过纸质媒体、线上广告等传统宣传途径外，不断开发新型推广活动，包括自制赞助海报、群发邮件等，先后建立国家档案馆基金会官方网站、Facebook、Instagram 等社交媒体平台，吸引更多公众参与。国家档案馆基金会在火车、公共汽车、地铁站等公共场所推广宣传其开展的活动，极大地扩大了基金会及其活动的影响力。由于国家档案馆基金会的广泛宣传，2015 年基金会和档案馆合作举办的"精神共和国：美国酒精历史"展览已达 4 亿媒体印象。[①] 国家档案馆基金会利用档案资源开发多元化服务产品，既满足公众对服务产品的需求，又为赞助者提供福利，目前国家档案馆基金会宣传部门研究者同国家档案馆工作人员利用档案资源共同编辑出版了 22 本高质量的符合大众兴趣的书籍，基金会成员购买书籍可享优惠。国家档案馆基金会同国家档案馆合作开展的每一项目都有特定的捐助者，捐助者投入资金支持公共项目的开展，一是承担社会责任，二是宣传自己，扩大自身影响力。可口可乐公司每年都会向国家档案馆基金会捐助，因此 2015 年国家档案馆开展了可口可乐瓶专利展，间接宣传资助者。

第四，积极的慈善与服务理念。美国注重公共服务工作，参议院第 99 号决议中提到，"公共服务是一个高尚的职业"。奥巴马在对公共服务认知周的问候中指出，"在我国各地社区，在联邦、州和地方的各级公务员都不遗余力的执行政府工作。努力服务，不炫耀，实施法律、教育孩

---

① NAF, *National Archvies Foundation Annual Report 2015*（https：//www. archivesfoundation. org/site/uploads/2015/12/NAF_ 2015 – Annual – Report. pdf）.

子、为我们国家的发展打下了坚实的基础"①。美国国家档案馆基金会以为公众提供最优质的服务为目标,在社会公众中具有较大的影响力。同时受各政治、文化方面因素的影响,美国社会公众习惯为慈善事业捐赠。20世纪中后期美国学者的数次统计发现,"全美国70%以上的家庭都对慈善事业有某种程度的捐赠,平均每年每个家庭捐赠900美元,占家庭总收入的2.2%"②。美国国家档案馆基金会作为致力于服务公众、增强国家民主的非营利组织,引起了社会公众的广泛关注。2015年,共有418个个体向美国国家档案馆基金会捐赠资金。此外,戴维·M.鲁本斯坦(David M. Rubenstein)③等富豪也支持档案事业的发展,每年向美国国家档案馆基金会的捐助金额逾15000美金。

2. 美国国家档案馆基金会的资金运用策略

美国国家档案馆基金会所募集的资金除管理与总务费用以外,项目支出所占比重最大,2014年项目支出占总支出的72%④,2015年项目支出占总支出的71%⑤。资金投入项目主要包括:展览、教育项目、其他公共项目等。此外,除以往传统项目外,美国国家档案馆基金会投入资金不断开展新型项目,吸引更多民众的参与,从而更好地实现其战略目标。

第一,以开发历史资源为基础。基于美国国家档案馆丰富的馆藏资源,美国国家档案馆基金会资助各类项目对其深入开发,主要表现在:基于对历史资源的开发,开展特色文件永久展览、专题展览和全国巡回展览,对公众了解国家历史具有重要意义;基于原始文件开发的教育项目为研究者、老师和学生提供了平台,教育资源不断丰富,很大程度上提高了档案利用率;开展历年传统项目,如独立日活动、基于不同主题的麦高恩论坛等,让公众感受历史文件的魅力。美国国家档案馆基金会

---

① The National Archives, *Happy-Public-Service-Recognition-Week* (https://aotus.blogs.archives.gov/2013/05/08/happy-public-service-recognition-week/) .

② 姚俭建、Janet Collins:《美国慈善事业的现状分析:一种比较视角》,《上海交通大学学报(哲学社会科学版)》2003年第1期。

③ 戴维·M.鲁本斯坦,凯雷投资集团(The Carlyle Group)联合创始人,美国著名金融家、慈善家。

④ NAF, *National Archives Foundation Annual Report 2014* (https://www.archivesfoundation.org/site/uploads/2015/03/National-Archives-Foundation-Annual-Report-2014.pdf) .

⑤ NAF, *National Archives Foundation Annual Report 2015* (https://www.archivesfoundation.org/site/uploads/2015/12/NAF_2015-Annual-Report.pdf) .

以开发历史资源为基础投入的诸多项目取得了很大成效。2015年美国国家档案馆基金会资助国家档案馆举办的"探索美国餐饮历史"展览、可口可乐瓶专利展览、"What's cooking，山姆大叔"展览等都吸引了大量来自全国各地的观众。除实体展览外，在美国国家档案馆基金会官方网站上还可获取网上展览资源，2014年网上展览浏览量达72279次，注册用户来自世界120个国家[1]。美国国家档案馆基金会资助建立波音学习中心资源室，为教师和学生提供研讨学习场所。其中，2011年，资助国家档案馆教育团队举办了40场研讨会，师生利用原始文件资源开展学习研究，大大提高了档案的利用率。2013年美国国家档案馆基金会共资助243个教育项目，波音学习中心访客来自全美55个州[2]。

第二，以满足公众需求为导向。能否满足自身需求是公众是否参与档案活动的重要出发点。美国国家档案馆基金会支持开展一系列以公共教育、公众利用、文化休闲为目标的项目，充分满足公众需求，从而达到增加公众参与的目的。以满足公共教育需求为导向，美国国家档案馆基金会资助波音学习中心开展诸多教育项目，如家长和孩子在波音学习中心内参与大宪章和宪法主题家庭日、享受"战时菜园木偶剧"表演[3]；以满足公众利用需求为导向，美国国家档案馆基金会支持开展诸多网上活动，除展览资源网上共享、相关活动通过流媒体直播外，美国国家档案馆基金会协同档案馆共同建立"数字拱顶"数据库，基于相关文件资源在"数字拱顶"网站内可以自定义展览风格，自行设计海报、电影和游戏，而且"数字拱顶"网站内的任意一份文件都可链接至国家档案馆研究数据库，以满足更多人的需求；以满足公众文化休闲需求为导向，美国国家档案馆基金会支持开展诸多基于档案资源的娱乐项目，2014年开始举办的Sleepover项目娱乐性强，首批来自美国18个州的100多名8—12岁的儿童和他们的父母总共300多人参加了这一活动，他们深夜靠

---

[1] NAF, *National Archives Foundation Annual Report 2014* (https://www.archivesfoundation.org/site/uploads/2015/03/National - Archives - Foundation - Annual - Report - 2014.pdf).

[2] NAF, *National Archvies Foundation Annual Report 2013* (https://www.archivesfoundation.org/site/uploads/2014/03/FNA - Annual - Report - 2013.pdf).

[3] NAF, *National Archives Foundation Annual Report 2015* (https://www.archivesfoundation.org/site/uploads/2015/12/NAF_ 2015 - Annual - Report.pdf).

近《独立宣言》《宪法》，睡在圆形大厅旁边，成为终生的回忆，该项目给予了各家庭在档案馆创造历史记忆的机会，提高了公众参与热情[①]。基于公共教育、公众利用和文化休闲的服务项目吸引更多公众的参与，最大程度上为公众提供优质的服务。

第三，以创新服务方式为动力。任何组织活动如果一直保持原有的服务方式不变的话，在很大程度上会阻碍活动发展，甚至导致活动停滞。美国国家档案馆基金会积极探索新型服务方式，或开辟新项目，或为传统项目注入新元素。为开发教育资源，进一步提高档案利用率，2010年美国国家档案馆基金会自主研发创新型网站——DocsTeach网站，使得所有年龄阶段的学生及老师们能够在新网站上利用原始文件进行交互式学习，帮助学生培养历史思维能力。2012年，基金会资助开发了DocsTeach应用软件，任何人均可在电脑或手机上下载应用，到2015年这一款APP的下载量已经达到37万次，网站页面访问量达1亿余次[②]。为进一步推进传统项目的发展，美国国家档案馆基金会不断提供新的创意，如在传统展览项目中增加新元素。在"酒精历史"展览过程中，美国国家档案馆基金会举办首例业余时间派对，活动中公众享有夜晚参观展览的权利，同时还有现场音乐会表演，增加了公众参与活动的积极性。

第四，以促进国家民主为目标。国家档案馆基金会和美国国家档案馆所追求的共同目标是加大公众参与度，促进国家民主。美国国家档案馆基金会不断促进社会力量对国家档案馆档案事业发展的支持，同时又为社会各界的诸多事务提供支持性服务。促进国家民主是美国国家档案馆基金会支持开展各项活动的最终目标，主要表现在：一是活动涉及维护黑人、女性权利等主题，增强公众自由平等理念，保障民主权利；二是利用网络技术等手段加大档案资源开放程度，充分保障公民获取历史资源的权利；三是除专门面向基金会成员的活动外，其他公共活动一律免费向公众开放，保障公众参与服务活动的权利；四是充分满足公众的各项需求，深入挖掘不断变化的需求类型，为适应不同群体如研究者、

[①] NAF, *National Archives Foundation Annual Report 2014*（https://www.archivesfoundation.org/site/uploads/2015/03/National – Archives – Foundation – Annual – Report – 2014.pdf）.

[②] NAF, *National Archives Foundation Annual Report 2015*（https://www.archivesfoundation.org/site/uploads/2015/12/NAF_ 2015 – Annual – Report.pdf）.

老师和学生、家庭等的需求，美国国家档案馆基金会开展不同类型的服务项目，主动迎合公众兴趣，保障不同群体的利益。

美国国家档案馆基金会以及它的支持者通过展览以及各种公共服务项目，帮助国家档案馆更好地实现了教育、娱乐、启迪等各项社会功能，进而维系和强化了与国家档案馆的合作伙伴关系，对更好地实现基金会战略目标、推动美国档案事业的发展具有重要的作用。

三 自营性收入模式

自营性收入模式，是指除了公共财政拨款和非营利组织所获取的资金外，档案馆通过为其他政府机构、社会大众提供基本公共服务之外的商业化服务而获得营业性收入的一种筹资方式。由于这一方式既可带来稳定的收入，又能有效带动档案资源建设，因此日渐受到欧美公共档案馆的重视。2003年8月，时任美国档案工作者协会第58年度（2003—2004年）主席的彼得·B.希尔特尔（Peter B. Hirtle）在美国加州洛杉矶举行的美国档案工作者协会年会上发表了《是档案还是资产?》（Archives or Assets?）的主旨演讲，认为"由于需要资金，同时又出于可以理解的原因（同时也是值得称赞的原因）不愿意出售资产，所以许多档案馆就寻求从管理的档案资料中获取收入。档案资料复制品的出售以及为资料用于商业目的颁发许可证正成为档案馆越来越重要的收入来源"[1]。欧美各国利用版权法在文化遗产机构的豁免权等制度，逐步加快推进了档案馆馆藏进入公共领域的速度，从而使得公共档案馆收藏品的商业化开发进入快速实施阶段。2012年5月，英国国家档案馆和国际档案理事会联合举办"档案馆商业活动研讨会"，评估国家档案馆和具有商业潜力的大型档案机构增加收入的前景，而英国国家档案馆在《2011—2015年业务规划》提出依据机构责任开发可持续获利的创收方式，并于2016年出版了《创收指南》[2]。2014年在西班牙举行的国际档案理事会年会上，以"档案与文化产业"为主题的研讨吸引了来自全球90多个国家和地区档

---

[1] 彼得·B.希尔特尔（Peter B. Hirtle）：《是档案还是资产?》，李红译，上海档案信息网（http://www.archives.sh.cn/dalt/wgdagz/201203/t20120313_9448.html）。

[2] 张郁蔚、孙云倩：《国家档案馆档案资源商业开发之初探》，（台湾）《图书资讯学研究》2016年第2期。

案工作者的广泛讨论,如何在档案馆开展多样的文化消费成为与会者们最为关注的话题之一①。

近年来欧美国家借用博物馆衍生品开发理论,进行了档案衍生品的开发与推广,如近年来美国国家档案馆与美国国家档案馆基金会联合开发的"我的档案商城"(myArchives)上线后,与国家档案馆档案商城实体店通力合作,以国家档案馆馆藏为基础,采用全方位、精品化、针对性、灵活性的文化产品开发思路②,通过出售历史文件复制件、普通礼物、书籍、服饰等丰富多元、价格亲民的文化衍生品,取得不俗业绩(参见图4—2)。根据台湾大学图书资讯学系张郁蔚和孙云倩对英国、美国、澳大利亚、加拿大、芬兰、新加坡、新西兰、日本各国国家档案馆的调查,档案数字化复制服务、图书出版、档案周边商品、档案资料库、研究服务是各国商业化开发的重点,也是获得经营性收入的重要渠道③。

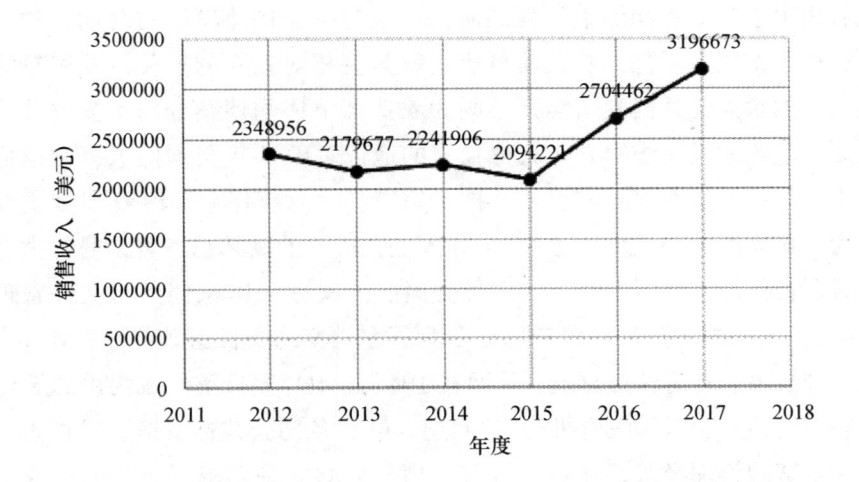

图4—2 2012—2017年度美国国家档案馆档案商城(实体与网络)销售收入

资料来源:https://www.archivesfoundation.org/annual-reports/.

---

① 王玉珏、刘佳欣:《国外档案馆跨界合作模式及启示》,《档案学通讯》2017年第2期。
② 郭辉、谭必勇:《美国国家档案馆网上商店档案文化产品研究》,《浙江档案》2016年第12期。
③ 张郁蔚、孙云倩:《国家档案馆档案资源商业开发之初探》,(台湾)《图书资讯学研究》2016年第2期。

目前国外档案学者和实践工作者普遍认为，只要将档案馆所获得的经营性收入用于机构运营和服务提升等工作，档案馆利用自身专业与服务优势开展各种增值性收费服务是值得鼓励和提倡的，是利于档案馆长远发展的资金筹措方式。根据美国国家档案与文件管理局（NARA）近五年公布的年度财务报告看，约30%的年度预算资金是美国国家档案与文件管理局通过为其他联邦机构和公众提供文档整理、保管等增值服务而获得的[1]，这一数据无疑是这一发展趋势的重要体现。

第四节　决策治理的制衡机制

资源、服务与资金，固然是当代公共档案馆正常运作的基础和前提。但如何分配与管理这些公共档案馆运行的基础性元素，就需要一套科学的决策与治理体系。西方各国在200余年公共档案馆发展演变的过程中，既有内附于其他机构的艰难发展阶段，又有独立快速发展的时期。法国国家档案馆、英国公共档案馆自成立就具有相对独立的地位，发展较为顺利。加拿大公共档案馆刚开始则为农业部下属的档案分部，渡过数次制度性危机才以立法的方式获得独立的地位。1934年美国国家档案馆成立之时是独立的联邦政府机构，档案馆馆长由总统任命，1950年则被改名为"国家档案与文件服务局"，并入了新成立的联邦总务署，局长由总务署署长任命，直到1984年10月美国国会通过《国家档案与文件管理局法》，国家档案与文件服务局更名为国家档案与文件管理局（NARA），其管理权由总务署转至总统，从而在1985年4月1日重新成为由总统任命局长的独立的联邦政府机构[2]。目前，欧美各国公共档案馆已经积累了较为丰富的管理经验，在各种行政管理与公共管理思想影响下，形成了制衡与参与并重的决策与治理机制，有利于各国公共档案馆的运营与长

---

[1] 2013—2017年，这一比例分别为32%、30%、30%、29%和29%。具体参见NARA, *Agency Financial Reports*（https://www.archives.gov/about/plans – reports/agency – financial – reports）。此外，作者在2015年访问位于马里兰州的美国国家档案馆二馆时，当时该馆数字化实验室负责人专门介绍说，该实验室每年为馆外机构和个人提供高质量的数字化扫描及转录服务所获收入在百万美元以上。

[2] NARA, *Milestones of the U. S. Archival Profession and the National Archives*（https://www.archives.gov/about/history/milestones.html）.

远发展。

一 权力制衡的宏观决策机制

欧美各国公共档案馆在早期发展过程中，为寻求议会和社会大众的支持，一般会积极与那些对档案资源或档案事务有兴趣的组织或团体进行合作，以防止潜在的制度性危机所造成的毁灭性打击。历史协会、高校学者既是公共档案馆发展中的支持者，又在很大程度上对公共档案馆的发展定位、重大决策及一些具体事务有着相当大的影响[①]。此外，由于调查中央或地方公共档案保管状况、筹建档案馆大楼、实施重大档案行政管理制度改革等重大任务的需要，政府部门有时会临时任命由政府官员、档案专家、学者等组成的临时档案委员会进行调研，撰写研究报告，为政府决策提供参考。1952年英国的"格雷格委员会"（Grigg Committee）、1956年澳大利亚联邦的"国家图书馆调查委员会"均属于这种性质的档案委员会，它们存在的时间不长，但其咨询报告对英国和澳大利亚档案改革均起到了关键性的作用[②]。这些临时性的档案委员会产生的积极作用为欧美各国所重视，在当前逐渐演变为固定的档案委员会，与国家档案馆或国家档案行政管理机构、相关中央政府部门、议会等机构共同参与公共档案事务的咨询与决策活动，形成了较为稳定的多方参与的决策体系。

从目前看，除了美国等少数国家的国家档案馆是独立的政府机关外，大部分欧美国家档案馆均隶属于相应的部门，英国国家档案馆隶属于数字、文化、媒体与体育部，法国国家档案局（现为法国档案服务部）隶属于文化部，加拿大国家图书档案馆隶属于遗产部，澳大利亚国家档案馆则隶属于司法部。档案馆馆长或档案局局长由这些部长任命，通过部长向国会或议会汇报工作，其经费预算须经过国会或议会审议通过后才

[①] 例如，在加拿大第二任自治领档案馆馆长道蒂的建议下，加拿大政府于1907年4月成立了"历史手稿委员会"（Historical Manuscripts Commission），增加五位历史学者协助他制定档案政策。从1907年到1915年，该委员会定期举行会议讨论档案行政管理的诸多事务：从分类体系到组织架构，乃至尝试"将档案分部从政治任命的梦魇中拯救出来"。具体参见 Ian E. Wilson, "'A Noble Dream': The Origins of the Public Archives of Canada", Archivaria, No. 15, Winter 1982-1983, p. 27。

[②] 参见本书第三章第二节、第三节的相关内容。

能生效，因此国会、相关中央政府部门对国家档案馆的重大事务有很大的话语权。此外，英国、法国、美国、加拿大、澳大利亚等发达国家在制定国家级档案法时，要求建立档案委员会或类似组织，作为独立于国家档案馆之外的独立性公共组织，在公共档案事务的决策、咨询等方面发挥着非常关键的作用。例如，英国政府根据1958年《公共档案法》成立了公共档案咨询委员会，目前这一机构改名为"国家文件与档案咨询委员会"（The Advisory Council on National Records and Archives），直属于数字、文化、媒体与体育部，由管卷大臣担任主席，由历史学者、档案工作者、信息管理专家、退休公务员和记者等15人担任委员，重点就公共文件获取、档案的开放与封闭等民众关切的问题向数字、文化、媒体与体育部部长提供政策建议[1]。法国在文化部下成立档案最高委员会，"负责公共档案和私人档案的政策审议"[2]。澳大利亚依据档案法成立了国家档案馆咨询委员会，定期向国家档案馆馆长和司法部长提交政策咨询报告，该咨询委员会设主席1人、副主席1人，其成员最多不能超过13人，其中参议院和众议院各推出1人，其他11人由司法部长直接任命，一般来说这些委员们的任期最多为3年[3]。

一般来说，西方国家的国会或议会通过立法、经费预算审核、绩效评估等手段对公共档案馆进行宏观监管，使公共档案馆各项事务与国家和社会公众的整体利益相符。近年来，英国国家档案馆为服务英国的开放政府建设、英国脱欧战略等整体战略服务，在《档案激励：国家档案馆规划及优先战略（2015—2019年）》中详细列出了国家档案馆的任务清单并使之与国家相关战略进行对接，体现出对国家宏观发展战略的积极回应[4]。美国国家档案馆为响应美国联邦政府的数字政府、透明政府建设战略，也积极实施了更为积极的社交媒体战略。相关中央政府部门的

---

[1] The National Archives, *Advisory Council*（http：//www. nationalarchives. gov. uk/about/our - role/advisory - council/）.

[2] 国家档案局政策法规研究司编译：《境外国家和地区档案法律法规选编》，中国政法大学出版社2017年版，第279页。

[3] Federal Register of Legislation, *Archives Act* 1983（https：//www. legislation. gov. au/Details/C2014C00417）.

[4] The National Archives, *Archives Inspire*：*The National Archives Plans and Priorities 2015 - 2019*（http：//www. nationalarchives. gov. uk/documents/archives - inspire - 2015 - 19. pdf）.

部长们则通过对档案馆馆长、档案委员会的主席和成员等重要人事权的直接控制，使国家档案馆或公共档案馆的发展走向能够符合国家和行业的长远利益。档案委员会可就相关公共档案事务向部长和国家档案馆馆长提出政策建议，在一定程度上分割了国家档案馆馆长的决策权。当然，目前欧美国家档案馆基本上取得了独立地位，国家档案馆馆长在自己职权范围内享有充分的决策权。日本通过建立独立行政法人制度，一方面使得日本国立公文书馆成为独立、自治的行政机构，同时又通过主管省厅的独立行政评价委员会和第三方的独立行政法人评价委员会组成的双重评价考核机制，对国立公文书馆的业绩表现进行定期的严格评估，并有权要求国立公文书馆对相关的业务活动、基本制度进行修改[1]。

二 多方参与的内部治理机制

目前欧美各国公共档案馆特别是国家或中央级公共档案馆，基本上是具有独立法人地位的公共机构，在人事、财务、资源建设与开发、项目策划与开展等方面均拥有较大的自主决策权。如前所述，国会或议会、相关中央政府部门、档案委员会等机构以不同形式参与了公共档案馆重大事务（如发展定位、缩短档案封闭期限等）的决策权，但为了保障在自主管理权限范围内的科学决策，不少公共档案馆往往还在自身权力框架范围内成立相关的董事会、委员会或理事会，为档案馆的业务建设与发展规划等提供具体的政策建议。

英国在打造多方参与的治理体系方面颇具创造性。英国国家档案馆的日常事务主要由国家档案馆馆长、公共参与部主任、研究与馆藏部主任、数字化总监、运营总监、财务与商业总监六人组成的执行团队来具体负责[2]。同时，国家档案馆还成立了董事会，执行团队的六人担任执行董事，并从社会招募四名非执行董事成员，这些非执行董事同时作为独立成员参与国家档案馆审计与风险管理委员会（The National Archives'

---

[1] 王红敏:《日本的独立行政法人制度以及日本国立公文书馆的运作》，2012年1月，中国国家档案局网站（http://www.saac.gov.cn/news/2012-01/05/content_13550.htm）；占丽华:《日本独立行政法人国立公文书馆运行机制研究》，《档案管理》2018年第4期。

[2] The National Archives, *Executive team* (http://www.nationalarchives.gov.uk/about/our-role/executive-team/).

Audit and Risk Committee），为国家档案馆建设与发展的机会与风险进行评估。董事会每月召开一次会议，民众可以在国家档案馆网站上免费获取董事会的会议纪要。① 此外，为了保障各项业务活动的顺利开展，国家档案馆还成立了各种专门性的委员会或论坛，如致力于与英国主流学术界保持友好关系的"学术利益相关者战略性论坛"②、与档案利用者进行沟通的"用户咨询小组"③ 等。加拿大国家图书档案馆（LAC）建有"馆藏采购咨询委员会"和"服务协商委员会"。前者由来自档案、图书馆、博物馆、学术界、政府部门、历史及艺术史领域的代表组成，为国家图书档案馆的采购政策、战略、定位、规划等提出指导和建议④；后者由各种利用者代表（如普通民众、家谱学者、职业研究者、媒体从业人员、高校、政府机关人员等）和图书馆、博物馆、档案馆的同行代表共同组成，为面向公众的在线服务和线下服务提供有针对性的建议、指导和反馈⑤。馆藏采购咨询委员会由国家图书档案馆的首席运营官担任主席，服务协商委员会则由公共服务部主任担任主席，每年最多召开四次会议。

美国国家档案与文件管理局（NARA）打造了一个较为稳定的行政结构体系。国家档案馆馆长、副馆长与总监察长办公室、平等就业委员会、国家历史出版物和文件委员会、总法律顾问、国会事务小组组成了核心领导小组，对人事、财务、项目设计与开发、馆藏建设等基本业务活动

---

① The National Archives, *The National Archives' Board* (http：//www.nationalarchives.gov.uk/about/our-role/management-board/)．

② 该论坛是由英国国家档案馆的馆长和部门主管们与英国国家学术院（The British Academy）、英国历史学会（The Historical Association）、英国议会史基金会（The History of Parliament Trust）等英国主流学术圈的领导人每年定期会晤的平台。The National Archives, *Strategic Academic Stakeholder Forum* (http：//www.nationalarchives.gov.uk/about/our-role/boards-and-advisory-groups/strategic-academic-stakeholder-forum/)．

③ "用户咨询小组"可以给国家档案馆的用户提供一个参与国家档案馆早期战略规划和决策制定的机会，"用户咨询小组"每年召开四次会议，成员们可以就国家档案馆当前的服务状况和未来规划提出看法和建议。参见 The National Archives, *User Advisory Group* (http：//www.nationalarchives.gov.uk/about/get-involved/have-your-say/user-advisory-group/)．

④ Library and Archives Canada, *Acquisitions Advisory Committee* (http：//www.bac-lac.gc.ca/eng/about-us/Pages/acquisitions-advisory-committee.aspx)．

⑤ Library and Archives Canada, *Services Consultation Committee* (http：//www.bac-lac.gc.ca/eng/about-us/Pages/services-consultation-group.aspx)．

第四章 当前国外公共档案馆的基本运行机制 / 227

及重大事项做出决策（参见图4—3）。

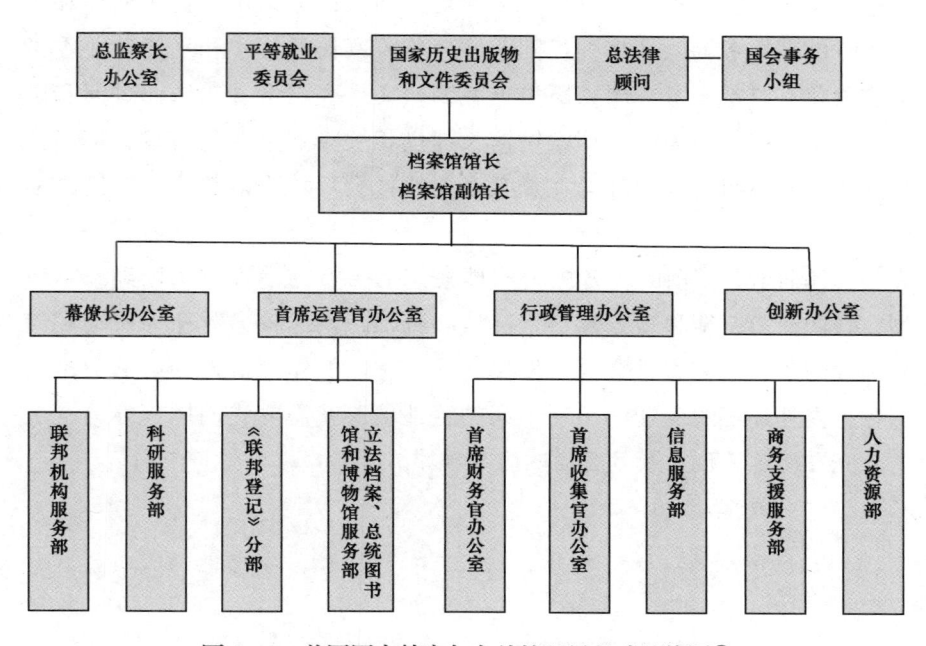

图4—3 美国国家档案与文件管理局行政结构图①

总监察长办公室是美国国家档案与文件管理局的行政架构中具有较强独立性的内设机构，它主要负责对国家档案馆的日常事务特别是经济事务进行审计和调查，每半年须将审计和调查的结果以及提出的纠正措施向国会报告，同时也能将有关机构和人员违反联邦刑法的情况向司法部汇报②。国家历史出版物与文件委员会在1934年美国国家档案馆创建之初就同时成立了，目前该委员会由美国国家档案馆馆长担任主席，同时还有美国联邦政府的代表，以及来自档案工作者协会、历史学家、文献编辑和文件保管人员的代表，其主要工作是定期就美国各地档案与历史文献资源的保存、出版与利用项目的资助优先度和资助强度进行讨论③。平等就业委员会则负责监督国家档案馆在人事录用、考核与晋升等

---

① NARA，*NARA Organization*（https：//www.archives.gov/about/organization）.
② NARA，*National Archives Offfice of Inspector General*（https：//www.archives.gov/oig）.
③ NARA，*About NHPRC*（https：//www.archives.gov/nhprc/about）.

方面的公平性问题，以防止性别歧视、种族歧视等不平等现象的产生与蔓延。总法律顾问和国会事务小组则是为国家档案馆馆长提供法律和国会事务的高级咨询。从某种程度上讲，总监察长办公室和平等就业委员会主要负有监督职责，国家历史出版物与文件委员会、总法律顾问和国会事务小组则主要为国家档案馆馆长提供相关专业事务的咨询，从而使美国国家档案与文件管理局在复杂多变的社会环境中能够高效、健康的运营。

总体而言，当前欧美各国公共档案馆的决策与治理体系已经基本成型，强调权力制衡和多方参与是其核心特征，当然权力制衡的机构和参与治理的各种社会力量会经常发生变化，它们的作用机理和影响力也会因各种内外环境的变迁而呈现不同的特性，这就需要我们用理性与发展的眼光看待这一现象及其背后的内在规律。

第五章

我国公共档案馆建设的现实基础与推进策略

> 我背手走过
> 澳门的历史档案馆门外
> ……
> 来自大西洋的海风
> 吹醒这一城文明
> 在它的历史档案里
> 有我族人的名字　光没有
> 我的卷宗　因为
> 我惯于长夜煮鹤焚琴
> 从未留下
> 我的名字于萍踪所过的城镇①
>
> ——陶里（1982）

西方发达国家经历了100多年才建立了基本成熟的现代公共档案馆制度，开放性、平等性、公共性、服务性等现代公共档案理念已深入民心。20世纪50年代，当世界主要资本主义国家的各级公共档案馆通过与教育系统的制度性合作而快速拉近与普通民众距离之时，中国才刚刚启动现

---

① 节选自中国现代诗人陶里于1982年6月所作《过澳门历史档案馆》一诗。参见陶里《过澳门历史档案馆》，载黄晓峰编《神往——澳门现代抒情诗选》，花城出版社1988年版，第19—21页。

代意义上的档案馆建设,直到改革开放后借助"开放历史档案"热潮才打开面向普通民众的开放之门。中国是实行"统一领导、分级管理"的集中式档案事业管理体制的国家。法国的经验表明集中式档案事业管理体制具有集中资源办大事的优势,可以促进档案馆体系的快速发展。20世纪90年代末,随着国家公共文化服务体系建设的发端,国家档案馆的文化属性和公共性问题受到社会各界的关注,实现由国家档案馆向公共档案馆转型一时成为档案理论界和实践部门的共同呼声[1],由此我国才真正启动公共档案馆建设。近年来,"五位一体""三个体系"等建设目标和建设思路的出台,以及民生档案工作的布局,均体现出国家试图强化各级国家档案馆"公共性"建设、实现其向真正公共档案馆转型的战略决心,而上海、深圳等地则从理论与实践上积极探索公共档案馆的制度化落实,取得了一定的成效,积累了一定的建设经验。为进一步推进中国公共档案馆建设,有必要分析当前公共档案馆建设的社会环境,结合欧美发达国家的经验教训,寻找当前各地公共档案馆建设的经典模式,从而为中国未来的公共档案馆建设提供可行性的路径与实施方案。

第一节　公共档案馆建设的社会环境

历史的经验启示我们:公共档案馆的创建及其发展程度,与公共档案馆所处的社会环境具有紧密的关联,开放、稳定、民主、文明的社会环境可以推动公共档案馆的诞生和快速发展,而封闭的社会环境常常会制约甚至扼杀公共档案馆的生存空间。改革开放以来,我国政治、经济、文化快速发展,特别是21世纪以来,各级国家综合档案馆在参与政府信息公开、服务民生等工作中发挥了巨大作用,开展国家档案馆的"公共性"建设面临的社会环境进一步优化。

---

[1] 也有部分学者认为,新中国成立至今,我国档案馆本身就具有公共档案馆的属性。因为根据公共档案馆成立的基本要素看,"档案馆是由国家和政府设立并管理、档案资源属于国家和社会全体公民并为全体公民所共享",这在我国的国家档案馆已经具备。因此,从逻辑关系和转型内涵看,"从国家档案馆或综合档案馆向公共档案馆转型"的提法和认识是需要被否定的,档案馆公共性建设更符合当前的中国实际。参见聂二辉《过程还是结果?——档案馆转型的现实思考》,《档案学通讯》2016年第1期。

一 公共档案馆建设的政策环境日趋良好

从国家政策文本看，我国国家综合档案馆的"公共性"和文化属性日趋强化。1954 年成立国家档案局，1956 年 3 月国务院常务会议通过《关于加强国家档案工作的决定》，要求"国务院各部、各委员会和各直属机构应该在办公厅（室）之下设立和加强档案室，负责管理本机关的档案；……各省、自治区、直辖市人民委员会应该在办公厅下迅速设立档案管理处，负责指导和监督各厅、局和省、自治区、直辖市以下各级国家机关的档案工作"，并明确要求"国家档案局应该全面规划，逐步地在首都和各省区建立中央的和地方的国家档案馆"[①]。在党和国家的高度重视下，我国迅速建立了从中央到地方一套完整的国家档案馆网络系统，为保存我国档案文化遗产做出了重要贡献。因此，1956 年国务院发布的《关于加强国家档案工作的决定》，起到了建设社会主义档案事业的奠基石的作用。这份中国当代档案事业史上的纲领性文件虽然并未对档案馆的性质进行说明，但开篇即说："国家的全部档案，包括中华人民共和国成立以来各机关、部队、团体、企业和事业单位的档案，中华人民共和国成立以前的革命历史档案和旧政权档案，都是我国社会政治生活中形成的文书材料，都是我们国家的历史财富。"[②] 历史财富的提法，即表明国家已将档案馆保存的档案视为具有历史价值的文化财富，因此，1960 年 3 月，国家档案局同时发布的《县档案馆工作暂行通则》[③] 和《省档案馆工作暂行通则》[④] 均在第一章第二条明确指出档案馆是各级党委和政府直属的"文化事业机构"。

经过 30 多年的发展而建立起来的单一的国家档案馆结构，已不能完全适应国家对各类档案的安全保管以及开发利用的需要。1992 年 3 月，经国务院批准，国家档案局印发了《全国档案馆设置原则和布局方案》，将全国各级各类档案馆划分为三大类：（1）各级国家档案馆，主要包括

[①] 《国务院关于加强国家档案工作的决定》，载国务院法制办公室编《中华人民共和国法规汇编：1956—1957（第三卷）》，中国法制出版社 2005 年版，第 205—207 页。
[②] 同上书，第 205 页。
[③] 《县档案馆工作暂行通则》，《档案工作》1960 年第 4 期。
[④] 《省档案馆工作暂行通则》，《档案工作》1960 年第 4 期。

综合性档案馆和专门档案馆（如中国照片档案馆等）；（2）部门档案馆（如外交部档案馆、安全部档案馆等）；（3）企业、事业单位档案馆。并规定中国人民解放军系统可根据实际需要由军委主管部门自行确定①。这一方案旨在将国家档案馆网建设成为结构合理、分工明确、关系协调、管理科学、具有安全保管与充分开发档案信息能力和为社会各方面提供优质服务的有机整体。

又经过20多年的发展，现有的档案工作体制存在一些不适应新形势的地方，为此，2014年5月中共中央办公厅、国务院办公厅联合印发了《关于加强和改进新形势下档案工作的意见》（中办发［2014］15号，以下简称《意见》）②，这是1994年以来中共中央办公厅、国务院办公厅印发的第一个关于档案工作的文件。《意见》吸收了新阶段、新环境下全国档案部门的工作新经验，对档案、档案工作、档案工作体制等核心概念的内涵进行了提升和发展，创造了新话语体系，对中国未来的档案事业发展具有极为深远的意义。国内学者认为，"其重要性堪比1956年4月16日国务院发布的《关于加强国家档案工作的决定》"，是指导中国特色社会主义事业发展的纲领性重要文献③。《意见》突出强化了档案和档案工作的地位和作用，进一步完善了档案工作体制，特别是增加了许多涉及人民群众、公共服务理念与实践的新提法，为加强我国国家档案馆的公共性和服务性建设提供了依据和路径。这些新提法主要包括以下四个方面：第一，在档案方面，增加了档案是"人民群众各方面情况的真实记录""是维护人民群众根本利益的重要依据"的新提法，突出强调了档案与人民群众的紧密关系。第二，在档案工作方面，强调档案工作对"维护人民群众合法权益"的重要意义。第三，多处强调档案部门"公共服务"理念和能力建设，《意见》中"服务"一词出现28处、"公共服务"和"档案信息服务"均出现4处。在档案工作体制方面，要求"各

---

① 《全国档案馆设置原则和布局方案》，国家档案局网站（http://www.saac.gov.cn/xxgk/2011-12/22/content_12482.htm）。
② 《中共中央办公厅 国务院办公厅印发〈关于加强和改进新形势下档案工作的意见〉》，《中国档案》2014年第5期。
③ 傅荣校：《〈关于加强和改进新形势下档案工作的意见〉的理论思考》，《档案学研究》2015年第1期。

级国家综合档案馆要依法集中接收保管本级党政机关、企事业单位、社会组织的各类档案（包括电子档案，下同）及政府公报等政府公开信息，同时不断扩大档案接收范围，接收本级各单位所属机构的档案，按规定向社会提供利用，切实提高档案公共服务能力"。在创新服务形式方面，要求"各级党委和政府要把提供档案信息服务作为公共服务的一部分，统筹安排档案服务、政府公开信息服务和其他公共服务，努力提供一站式服务，做到便民利民"；在服务对象上，"既为有关部门和单位服务，又为广大人民群众服务，既为城市发展和市民服务，又为新农村建设和农民服务"，特别强调要"积极把涉及民生的各类档案、信息及时整理、鉴定出来，优先提供利用，更好为维护人民群众合法权益提供支持"。第四，《意见》在"坚持并不断完善党委和政府领导、档案部门归口负责、各方面共同参与的档案工作体制"的前提下，"规范并支持社会力量参与档案事务"，主要包括推广政府购买服务，规范并支持档案中介机构、专业机构参与档案事务，支持企业、社会组织和个人依法设立档案事业发展基金等。这些新提法对各级各类国家档案馆公共服务角色及其社会价值，提出了更为明确的定位和更加严格的要求，为我国各级各类国家档案馆积极探索档案资源整合模式、开展新型公共服务方式提供了强有力的政策支持。

二　档案信息资源整合与开放工作进展顺利

国家档案政策环境的提升推动了我国档案事业的整体发展。近年来，我国档案事业在档案馆库建设、档案资源建设方面获得了长足发展，公共服务能力进一步增强。党的十八大以来，中国第一历史档案馆新馆已开工建设，中国第二历史档案馆新馆项目已获得批准，26家副省级以上档案馆、上百家地市级档案馆、上千家市县级档案馆已建或正在筹建新馆，其中中央财政累计安排专项资金39亿元，补助建设中西部地区县级综合档案馆800多个。各部门各单位馆库条件不断改善，中央和国家机关馆库面积增长了12%，45家中央企业总部新建或改扩建了馆库。截至2016年底，各级综合档案馆总建筑面积达859.8万平方米，比党的十八大前增长56%，档案工作硬件环境明显改善。中央财政累计安排7.6亿元用于5000多个项目，"十二五"期间抢救濒危档案1200万卷，"十三五"期间中央财政支持资金从每年9000万元增加到2亿元①。国家档案局发布的统计数据显示，2012—2016年，我国国家档案馆的馆藏建设成效颇丰，馆藏总量从2012年底的40547.7万卷（件）增加到2016年底的65062.5万卷（件），从地方到中央级国家综合档案馆的馆藏量均实现了快速增长，其中中央级国家综合档案馆五年间增加了4599.9万卷（件），同比增幅最大（332.4%），省级国家综合档案馆仅增加了572.1万卷（件）最小，增幅为18.9%（具体参见表5—1）。

表5—1　2012—2016年我国各级国家综合档案馆馆藏数量变化表

年份/馆藏量（万卷件）	中央级	省（区、市）级	地（市、州、盟）级	县（区、旗、市）级	总计
2012	—	—	—	—	40547.7
2013	1383.9	3031.2	9958.2	28081.2	42454.5
2014	5929.1	3247.4	11188.4	33104.8	53469.7
2015	5968.7	3468.5	12448.1	36756.4	58641.7
2016	5983.8	3603.3	14884.5	40590.9	65062.5

数据来源：国家档案局官方统计数据（http：//www.saac.gov.cn/xxgk/node_2840.htm）。

受政府信息公开立法的影响，各级国家综合档案馆在现行文件公开、档案开放利用等方面也取得了较好的成绩，无论是馆藏开放总量还是利用人次和利用卷件次等基本指标呈现稳步增长的态势（具体参见表5—2）。而根据国家统计局官方在线数据库——"国家数据"提供的资料显示，从2008年至2017年，我国各级国家综合档案馆馆藏档案和开放档案的总量也呈稳步增长态势，其中馆藏档案从2008年的25051万卷（件）增加2017年的65371.12万卷（件），开放档案从2008年的6072.20万卷（件）增加到2017年的10151.65万卷（件）②。

此外，2002年国家档案局发布《全国档案信息化建设实施纲要》以来，全国多地启动数字档案馆建设，上百家机关单位和中央企业参与数

---

① 李明华：《在全国档案局长馆长会议上的工作报告》，《中国档案》2018年第1期。
② 中国国家统计局：《国家数据》（*National Data*）（http：//data.stats.gov.cn/easyquery.htm？cn＝C01）。

字档案室建设试点。不少地方将数字档案馆建设列入本地档案事业发展"十三五"规划,浙江提出"十三五"期间11个设区的市要全部建成国家级数字档案馆,全省建成20个国家示范数字档案馆。2013年启动的全国开放档案信息资源共享平台建成并面向社会开通运行,40多家档案馆上传数据102万条,制作发布专题170多个。明清、民国、革命历史3个全国档案目录中心已分别接收各地文件级目录17万条、1042万条、54万条,为在全国范围内实现档案资源馆际共享创造了条件[1]。全国各地档案信息资源共享取得的重要进展,为我国各级综合国家档案馆开展快速、高效的公共信息服务提供了资源和平台基础。

表5—2　2012—2016年我国各级国家综合档案馆开放档案及提供利用情况

年份	开放档案情况(万卷、万件)			档案利用情况	
	建国前档案	建国后档案	开放总量	利用人次(万人次)	利用卷件(万卷次)
2012	—	—	8254.6	513.8	1500.6
2013	2253.4	6647.1	8900.5	536.0	1477.8
2014	2063.4	7116.3	9179.7	571.0	1688.8
2015	2026.1	7240.2	9266.3	638.3	1978.3
2016	1474.0	8233.9	9707.9	655.2	2033.7

数据来源:国家档案局官方统计数据(http://www.saac.gov.cn/xxgk/node_2840.htm)。

三　档案馆形象和社会档案意识有待提升

档案馆形象是指社会公众对档案馆内在综合实力、外显活力及未来发展前景的认识、感知后形成的综合评价和普遍认定,是档案馆文化现象在人们头脑中的综合印象,体现着社会公众对档案馆的了解和认可程度,展现了档案馆的知名度和美誉度[2]。随着我国档案工作的不断深化,以及国家档案资源整合与开放工作的推进,国家综合档案馆的业务逐步拓展,社区、农村、私营个体等领域形成的档案也被纳入国家综合档案馆的监管和服务范围,"档案和档案工作已成为社会运行和国家治理的基

---

[1] 李明华:《在全国档案局长馆长会议上的工作报告》,《中国档案》2018年第1期。
[2] 薛匡勇:《档案馆品牌与档案馆外在形象塑造研究》,《浙江档案》2010年第4期。

本要素之一和基础支撑之一，像毛细血管那样分布到国家和社会的各个领域，并以前所未有的深度和广度，支撑、影响、改变着经济发展、社会运行和人民生活，推动社会管理创新，促进国家治理体系和治理能力的现代化"①，国家综合档案馆馆藏收集范围的拓展、服务能力的深化，特别是全国各地民生档案工作的布局与推进，使得越来越多的普通民众有机会走进档案馆、利用档案馆，档案馆形象有了逐步改善的机会。

早在1996年，徐州市档案局的陆江就发文呼吁档案馆引入公共关系理论，通过多形式的服务项目和舆论宣传手段，协调利用者和社会公众与档案馆之间的关系，改变公众对档案馆"闭关自守"的片面形象，从而增进社会公众对档案馆的理解、支持和合作②。此后时常也有学者或社会人士呼吁档案馆采取相应举措以改善自身形象。但近年来相关学者的问卷调查、网络新闻分析均表明当前我国档案馆形象仍有很大的提升空间。2012年，程结晶等人以直接发放和电子邮件发放问卷相结合的方式就档案馆形象开展调查，结果显示档案馆在形象定位、形象设计、形象传播途径、形象管理能力等方面均难以令公众满意，公众认为档案馆形象总体处于"一般"水平③。2015年，胡燕对北京、江苏、河北、福建等六省市近3600名城市居民的问卷调查显示，我国档案馆的公众利用总体处于较低水平，其中档案利用意识水平最低，因此档案馆的小众化状况短期内难以得到有效改善④。同年，王巧玲、谢永宪等人以北京地区居民为调研对象，通过抽样调查的方式从"知晓情况""参与行为""印象评价""期待意向"四个维度对国家综合档案馆的公众形象进行实证研究后发现：公众对综合档案馆的知晓度和日常服务参与度总体水平都比较低，其日常参与行为的最主要目的是满足工作需要，其次是处理私人事务；互联网未在提高综合档案馆知晓度和参与度方面发挥应有的作用；公众对综合档案馆"五位一体"功能的发挥基本都持正面评价，对其单

---

① 杨冬权：《做好新形势下档案工作、建设档案强国的纲领性指导文献——学习〈关于加强和改进新形势下档案工作的意见〉体会》，《中国档案》2014年第5期。
② 陆江：《试论档案馆形象的塑造》，《上海档案》1996年第1期。
③ 程结晶、朱松涛、彭小芹：《档案馆形象塑造现状的调查分析》，《档案学研究》2012年第6期。
④ 胡燕：《我国档案馆尚未走向公共的实证分析——基于六省、市城市居民的调查数据》，《档案学研究》2015年第1期。

位性质、服务对象和内容的印象介于积极与消极之间，对其整体氛围的印象则偏消极[①]。张聪以2008年5月1日至2015年1月1日人民网发布的有关公共档案馆的新闻报道为研究对象进行分析后发现，人民网的网络新闻报道倾向于正面，"公开""开放"成为热词，报道角度趋向"平民化"，偏重于公共档案馆的本土化特点报道，但总体报道数量偏少、报道的地区分布差异显著，报道视角单一、刻板，导致网络新闻中公共档案馆的媒介形象模糊化、缺乏特色[②]。

为进一步把握档案馆媒体形象的历史演变与最新动态，2018年1月—2月间，我们以全球最大的新闻数据库之一的慧科新闻数据库为来源数据库，对《人民日报》《光明日报》《中国青年报》《南方都市报》《经济日报》《扬子晚报》六家主流媒体在2000—2017年间刊登的有关档案的新闻报道进行标题检索，对检索出的3408篇新闻报道进行文本分析，以呈现千禧年以来中国主流媒体新闻报道中的档案馆媒体形象。

首先，从报道数量上看，南方都市报对档案的报道总数远远超过其他主流媒体，占所有档案报道的43%，其次是人民日报，672篇报道数量不到南方都市报的一半，占所有报道的20%（参见图5—1）。

其次，媒体报道的时间分布不均衡，起伏较大（参见图5—2）。数据显示2014年主流媒体对档案的报道数量最多，占所有报道总数的11.9%，这与当时的社会背景关联度极高。2014年是中日甲午战争爆发120周年，中日关系由于"钓鱼岛事件"而备受社会各界关注。2014年2月12日，人民网文化频道刊载《南京档案馆首次公开一批大屠杀档案共183卷》，此后，吉林省档案馆、辽宁省档案馆、中央档案馆及中国第一历史档案馆等各地各级档案馆也陆续公布了本馆日本侵华的馆藏并开展了相关的展览活动，如《辽宁省档案馆公开日军南京大屠杀极密文件》《中央档案馆公布45名战犯罪供后将公布更多日军侵华档案》《安徽省档案馆公布一批日军侵华实物私人相册现慰安妇》《江宁档案馆图片展纪念甲午战争爆发120周年》等，引起了广泛的社会反响。

[①] 王巧玲、谢永宪、孙爱萍、李晨：《国家综合性档案馆公众形象实证研究——基于北京地区的问卷调查》，《档案学通讯》2015年第2期。

[②] 张聪：《网络新闻中公共档案馆媒介形象的研究》，硕士学位论文，山东大学，2015年，第34—46页。

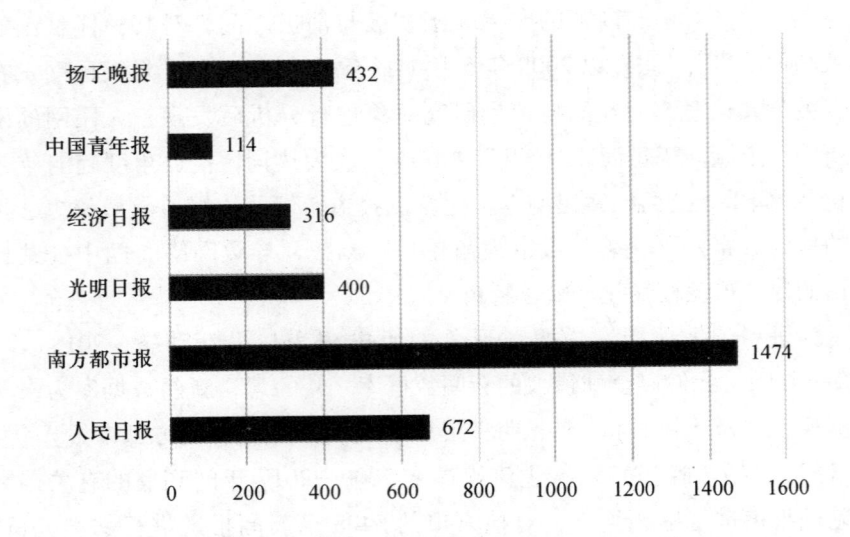

238 / 中外公共档案馆发展路径比较及对策研究

图5—1 中国部分主流媒体档案报道数量图

	2000	2001	2002	2003	2004	2005	2006	2007	2008	2009	2010	2011	2012	2013	2014	2015	2016	2017
■扬子晚报	9	6	38	28	42	34	33	23	29	32	20	30	23	7	20	29	11	18
■中国青年报	0	0	0	0	4	2	14	3	29	7	10	3	10	15	9	5	5	2
■经济日报	12	6	28	41	23	15	16	13	11	12	7	6	9	9	90	14	5	1
■光明日报	13	15	17	22	21	23	21	26	24	23	15	21	9	13	14	60	28	33	11
■南方都市报	201	99	196	25	97	88	128	107	101	101	91	91	27	26	57	17	7	15
■人民日报	10	21	25	35	44	38	54	32	18	57	26	26	25	25	118	68	29	21
合计	245	147	304	151	227	202	254	215	186	254	166	184	97	92	360	165	90	69

图5—2 中国部分主流媒体档案报道数量的年代分布图

最后，通过对2000—2017年的3408篇媒体报道进行主题建模，通过对媒体报道的关键词提取，共筛选出八个主要的报道主题类别。通过对关键词的词频统计，发现关键词"档案馆"一词出现的频率为3292，排在第4位，仅次于"档案""工作""中国"，从而构成了档案报道方面的高频词（参见图5—3）。这表明国家综合档案馆的相关政策、法规、业务工作进展等事项由于服务辐射面较广，与维护普通民众的合法权益等工作关联度较高，因此容易受到主流媒体的关注。我们对3408篇档案报道的具体内容进行深入研究后发现，其中有760篇与档案馆相关或涉及档案馆工作的媒体报道，占档案报道总数的22.3%。而对这760篇报道的

第五章　我国公共档案馆建设的现实基础与推进策略 / 239

年代分布情况进一步统计分析后发现，2000 年至 2009 年档案馆相关的主流媒体报道呈逐渐增长的趋势，到 2009 年报道数量到达十年来的最高峰值，此后基本呈现下降态势，2013 年到达最低值，仅有 21 篇档案馆相关报道。但 2014 年档案馆相关报道迅速增长，到达历史最多的报道数量 110 篇，此后相关报道又开始逐渐下降（参见图 5—4）。

图 5—3　中国部分主流媒体档案报道词云

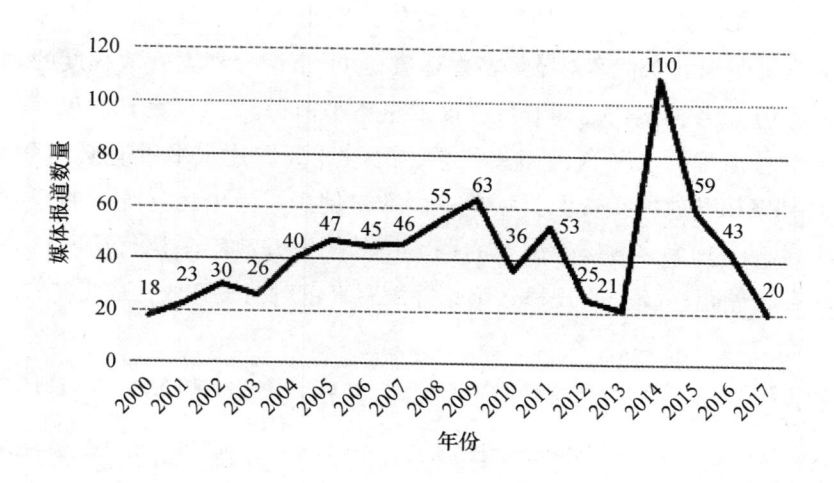

图 5—4　2000—2017 年中国部分主流媒体关于档案馆报道的年代分布图

如前所述，我国建设公共档案馆的政策环境和档案资源整合平台均有了较为明显的改善，为何档案馆形象并未有较大的改善？中山大学陈永生对1994—2003年中国档案可供利用情况、档案开放利用情况和档案已供利用情况的数据分析或许可以给我们一些启发。1994—2003年的十年时间里，中国以案卷为单位的档案馆馆（室）藏档案从210415184卷增加到337743636卷，增长了60.5%，而国家投入的档案经费从1994年的19893万元增加到2003年的42111万元，十年间增长了152%[①]。国家各级各类档案馆开放档案总量从1994年的17622822卷增加到2003年的45212506卷，增长了157%，开放率则从16.2%增加到了22.7%[②]。在国家各级各类档案馆提供利用方面，1994—2003年档案馆档案利用人次与利用案卷（件）次均呈先降后升总体上升的趋势，特别是2002年和2003年的增幅分别达到8.37%和12.67%，但这十年间档案馆馆藏档案利用率总体呈下降趋势，从1994年的7.91%下降到了5.10%[③]。因此，有学者不禁发出这样的提问："档案增长数量惊人，但经费增长的数量更加惊人，如果这两个惊人的增长数量带动不了档案利用数量的明显增长的话，那么，世人对此会有什么感想呢？"[④] 这种状况如果不发生根本性的变化，公众对档案馆形象的认识也很难有本质上的改观，社会整体的档案意识也很难有质的提升，公共档案馆建设的道路也将举步维艰。2015年，浙江大学傅荣校、余恺辛对某经济发达省份11市综合档案开放程度的调研显示：（1）各档案馆之间开放程度严重不平衡；（2）档案开放程度与本地区信息化建设水平有正相关关系，但与经济发达水平没有必然联系；（3）档案馆开放档案资源类型单一、数量偏少，尚未建立统一的开放档案平台；（4）大多数接受调查的档案馆的档案开放年限执行情况与公众需求存在差距；（5）大规模数字化并没有真正对档案开放构成支持；（6）

[①] 陈永生：《档案可供利用情况的数据分析——档案充分利用问题研究之一》，《档案学研究》2007年第3期。

[②] 陈永生：《档案开放利用情况的数据分析——档案充分利用问题研究之二》，《档案学研究》2007年第4期。

[③] 陈永生：《档案已供利用情况的数据分析——档案充分利用问题研究之三》，《档案学研究》2007年第5期。

[④] 陈永生：《档案可供利用情况的数据分析——档案充分利用问题研究之一》，《档案学研究》2007年第3期。

档案网站服务便利性不够；（7）档案开放缺乏与当前社会信息需求相适应的法律保障。[①]

经过200多年的发展，档案开放在西方由档案馆的一项强制性法定任务到逐步融入社会大众的日常生活而成为民主、开放的文化心态的重要组成部分，受到社会各界的广泛监督，近年来欧美各国在档案法修订中，大幅度缩短进馆档案的"封闭期"是其中比较重要的议题。在当下的中国，档案开放依然是档案馆的一项自觉、自愿、自律的基础性工作，档案开放程度高低，有着体现档案馆"良心"与"良性"工作的指标性意义[②]。从前文表5—1和表5—2所提供的数据看，各级国家综合档案馆投入了大量资金、人力和设备来保管日渐增多的大量珍贵公共档案资源，但当前我国已开放的馆藏档案和真正提供利用的档案只占馆藏档案总量的很小一部分，绝大部分馆藏档案处于"闲置不用"的状态，即使是向社会开放的那部分馆藏档案，经过了长期的封闭期后，其实际利用的可能性已经很低，加上档案宣传方面力度不够等多种因素的共同作用，中国的社会民众在档案利用需求方面的强度和持续度偏低，很少会主动走进档案馆利用或持续利用档案，这也使得中国各级国家综合档案馆在利用人次、利用率等关键性指标上，无法与西方发达国家公共档案馆相比，难以达到"公共"的标准。因此部分学者认为，"档案、档案利用者和档案工作的某些天然属性甚至是后天戴上的枷锁，压缩了其走向社会、走向公众的空间"，而这些枷锁是一时难以或者无法解除的[③]。对于这一相对悲观的态度，我们很容易也很愿意去理解，但我们也应该看到，这个问题实际上一度也是困扰西方国家公共档案馆建设与早期发展的重要问题，首次提出档案开放原则的法国国家档案馆在建馆之初根本就没有做好接待普遍民众的准备，1840年建立了档案查询室之后才真正解决这一问题，并且直到1887年法国政府才下令将1848年之前的档案无条件向公

---

① 傅荣校、余恺辛：《我国档案开放程度研究——基于Z省11市级综合性档案开放程度的实证分析》，《档案学研究》2015年第5期。

② 同上。

③ 孙大东、高旭：《我国档案馆尚未走向公共的深层次原因分析》，《档案学通讯》2013年第1期。

众开放[①]。不可否认的是，开放才是未来公共档案馆发展的必由之路[②]。近年来，我国各地档案行政管理部门和各级国家综合档案馆积极探索公共档案馆的建设模式与发展路径，取得了一些宝贵的经验，为我国未来公共档案馆的真正实现提供了较好的基础。

第二节 公共档案馆建设探索的经验与困境

西方国家建设公共档案馆的过程，也是西方档案界推动档案馆不断融入社会、走进民众的过程。西方社会对于档案文化价值的发现、论证及达成广泛共识，始终是拉近档案馆与公众距离的原动力，而政治、经济、文化等外部因素与档案职业内部职能的演变交互作用，使得档案馆与公众的距离越来越近，这在很大程度上体现了西方近现代档案事业由"国家模式"转向"社会模式"以及由此导致的档案馆文化功能由"组织文化"向"社会文化"转型的内在变化。随着我国公共文化服务体系建设力度的不断加强，从国家档案局到各地档案行政管理机构，均意识到提升国家综合档案馆的公共服务能力并向真正意义上的公共档案馆转型面临着前所未有的机遇，因此 2002 年以来公共档案馆建设一直是档案理论界与实践部门共同关注的热点话题之一。作为集中保管和提供档案为社会服务的公共文化机构，档案馆可以用整体的形象向社会公众展示档案文化的存在价值，使得档案真正成为社会大家庭的一员，使档案文化在此得以延续[③]。在公共财政投入的支持下，近年来全国各地不少档案馆建立了建筑面积更为宏大、基础服务设施更加完备的新馆，积极面向民众开展各项公共档案服务，探索中国特色公共档案馆建设路径，其中深圳市档案中心、上海市浦东新区档案馆的民生档案资源跨地域整合和苏州市工商档案管理中心是其中值得关注的几种发展模式。

一 深圳市档案中心的"档案城"模式

深圳市档案局（馆）受特区文化影响，在档案工作体制和管理体制

[①] 具体参见本书第一章第三节的相关内容。
[②] 冯惠玲：《开放：公共档案馆的发展之路》，《档案学通讯》2004 年第 4 期。
[③] 胡鸿杰：《档案与文化》，《档案学通讯》2004 年第 5 期。

方面一直"敢为天下先",深圳市颁布《深圳经济特区档案与文件收集利用条例》[①]是首部提出"公共档案馆"概念的地方法规。由于不少地方档案馆设在党政机关的深宅大院里,客观上使档案馆与公众相隔离。为适应档案馆与当地经济、社会协调发展,针对不少专业、职能部门分别要求建设档案库、楼而土地供应紧张的状况,2005年8月深圳市人民政府四届七次常务会议决定筹建档案集中存储基地,并委托深圳市发展改革局和深圳市档案局联合调研、立项和筹建,2007年1月深圳市发展改革局正式以"深圳市档案中心"的名称立项,采取"集中存储、分类管理、资源共享、行政监管"的原则,集中接收和保管深圳市档案馆、深圳市城建档案馆(现已合并到深圳市档案馆)保管的档案以及公共性较强、产生数量较大的政府职能部门的公共档案[②]。建成以后的深圳市档案中心,将以深圳市公共档案馆为中心,设立若干公共服务区和不同类型档案保管区,形成公共档案馆与各部门档案馆互补、互利,通过档案行政管理部门协调的"档案城"。这种体制既弥补原综合档案馆馆藏资源的不足,同时又能兼顾各部门特点及其自身的需要,而且便于向社会各界提供"一站式"的档案查阅利用服务。[③]

2015年3月,深圳市档案局(馆)整体搬迁至深圳市档案中心,目前深圳市不动产登记中心、住房和建设局、市监管委信息中心等十多家与民众日常事务关联度较大的政府部门已经入驻档案中心,其中大部分由各政府部门派遣档案人员对本部门的档案进行保管和提供利用,少量涉密部门的档案,则由深圳市档案局(馆)代管,相关部门不用派遣专门人员常驻档案中心。深圳市档案中心的投入运营,形成的这种对区域内公共档案进行集中存储与提供利用的"档案城"模式,既满足了深圳市档案局(馆)对全市公共档案集中监管和存储的要求,节约了档案库房用地和相关的经费投入,提升了档案馆服务政府行政管理事务的能力,又能高效地满足社会各界查询人事、税务登记、房地产权、工商登记、社会保险等高利用率民生类档案文件的利用需求,为开展"一站式"公

---

① 《深圳经济特区档案与文件收集利用条例》,《中国档案》2002年第8期。
② 金松:《深圳市档案中心的建设与思考》,《广东档案》2007年第5期。
③ 李国庆:《对我国公共档案馆建设的理性思考》,《档案学研究》2007年第1期。

共档案服务奠定了基础,从而成为塑造公共档案馆的新形象、提升档案部门公共服务能力和水平的典型范例。

二 上海市浦东新区档案局(馆)"民生档案跨省联动服务"

2007年10月,党的十七大报告明确提出要加快推进以改善民生为重点的社会建设,两个月后国家档案局颁布《关于加强民生档案工作的意见》,由此民生档案工作开始成为国家档案系统顶层设计的重要组成部分。国家档案局在2011年10月和11月先后印发两批《国家基本专业档案目录》①,将"城乡居民最低生活保障档案""城乡居民健康档案"等14种与人民群众基本需求相关的专业档案纳入民生档案范畴,涉及民政、卫生、人力资源社会保障、住房城乡建设等部委。民生档案工作成败的关键在于民生档案资源整合质量的高低。档案部门在破解民生档案进馆范围、标准等难题后,逐步开展了民生档案的区域内整合和跨区域整合的探索,婚姻、住房、人事、公共安全、法律、户籍、知青、工商等常见的民生档案得到了有效的整合。2012年12月20日,上海市档案局推动的民生档案远程服务平台正式开通,首批实现了婚姻登记、计划生育、知青上山下乡、知青返城和知青子女回沪五类档案的"就地查询、跨馆出证、馆社联动、全市通办"②。2013年10月,上海市浦东新区档案局(馆)将民生档案的"全市通办"升级至"跨省联动服务",与宁波、杭州、南京、成都、青岛等地档案局(馆)签署民生档案跨省异地服务联动工作协议,能够对以婚姻档案为代表的民生档案实行双向就地查档出证制度,打破了传统档案利用服务的属地限制,提升了档案馆的公共服务能力③。上海开创的民生档案资源跨区域共享利用模式,为创建"覆盖人民群众的档案资源体系、方便人民群众的档案利用体系"提供了可资

---

① 国家档案局:《国家档案局关于印发〈国家基本专业档案目录(第一批)的通知〉》,国家档案局网站(http://www.saac.gov.cn/xxgk/2011-10/14/content_14221.htm);国家档案局:《国家档案局关于印发〈国家基本专业档案目录(第二批)的通知〉》,国家档案局网站(http://www.saac.gov.cn/xxgk/2011-11/07/content_14220.htm)。

② 张晶晶:《民有所呼,我有所应——上海民生档案工作远程服务创新纪实》,《上海档案》2015年第1期。

③ 施雯:《上海浦东新区民生档案服务"三级跳"》,《中国档案报》2016年10月24日第2版。

借鉴的案例与经验，也是增强国家综合档案馆公共性、打造新型地方公共档案馆的重要方式。

三 苏州模式

苏州市工商档案管理中心是苏州市档案局（馆）下属的专门保管、整理与开发国有改制企业档案资产的公共档案机构，其成功运作体现出我国地方公共档案馆建设与发展的新模式——"苏州模式"。苏州是蚕桑丝绸的重要发源地，从19世纪末到20世纪末，苏州丝绸企业和单位在技术研发、生产管理、营销贸易和对外交流过程中直接形成了大量由纸质文图和样本实物组成的具有保存价值的原始记录，即丝绸档案。20世纪90年代中后期，中国丝绸业进入整体低迷状态，大量国有丝绸企业濒临破产或重组的命运，而产权制度改革后，原有国有丝绸企业的档案资源如何处置就成为一个关键性问题。2002年苏州市政府在原市属纺织、丝绸等六个工业系统和四个企业集团的基础上成立了苏州工业投资发展有限公司（简称"工投"），对市属工业系统的国有（集体）资产进行经营管理，苏州市档案行政管理部门与"工投"合作对市属国有改制企业档案进行集中管理，并根据1998年由国家档案局等四部委联合印发的《国有企业资产与产权变动档案处置暂行办法》，先后制定了《苏州市国有破产企业档案处置暂行办法》（2003年）和《关于进一步做好全市国有（集体）企事业单位产权制度中档案处置工作的意见》（2004年），成立"工投"档案管理中心（2004年）对包括丝绸系统在内的苏州市属国有改制企业档案资源进行集中管理。"工投"档案管理中心于2008年改建为苏州市工商档案管理中心，并在2012年正式纳入国家综合档案馆体系。[1]

苏州探索出的从"工投模式"到"苏州模式"的国有改制企业档案资源管理模式，抢救和保留了大量破产丝绸企业的档案资料，为近现代苏州丝绸档案作为一个整体品牌的出现奠定了基础，但这些档案与当时集中接收的苏州市其他工业系统所遗存的近现代工商历史档案一样，处

---

[1] 卜鉴民等编著：《改制企业档案管理实践与创新》，苏州大学出版社2017年版，第157—171页。

于待开发的状态。随着国家"一带一路"倡议的提出和"苏州市丝绸产业振兴发展规划"的出台，将各丝绸企业保存的"碎片记忆"整合成反映近现代苏州丝绸产业发展史的"整体记忆"成为苏州市工商档案管理中心发展的重要契机。从2012年开始，苏州市工商档案管理中心对接收进馆的200多万卷民族工商业档案进行全面梳理，整合了以苏州东吴丝织厂、光明丝织厂、丝绸印花厂、绸缎炼染厂等为代表的41家原苏州市区丝绸企事业单位的28172卷、近30万件丝绸样本档案，既有稀有的用于制作英国查尔斯王子和戴安娜王妃订婚礼服的真丝塔夫绸，又有民国时期的风景古香缎和漳缎祖本、新中国成立初期的绸缎样本、"文革"时期出口的绸缎样本等，涵盖了纱、罗、绫、绢等14大类织花和印花样本，呈现了绸缎设计、试样、生产及交流的全过程，这些完整而系统的丝绸档案成为苏州丝绸产业发展史的实物见证[1]。近现代苏州丝绸档案的抢救与整理，使得单一企业的碎片化丝绸记忆汇聚成展现苏州地区丝绸文化演变的整体记忆，并以其独特的历史文化价值先后入选《中国档案文献遗产名录》（2014年）、《世界记忆亚太地区名录》（2016年）和《世界记忆名录》（2017年），印证了"越是民族的，越是世界的"这一至理名言。近现代苏州丝绸档案是苏州地区长期传承下来的历史文化财富，具有鲜明的地域文化特征，而外销丝绸产品所遗存的样本，则融入了大量的国际元素，反映了国际社会文化的发展变化。"档案的最终价值在于利用，而不是躺在库房里做睡美人。"秉持这一理念，苏州市工商档案管理中心创办了"中国丝绸品种传承与保护基地"，以"档企合作"的方式，与多家丝绸企业合作建立"苏州传统丝绸样本档案传承与恢复基地"，通过提供档案中的丝织品样本和技术资料，借助丝绸企业的专业化研发和生产设备，不仅复原了传统的丝绸制作工艺，还能为新的丝绸产品研发提供创意。2014年11月，从苏州市工商档案管理中心馆藏档案中"复活"的宋锦登上APEC舞台，参加APEC会议的世界各国领导人及其配偶身穿由苏州宋锦制成的中式礼服，成为会议上的中国符号[2]。苏州市工商

---

[1] 陈鑫、卜鉴民、方玉群：《柔软的力量——苏州市工商档案管理中心抢救与保护丝绸档案纪实》，《中国档案》2014年第7期。

[2] 彭聚营、陈鑫、卜鉴民：《宋锦样本档案开发工艺走上APEC舞台》，《中国档案》2015年第1期。

档案管理中心依托馆藏丝绸样本档案，与企业合作，使宋锦古老的技艺获得新生，成功"复古"并实现产业化生产，使宋锦走入寻常百姓家，也让更多的人了解传统丝绸工艺及其蕴含的独特文化记忆。通过这一方式，不仅实现了苏州丝绸档案的经济价值，也借助产业化的丝绸产品将苏州传统丝绸记忆融入了人们的现实生活，利用丝绸档案开发的丝绸新产品被APEC会议、世乒赛、9·3阅兵等重大活动选用，实现了丝绸档案文化在更大范围内的传播。2013年，苏州市工商档案管理中心提出建立"中国丝绸档案馆"，将吸纳国内外更多的丝绸档案和丝绸文化资源，挖掘和保护我国丝绸历史的文化足迹、弘扬与创新传统丝绸工艺文化。通过征集丝绸档案和弘扬丝绸文化，以近现代苏州丝绸档案为核心的丝绸档案资源将不断丰富，而这一丝绸文化记忆也将"活"起来，成为一个生长的有机体，从而使更多的人能够感知和理解苏州的特色丝绸文化传统。

20世纪90年代中后期开始的国企改革及下岗潮一度给无数家庭带来难以估量的影响，这些家庭及群体的生活记忆已成为社会学者重点关注的对象。不过，国企改革带来的国有企业档案资源的归属与流向问题却较少受到学者们的关注。由于国家公共档案收集政策与政治经济条件的限制，不少颇具地方特色的档案资源很难有机会进入档案馆的收藏体系当中。早在1974年10月，时任美国威斯康星州档案馆馆长和美国档案工作者协会主席的F.杰拉尔德·汉姆就曾指出："文献只有极小的机会能进入装备精良的档案馆。它几乎像其形成一样快地被销毁，所以必须在它丢失或消失之前将其迅速收集起来。"[1] 苏州市工商档案管理中心以"一带一路"国家战略为契机，深入挖掘丝绸档案中的文化元素，将改制企业中面临流失的国家历史档案资源挽救并加以开发，受到社会各界的广泛关注，这表明中国地方公共档案馆及其工作有巨大的发展潜力。由于客观条件的限制，全国各地的地方特色档案资源保护与开发状况并不令人乐观，不少档案资源尚未处于地方公共档案馆的监督管辖范围之内，但苏州市工商档案管理中心抢救性地保护与开发近现代苏州丝绸档案的案例启示我们，地方公共档案馆有责任、有义务加强对地方特色档案资

---

[1] F.杰拉尔德·汉姆：《档案边缘》，刘越男译，《山西档案》1999年第1期。

源的收集、整理与开发工作，在条件允许的情况下将这些散落于企业、社会组织甚至个人手中的地方档案文献接收进馆，探索可持续的地方特色档案资源建设机制，将地方特色档案资源纳入到国家公共档案资源管理体系中，推进地方特色档案资源的开发利用，促进地方档案文化和地域记忆的健康传承，激发地方民族文化的创新创造活力，为提高国家的文化自信和档案自信贡献一份力量。

21世纪初期，深圳市各机关由于档案保管压力而形成的创建分散式公共档案保管库的切实需求，在寸土寸金的深圳市难以找到合适的用地，因此建立档案集中存储库的设想才进入深圳市政府的视野，而深圳市档案中心从设想到正式投入运营，历时十年。2007年十七大以后民生工作成为国家社会建设的工作重心，五年之后，上海市民生档案远程服务平台就正式投入运营，又过了一年，上海市浦东区档案局（馆）就将"全市通办"升级到"跨省联动"，实现了公共档案服务平台的快速升级换代。2012年，在国家"一带一路"倡议提出的前一年，苏州市工商档案管理中心就开始对此前接收进馆的丝绸行业的企事业单位档案进行整理，提前做好各项准备工作，通过筹建"中国丝绸档案馆（苏州）"和推动"近现代苏州丝绸档案"入选世界记忆名录等重大工作，提升了苏州市工商档案管理中心的知名度和社会形象。它们成功的共同点，就在于能够充分利用国家或地方政策来挖掘自身馆藏优势和服务优势，从而拉近了档案馆与普通民众的距离，这也说明在现有体制机制下，只要能够充分、合理地利用公共政策中的利好因素，中国的公共档案馆建设依然具有相当的发展空间。

当然，我们各级国家综合档案馆走向真正意义上的公共档案馆面临着诸多困难，如档案馆经费投入增多但各地存在较为严重的不平衡，档案馆馆藏量稳步增长但能面向社会开放且能吸引公众注意力的特色馆藏仍有待挖掘和整合，当前社会档案意识的整体水平以及档案馆公共服务水平与欧美公共档案馆的差距依旧明显。更为关键的是，与欧美大部分档案行政管理部门隶属于文化或遗产部门的体制不同，我国国家各级档案馆在现行体制下很难进入真正的公共文化服务领域。尽管从20世纪90年代中后期开始，在国务院每年的《政府工作报告》中，档案馆已被常态化地与图书馆、博物馆、科技馆、文化馆等机构并列成为公共文化事业机构，但在 2016 年 12 月 25 日第十二届全国人民代表大会常务委员会第二十五次会议通过的《中华人民共和国公共文化服务保障法》这一关键性立法中，第二章第十四条明确指出，"公共文化服务设施是指用于提供公共文化服务的建筑物、场地和设备，主要包括图书馆、博物馆、文化馆（站）、美术馆、科技馆、纪念馆、体育场馆、工人文化宫、青少年宫、妇女儿童活动中心、老年人活动中心、乡镇（街道）和村（社区）基层综合性文化服务中心、农家（职工）书屋、公共阅报栏（屏）、广播电视播出传输覆盖设施、公共数字文化服务点等"①，在《政府工作报告》中常作为公共服务机构的档案馆却被排除在外，颇为尴尬。此外，在 2016 年 5 月国家档案局发布的《中华人民共和国档案法》修订草案（送审稿）中，也没有涉及公共档案馆的条款②。这就意味着近年来各级国家综合档案馆启动的向公共档案馆的转型之路，一时还难以得到国家最高立法层面的有力支撑，要想获得公共档案馆的"名"与"实"还有相当漫长的路要走。

第三节　中国公共档案馆建设的基本策略

一　基本方略：舍"名"求"实"

档案开放原则尽管早已确立，但真正常态化地面向社会普通民众提供服务，则以 20 世纪 50 年代之后的档案馆与教育系统建立制度性合作为标志，从这一点看，欧美各国国家大规模建成"名"与"实"相符的公共档案馆体系也是 20 世纪 50 年代之后的事情。欧美国家建设公共档案馆的曲折经验也启示我们，建设真正意义的公共档案馆需要更多的耐心，目前阶段不要纠结于公共档案馆"名"的获得，而专注于如何增强国家综合档案馆公共性的"实"，如何推动全国各地国家综合档案馆切实提升公共服务能力，为将来公共档案馆的真正实现奠定坚实的基础。正如部分学者所说，提倡建设公共档案馆，并不是要在现有的档案馆以外再重

---

①《中华人民共和国公共文化服务保障法》，中国人大网（http://www.npc.gov.cn/npc/xinwen/2016-12/25/content_2004880.htm）。

②《〈中华人民共和国档案法〉修改草案（送审稿）》，《中国档案》2016 年第 7 期。

建一个公共档案馆，也不一定要将现有的档案馆更名，而是应从为公众服务的层面上深刻认识公共档案馆的意义，将为公众和社会的需要和利益服务放在档案馆一切工作的首位，成为档案馆建设的出发点和归宿点，在服务理念、服务机制、社会化功能等层面实现由国家档案馆向公共档案馆的转变[①]。

如前所述，《中华人民共和国公共文化服务保障法》和《中华人民共和国档案法》修订草案（送审稿）均未涉及公共档案馆，但档案馆的公共文化事业机构的属性在相当程度上得到社会的认可。2014年中共中央办公厅、国务院办公厅发布的《关于加强和改进新形势下档案工作的意见》虽然未提及公共档案馆，但在完善档案工作体制机制方面，要求"扎实推进各级国家综合档案馆建设……按规定向社会提供利用，切实提高档案公共服务能力"，在建立健全方便人民群众的档案利用体系方面，也要求"创新服务形式"，"强化服务功能"[②]。因此，在现阶段，提升各级国家综合档案馆的公共服务能力，增强国家综合档案馆的公共性内涵，使其在馆藏资源、基础设施、制度规范、服务水平等方面达到真正公共档案馆的水准，从而在未来政策及立法环境成熟时，国家综合档案馆能"水到渠成"地转型为公共档案馆。

舍"名"求"实"基本方略包含两层含义。第一，在当前难以获得"名"的情况下，各级国家综合档案馆可先期重点梳理公共档案馆所需的核心元素，根据重要程度制定任务目录清单并限期完成，使档案馆在"实"的层面成为公共档案馆。第二，加强与社会各界特别是学术界、教育系统的紧密合作，用开放、高效、优质的公共服务项目将公共档案馆的思想理念向普通民众推广，使档案馆在"名"的层面具备坚实的社会基础。为社会服务是档案馆工作的生命线，向社会开放是公共档案馆的发展之路。加拿大从1871年的农业部档案分部到1912年通过立法建成公共档案馆，期间遭受诸多危机，第二任自治领档案馆馆长阿瑟·乔治·道蒂（1904—1935年）在任职初期以良好的档案服务赢得学术界、媒体

[①] 潘玉民：《公共档案馆，你到哪里去——兼论社会发展与档案馆社会化》，《浙江档案》2005年第6期。

[②] 《中共中央办公厅 国务院办公厅印发〈关于加强和改进新形势下档案工作的意见〉》，《中国档案》2014年第5期。

的大力支持，在度过短暂的财务危机后使得公共档案馆从农业部脱离出来成为一个独立机构。

树立舍"名"求"实"的基本方略，也可以使中国档案界深入思考如何在现有体制下建设、推广公共档案馆制度。正如郭红解所言：我国公共档案馆产生的背景、发展的环境与外国档案馆有诸多差异，简单地照搬在西方语境下产生的公共档案馆理论来阐述和解决中国语境下产生的公共档案馆建设中的问题，难免陷入"误读"的歧途①。纵观欧美发达国家公共档案馆体系的创建过程，我们不难发现，一国公共档案馆的形成与发展，与该国公共档案馆思想的成熟程度具有较为紧密的关联，如1882年加拿大首任自治领档案馆馆长道格拉斯·布里默提出一个关于公共档案馆的"高贵的梦想"之后，加拿大公共档案馆才真正化解来自国会图书馆等竞争的生存危机，1909年美国档案职业之父利兰发表了《美国档案问题》的主题演讲，极大激发了美国社会各界筹建国家档案馆的热情。那么，建设怎样的公共档案馆既能符合社会大众的期待，又能融入国家公共文化服务体系的顶层设计之内呢？或许，这才是我们舍"名"求"实"方略的最终落脚点。

二 基本原则：分类推进

针对不同区域（东、中、西部）、不同规模（省、市、县区、镇）、不同系统（综合、专业等）的档案馆发展状况，国家应确立公共档案馆的分类推进原则，以鼓励不同状况的国家档案馆以最适合的路径和进度完成向公共档案馆转型的最终目标。

中国是当今世界第二大经济体，人口众多、资源丰富，但存在较为严重的不平衡状况。就档案工作人员教育水平而言，我国中西部与沿海省市之间的差距巨大，在长三角和珠三角地区，不少农村村委会能聘用大学本科毕业生作为档案人员，一些乡镇档案室还选用了研究生，但中西部许多地方档案馆的工作人员学历偏低，有的甚至只有小学文化程

---

① 郭红解：《论我国公共档案馆建设的实践基础和理论准备》，《档案学通讯》2008年第8期。

度①。此外，在公共财政投入方面，差距也非常巨大，我们从东西部分别选择一些地方档案馆官方网站公布的 2017 年度预算情况就可以大致掌握一些情况。从表 5—3 的数据我们不难读出以下两个关键信息：第一，不仅东西部省份之间的公共财政投入差距颇大，即使在同一省份，由于经济发展状况不一，所获公共财政支持的力度也非常悬殊；第二，接受公共财政投入越多的档案局（馆），越能将更多的资金投入到档案馆事务的运营当中，这对开展档案资源开发、提升档案公共服务水平越有益处。四川省德阳市档案局投入档案馆事务的经费最少，为 18.9 万元，仅占预算总支出的 5.98%，浙江省绍兴市、江苏省苏州市在这方面的投入均超过 1000 万元，分别占预算总支出的 68.47% 和 32.03%，同在广东省的佛山市和清远市，各市档案局在档案馆事务方面投入的资金分别为 929.20 万元和 75 万元，分别占预算总支出的比例为 34.25% 和 15.12%。虽然有学者在对部分市级综合性档案开放情况调研后发现，档案开放程度并与本地经济发展状况并没有必然的关系，地区经济水平越高，档案开放程度并不一定就高②。尽管档案开放程度是判断公共档案馆建设水平的核心指标，但开放之后如何高效、优质地提升档案公共服务水平，则离不开大量的资金支撑，这就使我们不得不正视这种差异对公共档案馆建设与发展的影响。

表 5—3　　2017 年全国部分地级市（区）档案局（馆）预算情况一览表

档案局 / 预算情况	预算收入情况（万元）		预算支出情况（万元）		
	年度拨款	总收入	行政运行	档案馆	总支出
甘肃省天水市档案局	340.00	340.00	211.10	30.00	340.00
贵州省遵义市档案局	365.45	365.45	289.60	40.00	365.45
四川省德阳市档案局	316.20	316.20	212.87	18.90	316.20
四川省雅安市档案局	264.10	446.10	140.64	40.00	446.10
陕西省宝鸡市档案局	324.35	324.35	244.79	36.00	324.35

① 李国庆：《对我国公共档案馆建设的理性思考》，《档案学研究》2007 年第 1 期。
② 傅荣校、余恺辛：《我国档案开放程度研究——基于 Z 省 11 市级综合性档案开放程度的实证分析》，《档案学研究》2015 年第 5 期。

续表

档案局 \ 预算情况	预算收入情况（万元）		预算支出情况（万元）		
	年度拨款	总收入	行政运行	档案馆	总支出
湖北省荆门市档案局	398.78	412.78	170.93	155.00	412.78
江苏省常熟市档案局	987.10	987.10	731.64	220.00	987.10
江苏省苏州市档案局	4245.43	4245.43	651.56	1359.94	4245.43
浙江省绍兴市档案局	1161.01	1567.01	460.68	1000.26	1460.94
浙江省义乌市档案局	1042.50	1042.5	521.86	520.64	1042.50
浙江省丽水市档案局	723.21	741.21	374.52	264.23	741.21
山东省烟台市档案局	706.87	1141.29	496.50	594.27	1141.29
广东省佛山市档案局	2217.07	2712.83	788.55	929.20	2712.83
广东省清远市档案局	496.18	496.18	315.66	75.00	496.18

注1："行政运行"是指一般公共服务支出（类）档案事务（款）行政运行（项），是指用于保障机构正常运行、开展日常工作的基本支出。"档案馆"是指一般公共服务支出（类）档案事务（款）档案馆（项），用于本级档案馆在档案的收集、保护和修复以及档案信息资源开发利用、档案馆设备购置与维护等方面的支出。

注2：本表格的数据主要来自于各市人民政府信息公开系统中公布的市档案局预决算信息，部分数据来自各市档案局官网公布的预算报告（表）。为了形式的统一，预算收入与预算支出（万元）采用四舍五入的办法保留至小数点后两位。

不同区域、不同规模、不同系统的国家档案馆除了在经费来源、人员职业素养等方面的差异外，在发展战略与目标定位、馆藏资源结构与数量、服务对象与范围等方面也存在较大的差异，因此在建设思路、实施的路线图与考核评价方式等方面均需要加以区别对待，在各级各类国家档案馆朝着公共档案馆前行的大发展方向保持不变的前提下，允许多种运作形态、不同建设模式存在，才能形成良性、可持续的公共档案馆发展生态系统。

三 中心任务：公共档案馆制度的顶层设计

公共档案馆制度，是指由公共档案馆创建、运营与管理等过程所需的档案法律法规、行政规章，档案公共服务行业规范与规章，以及档案馆内部的管理与服务规章等综合组成的一系列规则体系。结合西方国家公共档案馆制度建设的经验和我国的实际国情，建议从宏观（法制保障）、中观（行业协作）、微观（服务规范）三个层面分析公共档案馆制度的构成要素、结构关系，从国家和社会发展的多元角度探索设计我国公共档案馆制度的基本框架[①]。

（一）法制保障：公共档案馆制度的宏观设计

公共档案馆制度的宏观设计主要是从法律、政策两个维度将公共档案馆的性质内涵、基本精神、社会价值等核心内容确立下来，使公共档案馆的存在具有合法性，使公共档案馆的建设与发展具有制度性保障，使开放、平等的公共档案馆精神理念深入民心。国外公共档案馆的建设经验启示我们，只有通过立法手段创建独立的公共档案馆机构，才能赢得足够的生存与发展空间从而避免制度性的生存危机。对于中国当前各级国家档案馆而言，《中华人民共和国档案法》的颁布，使家档案馆纳入了各级人民政府的国民经济和社会发展规划，档案基础设施建设、档案信息化建设和档案保护等各项档案事业发展经费有了坚实的保障，制度性的生存危机暂时是不存在的。但是，各级国家档案馆要赢得社会大众的广泛支持和更持久的发展动力，就需要在立法和政策层面为国家档案馆向公共档案馆发展作出合理的制度安排，以保证这一过程的顺利。

从立法层面看，我国目前仅有深圳市政府在2002年4月颁布的《深圳经济特区档案与文件收集利用条例》中涉及了公共档案馆的提法，其他不少地方档案馆在建设新馆之际将其定位为"标志性、文化性、公共性"的公共档案馆[②]，但并没有体现在地方行政法规等正式文件当中，而

[①] 国内学界对公共档案馆制度的构成体系持有不同的看法。吴广平认为，公共档案馆制度只涉及档案法律法规、行政规章等外部制度，而不包括一般的档案馆内部管理制度（参见吴广平：《我国公共档案馆建设的制度困境及对策研究》，硕士学位论文，中山大学，2011年，第10—11页）。郑慧玲认为档案馆是在一定历史条件下形成的一种文化体系，是一种制度，对档案馆制度研究不应局限于档案馆的具体业务活动，而应放入社会政治、经济、文化、法律等大环境来全面考量，"现代档案馆的出现，意味着一种现代信息公平制度和信息保障制度的建立"（参见郑慧玲：《试探从制度角度研究档案馆》，《山西档案》2003年第3期）。郑的观点实际上认为档案馆制度应包括档案馆内部的制度元素。周林兴对郑的理论进一步提升后指出，公共档案馆的制度建设必须从宏观制度、中观制度和微观制度三个层面同时推进（参见周林兴《公共档案馆的制度视域研究》，《档案》2011年第4期）。本书主张采用广义上的公共档案馆制度，从三个层面对其进行界定和分析。

[②] 陈忠海：《公共档案馆理论研究评析》，《档案学研究》2010年第1期。

最新修订的《中华人民共和国档案法（送审稿）》也未采用公共档案馆的提法。从政策层面看，我国早在1960年由中国国家档案局颁发《县档案馆工作暂行通则》和《省档案馆工作暂行通则》就确定了档案馆"文化事业机构"的目标定位，近年来的《政府工作报告》也将其视为公共文化服务设施的组成部分，2014年中共中央办公厅、国务院办公厅发布的《关于加强和改进新形势下档案工作的意见》则体现出国家高层强化国家档案馆公共服务能力建设的明显意图，这些都是利好的公共政策信息。当然，政策的执行力和适应范围毕竟无法和法律相比，将公共档案馆的精神与理念上升到立法高度，是未来公共档案馆制度建设的重要任务。

2017年11月，第十二届全国人民代表大会常务委员会第三十六次会议通过《中华人民共和国公共图书馆法》，对公共图书馆的设立、运行、服务、法律责任等进行了明确规定。根据这一立法，各级人民政府将"根据本行政区域内人口数量、人口分布、环境和交通条件等因素，因地制宜确定公共图书馆的数量、规模、结构和分布"，从而将"建立覆盖城乡、便捷实用的公共图书馆网络"。[①] 这是我国公共文化服务体系建设的一项重要成果。相对来说，国家档案馆在公共文化服务体系建设中的地位由于缺乏立法的明确支持而显得颇为尴尬。造成这一现象的原因之一，也许正如周林兴所说："公共档案馆不仅是一种机构，同时也是一种制度……它代表的是一种社会用以调节信息分配、实现社会信息保障的制度。这一观点或理念，至今尚未被业界所认识，其表现就是至今人们还是主要从机构角度认识和研究公共档案馆工作与现象，而没有从制度视角去追问公共档案馆的本质问题。"[②] 因此，从表象看，公共档案馆是为公众提供档案公共服务，而从制度层面看，则是政府为社会提供公共产品，科学的制度设计才能保障公共档案馆建设的顺利开展[③]。为此，建议国家在顶层设计时重点关注如下关键问题：

---

① 《中华人民共和国公共图书馆法》，全国人大网（http://www.npc.gov.cn/npc/xinwen/2017-11/04/content_2031427.htm）。

② 周林兴：《公共档案馆与制度公正——关于公共档案馆的制度视角研究》，《北京档案》2005年第8期。

③ 吴广平：《我国公共档案馆建设的制度困境及对策研究》，硕士学位论文，中山大学，2011年，第10页。

第一，如何防止公共档案馆在公共文化服务中"缺位"与"边缘化"。根据最新颁布的《国务院关于机构设置的通知》（国发［2018］6号）①和《国务院关于部委管理的国家局设置的通知》（国发［2018］7号）②，图书馆、博物馆均属于文化和旅游部，国家档案局与中央档案馆"一个机构两块牌子，列入中共中央直属机关的下属机构序列"。如前所述，国家综合档案馆的文化事业机构属性在国家政策文本有较好的体现，但很难纳入国家及地方公共文化服务体系建设规划，这与档案馆、图书馆、博物馆等分属不同的行政隶属关系有相当大的关系。实际上，国外公共档案馆的行政隶属关系也并不尽相同，有的认为"档案馆是政府内政管理的一部分，从而把它看作是一个普通的行政管理机构"，也有国家认为"档案馆是一个可以从事研究工作的公共场所，从而把它看作是一个教育、文化或环境机构"③。如前所述，如何保持档案馆辅政职能和公共文化职能的平衡一直是关系国外公共档案馆生存与发展的重大问题，兼顾两者职能平衡的档案机构才能可持续地健康发展。加拿大公共档案馆的前身档案分部早期隶属于农业部，由于该部掌管"艺术及制造业"，档案分部继承了加拿大省和新斯科特舍省的档案工作传统，对具有历史研究价值的文献史料给予了极大的关注，为颇具特色的加拿大"总体档案"思想的形成奠定了基础。美国国家档案馆一度隶属于总务署，虽然失去了独立机构的地位，但由于总务署具有管辖政府现行文件的权限，使得美国国家档案馆获得并强化了对联邦政府现行文件的管理权限。这些经验均启示我们，在我国顶层档案制度设计层面，可以在体制、机制允许范围内通过各种创新手段，以制度激励手段激发国家综合档案馆的主动社会服务意识，在馆库选址、资源共享、项目开发等方面积极寻求与公共图书馆、博物馆、文化馆等文化事业机构的深度合作，以扩大档案服务的社会辐射面，既能增强国家档案馆的公共服务能力，又能赢得

---

① 《国务院关于机构设置的通知（国发［2018］6号）》，2018年3月24日，中国政府网（http://www.gov.cn/zhengce/content/2018-03/24/content_5277121.htm）。

② 《国务院关于部委管理的国家局设置的通知（国发［2018］7号）》，2018年3月24日，中国政府网（http://www.gov.cn/zhengce/content/2018-03/24/content_5277123.htm）。

③ 迈克尔·库克：《档案管理——中小型机构和地方政府档案机构实用手册》，朱国斌、李宪译，档案出版社1988年版，第23页。

公共文化服务机构和社会大众的认可,从而逐步改变档案馆在该领域的"缺位"与"边缘化"状态。

第二,如何整合体制内与体制外的档案资源。近年来国内学者针对国家提倡建设"覆盖人民群众的档案资源体系"的思路,提出了比民间档案、私人档案和社会档案资源等概念更具本土特色的概念——"体制外档案资源",以推动国家档案工作和社会档案工作的有效融合[①]。体制内档案资源主要是指受我国档案管理体制规范和约束的、由国家控制的档案资源,主要是指各级各类综合档案馆、国家机关、公共事业单位、国有企业档案部门以及集体组织档案部门负责管理的档案。凡在国家体制之外,处于社会分散管理状态的档案资源即体制外档案资源,主要包括三类:一是私营企业、民办非企业单位、公民个体或家庭(家族)形成和所有的档案;二是图书馆、博物馆、文化馆等非档案机构保管的历史档案;三是流失海外的珍贵档案。体制外档案资源立足于国家档案管理体制,从文化发展的角度关注处于自在、分散状态的有价值的档案群体,是一个更加具有包容性和概括力的概念,与体制内档案资源共同构成国家档案资源体系。[②] 由于体制外档案资源能够补充体制内档案资源在微观社会层面的不足,呈现更加生动、细节的社会生活,因此受到国内外档案部门的重视,而中外公共档案资源建设的实践表明,体制外档案资源与体制内档案资源并不是"泾渭分明"的,体制外档案资源一旦进入体制内的公共档案收藏体系,就会转化为体制内档案资源。近年来我国各地档案部门、社会群体纷纷开展并鼓励各种形式的体制外档案资源建设项目,但这些档案活动处于小范围、小规模阶段,且过于分散、互不兼容,建设成效并不明显[③]。澳大利亚国家档案馆开展的"强制收养历史项目"充分表明将具有重要历史及社会价值的体制外档案资源集中接收进馆,形成体制外档案资源向体制内档案资源的常态化移交处理机制,既能保证国家记忆的完整性,又会提升档案行业与档案学科的社会影

---

① 王萍、丁华东:《论体制外档案资源的构成与特点》,《档案管理》2012 年第 4 期。
② 王萍:《基于文化认同视角的体制外档案资源建设思考》,《档案学通讯》2013 年第 1 期。
③ 冯雪、王英玮:《全局性档案管理体系与参与式档案管理模式研究——基于英国社群档案管理经验的思考》,《浙江档案》2017 年第 1 期。

响力。

第三，如何鼓励社会力量进入公共档案服务体系。无论是防止公共档案馆在公共文化服务中"缺位"与"边缘化"，还是整合体制内与体制外的档案资源，都需要大量的资源投入，单靠政府力量的支持，没有多元社会力量的介入，很难长期稳定地维系并产生直观的社会价值，也不利于公共档案馆思想与服务理念的养成与深化。事实上，随着社会治理的观念逐渐深入人心，政府不再作为唯一垄断的权力机构，档案管理主体也从单一的档案馆主体发展成由国家、社会组织和个人共同组织档案信息资源的全局式结构。国家可以通过立法、政策等制度设计赋予档案馆、企业和社会组织、个人不同的权力和权限，非政府组织机构推动档案事业发展的力量逐渐显现出来。国内外档案管理实践经验表明，公共档案事业的发展不仅需要依托政府部门施行自上而下的改革创新，在全民共建、全民参与的大环境下，还需要通过公民集体发声，实现自下而上的互动和促进。2014年《关于加强和改进新形势下档案工作的意见》要求"规范并支持社会力量参与档案事务"，如"推广政府购买服务"，"规范并支持档案中介机构、专业机构参与档案事务"，"支持企业、社会组织和个人依法设立档案事业发展基金"等①，充分表明国家在档案制度顶层设计方面开始了探索之路，而如何通过相应的制度、机制创新来营造、提升这一氛围，在未来的发展过程中就显得更为重要。

（二）行业协作：公共档案馆制度的中观设计

公共档案馆制度的中观设计主要是从档案行业整体发展层面建立公共档案馆领域的基本服务准则、标准、规范与工作指南，从而塑造一个开放、亲民、平等的公共档案服务形象。在西方国家，公共档案馆制度的中观设计主要由档案专业学会（协会）负责完成的，如1947年创建的英国地方档案工作者协会（1954年改名为英国档案工作者协会）对英国各地方档案保管状况和档案馆建设进行了大规模的调查研究，形成了一系列的研究报告和政策建议，为20世纪50年代英国地方公共档案馆的标准化与规范化建设做了卓越贡献。2012年重新组建的英国档案与文件协

---

① 《中共中央办公厅 国务院办公厅印发〈关于加强和改进新形势下档案工作的意见〉》，《中国档案》2014年第5期。

第五章　我国公共档案馆建设的现实基础与推进策略／259

会致力于提升公共和私人部门对档案及文件保管工作社会价值的认知，并推动和提升普通民众保护、管理、获取与利用文件与档案的意识，在档案行业发展方面，英国档案与文件协会通过识别、制定和推广档案行业所需的专业技能，并通过颁布杰出服务奖（Distinguished Service Award）等年度优秀奖的方式鼓励技术与服务创新，以支持英国形成最高水平的档案职业与伦理准则，从而应对社会、文化、行政、财政和技术变革的各种挑战[①]。此外，由英国多家专业协会推动的档案认证服务（Archive Service Accreditation）也是英国开展中观层面的公共档案馆制度设计的重要组成部分。档案认证服务（Archive Service Accreditation）是受英国博物馆、图书馆与档案馆委员会（MLAC）和英国国家档案馆委托，由英国档案与文件协会、苏格兰档案馆理事会等组织合作制定与支持的一项关于档案服务的新标准方案，在专业化、绩效、形象、人员、合作关系、计划、赞助等核心领域给通过认证的各档案机构及其服务项目带来极大的益处，从而促使英国各档案机构根据这一最新标准去评估及改进它们的档案服务政策、计划和程序，对英国档案行业的可持续发展具有重要意义。2013年12月9日，经过近三年准备的档案服务认证委员会（The UK Archive Service Accreditation Committee）公布了首批获得认证的档案服务。[②] 2014年，由中共中央办公厅和国务院办公厅联合发文的《关于加强和改进新形势下档案工作的意见》明确规定，在规范并支持社会力量参与档案事务方面要"充分发挥档案学会等社会组织的作用"，表明国家层面开始意识到社会组织参与档案公共服务的重要性和可行性。不过这一规定并未涉及如何发挥档案学会等组织在中观层面的公共档案馆制度设计工作的作用，这就需要档案学会等社会组织发挥主观能动性，在制定公共档案利用规则、服务规范、档案职业伦理与从业人员道德准则、档案馆建设标准与用地标准、档案馆选址条件与原则等行业标准等方面发挥积极的作用，甚至可以尝试建立与图书馆、博物馆等学会或协会的定期沟通与交流机制，从而提升档案行业内部以及档案行业与其他

---

① Archives and Records Association, *Vision, Mission, Business Plan* (http://www.archives.org.uk/about/vision-mission-business-plan.html).
② 樊树娟：《英国首批认证的档案服务公布》，《外国档案》2014年第1期。

文化事业机构间的协同合作与创新能力。

（三）服务规范：公共档案馆制度的微观设计

公共档案馆制度的微观设计主要是指各公共档案馆依托国家法律法规和档案行业的基本规范与标准，制定出适合具有本馆特色的制度安排。这些制度安排主要涉及档案馆行政管理制度、人事录用与考核制度、服务流程与基本规范等内容，其中最为核心的就是与档案利用者息息相关的服务流程与基本规范，这直接涉及公共档案馆的每一个岗位和服务细节，是践行公共档案馆精神与服务理念的基本保障制度，也是整个公共档案馆制度体系中对外部环境变化最为敏感的部分。易向军、李蔚蔚在论及公共图书馆制度设计时就曾指出："只有当微观层面的规则完善，受限于中观（行业规范）和宏观（法律法规）图书馆制度时，才会触发高层制度的变革，从而促进整个图书馆事业的长期发展。"[1] 这对于公共档案馆的制度设计工作也有相当的借鉴意义。从国内学者访问欧美公共档案馆的经历看，方便快捷的办证手续、热情周到的服务态度、简洁易懂的查档规则、兼顾隐私与公共利益的阅览环境、多元的支付手段等服务细节往往会给利用者留下深刻的印象。2010年11月，青岛市档案局潘积仁等人去英国国家档案馆查档时，认为该馆建筑和服务空间的设计方面"既非常重视档案的安全，也千方百计为利用者提供方便"[2]。2012年4月浙江大学方新德在英国国家档案馆查档期间，对馆内人性化的设施和布局有了直观的认识，并特别提到了该馆阅览证的登记办理方式，即英国国家档案馆专门编制有一个程序，初次来馆的利用者除了输入个人基本信息外，还要阅读该馆的档案利用注意条款和用户隐私政策，然后再进行文献保护知识的测试与学习，有助于利用者提前掌握档案借阅与阅览的基本规则，通过测试后才能完成登记手续[3]。目前，英国国家档案馆为了更好地方便利用者参观、查档，在开放时间方面也作了调整，即从原来的周一至周五开放改为周二至周六开放，其中周二、周四开放时间为早上9点至晚上19点，其他三天均为早上9点至下午17点[4]。微观层

---

[1] 易向军、李蔚蔚：《论公共图书馆的制度设计》，《中国图书馆学报》2010年第5期。
[2] 潘积仁：《到英国查阅档案资料：见闻与感悟》，《中国档案》2011年第2期。
[3] 方新德：《英国国家档案馆见闻》，《浙江档案》2014年第3期。
[4] The National Archives, *Standard Opening Times* (http://www.nationalarchives.gov.uk/).

面的公共档案馆制度设计虽然比较琐碎,但由于它直接面对档案利用者和档案工作者,因此设计切实可行的微观制度规范,就需要坚持"以人为本"的基本原则,积极开展内部管理规章和服务制度的创新,制定和完善岗位职业道德规范,梳理档案利用者和档案工作者的权、责、利,使以往对档案利用者和档案工作者的各种不合理限制得到有效的约束与规避,使档案利用者和档案工作者都能在科学合理的制度规范下高效、合理地实现自身的目标及任务,进而促进公共档案馆制度体系的健康、持续发展与创新。

总之,公共档案馆制度设计需从宏观、中观和微观三个层面整体推进才能达到真正的效果。宏观设计是基础和前提,中观设计和微观设计必须在宏观设计的要求和安排下进行,公共档案馆制度的微观创新都无法避开国家法律与行业规则的限定。中观设计具有很强的衔接性,可以使微观设计和宏观设计形成有效的互动。微观设计是宏观设计和中观设计具体化的产物,具有很强的弹性和可拓展性。从三个层面对公共档案馆制度进行不断反思、创新和设计,形成契合社会发展与时代需求的制度保障,公共档案馆才能更好地履行其社会职责,提升社会档案意识,从而更好地拉近档案馆与公众的距离。

结　语

　　18世纪末以来西方档案馆公共服务职能的萌芽、生成、深化的演变过程，体现了档案事业由"国家模式"转向"社会模式"以及由此导致的档案馆文化功能由"组织文化"向"社会文化"转型的内在变化。这一变化过程，伴随着的是西方发达国家公共档案馆思想与实践的正式形成和快速发展，进而对发展中国家的公共档案馆建设与发展产生了深刻影响。自20世纪上半叶蒋廷黻、王重民、毛坤、姚从吾、傅振伦等中国学者将欧美档案思想引入中国以来，西方发达国家档案馆的公共性、开放性等特征就吸引了国内知识分子们的极大关注，这或许算得上是中国早期的公共档案馆思想启蒙。新中国成立后，特别是改革开放以来，国内期刊上时常刊发关于英国公共档案馆、加拿大公共档案馆的介绍性文章，但公共档案馆作为一个学术概念一直未能引起学术界的足够重视。直到21世纪初，随着国家公共文化服务体系建设的深入，公共档案馆才逐步成为档案学术界和实践部门共同关注的热门话题。

　　近年来，随着国家公共文化服务体系建设的深化，中国各级国家档案馆开始主动转变管理机制和服务模式，并产生了诸如乡村档案馆、社区档案馆、流动档案馆等新兴档案馆形态。当前新政策环境、新技术的运用和社会力量的加入导致我国档案公共服务领域中责任链与需求链的模糊与差异，原有的公共档案馆格局面临变革。构建适合我国国情的多元化公共档案馆服务体系与推广机制、提升国家综合档案馆的"公共性"，成为当前重要的政策议题。尽管近年来我国各地公共档案馆建设取得了不俗成绩，一些颇具特色的公共档案服务项目和管理模式也引起了社会大众的兴趣，公共档案馆的社会形象逐步改善，但相较欧美发达国家来说，中国各级国家档案馆进入社会公共领域仅40多年的时间，真正意义上的公共档案馆实践历程还很短，为此系统地梳理中外公共档案馆思想源流、解析中外公共档案馆的形成机制与发展路径、掌握当前发达国家公共档案馆的制度特征与规律，对于深化中国公共档案馆理论研究、提升中国未来的公共档案馆建设水准、提高公共档案馆系统在国家公共文化服务体系中的地位及价值，均有重要的理论价值和现实意义。

一 公共档案馆思想：中外公共档案馆发展模式的"解码器"

公共档案馆思想，是指公共档案馆创设、运行、管理、服务等过程中所形成的基本理念，是公共档案馆在不同时代和国家多元化映射的深层次产物，也是人们解读不同公共档案馆发展模式的"解码器"。尽管18世纪末期法国大革命被国际档案学界普遍认为是世界公共档案馆建设的开端，但公共档案馆思想的萌芽、产生、深化却经历了一个相当长的发展时期。公共空间、开放理念在古希腊城邦时期就已萌生在神庙档案馆之中。密特伦神庙通过存储公共档案、展示公共文件等事务，不仅真实记录了公共空间中发生的各项重要事务，而且将公共空间所体现的开放、公开理念以石碑等物化方式呈现出来，实际上就是当时雅典的公共档案馆，客观上起到了公共档案馆精神启蒙的作用。从中世纪到文艺复兴再到法国大革命，在人文主义以及自由、平等、人权等资本主义思潮的冲击下，档案利用由统治阶层给予的一种"恩赐"逐步扩大到学术利用，进而成为面向全体公民的一项法定权利，公共档案馆理念日渐深入人心。19世纪末至20世纪上半叶是世界资本主义快速发展的时期，国家档案文化观、档案公共利用思想、档案职业观应运而生，公共档案馆思想在这一阶段正式产生并逐步成熟起来。两次世界大战后，西方发达国家认识到档案作为文化资源的重要性以及开放档案的必要性，联合国教科文组织、国际档案理事会等国际组织的成立推动了国际档案界的深度交流与合作，世界各国政府信息公开立法优化了档案开放利用的社会环境，计算机和信息网络技术的发展与普及催生了形态各异的公共档案馆服务项目的落地，全球公共档案馆事业进入了快速发展时期。公共档案馆服务精神逐步成为国际社会的普遍共识，由此推动了延续至今并深入到发展中国家的公共档案馆思想大发展。

二 动力机制：中外公共档案馆形成与发展的"引擎"

世界各国公共档案馆的产生，既离不开它们所依存的社会大环境所赋予的外动力，也与档案馆自身的管理与发展水平所产生的内动力紧密关联，是多元社会力量和相关要素相互关联、相互作用的结果。

公共档案馆是档案馆发展到一定阶段的产物，它的形成直接受社会发展水平和演变规律的制约和影响。从生态学的视角看，公共档案馆的产生在很大程度上是由相对封闭的国家行政系统走向更广泛的社会文化系统的结果，政治及行政动因、文化动因及经济动因是公共档案馆发展的三大主要外部动力。公共档案馆的产生需要适宜的政治"土壤"和有效的行政运转系统，开放的政治环境及良好的政治机遇可以加速公共档案馆的制度化落地，而行政运转系统对科学的公共档案管理与服务体系需求的迫切程度，有时又能在公共档案馆诞生的关键环节起到重要作用。由于公共档案馆在"本质上是一种文化的存在"，除了政治及行政因素之外，植根于国家行政机关和社会大众的文化观念和档案意识等深层次因素也是推动公共档案馆产生的重要动力。公民意识的兴起、社会档案意识的提升，成为推动公共档案馆产生的文化动力。从某种程度上讲，欧美各国的公共档案馆制度植根于资本主义市场经济环境，追求经济效益是公共档案馆可持续发展的动力，只有当经济条件发展到一定阶段，真正意义上的公共档案馆才能够产生并履行其本质的职责与任务。

公共档案馆的形成与发展，不仅仅是对社会外部环境诉求的回应，更伴随着公共档案馆精神与服务理念获得感、存在感的提升，而这种精神、理念所释放出来的推动档案馆发展的能量是难以估量的。无论公共档案馆建设的最初要求来自于民众个体还是某种社会集团，无论是来自政治诉求、文化需求或经济需要，这一精神与服务理念都会逐渐内化为档案馆自身的需要，成为公共档案馆存在的理由和发展的动力。追求独立性是公共档案馆产生与发展的基础内动力，档案资源整合的需求是原始内动力，公共服务创新的驱动是核心内动力。

在公共档案馆生态空间中，公共档案馆与图书馆等公共文化服务机构之间长期存在的既竞争又合作的运作态势构成了公共档案馆形成与发展的一种特殊动力机制。良性的竞争可以促使公共档案馆找到自我发展的定位与策略，从而完善公共档案馆的组织体系和制度规范，而双方在资源争夺等领域的恶性竞争与消极对抗，难免会使双方造成不必要的损失，但从另一视角看，正是由于图书馆等公共文化服务机构加入到档案服务生态系统中，使得公共档案馆不得不承受着来自行业内外的多种信息文化服务机构的竞争压力，促使公共档案馆不断审视环境的变化，对组织和制度进行改进和升级，并最终改善和提升公共档案馆的生态空间。

三 发展模式：国外公共档案馆演变的时代逻辑

由于政治体制、经济基础、文化背景等多方面存在差异，世界各国形成了不同的公共档案馆建设理念与发展思想，且在不同发展动力因素的影响下，世界各国的公共档案馆建设与发展呈现不同的路径与特色。通过梳理各国公共档案馆的发展历史与现状，世界各国主要存在统筹发展模式、分散发展模式和转型发展模式三种不同的公共档案馆发展模式。

统筹发展模式主要是指由国家层面对公共档案馆体系进行科学规划、统一布局，在全国范围内进行资源优化配置，有计划、有步骤地推动全国公共档案馆的有序发展。这一模式主要存在实行集中式档案管理体制的国家。在这一机制下，公共档案馆的发展能够得到档案行政管理机关强有力的支持，并可针对中央、地方公共档案馆的布局和资源配置进行全局性规划，有利于公共档案馆网络体系的快速形成与发展。法国公共档案馆系统的产生、壮大，就是"自上而下"统筹式发展模式的典型代表。20世纪80年代以来，法国公共档案馆建设出现了两个值得关注的趋向：第一，由于地方分权改革而导致地方政府取代国家档案局成为地方公共档案的监管主体，法国集中式档案管理体系出现一定程度的松动。第二，法国公共档案馆体系融入国家文化遗产保护的整体范畴。表面上看，地方政府取代法国档案局主管地方档案事务，体现的是中央级公共档案事务权利的下移，而法国档案服务部和《遗产法典》的颁布，又明显看出国家力量对公共档案事务的积极参与和整体把控，"分权"与"集权"矛盾的背后，实则反映了法国长期以来存在的中央集权与地方分权两种传统的博弈。就公共档案馆发展而言，此时"自上而下"的统筹发展模式遇到了地方分权势力的挑战，但这种挑战促使地方财政加大了对档案事务的投入，反而客观上推动了各地公共档案馆体系的发展。

自主发展模式，主要是指中央和地方公共档案馆呈现各成体系、自主发展的演化模式，并存在不同步、不平衡及竞争性等发展特征。自主发展模式一般存在于实行分散式档案管理体制的国家，英国、加拿大、美国等国的公共档案馆建设就是比较典型的自主发展模式。英国中央和地方公共档案馆的发展呈现出比较典型的独立发展状态：尽管早在1838年英国公共档案馆就成立了，但一直未能将其制度推广到地方层面，使得地方公共档案馆经历了"官方档案保管机构建立前的分散保管模式""地方议会负责的官方档案馆统一保管模式"和"协同合作理念下的地方研究中心融合模式"等发展阶段，英国国家档案馆的成立，体现出英国试图强化对中央和地方公共档案馆统一管理的意图。加拿大原属英、法两国的殖民地，法国的统筹发展模式和英国的自主发展模式均对其公共档案馆体系的创建与发展产生了深刻影响，这也使得加拿大公共档案馆的分散式发展模式显得颇为复杂。从加拿大公共档案馆演变史看，比较明显地存在一个由"总体档案"思想向"档案系统"思想转型的过程，因而呈现出"总体"模式和"系统"模式两个阶段。"总体"模式，是指19世纪70年代至20世纪80年代期间，加拿大公共档案馆实施的对全国范围内档案的全面收集、接收与管理的整体发展思维。这一模式最突出特征就是各级公共档案馆不仅保管官方档案，而且还主动收集反映加拿大及其各地历史文化的各种私人档案，在相当程度上实现了对加拿大历史文化遗产的整体保护。"系统"模式，是指20世纪80年代至今，加拿大联邦、省、地方各级档案部门通过制度化分工与合作等方式实现公共档案馆健康、可持续发展的建设路径。这一模式的主要特征就是通过对国家、省级和地方级档案文献的较为清晰的界定，构建了分工明确、协调互补的三级公共档案馆馆藏收集与服务范围，各级公共档案馆从私人档案管理领域退出，由企业档案馆、大学档案馆、社区档案馆、私人档案馆等承担非公共领域的档案保管职责。美国虽然属于分散式档案管理体制，但地方公共档案馆特别是州一级公共档案馆的建设得到了较快发展，形成了各成体系的地方公共档案保管网络，尽管直到现在仍有部分图书馆承担地方公共档案馆的职责，但总体上形成了对公共档案与私人档案的不同管理模式。美国国家档案馆几经发展，成为美国档案与文件管理局（NARA），既具有对国家档案的保管与服务职责，又能承担文件档案管理的政策咨询与决策工作。2003年和2004年,英国国家档案馆和加拿大国家图书档案馆的先后改组,表明这些国家的公共档案馆系统尽管保持着分散式的独立发展模式,但都在不同程度上强化了国家档案馆在业务规范与行业标准建设等方面的"集中控制",这是当前自主发展模式的重要变化与发展走向。

转型发展模式,主要指受政治体制变革、外来公共档案馆建设思潮等因素影响,将档案馆或相关机构进行改造、重组而实现公共档案馆跨越式发展的一种后发建设模式。转型发展模式既存在发达国家,也存在发展中国家,前者以澳大利亚为代表,后者则以南非最为典型。澳大利亚国家档案馆在近半个世纪的发展历程中,经历了从联邦国家图书馆档案分部到联邦政府档案办公室,从联邦档案办公室到联邦档案馆再到现在的国家档案馆,我们可以看到它的定位一直在两种角色间徘徊:行政管理机构和文化机构,这背后是档案工作重视证据价值和文化价值的两种不同取向。在20世纪50—60年代,对证据价值的重视使档案机构摆脱了附庸的地位,拥有了自己独特的职权范围与机构使命。而之后对文化价值的重新重视,又使得档案馆从政府走向社会公众,完成了"公共转向"。正是这种主动探索的精神,使得澳大利亚国家档案馆用不到半个世纪的时间走完了欧美国家档案机构数百年的历程,成为一个具有法定权威的国家公共档案馆,并在理论与实践方面做出很多具有开拓意义的探索。南非公共档案馆在20世纪初就初具规模,但受殖民主义、种族隔离制度等不良政治生态环境的影响,20世纪中后期的南非档案事业陷入停滞不前、甚至倒退的发展状态,直到种族隔离制度被废除之后,南非国家档案馆才走出"封闭"状态,成为南非民主化进程的重要组成部分,实现了向公共档案馆的转型。

四 运行机制:国外公共档案馆行政生态结构的当代透视

公共档案馆运行机制是指公共档案馆系统运作过程中各个构成要素之间,以及与公共档案馆系统运行密切关联的其他政治、经济、文化因素之间的相互联系和彼此作用的工作方式,是一套由一系列子系统相互联系和相互制约的复杂系统。在考察国外公共档案馆管理体制和最新运营状况的基础上,本书从四方面总结了当前国外公共档案馆的运行机制。

在档案资源整合方面，当代的世界各国公共档案馆均认识到维持辅政职能与文化职能之间平衡的重要性，因此以政府官方档案资源为核心，适当收集具有重要公共历史价值的私人档案，既重视历史档案的保存，又关注当代档案文件的管理，是当下各国公共档案馆开展档案资源整合工作的基本策略。在公共服务供给方面，行政供给、市场供给、社会供给的多渠道、复合式供给机制基本成熟。在经费筹措方面，形成了政府公共财政投入、非公共组织投入和自营性收入等多元化的经费保障机制。在决策治理方面，权力制衡的宏观决策机制和多方参与的内部治理机制基本成型。

五 制度设计：中国公共档案馆建设的"名"与"实"

从表象看，公共档案馆是为公众提供档案公共服务，而从制度层面看，则是政府为社会提供公共产品，科学的制度设计才能保障公共档案馆建设的顺利开展。公共档案馆制度的顶层设计主要是从法律、政策两个维度将公共档案馆的性质内涵、基本精神、社会价值等核心内容确立下来，使公共档案馆的存在具有合法性，使公共档案馆的建设与发展具有制度性保障，使开放、平等的公共档案馆精神理念深入民心。目前，各级国家档案馆要赢得社会大众的广泛支持和更持久的发展动力，就需要在立法和政策层面为国家档案馆向公共档案馆发展作出合理的制度安排，以保证这一过程的顺利。为了顺利推进公共档案馆建设，我国应从国家和档案馆自身两个层面，做好公共档案馆制度的制度设计，以提升公共档案馆在国家公共文化服务体系中的竞争力与影响力。而关键在于：如何通过有效的制度设计和机制创新防止公共档案馆在公共文化服务中"缺位"与"边缘化"；如何促进不同区域、不同规模、不同系统的公共档案馆的协调发展；如何整合体制内与体制外的公共档案资源；如何深化与公共图书馆、博物馆、文化馆等合作以扩大档案服务的社会辐射面；如何鼓励商业性机构进入公共档案服务体系。

总体而言，公共档案馆是一个偏西方语境的词汇，不过在中国，由于体制机制等现实困境的存在，这一问题经历了十多年热烈的讨论、研究之后在近几年进入了一个低潮期。在本书的写作过程中，作者有一个深切的感受：数字时代的中国，各级国家综合档案馆需要公共档案馆思想与服务理念来实现公共服务能力的"升级换代",并从根本上改善档案馆的社会形象,但要想将西方公共档案馆理念成功融入中国社会则困难重重。本书试图从思想、动力机制、发展模式、运行机制等深层次解析国外公共档案馆的历史与现状,进而总结出可供中国档案馆建设实践参考的经验,希冀为奋斗在国内档案馆事业一线的档案工作者提供一些有益的启发,为中国本土档案学理论研究提供新的思考视角。不过由于作者学识和时间有限,收集资料存在不足,因此本书难免存在一些遗憾和不足。尽管如此,中外公共档案馆的比较研究是一个值得探索、充满乐趣的研究领域,国外同行们在创建、推广公共档案馆制度过程中的艰难曲折以及其他社会力量参与带来的诸多"意外惊喜",常常令人感慨专业情怀所具有的无穷魅力,这也鞭策作者将继续在这一领域进行深入研究,为探索适合我国国情的具有创新性的公共档案馆发展模式与优化路径贡献一份力量。

参考文献

［德］阿道夫·布伦内克：《档案学——欧洲档案工作理论与历史》，中国人民大学档案系油印本1985年版。

［德］梅尼克：《世界主义与民族国家》，孟钟捷译，上海三联书店2007年版。

［法］彼得·瓦尔纳主编：《现代档案与文件管理必读》，孙钢等译，档案出版社1992年版。

［法］安东尼·德·巴克、弗朗索瓦丝·梅洛尼奥：《法国文化史III：启蒙与自由：十八世纪和十九世纪》，朱静、许光华译，华东师范大学2006年版。

［英］马克斯·布尔：《回眸中世纪》，林翠云等译，河北教育出版社2016年版。

［英］迈克尔·库克：《档案管理——中小型机构和地方政府档案机构实用手册》，朱国斌、李宪译，档案出版社1988年版。

［法］德拉克鲁瓦等：《19—20世纪法国史学思潮》，顾航等译，商务印书馆2016年版。

［法］古斯塔夫·佩泽尔：《法国行政法》，廖坤明、周洁编译，国家行政学院出版社2002年版。

［法］马克·布洛赫：《封建社会》（上、下卷），张绪山等译，商务印书馆2004年版。

［法］莫里斯·哈布瓦赫：《论集体记忆》，毕然、郭金华译，上海人民出版社2002年版。

［法］米歇尔·福柯：《知识考古学》，谢强、马月译，生活·读书·新知

三联书店2003年版。

[法] 皮埃尔·诺拉主编：《记忆之场：法国国民意识的文化社会史》，黄艳红等译，南京大学出版社2015年版。

[法] 托克维尔：《论美国的民主》（上），董果良译，商务印书馆1991年版。

[法] 雅克·勒高夫：《历史与记忆》，方仁杰、倪复生译，中国人民大学出版社2010年版。

[荷] 克里斯·洛伦茨：《跨界：历史与哲学之间》，高思源等译，北京大学出版社2015年版。

[荷] 斯·缪勒、伊·阿·裴斯、阿·福罗英：《档案的整理与编目手册》，中国人民大学历史档案系1959年版。

[美] 查尔斯·蒂利、西德尼·塔罗：《抗争政治》，李义中译，译林出版社2010年版。

[美] 康纳顿：《社会如何记忆》，纳日碧力戈译，上海人民出版社2000年版。

[美] T. R. 谢伦伯格：《现代档案——原则与技术》，黄坤坊等译，档案出版社1983年版。

[美] R. K. 默顿：《科学社会学——理论与经验研究》（下册），鲁旭东、林聚任译，商务印书馆2003年版。

[瑞士] 雅各布·布克哈特：《意大利文艺复兴时期的文化》，何新译，商务印书馆1979年版。

[苏] 列宁：《列宁选集》（第3卷），人民出版社2012年版。

[英] 阿诺德·约瑟夫·汤因比：《汤因比论汤因比：汤因比与厄本对话录》，王少如、沈晓红译，上海三联书店1989年版。

[英] 赫尔德：《民主与全球秩序：从现代国家到世界主义治理》，胡伟等译，上海人民出版社2003年版。

[英] 马克斯·布尔：《回眸中世纪》，林翠云等译，河北教育出版社2016年版。

[英] 马林诺夫斯基：《文化论》，费孝通等译，中国民间文艺出版社1987年版。

[英] 迈克尔·库克：《档案管理——中小型机构和地方政府档案机构实

用手册》，朱国斌、李宪译，档案出版社1988年版。

［印］戈帕尔等编著：《人类文明史：第7卷，第20世纪》，中文版编译委员会译，译林出版社2015年版。

《傅振伦编译〈档案馆学论文译丛〉稿》，中国第二历史档案馆馆藏国史馆档案，全宗号：三十四，案卷号：2079。

《国史馆顾问张圣奘翻译欧美档案参考书并介绍英国剑桥近代史例的工作报告》，中国第二历史档案馆馆藏国史馆档案，全宗号：三十四，案卷号：196。

《毛坤〈档案行政学〉讲义》，四川大学校史馆馆藏毛坤手稿档案。

《张继等提议建立档案总库筹设国史馆提案及有关文书》，中国第二历史档案馆馆藏国史馆档案，全宗号：三十四（2），案卷号：1。

北京大学哲学系外国哲学史教研室编译：《十八世纪法国哲学》，商务印书馆1963年版。

陈恒、洪庆明主编：《世界历史评论：01—政治认知与历史变迁》，上海人民出版社2014年版。

陈建宪主编：《文化学教程》，华中师范大学出版社2004年版。

陈兆祦主编：《三十国档案工作概况》，档案出版社1985年版。

陈兆祦主编：《六十国档案工作概况》，中国档案出版社1995年版。

丁华东：《档案学理论范式研究》，上海世界图书出版公司2011年版。

丁华东：《档案与社会记忆研究》，人民出版社2016年版。

冯惠玲、张辑哲主编：《档案学概论》，中国人民大学出版社2001年版。

宓浩主编：《图书馆学原理》，华东师范大学出版社1988年版。

傅振伦：《公文档案管理法》，文通书局1947年版。

国家档案局、中央档案馆编：《第十三届国际档案大会文件报告集》，中国档案出版社1997年版。

国家档案局编：《第十四届国际档案大会文集》，中国档案出版社2002年版。

国家档案局政策法规研究司编译：《境外国家和地区档案法律法规选编》，中国政法大学出版社2017年版。

何振：《档案馆学新探》，中国档案出版社2003年版。

胡鸿杰：《中国档案学的理念与模式》，中国人民大学出版社2005年版。

胡鸿杰、吴红主编：《档案职业状况与发展趋势研究》，中国言实出版社 2008 年版。

韩玉梅、张恩庆、黄坤坊编著：《外国档案管理概论》，档案出版社 1987 年版。

韩玉梅主编：《外国现代档案管理教程》，中国人民大学出版社 1995 年版。

何鲁成编著：《档案管理与整理》，商务印书馆 1938 年版。

黄坤坊编著：《欧美档案学概要》，档案出版社 1986 年版。

黄霄羽：《外国档案工作纵横论》，中国档案出版社 2002 年版。

黄彝仲：《档案管理之理论与实际》，南京德新印务局 1947 年版

姜之茂：《档案馆理论与实践新探》，中国档案出版社 2001 年版。

李凤楼等编著：《世界档案史简编》，档案出版社 1983 年版。

李扬新：《档案公共服务政策研究》，上海世界图书出版公司 2011 年版。

凌金铸：《外国文化行政研究》，上海人民出版社 2014 年版。

刘明翰主编，孙锦泉、徐波、侯树栋著：《欧洲文艺复兴史·史学卷》，人民出版社 2010 年版。

秦翰才：《档案科学管理法》，科学书店 1942 年版。

覃兆刿：《中国档案事业的传统与现代化——兼论过渡时期的档案思想》，中国档案出版社 2003 年版。

石国亮、张超、徐子梁：《国外公共服务理论与实践》，中国言实出版社 2011 年版。

孙晓莉：《中外公共服务体制比较》，国家行政学院出版社 2007 年版。

王改娇：《公民利用档案权利研究》，上海世界图书出版公司 2012 年版。

吴宝康：《档案学理论与历史初探》，四川科学技术出版社 1986 年版。

徐波：《文艺复兴时期法国民族史学研究》，四川人民出版社 2006 年版。

徐大同主编：《西方政治思想史》，天津教育出版社 2005 年版。

薛匡勇：《档案馆论》，第二军医大学出版社 2002 年版。

阎照祥：《英国政治制度史》，人民出版社 1999 年版。

杨霞：《国家档案馆利用服务研究》，学苑出版社 2012 年版。

杨理威：《西方图书馆史》，商务印书馆 1988 年版。

应松年主编：《英美法德日五国行政法》，中国政法大学出版社 2015 年版。

殷钟麒：《中国档案管理新论》，重庆私立崇实档案学校出版部 1949 年版。

赵静蓉：《文化记忆与身份认同》，生活·读书·新知三联书店2015年版。

赵屹：《档案馆的现在与未来》，上海世界图书出版公司2015年版。

郑家馨：《南非史》，北京大学出版社2010年版。

周林兴：《公共档案馆管理研究》，上海世界图书出版公司2012年版。

周雪恒：《中国档案事业史》，中国人民大学出版社1994年版。

周毅等著：《政府信息公开进程中的现行文件开放研究》，群言出版社2007年版。

中国档案学会对外联络部、《档案学通讯》编辑部编：《外国档案法规选编》，档案出版社1983年版。

中国档案学会学术部、《档案学通讯》编辑部编印：《第九届国际档案大会报告集》，1982年内部出版物。

中国档案学会外国档案学术委员会编：《〈文件与档案管理规划〉报告选编》，档案出版社1990年版。

中华图书馆协会执行委员会编：《中华图书馆协会第一次年会报告》，中华图书馆协会事务所1929年版。

安小米、郝春红：《国外档案多元论研究及其启示》，《北京档案》2014年第11期。

曹航：《对我国公共档案馆建设的再思考》，《档案学通讯》2009年第1期。

陈磊：《英国公共档案馆馆制考（1838—1910）》，《档案学研究》2017年第1期。

陈艳红、罗凤：《试论我国公共档案馆发展中的数字鸿沟问题——与发达国家之比较》，《档案学通讯》2009年第3期。

陈永生：《档案可供利用情况的数据分析——档案充分利用问题研究之一》，《档案学研究》2007年第3期。

陈永生：《档案开放利用情况的数据分析——档案充分利用问题研究之二》，《档案学研究》2007年第4期。

陈永生：《档案已供利用情况的数据分析——档案充分利用问题研究之三》，《档案学研究》2007年第5期。

陈智为：《试论档案馆的教育功能》，《北京档案》1996年第5期

陈忠海：《公共档案馆理论研究述评》，《档案学研究》2010年第1期。

陈忠海、常大伟：《众筹模式在档案馆档案信息资源开发中的应用研究》，《档案学通讯》2014年第6期。

楚艳娜、谭必勇：《档案基金会资金筹集与运用策略探析——以美国国家档案馆基金会为例》，《档案学研究》2017年第1期。

丁华东：《论档案与社会记忆控制》，《档案学通讯》2011年第3期。

丁宁：《"民主政治"视阈下西方国家国家档案馆公共性的历史演进》，《档案》2014年第1期。

董慧珠：《美国国家档案馆核心职能与启示》，《北京档案》2015年第5期。

杜长安：《打造真正的"公共档案馆"》，《上海档案》2001年第3期。

冯惠玲：《开放：公共档案馆的发展之路》，《档案学通讯》2004年第4期。

冯惠玲：《论档案馆的"亲民"战略》，《档案学研究》2005年第1期。

傅荣校、盛梅：《我国国家档案馆公共服务能力评估研究综述》，《浙江档案》2014年第6期。

傅荣校、余恺辛：《我国档案开放程度研究——基于Z省11市级综合性档案开放程度的实证分析》，《档案学研究》2015年第5期。

胡燕：《我国档案馆尚未走向公共的实证分析——基于六省、市城市居民的调查数据》，《档案学研究》2015年第1期。

华汝国：《美国国家档案馆基金会的经验与启示》，《中国档案》2015年第6期。

黄丽萍：《构建公共档案馆——以天津开发区档案馆为例》，《中国档案》2006年第3期。

郭红解：《析公共档案馆》，《中国档案》2007年第2期。

郭红解：《论我国公共档案馆建设的实践基础和理论准备》，《档案学通讯》2008年第8期。

黄洋：《希腊城邦的公共空间与政治文化》，《历史研究》2001年第5期。

黄世喆：《走出中世纪：现代档案学的文艺复兴思想火花》，《档案管理》2008年第1期。

蒋冠：《国家综合档案馆馆藏资源建设策略探析》，《档案学研究》2011年第5期。

蒋廷黻：《欧洲几个档案库》，《国立北平故宫博物馆十周年纪念文献特刊》，1935年

蒋永福，张淑贤：《社会记忆：档案馆与图书馆的共同历史基础》，《情报资料工作》2018年第1期。

蒋耘、蒋梅选辑：《张继等人提议建立档案总库筹设国史馆史料一组》，《民国档案》2012年第4期。

姜之茂：《档案馆经费》，《上海档案》2000年第5期。

姜之茂：《让档案馆离民众近些近些再近些》，《档案学通讯》2004年第4期。

康蠡，蔡青：《网络环境下综合档案馆生态位优化的动力机制》，《兰台世界》2014年第32期。

康蠡、周铭、蔡青：《生态位调整：国家综合档案馆走向公共的应然选择》，《档案学通讯》2012年第2期。

李财富：《西方发达国家档案服务的实践及启示》，《档案学通讯》2016年第2期。

李财富、杨静：《中外档案服务社会化的比较研究》，《档案学研究》2013年第1期。

李刚：《美国档案学史上的双子星座——兼论早期档案学家的专业认同》，《档案学通讯》2010年第5期。

李刚：《美国档案工作专业化进程的历史考察（1909—1936）》，《档案与建设》2010年第7期。

李国庆：《对我国公共档案馆建设的理性思考》，《档案学研究》2007年第1期。

李国庆：《改革开放30年我国公共档案事业的发展及其憧憬》，《中国档案》2008年第12期。

李灵风：《从权力到权利——国家档案馆公共服务基本价值取向研究》，《档案学通讯》2011年第3期。

李世洞：《美国历史档案的管理简介》，《档案工作》1981年第3期。

李祚明：《"国立档案总库"与"国史馆"》，《档案与建设》1988年第6期。

刘家真：《实现档案馆向公共档案馆的转化》，《档案学研究》2007年第

1期。

罗贤春、黄俊锋:《面向政府信息公开的公共图书馆与档案馆合作机制研究》,《国家图书馆学刊》2013年第5期。

吕元智:《我国公共档案馆服务绩效评价研究现状分析》,《档案学研究》2010年第2期。

马海群:《发达国家图书档案事业结盟与合作战略规划综述》,《中国图书馆学报》2012年第4期。

马学强、王伟:《加拿大公共档案馆社会文化功能分析》,《中国档案》2006年第5期。

毛坤:《档案序说》,《文华图书馆学专科学校季刊》1935年第7卷第1期。

聂云霞:《论档案信息服务均等化——以公共档案馆为视角》,《档案学通讯》2011年第1期。

潘未梅、楚艳娜、谭必勇:《加拿大公共档案馆思想演进历程简析——从"总体档案"到"档案系统"》,《中国档案研究》2015年第1辑。

潘玉民:《论公共档案馆的文化责任》,《档案学研究》2010年第1期。

覃兆刿:《我国档案工作早期学欧美及其意义》,《档案学研究》1998年第2期。

覃兆刿:《从"档房"到"档案馆"——关于中国档案事业近代化的文化反思》,《档案学研究》2004年第3期。

覃兆刿:《价值目标与伦理重构——关于档案馆社会化服务的功能与效能研究》,《档案学研究》2005年第5期。

苏君华:《公共档案馆的社会理想与现实困境的考量》,《档案管理》2007年第4期。

苏君华:《公共文化服务体系构建中公共档案馆发展的政府责任》,《档案学通讯》2012年第5期。

孙大东、高旭:《我国档案馆尚未走向公共的深层次原因分析》,《档案学通讯》2013年第1期。

谭必勇:《如何拉近档案馆与公众的距离——解读西方公共档案馆公众教育职能的演变》,《图书情报知识》2013年第4期。

谭必勇:《从文化层面解读加拿大公共档案馆的早期发展模式》,《档案学通讯》2015年第4期。

滕固：《档案整理处的任务及其初步工作》，《行政效率》1935年第2卷第9—10期合刊本。

肖南：《中西档案馆发展史比较》，《档案学通讯》1996年第6期。

肖秋会、杨青：《欧洲档案利用限制的历史与现状》，《中国档案》2010年第1期。

谢玉兰：《美国公共档案馆动力机制探析》，《北京档案》2012年第10期。

徐拥军：《档案记忆观：社会学与档案学的双向审视》，《求索》2017年第7期。

薛理桂：《美国总统图书馆之发展与功能》，（台湾）《图书与资讯学刊》2000年第32期。

严永官：《"五位一体"的公共档案馆建设初探》，《档案管理》2013年第6期。

杨立人：《试论公共档案馆体系之构建》，《档案学研究》2006年第5期。

姚志强：《档案馆社会化动力机制研究》，《档案与建设》2006年第5期。

尹雪梅：《基于现代民本思想探寻我国公共档案馆建设的发展方向》，《北京档案》2010年第6期。

于桂兰：《塑造档案馆的文化事业机构形象》，《档案学通讯》1997年第2期。

王改娇：《我国国家档案馆公共性的先天不足——比较中外国家档案馆的产生背景和工作宗旨》，《山西档案》2008年第3期。

王英玮：《关于公共档案馆服务社会化的思考》，《档案学通讯》2005年第3期。

王玉珏、刘佳欣：《国外档案馆跨界合作模式及启示》，《档案学通讯》2017年第2期。

王玉珏、张晨文、陈洁：《美国国家档案馆公众教育服务的发展》，《档案学研究》2017年第5期。

王云庆、宁现伟：《谈档案馆公众教育的发展演变》，《档案学通讯》2014年第2期。

吴加琪：《公共档案馆改革与发展战略：从服务政府到惠普全民》，《档案学研究》2012年第4期。

张斌、黄建军:《政府信息公开背景下公共档案馆建设刍议》,《档案学研究》2010年第6期。

张斌、徐拥军:《档案事业:从"国家模式"到"社会模式"》,《中国档案》2008年第9期。

张芳霖、王辉:《公共档案馆文化空间的构筑——基于休闲学和公共空间论的思考》,《档案学通讯》2009年第1期。

张锐:《惠普与均等:公共档案馆履行职能的价值取向》,《档案学研究》2011年第2期。

张晓霞:《中美档案馆比较——以档案馆的公共性为切入点》,《档案学研究》2011年第4期。

张衍、林巧敏:《走向公众的档案馆:基于社会服务的地市级档案馆网站调查》,《档案学通讯》2016年第4期。

张郁蔚、孙云倩:《国家档案馆档案资源商业开发之初探》,(台湾)《图书资讯学研究》2016年第2期。

章燕华、金汐汐:《综合性档案馆在线教育服务研究:案例与启示》,《档案学通讯》2012年第5期。

赵爱国、赵珍珍:《公共档案馆公共服务能力提升问题研究》,《中国行政管理》2013年第4期。

赵力华:《以立法促进国家档案馆向公共档案馆转型》,《档案学研究》2010年第6期。

周林兴:《公共档案馆与制度公正——关于公共档案馆的制度视角研究》,《北京档案》2005年第8期。

周林兴:《公共文化服务体系建设进程中的公共档案馆职责研究》,《档案学研究》2011年第5期。

周毅:《试论公共档案馆的职能拓展》,《档案学通讯》2006年第5期。

宗培岭:《公共档案馆你从哪里来——写在上海市档案馆新馆开馆之际》,《浙江档案》2004年第1期。

宗培岭:《公共档案馆建设若干基本问题探讨(一)》,《浙江档案》2006年第8期。

Adam Kriesberg, "The Future of Access to Public Records? Public-private

Partnerships in US State and Territorial Archives", *Archival Science*, Vol. 17, No. 1, 2017, pp. 5 – 25.

Ann-Sofie Klareld, Katarina L. Gidlund, "Rethinking Archives as Digital: The Consequences of 'Paper Minds' in Illustrations and Definitions of E-archives", *Archivaria*, No. 83, Spring 2017, pp. 81 – 108.

Anne J. Gilliland, *Conceptualizing 21st – Century Archives*, Chicago: Society of American Archivists, 2014.

Bernard Weilbrenner, "The Public Archives of Canada, 1871 – 1958", *Journal of the Society of Archivists*, Vol. 2, No. 3, 1961, pp. 101 – 113.

Cheryl Avery, Mona Holmlund, *Better off Forgetting? Essays on Archives, Public Policy, and Collective Memory*, Toronto: University of Toronto, 2010.

Diantha Dow Schull, *Archives Alive: Expanding Engagement With Public Library Archives and Special Collections*, Chicago: American Library Association, 2015.

Douglas Brymner, *Report on Canadian Archives* (1881), Ottawa: S. E. Dawson, 1882.

Douglas Brymner, *Report on Canadian Archives* (1882), Ottawa: Maclean, Roger & CO., Wellington Street, 1883.

E. Kenneth Timings M. A., F. S. A, "The Archivist and the Public", *Journal of the Society of Archivists*, Vol. 2, No. 5, 1962, pp. 179 – 183.

Elizabeth Shepherd, *Archives and Archivists in 20th Century England*, Farnham & Burlington: Ashgate Publishing Ltd., 2009.

Elsie Freeman Finch, *Advocating Archives: An Introduction to Public Relations for Archivists*, Lanham: The Scarecrow Press, 2003.

Eric Ketelaar, "Muniments and monuments: the dawn of archives as cultural patrimony", *Archival Science*, Vol. 7, No. 4, Dec. 2007, pp. 343 – 357.

Ernst Posner, *American State Archives*, Chicago, London: University of Chicago Press, 1964.

Ernst Posner, *Archives in the Ancient World*, Cambridge, Massachusetts: Harvard University Press, 1972.

Friedrich Kahlenberg, "Democracy and Federalism: Changes in the National Archival System in a United Germany", *The American Archivist*, Vol. 55, No. 1, Jan. 1992, pp. 72 – 85.

Gabrielle Blais, David Enns, "From Paper Archives to People Archives: Public Programming in the Management of Archives", *Archivaria*, No. 31, Winter 1990 – 91, pp. 101 – 113.

Gavan J McCarthy, Joanne Evans, "Principles for Archival Information Services in the Public Domain", *Archives and Manuscripts*, Vol. 40, No. 1, Apr. 2012, pp. 54 – 67.

Henry Hopper Miles, "On 'Canadian Archives'", From: *Transactions of the Literary and Historical Society of Quebec*, Quebec: Middleton & Dawson, 1871, pp. 53 – 71.

H. G. Jones, *The Records of a Nation*, New York: Atheneum, 1969.

Houston Gwynne Jones, *The Public Archives of North Carolina, 1663 – 1903*, Ph. D. Dissertation, Duke University, 1965.

Hugh A. Taylor, "Canadian Archives: Patterns From a Federal Perspective", *Archivaria*, Vol. 1, No. 2, Summer 1976, pp. 3 – 19.

Ian E. Wilson, " 'A Noble Dream': The Origins of the Public Archives of Canada", *Archivaria*, No. 15, Winter 1982 – 1983, pp. 16 – 35.

Ian Maclean, "Australian Experience in Record and Archives Management", *The American Archivist*, Vol. 22, No. 4, Oct. 1959, pp. 387 – 395.

Isabel Schellnack-Kelly, "Role of Public Archivists in Post-apartheid South Africa: Passive Custodians or Proactive Narrators", *Archives and Records*, Vol. 38, No. 2, 2017, pp. 273 – 295.

Jennifer S. Milligan, *Making A Modern Archive: The Archives Nationales of France, 1850 – 1887*, Ph. D. Dissertation, Rutgers, The State University of New Jersey, 2002.

John D. Cantwell, *The Public Record Office, 1838 – 1958*, London: HMSO, 1991.

John H. Slate, Kaye Lanning Minchew, *Managing Local Government Archives*, Maryland & London: Rowman and Littlefield, 2016.

Judith M. Panitch, "Liberty, Equality, Posterity?: Some Archival Lessons from the Case of the French Revolution", *The American Archivist*, Vol. 59, No. 1, Winter 1996, pp. 30 – 47.

Laura Millar. *The End of Total Archives?: An Analysis of Changing Acquisition Practices in Canadian Archival Repositories*, London: University of London, 1996.

Luke J. Gilliland-Swetland, "The Provenance of a Profession: The Permanence of the Public Archives and Historical Manuscripts Traditions in American Archival History", *The American Archivist*, Vol. 54, No. 2, Spring 1991, pp. 160 – 175.

Margaret Procter, "English Local Records: Problems and Proposals, 1880 – 1920", *Archives and Records*, Vol. 34, No. 1, 2013, pp. 27 – 42.

Michael Cook, "Myths of the Golden Age: English Local Record Office, 1947 – 1962", *Archives and Records*, Vol. 34, No. 1, 2013, pp. 9 – 14.

Michael Piggott, *The Visit of Dr T. R. Schellenberg to Australia 1954: A Study of its Origins and some Repercussions on Archival Development in Australia*, Sydney: University of New South Wales, 1989.

Nick Kingsley, "Perspectives and Priorities: The National Archives Vision for Sector Leadership", *Journal of the Society of Archivists*, Vol. 33, No. 2, Oct. 2012, pp. 135 – 147.

Paul Leaver, "'Paid Eight Guinuyes for An Index': The Origins of the Hull History Center", *Archives and Records*, Vol. 34, No. 1, Apr. 2013, pp. 95 – 110.

Philippa Levine, "History in the Archives: The Public Record Office and Its Staff, 1838 – 1886", *The English Historical Review*, Vol. 101, No. 398, Jan. 1986, pp. 20 – 41.

Randall C. Jimerson, "American Historians and European Archival Theory: the Collaboration of J. F. Jamerson and Waldo G. Leland", *Archival Science*, Vol. 6, No. 3 – 4, Sep. 2006, pp. 299 – 312.

Rebecca Hirsch, "The Permanence of Provenance: The 'Two Traditions' and the American Archival Profession", *Journal of Archival Organization*,

Vol. 8, No. 1, June 2010, pp. 54 – 72.

Richard J. Cox, "American Archival History: Its Development, Needs, and Opportunities", *The American Archivist*, Vol. 46, No. 1, Winter 1983, pp. 31 – 41.

Richard J. Cox, "Professionalism and Archivists in the United States", *The American Archivist*, Vol. 49, No. 3, Summer 1986, pp. 229 – 247.

Richard J. Cox, *American Archival Analysis: The Recent Development of the Archival Profession in the United States*, Metuchen, N. J., London: The Scarecrow Press, 1990.

Richard J. Cox, David A. Wallace, *Archives and the Public Good: Accountability and Records in Modern Society*, Westport: Quorum Book, 2002.

Richard Harvey Brown, Beth Davis-Brown, "The Making of Memory: The Politics of Archives, Libraries and Museums in the Construction of National Consciousness", *History of the Human Sciences*, Vol. 11, No. 4, Nov. 1998, p. 17.

Sarah Tyacke, "Archives in a Wider World: The Culture and Politics of Archives", *Archivaria*, No. 52, Fall 2001, pp. 1 – 25.

Sigrid McCausland, "Archives for the People: Public Libraries and Archives in New South Wales", *The Australian Library Journal*, Vol. 64, No. 4, 2015, pp. 270 – 280.

Stefan Berger, "The Role of National Archives in Constructing National Master Narratives in Europe", *Archival Science*, Vol. 13, No. 1, Mar. 2013, pp. 1 – 22.

Tarvo Kärberg, "Digital Preservation and Knowledge in the Public Archives: for Whom?", *Archives and Records*, Vol. 35, No. 2, Aug. 2014, pp. 126 – 143.

Terry Cook, "Viewing the World Upside Down: Reflections on the Theoretical Underpinnings of Archival Public Programming", *Archivaria*, No. 31, Winter, 1990 – 91, pp. 123 – 134.

Terry Cook, "An Archival Revolution: W. Kaye Lamb and the Transformation of the Archival Profession", *Archivaria*, No. 60, 2006, pp. 185 – 201.

Verne Harris, "Redefining Archives in South Africa: Public Archives and Society in Transition, 1990 – 1996", *Archivaria*, No. 42, 1996, pp. 7 – 20.

Verne Harris, *Exploring Archives: An Introduction to Archival Ideas and Practice in South Africa*, Pretoria: National Archives of South Africa, 2000.

Victor Gondos, *J. Franklin Jameson and the Birth of the National Archives, 1906 – 1926*, Philadelphia: University of Pennsylvania Press, 1981.

Waldo Gifford Leland, "American Archival Problems", *Annual report of the American Historical Association for the year* 1909, *Washington*, 1911, pp. 342 – 348.

William George Ormsby, "The Public Archives of Canada, 1948 – 1968", *Archivaria*, No. 15, Winter 1982 – 1983, pp. 36 – 46.

William Kaye Lamb, *Development of the National Archives: Report September 1973*, Canberra: Australian Government Publishing Service, 1974.

后　　记

　　美国著名科技思想家布朗和杜奎德在《信息的社会层面》一书中认为信息是植根于社会关系及制度之中的，"过分专注于信息造成了对社会环境的忽视，但正是后者有助于人们理解信息可能意味着什么以及为什么信息重要"。对从事档案学研究的学者们来说，仅仅关注档案的工具属性与管理价值是不够的，档案管理活动背后的社会层面也许是更加值得深入思考与研究的方向。数年之前，我将眼光投向了与社会大众具有紧密关系的公共档案馆领域。在我国公共文化服务体系快速发展的大背景下，公共档案馆无疑是21世纪初档案界最热门的话题之一。如何建设公共档案馆，更确切地说，如何增强我国综合国家档案馆的"公共性"、提升档案馆公共服务水平，不仅需要熟悉当下西方发达国家公共档案馆的政策与服务机制，更需要深入了解这种机制形成的背景、历史与社会环境，才能更好地为我国的制度设计提供参考。本书是我主持的国家社科基金项目"中外公共档案馆发展路径比较及对策研究"的结项成果。作为一部探索的专著，本书的形成与出版，既是我近年来一个阶段性研究活动的结晶，也见证了我从单纯的管理学视野向人文视角开展档案学研究的学术转型，在此要向多位师长一直以来的关心、支持与帮助致以真诚的谢意。

　　时光如梭，算来博士毕业至今已过十年，抉择时的艰难、困境时的迷茫、突破时的喜悦等场景依然历历在目。首先感谢我的博士导师、武汉大学图书馆馆长王新才教授多年来在学术及生活上的关心和帮助，让我逐步掌握了治学的规则与路径，这次在百忙之中不仅给我的著作提了诸多有益的修改建议，而且专门写序鼓励学生在治学与修身方面继续前行。我的博士后导师、山东大学历史文化学院于海广教授治学严谨、平易近人，启迪我从历史学、文化遗产学的视角思考档案管理活动。2013—2015年，我有幸进入美国加州大学洛杉矶分校信息研究学系访学交流，跟随美国当代著名档案学者、档案教育与研究协会（AERI）创始人安·吉利兰（Anne Gilliland）教授从事档案学研究，她的社群档案学、档案多元论思想给我打开了一扇全新的学术窗口，感谢她在公共档案馆研究资料方面所提供的诸多帮助。特别感谢我的本科导师、武汉大学信息管理学院刘家真教授，她不仅在我学习期间给予了极大的指导和帮助，而且在我来济南工作之后，还常常就学术前沿及相关问题给我提供无私的点拨，鼓励我在档案与历史文化结合的领域开展大胆的探索。

山东大学历史文化学院和山东大学人文社科研究院的领导、同事们在日常工作和资料查找方面提供了诸多的便利和帮助，山东大学考古与历史学"学科高峰计划"、山东大学青年学者未来计划等项目为本书的出版提供了经费资助，在此谨表真诚的谢意。在本书撰写过程中，山东大学历史文化学院赵爱国教授、赵兴胜教授和徐畅教授、台湾政治大学图书资讯与档案学研究所薛理桂教授、湖北大学历史文化学院覃兆刿教授、上海大学图书情报档案系丁华东教授、天津师范大学管理学院蒋冠副教授、郑州航空工业管理学院郝伟斌副教授、武汉大学信息管理学院王玉珏副教授、英属哥伦比亚大学（UBC）潘未梅博士等以不同形式贡献了宝贵的写作思路和修改意见，在此表示真诚的感谢！感谢四川大学公共管理学院周文泓博士提供的宝贵资料！感谢五位国家社科基金结项评审专家对本书提出的具体修改建议！感谢中国社会科学出版社赵丽女士和王斌先生对本书出版提供的帮助！感谢我的硕士研究生陈珍、楚艳娜、魏筱颜、郭辉、陈艳、邹燕琴、许文迪、张灵慧、占丽华、刘芮、汪茜等在资料收集、数据分析及图书校对等方面所作的辛勤工作！为了获取第一手资料，我走访了美国国家档案馆、里根总统图书馆、洛杉矶中央图书馆、中国第二历史档案馆、广东省档案馆、江苏省档案馆、湖北省档案馆、山东省档案馆、河南省档案馆、广州市档案馆、深圳市档案馆、济南市档案馆、苏州市档案馆、湖南省湘西自治州档案馆、浙江省德清县档案馆、常州市档案博览中心等不同层次和类型的档案馆，感谢这些机构在调研期间提供的方便和相关资料!

  本书参考了国内外优秀的图书、论文、研究报告和网络文献等相关资料，在此谨向所有作者表示由衷的敬意和诚挚的感谢！由于本人学识水平所限，书中难免存在疏漏和错误，敬请各位学界同人批评指正！

谭必勇
2019 年初春于济南洪家楼